# MARIE STUART

# 断头女王

## 玛丽·斯图亚特传

[奥]
斯蒂芬·茨威格
STEFAN ZWEIG
著

钟皓楠
译

广东旅游出版社

图书在版编目（CIP）数据

断头女王：玛丽·斯图亚特传 /（奥）斯蒂芬·茨威格著；钟皓楠译. -- 广州：广东旅游出版社，2025.5. -- ISBN 978-7-5570-3568-6

Ⅰ．K835.617=331

中国国家版本馆CIP数据核字第20254NS718号

出 版 人：刘志松
责任编辑：张晶晶　梁诗淇
责任技编：冼志良

### 断头女王：玛丽·斯图亚特传
DUANTOU NÜWANG：MALI·SITUYATE ZHUAN

广东旅游出版社出版发行
（广州市荔湾区沙面北街71号首层、二层　邮编：510130）
电话：020-87347732（总编室）
020-87348887（销售热线）
投稿邮箱：2026542779@qq.com
印刷：天宇万达印刷有限公司
（河北省衡水市故城县金宝大道侧中兴路）
880毫米×1230毫米　32开　15.5印张　440千字
2025年5月第1版　2025年5月第1次印刷
定价：56.00元

［版权所有　侵权必究］

本书如有错页倒装等质量问题，请直接与印刷厂联系换书。

玛丽·斯图亚特（1542—1587）

弗朗索瓦王子与玛丽·斯图亚特的婚礼

玛丽·斯图亚特从法国返回苏格兰

玛丽·斯图亚特

玛丽·斯图亚特

玛丽·斯图亚特

玛丽·斯图亚特

玛丽·斯图亚特

玛丽·斯图亚特

英格兰女王伊丽莎白一世

英格兰伊丽莎白一世与苏格兰玛丽一世（玛丽·斯图亚特）

伊丽莎白一世签署处死玛丽的文件

油画《玛丽·斯图亚特抗议自己被判处死刑》

面对死亡的玛丽·斯图亚特

油画《玛丽·斯图亚特走上断头台》

油画《斩首苏格兰玛丽女王》

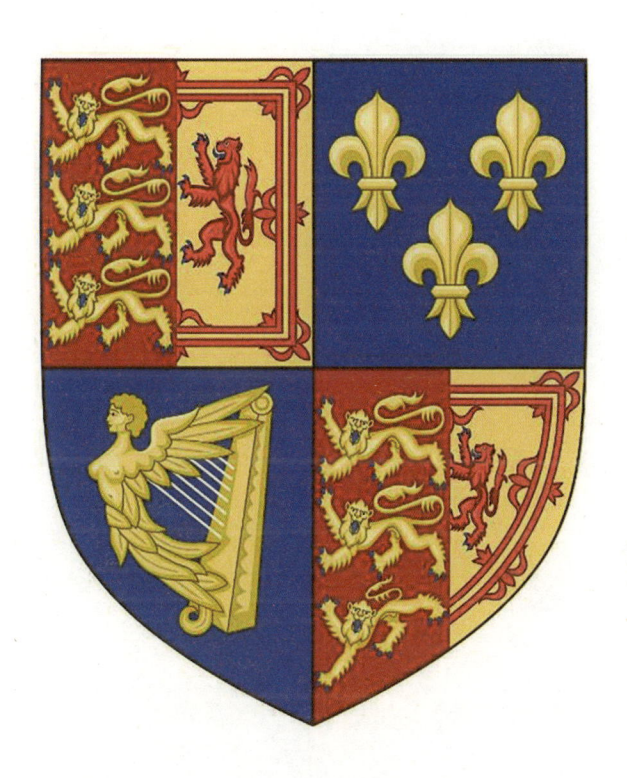

斯图亚特王朝徽章

# 导论

　　明晰和显而易见的事情不言自明，神秘的事情却能够激发人们的创造力。因此，历史上那些笼罩在一层纱雾之后的人物与事件总是在渴望着新的阐释与编造。玛丽·斯图亚特的人生悲剧正是这种具有无穷无尽的神秘魅力的事件的一个典型案例。在世界史上，几乎没有一个女人在如此多的作品里得到了表达，无论是在戏剧、小说、传记还是论文里。在超过三百年的时间里，她一而再地吸引着诗人，使学者陷入忙碌，她的形象依然还在以分毫不减的力量索求着新的表现方式。因为所有混乱之物都理应渴望明晰，所有晦暗之物都理应渴望光明。

　　但是就像玛丽·斯图亚特的生平秘密经常得以展示和得以解释的那样，一切恰好形成了纷繁的矛盾；也许从来没有一个女人以如此不同的形式得到了描绘：时而是杀人凶手，时而是女殉道者，时而是愚蠢的阴谋者，时而又是高贵的女圣人。只是有一点很奇怪，她的形象上的区别并不是由于缺乏留传下来的材料而造成的，而是出于现存材料过多令人眼花缭乱。保存下来的文献、记录、档案、信件和报告数以万计：三百年来，每一天总是有人怀着新的热情重新对她进行审判，宣布她有罪或者无罪。但是人们对文献的研读越是彻底，就越是会对所有留传下来的历史证据（还有艺术呈现）的可靠性感到心痛。因为即便一份文献的笔迹是真的，拥有悠久的历史，也具有档案层面的可信性，但它也无法而因此被证明是完全可靠的和合乎人性的。几乎没有一个案例像玛丽·斯图亚特的情况一样。在同一时代，有关同一事件的记述在同时代的观察者们的报告之间可以出现如此巨大的偏离。每一个有据可考的"是"的对面都站立着一个有据可考的"否"，每句指责的对面都站立着一个脱罪的解释。虚假与真实、杜撰与事实如此杂乱地混在一起，实际上，人们可以把每种观点的每种形式都呈现成可信的样子：如果有谁想要证明，她对自己丈夫的死亡负有罪责，就可以拿出几十个证据来；如果有谁想要证明她并没有参与到这件事情中来，也一样可以拿出这么多的证据。人们每次对她的人格进行粉饰时，都已经预先调好了油彩。如果在这样混乱的报告里面再加上党派政治和民族爱国主义的色彩，那么她的形象就会被更加暴力的摧毁。更不用说人类的天性本就是如此，在两个阵营、两种理念和两种世界观之间摇摆，不是存在就是毁灭，几乎摆脱不了诱惑，想要加入一个党派，指出一方是正确的，另一方是错误的，或一方称之为无罪的，另一方称之为有罪的。但如果像这样的案例，大多数作者自己就属于交战双方中的一方，拥有某一种宗教信仰或者是某一种世界观，那么他们几乎就必然具有。一般来讲，信仰新教的作者都不遗余力地把一切罪过归咎于玛丽·斯图亚特，信仰天主教的作者则归罪于伊丽莎白。在英格兰的作品里，她几乎被描绘成一位杀人魔头，而在苏格兰的作品里，她却是卑鄙的流言那完美无瑕的牺牲品。"首饰箱信件"是最富争议的讨论对象，有些人毫不动摇地说这些信件是真的，有些人却说这是假的，一直到最微小的细节都渗透进了党派性的色彩。也许正因为如此，一个既不是英格兰人也不是苏格兰人的作者，一个缺乏这种血缘立场和血缘关系的人，一个完全不带成见的人或许有可能进行一次客观的表述；也许一个具有热情、同时又缺乏党派兴趣的艺术家可以最终赢得阐释这部悲剧的殊荣。

诚然，即便有这样的一个人，如果他断言他所知道的有关玛丽·斯图亚特生平状况的事情全部都是真的，那也太过狂妄了。他可以把握的只是真相的最大可能性，即便是他有着最出色的知识和最公正的良心认为这就是客观的事实，这也总是主观的观点。因为资料的来源并不纯粹，所以他也只能够从混杂的史料中去探究明晰的事实。因为当时的报告互相矛盾，所以他就要在这次审判的过程中，在每个细节上不得不在控方证人与辩方证人之间做出选择。即便是他如此谨慎地进行选择，有时候他也还是要做出最为诚实的事情，并在自己的观点后面标上一个问号，承认玛丽·斯图亚特的这一件或者是那一件生平事迹在真相上依然笼罩在晦暗之中，也很有可能永远都会如此。

因此，在本书的尝试过程中，我遵守的原则就是不采信任何通过刑讯逼供或者是通过恐怖与胁迫手段得到的口供：一位真正的追寻真相的人永远也不可以把依靠打压而得到的口供当作完整的和有效的证据。间谍与使者（在那个时代，这两者几乎是同一回事）的报告也会非常谨慎地使用，而且每一份书面报告都会事先受到质疑。如果人们发现，那些十四行诗以及大部分"首饰箱信件"都被认为是真品，那么这也是经过了严格的审核，经过了深思熟虑和对人格原因的考量之后才得出的结论。在档案文献中如果出现了互相矛盾的断言，那么两种断言都会被追踪溯源，它们的政治动机会得到细致的探究。此外，如果不可避免地要在两种说法中选择一种，作为最重要的原则，我将会考虑这种说法是否在心理学层面上与玛丽·斯图亚特的总体性格保持一致。

因为玛丽·斯图亚特的性格本身并没有那么令人迷惑：它的不统一性仅仅表现在外部的发展过程中，在内部却从始至终都是统一和清晰的。玛丽·斯图亚特属于那种非常罕见、使人激动的女人的典范，她可以在短暂的时间里迸发出真正的生命力，开出一朵稍纵即逝却无比娇艳的花朵，她没有在整整一生中慢慢地走向凋谢，而是仅仅在一个狭窄和灼热的空间里激烈爆发，一次燃尽。二十三岁以前，她的情感都保持着平静而又和缓的呼吸，在二十五岁的时候，她的情感也没有发生一次剧烈的震动，但是就在这短短的两年里，有一场天崩地裂的重大事件爆发出来，从这种平庸的命运里突然升起了一部古典式的悲剧，就像《奥瑞斯忒亚》一样宏大，一样强劲有力。仅仅是在这两年里，玛丽·斯图亚特真正地成了一个悲剧人物，仅仅是在这样的压力之下，她超越了她自己，她的生活在这种巨大的危机中被毁灭，与此同时却永远地留存下来。正是因为这种毁灭了她的人性的激情，在今天，她的名字才能够继续活在诗歌里和阐释中。

这种特别凝缩的内心生活的轨迹形式在一瞬间内爆发出来，这实际上就是此前有关玛丽·斯图亚特所有艺术呈现的形式与韵律。模仿者们只需要做一件事，就是描绘出来这条大起大落、如此惊人、转瞬即逝的生活曲线。因此，当我们在这本书里看到她前二十三年的岁月与她将近二十年的囚禁生涯并不比那两年激情勃发的悲剧占据了更多的篇幅的时候，我们也不要觉得古怪。因为在一个人的命运里，外部的时间与内部的时间只是在表面上还是同一种时间；实际上，只有经历的充实程度才符合灵魂的计量标准——灵魂的计时方式与冰冷的日历上面流转的时光不同。当灵魂陶醉在感情之中，幸福地伸展开来，并且与命运结出了果实的时候，灵魂就能够在很短的时间里领会到无穷无尽的充盈，在摆脱了激情的状况之下，灵魂又会在无穷无尽的时光中感受到震动，觉得自己就像飘动的阴影，就像麻木的虚空。因此，在一个生命的历程中，只有紧张的、关键性的瞬间才是最重要的；因此，只有讲述这些瞬间才算是正确地讲述了这个生命的历程。正因如此，唯有当一个人动用自己的全部力量的时候，他才是为了自己、为了别人而真正地活着。唯有当他的灵魂熊熊燃烧起来，他面对外界才能够具有一个形象。

# 人格的戏剧

第一场 苏格兰 1542—1548

第二场 法国 1548—1561

第三场 苏格兰 1561—1568

第四场 英格兰 1568—1587

# 苏格兰

詹姆斯五世（1512—1542） 玛丽·斯图亚特的父亲。

玛丽·德·吉斯-洛林（1515—1560） 詹姆斯五世的妻子，玛丽·斯图亚特的母亲。

玛丽·斯图亚特（1542—1587）

詹姆斯·斯图亚特，梅里伯爵（1533—1570） 詹姆斯五世与厄斯金勋爵之女玛格丽特·道格拉斯的私生子，玛丽·斯图亚特的异母兄弟，玛丽·斯图亚特执政之前与之后的苏格兰摄政王。

亨利·达恩雷（斯图亚特）（1546—1567） 亨利七世的曾外孙，母亲伦诺克斯夫人是亨利八世的外甥女。玛丽·斯图亚特的第二任丈夫，因为妻子而成为苏格兰国王。

詹姆斯六世（1566—1625） 玛丽·斯图亚特和亨利·达恩雷的儿子。在玛丽·斯图亚特死后（1587年）成为苏格兰的合法国王；在伊丽莎白死后（1603）作为詹姆斯一世登上英格兰王位。

詹姆斯·赫本，博斯威尔伯爵（1536—1578） 日后的奥克尼公爵，玛丽·斯图亚特的第三任丈夫。

威廉·迈特兰·列廷顿 玛丽·斯图亚特的国务总理。

詹姆斯·梅尔维尔　玛丽·斯图亚特所信任的外交官。

詹姆斯·道格拉斯，莫顿伯爵　梅里被杀以后任苏格兰摄政王，于1581年被处决。

马修·斯图亚特，伦诺克斯伯爵　亨利·达恩雷的父亲，指控玛丽·斯图亚特谋杀亨利·达恩雷。

阿尔吉尔

阿兰

莫顿·道格拉斯　　勋爵们，时而拥戴玛丽·斯图亚特，时而又反对玛丽·斯图亚特，不断拉帮结派，几

埃尔斯金　　乎所有的人都是以暴力的方式死去。

戈尔登

玛丽·比雅顿

玛丽·弗莱明　　"四玛丽"，玛丽·斯图亚特青年时期

玛丽·李维斯通　　的玩伴。

玛丽·赛顿

约翰·诺克斯（1505—1572）　"国教"传教士，玛丽·斯图亚特的主要对手。

大卫·李乔 音乐家　玛丽·斯图亚特的宫廷秘书，1566年被刺杀。

皮埃尔·德·夏特利亚尔　玛丽·斯图亚特宫廷里的法国诗人，1563年被处决。

乔治·布坎南　人文主义者，詹姆斯六世的教师，曾经撰写攻击玛丽·斯图亚特的仇恨小册子。

# 法国

亨利二世（1518—1589） 自1547年起为法国国王。

凯瑟琳·德·美第奇（1519—1589） 亨利二世的妻子。

弗朗索瓦二世（1544—1560） 亨利二世的长子，玛丽·斯图亚特的第一位丈夫。

查理九世（1550—1574） 弗朗索瓦二世的弟弟，在弗朗索瓦二世死后成为法国国王。

洛林主教  
克劳德·德·吉斯  
弗朗索瓦·德·吉斯  
亨利·德·吉斯  
　　四个吉斯家族的人。

隆萨尔  
都·贝拉  
布兰托姆  
　　诗人们、夸耀玛丽·斯图亚特作品的撰写者们。

# 英格兰

亨利七世（1457—1509） 自1485年起为英格兰国王。伊丽莎白的祖父，玛丽·斯图亚特和达恩雷的曾外祖父。

亨利八世（1491—1547） 亨利七世的儿子，自1509年起为英格兰国王。

安妮·博林（1507—1536） 亨利八世的第二任妻子，被指控破坏婚姻，后被处刑。

玛丽一世（1516—1558） 亨利八世与阿拉贡的卡塔琳娜的婚生女，在爱德华六世死后（1553年）成为英格兰女王。

伊丽莎白（1533—1603） 亨利八世和安妮·博林的女儿，父亲在世的时候被视为私生女，但在同父异母的姐姐玛丽去世之后（1558年）成为英格兰女王。

爱德华六世（1537—1553） 亨利八世在第三次婚姻中和乔安娜·西摩所生的儿子，儿时与玛丽·斯图亚特订婚，自从1547年起为英格兰国王。

詹姆斯一世 玛丽·斯图亚特之子，伊丽莎白的继任者。

威廉·塞西尔 伯利勋爵（1520—1598） 逐渐成了伊丽莎白备

受信任的国务总理。

弗朗西斯·沃尔辛汉姆爵士　国务秘书兼警务部长。

威廉·戴维逊　第二国务秘书。

罗伯特·杜德雷　莱斯特伯爵（1532—1588），伊丽莎白的情人与亲信，伊丽莎白曾提议让他迎娶玛丽·斯图亚特。

托马斯·霍华德　诺尔福克公爵，英格兰第一等贵族，玛丽·斯图亚特的追求者。

塔尔博特　施鲁斯贝里伯爵，伊丽莎白任命他监视玛丽·斯图亚特长达十五年之久。

埃米亚斯·博雷特　玛丽·斯图亚特的最后一任监牢的守门人。

# 目录

001 第一章　摇篮中的女王

015 第二章　在法国的青春时期

029 第三章　王后，孀妇，然后是女王

049 第四章　回到苏格兰

069 第五章　巨石滚动

085 第六章　巨大的政治婚姻市场

109 第七章　第二次婚姻

127 第八章　霍利罗德的命运之夜

149 第九章　叛徒中间的叛徒

169 第十章　可怕的纠葛

191 第十一章　一段激情的悲剧

221 第十二章　谋杀之路

241 ■ 第十三章 如果上帝要谁灭亡……

263 ■ 第十四章 没有出路的道路

291 ■ 第十五章 废黜

307 ■ 第十六章 告别自由

323 ■ 第十七章 网已织好

337 ■ 第十八章 网已拉紧

353 ■ 第十九章 阴影里的岁月

369 ■ 第二十章 最后的轮舞

383 ■ 第二十一章 必须有个决断了

409 ■ 第二十二章 伊丽莎白反对伊丽莎白

435 ■ 第二十三章 「我的终结就是我的开端」

449 ■ 终　章

# 第一章 摇篮中的女王

1542—1548

玛丽·斯图亚特出生刚刚六天，就已经成了苏格兰女王。她在一开始的发展轨迹就展现出了自己人生的规律，在太早且还不知道对此表示愉悦的时候就已经得到了命运的赋予。1542年12月的一个阴沉的日子，她出生在林利豪的城堡里。与此同时，她的父亲詹姆斯五世正躺在福克兰城堡的临终病榻上，他才31岁，却已经被生活所压垮，厌倦了王冠，也厌倦了斗争。他曾经是一位勇敢而且富有骑士精神的人，天生性格开朗，热爱艺术，喜欢和女人在一起热情地取乐，非常信任他的臣民。他经常微服私访，到村落里去参加节庆活动，和农夫一起跳跳舞、开开玩笑，他创作了许多苏格兰式的歌曲和舞曲，这些乐曲在他的家乡长久地留传下来。但是这位不幸的继承人属于一个狂乱时代不幸的那一代人，他出生在一个热衷反叛的国家里，这从一开始就决定了他那悲剧性的命运。他那意志坚定又毫无顾忌的邻居亨利八世怂恿他进行宗教改革，但是詹姆斯五世一直忠于教会，苏格兰贵族一向擅长给他们的统治者制造麻烦，现在他们立刻开始利用这两位统治者之间的矛盾，不断地驱使这位性格开朗、热爱和平的统治者违背自己的意愿，加入内乱和战争。早在四年前，当詹姆斯五世向玛丽·德·吉斯求婚的时候，他就清楚地预见了这种灾难，这意味着，国王必须亲自与这些顽固而又贪婪的家族进行斗争。"夫人"，他在这封具有令人震撼的真诚的求婚信中写道，"我只不过才二十七岁，生活和我的王冠已经令我感到了巨大的压力……我很小时就成了孤儿，成为野心勃勃的贵族们的囚徒。强大的道格拉斯家族长期奴役我，我憎恨这个姓氏和有关这个姓氏的所有回忆。安格斯伯爵阿奇博尔德、他的弟弟乔治，还有他们所有被流放的亲戚都在煽动英格兰国王反对我，我的国家里没有一位贵族不曾受到英格兰国王的许诺与金钱的诱惑。我的人身安全得不到一点保障，我的意志得不到任何贯彻，我也无法实施公正的法律。这一切都使我感到惊恐。夫人，而我希望从你那里得到力量和建议。在缺乏金钱的情况下，我没有办法仅仅依靠我从法国得到的支持和我那些富裕的神职人员们微小的施舍，去装饰我的城堡，维修我的要塞，建造我的海船。而且我的男爵们却把一个想要成为真正主政的国王视作一个不堪忍受的竞争对手。尽管有法国国王的友谊和法国军队的支援，尽管我的人民拥护我，但是我依然惧怕并没有办法面对我的男爵们，从而取得决定性的胜利。我想要扫清一切障碍，以使我的国家走在通往正义与和平的道路上。如果我可以把国家里的贵族孤立起来，我也许能够实现这个目标。但是英格兰国王不断地在这些贵族和我之间挑拨离间，把异教强加给我的国家，严重地腐蚀了各个阶层，直至教会与人民。我和我祖先依靠的力量始终都只有市民和教会，现在我却不得不自问：'这种力量还能长久地陪伴在我的身边吗？'"

在这封卡珊德拉①式的信件里，国王所预言的全部灾难都降临了，而且还发生了更为糟糕的事情。玛丽·德·吉斯给他生的两个儿子夭折了；詹姆斯五世正当盛年，却还没有一位王位继承人，而这顶王冠年复一年地叫他越来越痛苦。最终，苏格兰的男爵们违背他的意志，驱使他与强大的英格兰开战，并且在关键时刻背叛了他。在索尔韦海湾，苏格兰不仅仅是输了战争，而且也失去了荣誉：没有光明正大地进行作战，被氏族统帅丢下的部队几乎没有抵抗，惊慌地四下逃散。而一向如此富有骑士精神的国王本人，在这个决定性的时刻却早就不能与异国敌人进行作战了，而是在与自己的死神进行搏斗。他发着高烧，疲倦地躺在福克兰城堡的病榻上，进行着毫无意义的斗争，这种沉重的生活已经令他感到厌倦。

1542年12月9日，在这个阴沉的冬日，大雾笼罩了窗户，一位使者敲了敲门。他来给患病的、承受着垂死痛苦的国王报信：她生了一个女儿，他有了一位女继承人。但詹姆斯五世那精疲力竭的灵魂里已经不再有力量感受希望或者欢乐了。为什么不是一个儿子，不是一个男继承人呢？死亡的临近让人永远只能够看到不幸、悲剧和衰落。他妥协式地回答："我们的王位由一个女人获得，也将由一个女人失去。"这句阴暗的预言也就成了他的最后遗言。几天以后，他就得到了安葬，玛丽·斯图亚特还没有真正地睁开眼睛看看生活，就已经成了她这个王国的唯一继承人。

但这是一种双重不祥的继承，不但是一位来自斯图亚特家族的

---

① 卡珊德拉：特洛伊公主，曾经正确地预言了特洛伊战争的爆发与灾难性的后果，但是她的预言无人听信。——译者注，后文若无特殊说明，皆为译者注。

人，而且还是一位苏格兰女王，因为直到目前，还没有一位斯图亚特家族的人有足够的幸运长久稳坐王座。有两位国王——詹姆斯一世和詹姆斯三世都是被谋杀的；另外两位国王——詹姆斯二世和詹姆斯四世则战死于沙场；他们的两位后嗣经历了更为残酷的命运，也就是这个还不知世事的女婴和她的嫡孙——他们上了断头台。在阿特柔斯家族①之中，没有一位有幸活到高龄，幸运之星从来都不曾在他们的头顶闪耀。斯图亚特家族总是不得不与国内外的敌人战斗，同自己战斗，他们的周围永远都没有过安宁，他们的心里也永远都没有安宁。他们自己就像他们的国家一样躁动不安，而那些最不可靠的人们本来应该是最靠得住的人们——领主和男爵们，这些阴沉而强大、野蛮而不羁、贪婪而好战、固执而不肯屈服的骑士阶层——"一个野蛮的国家和一个残忍的民族"②，就像来到这个多雾的国家的诗人隆萨尔在无心之中所表露出来的抱怨一样。人们在自己的领地和城堡里自行成了小小的国王，就像把牲口赶到屠宰场一样，大群大群地驱使他们的农夫和牧民参与他们无休止的微型战争与打劫抢掠之中，这些家族的统治者具有不受限制的权力，除了战争就没有别的生活乐趣，纷争就是他们的欲望所在，妒忌就是他们的生活动力，对权力的贪欲就是他们一生的思想所在。"金钱与利益，"法国使者写到，"是唯一能够使这些苏格兰勋爵们谛听歌声的塞壬③。如果对他们宣扬说，他们的义

---

① 阿特柔斯家族：古希腊神话中一个命运悲惨的家族，现存的33部古希腊悲剧有8部都和这一家族的成员有关。
② 原文为法语。
③ 塞壬：古希腊神话中以歌声吸引人的海上女妖，传说中航行者听了她们的歌声会沉迷其中，丧失理智，然后触礁翻船。

务乃是做出符合王侯气派的举动、维护荣誉、保持正直和美德、做出高尚的行为，那么只会引起他们的嘲笑。"他们就像意大利的雇佣兵队长一样好斗而又贪婪，只是他们的本能还要表现得更缺乏教养、更肆无忌惮，他们不断地为了等级排位而进行争斗，这些古老而又强大的家族——戈尔登、汉密尔顿、阿兰、迈特兰、克劳福德、林赛、伦诺克斯和阿尔吉尔等。他们时而成群结队，一连几年都在以互相敌对的方式进行争斗；时而庄重起誓，短暂地互相"结盟"，只是为了反对第三方的势力。他们总是在拉帮结派，但是在内心里，他们对彼此都没有信任。尽管他们内部都有亲缘关系或者是通婚关系，但每个家族对另外一个家族来说却都是一位坚定的嫉妒者和敌人。有些属于异教徒的和野蛮人的因素在他们那狂野的灵魂里继续延续下去，无论他们声称自己是新教徒还是天主教徒——这也要看他们的利益所向——实际上，他们全部都是麦克白和麦克德夫①的子孙，都是莎士比亚曾经以宏大的笔法描绘出来的那些嗜血的魔鬼。

这些不羁而又善妒的团体只有在一件事情上面能够立刻达成一致：每次当事情涉及他们共同的统治者时，他们就一致反对他们自己的国王，因为他们所有人都认为顺从是不可以忍受的事情，而且根本就不知道何为忠诚。如果这些"无赖们"②——土生土长的苏格兰人彭斯曾经给他们打上了这样的标签——还可以容忍有一个影子王国凌驾在他们的城堡和地产之上，那么这只是出于一个家族对另一个家族的嫉妒。戈尔登家族让斯图亚特家族得到了王冠，只是因为他们不想让

---

① 麦克白和麦克德夫：莎士比亚《麦克白》剧中的人物，前者为苏格兰的弑君者，后者为苏格兰贵族，是麦克白的朋友和同僚。
② 原文为法语。

王冠落到汉密尔顿家族的手里，而汉密尔顿家族也是出于对戈尔登家族的嫉妒才这么做的。但是，如果有一位苏格兰的国王怀着青年人的勇气和骄傲，试图成为一位名副其实的统治者，想要强迫这个国家拥有法律和秩序，想要抵制勋爵们的贪婪，那么他就要倒霉了。这些彼此敌对的人们立刻就像亲兄弟一样团结在一起，以使自己的统治者失去权力，如果他们没有办法用战争解决问题，那么刺客的匕首也可以轻而易举地除掉国主。

这是一个悲剧性的国家，被狂暴的苦难所撕裂，就像一支舞曲一样阴郁而又浪漫，这是一个欧洲北端被海洋所环抱的小小岛国，此外还是一个贫困的国家。因为连年的战争摧毁了所有的力量。几座实际上称不上城市的城市（仅仅是几处要塞保护之下的挤在一起的穷人的房屋），因为总是面临着抢劫和纵火，从来都没有富裕过，甚至就连市民生活的宽裕水平也达不到。贵族的城堡阴森而强大，其废墟至今还屹立在那里，它们也不是什么真正的城堡，没有富丽堂皇的装饰以及宫廷风范的排场，它们只是在战争中被当作难以攻占的堡垒，而不是用来接待宾客的艺术品。在这几个大家族和他们的雇农之间，一个精力充沛的中间阶层是完全缺少的，这个阶层原本应该使这两者贴近，成为维持国家运转的力量。唯一的一处人口稠密的地区位于特维德河与费尔斯河之间，那里距离英格兰边境太近，总是因为突然入侵的行动而经历毁坏，导致人口下降。但是在北部，人们可以一连几个小时都在渺无人迹的湖边漫步，穿过荒凉的草场或者叶片深浓的北国森林，都看不到一处村庄、一座堡垒或城市。这里不像人口稠密的欧洲乡村一样，到处都是人，这里的乡间没有宽阔的大路，也没有繁荣的贸易，这里也不像在尼德兰、西班牙和英格兰一样，有挂着风帆的大船远涉重洋，归来时带回大量的黄金和香料。这里的人们还在依靠牧羊、捕鱼和打猎勉强糊口，就像他们的祖先一样：在法律、习俗、财富与文化等方面，当时的苏格兰至少落后于英格兰和整个欧洲一百年。当所有的海岸城市进入一个新时期，开始已经出现了大量的银行和证券交易所的时候，这里仿佛还处在《圣经》的时代，所有的财富都依靠土地的面积和羊的数量进行衡量。玛丽·斯图亚特的父亲詹姆斯五世拥有一万头羊，这就是他的全部财产了。他并不拥有任何王室的珍宝，也没有军队，更没有贴身侍卫来保障他的权力，因为他支付不起这些费用，而由勋爵们控制的议会从来都不让他们的国王拥有真正的施政手段。除了最基本的生活用品，这位国王的一切东西都是他富裕的盟友送给他的或借给他的，那些盟友来自法国，或是教皇本人。他城堡里的每一条地毯、每一条织花挂毯和每一盏灯都是以屈辱的代价获得的。

这种持久的贫困就像化脓的疮疤，消磨着了苏格兰这个美好而又高尚的国家里的所有政治力量。因为国王、士兵和勋爵有所需求、有所贪慕，苏格兰就始终都是异国势力那血淋淋的玩具。如果谁反抗国王，为新教而斗争，那么他就会从伦敦收到饷金；如果谁支持天主教和斯图亚特家族，就会从巴黎、马德里和罗马得到报酬：所有这些外国势力都为苏格兰的鲜血慷慨付款。只是因为两个巨大民族之间的事情还悬而未决，也就是英国和法国之间最后的决战，所以紧挨着英格兰的苏格兰才成了法国不可替代的盟友。每当英国军队入侵诺曼底的时候，法国就迅速地把苏格兰当作匕首插入英格兰的后背，那些好战的苏格兰人就立刻跨过"国境线"，反对他们的"宿敌"。即便是在和平时期，他们也始终都是一种威胁。因此，加强苏格兰的军事力量是法国政治家始终都很在意的重点。

英格兰在这一方面自然就是挑唆那些勋爵发起持续不断的叛乱，以破坏苏格兰的军事力量。因此，这个不幸的国家成了一场长达百年的战争的血流成河的疆场，只是这个当时还一无所知的孩子其悲惨的一生结束才最终决定了它的命运。

这是一个非常华丽的戏剧性的象征，也就是说，这场斗争实际上在玛丽·斯图亚特的摇篮里就已经开始了。这个摇篮里的孩子还不会说话，不会思考，不会感受，几乎都不能在襁褓里动一动那双小手，政治就已经抓住了她那尚未伸展开来的身体，抓住了她那纯洁的灵魂。因为这就是玛丽·斯图亚特的灾难，永远被禁锢在这场斤斤计较的赌博之中。她永远也不能让她的"我"无忧无虑地流露出来，她永远要被牵扯进政治，成为外交的对象，外国利益的玩物，永远都只是女王、王位的候选人、盟友或者是敌人。信使刚刚把两条消息同时送抵伦敦，也就是詹姆斯五世去世，还有他新生的女儿成为苏格兰的女继承人和女王的时候，英格兰的亨利八世就决定为他尚未成年的儿子和继承人爱德华订婚，匆匆参与竞争这位珍贵新娘的事业里。她的身体尚未发育，灵魂依然还在沉睡，就已经被人当作了一件商品。但是政治从来都不计算情感，而只在意王冠、国土与继承权。个体的人对政治来说是不存在的，比起世界博弈那显而易见、实事求是的价值，个体的人实在是微不足道。但是在这个特殊的例子上，亨利八世想要苏格兰王位的女继承人同英格兰王位的继承人订婚又是一件非常理智、甚至是非常人道主义的事情。因为许久以来，这两个兄弟国家之间持续不断的战争已经不再具有任何意义了。这两个国家都位于茫茫海洋上的同一个海岛之上，被同一片海洋所包围、所冲击，在种族上有亲缘关系，在生活条件上非常类似，毫无疑问，英格兰和苏格兰的人民面临着一项唯一的使命：团结一致。这里的自然环境已经明确表达了自己的意志。只是这两个王室，也就是都铎王室和斯图亚特王室之间的嫉恨之情阻碍了最后目标的实现，但是现在，如果能够成功地通过婚姻来改变这两个王室家族之间的矛盾，把这两个家族联系在一起，那么斯图亚特和都铎家族的后裔就会同时成为英格兰、苏格兰和爱尔兰的国王，一个联合的大不列颠能够参与更高等级的斗争——参与争夺世界霸权的斗争。

但灾难的是，每当政治领域意料之外地出现了一个明晰而且符合逻辑的理念的时候，这个理念都会得到非常愚蠢的执行。在一开始，一切事情看起来都进展得非常顺利。勋爵们只要口袋里塞满了钱，就高兴地对这桩婚约表示了赞同。但是已经变得机智的亨利八世并不满足于一纸空文。他经常地检验这些贵族们的虚伪与贪婪，心里知道一项条约从来都没有约束力，是不可靠的，只要有更高的出价，他们立刻就会把这个还是孩子的女王卖给法国的王位继承人。因此他要求苏格兰方面处理这项事务的人立下了一个首要的条件，也就是立刻把这个还不成熟的孩子送到英格兰。但就在都铎家族都在怀疑斯图亚特家族时，斯图亚特家族对都铎家族的怀疑也并没有更微弱，尤其是玛丽·斯图亚特的母亲反对这桩婚约。作为一位吉斯家族①的成员，她在严格的天主教氛围中长大，不想把自己的孩子交给异教徒，此外，她没有费多大的力气，就在这份婚约里发现了一个危险的圈套。因为在婚约里有一个秘密条款，是亨利八世偷偷贿赂经办事务的人员而通过的——如果孩子在婚礼之前死亡，那么"王国的全部统治权和财

---

① 吉斯家族：法国大贵族世家，当时法国天主教集团的支柱。

产"将归于亨利八世。这一点可值得深思熟虑。因为这个人已经把自己的两个妻子送上了断头台，他可是什么都干得出来，为了尽快得到如此重要的遗产，这个孩子的死亡也许已经被提前注定，也不是完全的自然死亡。因此，作为母亲深感忧虑，她拒绝把自己的女儿送到伦敦去。结果，这次求婚几乎引发了一场战争。亨利八世派出了部队，想要用暴力抢到这个珍贵的抵押品，他向军队发布的命令说明了那个世纪赤裸裸的残忍，他给自己的军队描述了一幅残忍的景象："陛下的意志是用火焰与刀剑抹去一切。在尽可能地抢劫和掠夺所有的财富之后，立刻就把爱丁堡焚毁，夷为平地……尽可能多地洗劫霍利罗德和爱丁堡附近的城市和村落，洗劫之后进行焚毁，使之投降，如果遇到抵抗，就毫无怜悯地屠杀男人、女人和孩子。"亨利八世的武装团伙就像一群匈奴人一样越过了国境线。但是在最后一刻，母亲和孩子躲进了坚固的斯特林城堡寻求庇护，亨利八世不得不满足于签订一份新的婚约，苏格兰有义务在玛丽·斯图亚特（她永远都是一件被交易、被买卖的对象）在年满十岁的那一天把她送到英格兰。

一切似乎又得到了最为幸运的安排。但是政治在任何时代都是一门反理智的科学。它反对简单、自然而又合乎理性的解决方案，制造困难是它最大的乐趣所在，仇怨就是它的基本元素。很快，天主教党派就开始进行秘密活动，想知道是不是还是应该把这个孩子——她除了咿咿呀呀和露出微笑还什么都不会——卖给法国王子，而不是英格兰王子。在亨利八世死后，人们维持这桩婚约的意愿就已经很低了。但现在英格兰摄政王萨默塞特以未成年的国王爱德华的名义要求，把还是个孩子的新娘送到伦敦去，因为苏格兰做出了抵抗，他就派出了军队，这样就可以用勋爵所会的唯一的一种语言和他们谈判了，他们只看重这一种语言——这就是暴力。在1547年9月10日,在一场战役中——更准确地说,是在一场屠杀中——平基·克劳夫击溃了苏格兰军队,战场上堆积着上万具尸体。玛丽·斯图亚特还不到五岁,人们就已经为了她血流成河。

苏格兰现在手无寸铁地在英格兰人面前敞开着。但是在这个被洗劫一空的国家里已经不再有太多东西可以抢夺,对都铎家族来说,实际上这里只还余下唯一的一件珍宝:这个孩子,她就是王冠和王权的化身。但是英格兰间谍陷入了绝望,因为玛丽·斯图亚特突然无影无踪地从斯特林的城堡里消失了,就连备受信任的亲信们中间也没有一个人知道,她的母后把她藏在了哪里。这个具有保护性质的巢穴是一个非常出色的选择:非常可靠的佣人在夜晚非常秘密地把这个孩子带到了因奇梅霍姆修道院,这座修道院坐落在门蒂斯湖中的一个小岛上,"被送到了野蛮的国度"[①],就像法国使者报告的那样,被藏在了绝境之中。没有一条道路通往这个具有浪漫色彩的地点:人们不得不用一条船把这个珍贵的货物运送到海岛上,这里还有虔诚者们的庇护,他们自己从来都不离开这所修道院。就在那里,在完全的隐蔽状态之下,远离这个骚动不安的世界,这个无知无觉的孩子就在重大事件的阴影之下生活着,在此期间,在各个国家与海洋之上,外交官正忙于编织她的命运。因为在这段时间内,法国已经表示出了威胁,想要阻止英格兰完全侵占苏格兰。弗朗索瓦一世的儿子亨利二世派出了一支强大的舰队,法国援军的舰队副将以法国国王的名义;替自己的儿子兼法国王位继承人向玛丽·斯图亚特求婚。在一夜之间,突然从海峡对面以战争的形式

---

① 原文为法语。

吹起来的政治之风使这个孩子的命运天翻地覆：年幼的斯图亚特家族的女儿没有成为英格兰的王后，而是突然成了法国的王后。这个新的、更有利可图的交易刚一完成，这桩交易的珍贵对象，还是个孩子的玛丽·斯图亚特，年仅五岁八个月的玛丽·斯图亚特就在8月7日收拾好行装，被送到了法国，永远地被卖给了另一位同样陌生的夫君。他人的意志再一次也并不是最后一次决定了她的命运。

对一切无知无觉是童年时期独有的恩典。一个三岁的、四岁的和五岁的孩子对战争与和平，对战役与婚约又知道些什么呢？像法国和英格兰，爱德华和弗朗索瓦这些名字对她来说又意味着什么呢，所有这些世界的谵妄对她来说又意味着什么呢？这个双腿纤细的小女孩有着飘扬的金发，在一座城堡中那些阴森的和明亮的房间里跑来跑去，玩着游戏，身边有四个年龄相同的玩伴。因为——这在那个野蛮的时代真是一个引人泪目的想法——人们从一开始就为她准备了四个年龄相同的玩伴，都是从苏格兰最高贵的家庭里挑选出来的，她们被称为"四玛丽"——玛丽·弗莱明、玛丽·比雅顿、玛丽·李维斯通和玛丽·赛顿。这些孩子现在都是这个孩子有趣的玩伴，日后将会成为她身在异乡的女伴，这样异乡在她眼里就不会显得那么陌生了，在这之后，她们又成了她的宫廷女侍，怀着柔情共同宣誓，在女主人选定自己的丈夫之前绝不提前一步踏入婚姻。当其中的三个人在不幸之中离开了她，还有一位继续陪伴她走上流亡之路，直到她的死亡时分。幸福童年的一道余晖就这样照亮了她最为黑暗的时光。但这段阴暗的日子还有多么遥远啊！现在这五个女孩还整天在一起快乐地玩耍着，在霍利罗德或者是斯特林的城堡里，没有变得骄傲，也没有面临着危险。但之后，有一天晚上，小玛丽突然被人在晚上从自己的儿童床上带了下来,有一只船在池塘边等待着,人们把她送到了一座岛上,那里寂静而又安全——因奇梅霍姆,是一个平静的地方。在那里,有一些陌生的男人们向她问好,和其他的人穿着不同,他们穿着飘扬的、宽松的黑色僧衣。但是他们友善又温和,在那个饰有彩绘玻璃的高大空间里唱着优美的歌曲,于是这个孩子习惯了他们。但是有一天晚上,人们又一次把她带了出来(玛丽·斯图亚特总是不得不这样旅行和逃亡,在夜晚,从一种命运逃往另一种命运),然后她突然坐在了一只大帆船上面,白色船帆被瑟瑟吹响,周围都是陌生的武士和留着胡须的水手。可是她为什么要害怕呢,这个小玛丽?一切都非常温柔,非常友善,充满了善意,十七岁的异母兄弟詹姆斯——詹姆斯五世在结婚之前的私生子,是他数不胜数的私生子之一——轻轻地抚摸着她的金发,她心爱的玩伴"四玛丽"也在那里。于是这五个小女孩就无忧无虑地在法国军舰的大炮和戴着头盔的水手之间疯玩、大笑,像所有孩子一样,为这个意料之外的变化感到迷醉和幸福。但是在上面,在桅楼上,有一个水手恐惧地眺望着。他知道,英格兰的舰队正在海峡里穿梭,想要在最后一刻,在玛丽·斯图亚特成为法国王位继承人的新娘之前劫走这位英格兰国王的新娘。但这个孩子只能看到眼前的东西,只能看到新奇的东西,她看到的只有——大海是蔚蓝的,人们非常友善,船只像一只强大的巨兽,气喘吁吁地穿过浪涛。

8月13日,这艘巨型帆船终于在罗斯科夫靠岸,这是布雷斯特附近的一个小港口。几艘小艇开到了岸边。还不满六岁的苏格兰女王因为这场色彩斑斓的冒险感到振奋,大笑着,愉快而又毫无知觉地跳到了法国的土地上。但是她的童年就此告终,义务与考验开始了。

## 第二章 在法国的青春时期

1548—1559

法国宫廷熟悉高贵的礼仪，对典礼怀有一丝不苟的神秘知识。瓦卢瓦家族的成员亨利二世非常清楚，一位太子的新娘具有何等的尊严。在她还没有抵达的时候，他就签署了一道政令，要求所有途经的城市和地区都采用同等的荣誉标准来欢迎这位来自苏格兰的小女王，把她当成自己的亲生女儿进行对待。在南特，已经有一系列目眩神迷、引人注目的活动在等待着玛丽·斯图亚特了。所有的街角画廊里都陈列着古典浮雕，上面绘有女神宁芙和塞壬的形象。陪同的队列可以得到几桶珍贵的美酒，使自己的情绪变得热烈，为了尊崇她，人们燃放焰火，发射礼炮——此外还有一支童子军，都不超过八岁的一百五十个孩子组成了某个荣誉军团，穿着白色的小衣服进军，他们带着弓箭和军鼓，带着迷你的长矛和刀斧，在小王后的面前欢呼。他们就这样从一处走到了另一处：排成一串不可打破的坚固队列，还是个孩子的玛丽·斯图亚特王后终于抵达了圣日尔曼教堂。在那里，这个还不满六岁的女孩第一次看到了自己的新郎，那是一个四岁半的孩子、虚弱、苍白又患有佝偻病，含毒的血脉已经注定了他重病缠身、英年早逝的命运。他羞怯地问候了他的"新娘"。王室家庭的其他成员更真挚地迎接了她，被她稚气的优雅所吸引，亨利二世在一封信中愉快地称呼她为"我所见过的最可爱的孩子"。

法国宫廷在那几年里是全世界最辉煌和宏大的宫廷之一。中世纪的阴沉也在那段时间开始消逝，但过渡时期的这一代人还依然沐浴在垂死的骑士时期的最后一丝辉光里。狩猎活动、英勇搏斗和骑马比武所带来的欢愉依然能够激起力量与勇气，只是精神层面的统治权已经在统治者的圈子里赢得了支持，人文主义已经征服了修道院、大学和国王的宫殿。教皇们对奢华的热爱，文艺复兴时期精神和感官层面的享乐主义还有对优美艺术的欣赏从意大利一路高奏凯歌地传到法国，在这个历史性的瞬间，出现了一种几乎是独一无二的力量与美学的结合，勇气与无忧无虑的结合：这是一门高雅的艺术，不畏惧死亡，热爱感官生活。在法国人的性格里，气质与轻率比在任何地方都更为自由、更为自然地结合在一起，优雅的"骑士精神"和文艺复兴时期的古典文化神奇地结合在一起。一位贵族同时受到两种要求，既要在骑马比武中用长矛有力地击中对手的盾牌，也要能以典范的方式进行优雅的旋转，跳起舞步精致的舞蹈，必须精通粗鲁的战争技巧，也必须掌握宫廷礼仪的微妙法则，既要懂得如何在近身搏斗中拿起沉重的武器，也要懂得如何温柔地弹起竖琴，给女士们写十四行诗。两者必须合为一体，强悍和温柔，粗鲁和教养，受过作战的训练又受过艺术的熏陶，这就是那个时代的理想。国王和他的贵族整天都在一连几个小时地追猎麋鹿和野猪，弄断了长矛，弄破了盾牌，但是晚上他们聚集在重新装修过的宏大宫殿的大厅里，在卢浮宫或者是在圣日尔曼宫里，在布卢瓦宫和安博瓦宫里，贵族男性和女性进行愉悦的交谈。朗诵诗歌，吟唱情歌，演奏音乐，在假面舞会中唤醒古典文学的精魂。有许多美丽的、珠光宝气的女人在场，隆萨德、都·贝拉和克罗埃这些诗人和画家给王侯的宫廷增添了一种独一无二的色彩和欢愉，在各种艺术与生活形式中挥霍地表现出来。就像整个欧洲在那场不幸的信仰战争之前一样，那时的法国也迎来了伟大的文化繁荣。

如果谁生活在这样的宫廷里，尤其是，如果谁在这样的宫廷里成了统治者，那么他就不得不适应这种全新的文化层面的要求。他必须在所有艺术和科学领域里追求圆满，必须像锻炼自己的身体一样锻造自己的精神。人文主义最伟大的一项永恒的功绩就是，它恰好要求那些想要在上层社会生活中发挥影响力的人们都有义务精通所有形式的艺术。几乎没有过任何一个时代如此迫切地重视完美的教育，不仅仅要求高贵的男人受过教育，也要求贵族妇女受教育——一个新时代由此而开始。就像英格兰的玛丽和伊丽莎白一样，玛丽·斯图亚特也必须学习古典语言，譬如希腊语和拉丁语，还有现代的语言，譬如意大利语、英语和西班牙语。但是多亏了从她祖先那里继承下来的机敏智力和对文化的兴趣，这个富有天赋的孩子把所有需要努力学习的内容都变成了游戏。十三岁的时候，她已经通过伊拉斯谟[①]的《对话集》学会了拉丁语，可以在整个宫廷的面前，在卢浮宫的大厅里背诵一段自己撰写的拉丁语演讲稿，她的舅舅洛林主教骄傲地向玛丽·斯图亚特的母亲玛丽·德·吉斯报告说："你的女儿已经成长了很多，她每天都在学习如何获取智慧，变得美丽以及心胸宽广，在许多美好

---

① 伊拉斯谟（约1466—1536）：荷兰人文学者、文学家。

和值得尊敬的事情上，她已经达到了尽可能的完美水准，在这个王国里，没有一位贵族或者是其他阶层的人的女儿能够与她相提并论。我有幸报告，国王非常喜爱她，她知道如何以聪慧和理智的话语和他进行交谈，她做得就像一位二十五岁女人一样好！"事实上，玛丽·斯图亚特在学习方面颇具天赋。她很快就精通了法语，怀着自信写诗，这些优美的诗歌与隆萨尔或者都·贝拉的诗歌形成呼应，显得非常典雅。她不仅仅是在宫廷游戏里写诗，而是也喜欢用诗歌开表达自己的感情，她爱上了诗歌，也得到了所有诗人们的钟爱。但她也通过其他的艺术形式表达自己非同寻常的品位，她优雅地伴随着竖琴唱歌，她的舞姿以迷人著称，她的针织活不仅仅显示出她的双手非常灵巧，而且还显示出了特别的天赋，她的衣着打扮一直都非常精致，从来都不像那个伊丽莎白一样，穿着浮华的钟形长裙昂首阔步。玛丽·斯图亚特无论是身穿苏格兰花呢裙还是身穿国家礼服都能同样自然地表现出她那种少女的优雅。玛丽·斯图亚特从一开始就得到了一件天赐的礼物，那就是分寸感和对美的感知力，还有高贵却又并不夸张的气度，这赋予了她在所有的时代里具有诗性的光华，这个斯图亚特家族的女儿在最为艰难的时光里也将会把她那王室家族的血脉和王侯家庭的教育作为珍贵的遗产保存下来。在体育运动方面，她也绝不落后跻身于这个具有骑士风范的宫廷里技巧最为娴熟的那些人的行列。她是一位不知疲倦的骑手，一位热情洋溢的猎人，一位技巧出色的球员。她已经长得很高，少女的身体非常纤瘦，懂得所有的优雅举止，还有永不枯竭、永不疲倦的精力。她明媚而欢愉、无忧无虑且充满欢乐地从这段充实而浪漫的青春时光中汲取养料，没料到她已经不知不觉地饮尽了一生中余下的所有幸福：几乎没有人比这位欢乐又热情如火的年轻女王更符合法国文艺复兴时期具有骑士精神和浪漫色彩的理想女性的形象了。

缪斯祝福这个孩子,神灵也庇佑她的童年。玛丽·斯图亚特得到了令人欢愉的精神层面的恩赐,也得到了外表上不同寻常的优雅。这个孩子几乎刚刚变成一位少女,变成一个女人,所有的诗人就开始了热切的竞争:赞美她的美丽。"在十五岁的时候,她的美丽已经如同明亮的正午太阳",布兰托姆这样宣称,都·贝拉更加激情洋溢地书写道:

> 在你的灵魂里天空已经被征服了,
> 自然和艺术在你的美丽之中。
> 那是把所有美丽融为一体的美丽。[1]

洛佩·德·维加曾经这样奉承她:"星辰把最美丽的光华借给了她的眼睛,把色彩借给了她的面颊,使她看起来如此美妙。"隆萨尔在查理九世的哥哥弗朗索瓦去世的时候借以下的话语表达出他几乎满怀嫉妒的赞叹之情:

> 享受如此的美丽,
> 为了抚摸她的酥胸,竟会牺牲王权。

都·贝拉将所有对她的描写与赞扬做出了总结,发出了极乐的

---

[1] 原文为法语。

呐喊：

> *看看她吧，我的眼睑*
> *在这世间永远没有什么可以与她相比。*

只是诗人都是职业的夸大者，尤其是在这些宫廷诗人在夸耀自己的女主人的优点的时候。因此，我们会怀着更多的好奇心去端详那个时代的肖像，因为克卢埃那大师的双手保证画像具有某种可靠性，这些画像既不令人失望，也不完全符合那些颂歌里的赞美。我们看不到闪闪发光的美丽，只是一个漂亮的少女。一张温柔、优雅的鹅蛋脸，有些尖利的鼻子，形状不是非常规则，却总能赋予这个女人的面孔一种特殊的美丽。一双柔美的深色眼睛闪烁着神秘，闪烁着迷雾笼罩的光芒，嘴唇沉寂而静默地歇息着：我们不得不承认，大自然使用了最为珍贵的材料来创造这个王侯的孩子，她拥有几乎是洁白无瑕的、闪闪发亮的肌肤，灰金色的蓬松发丝精心装饰上珍珠，还有一双细腻、修长的手，身材高挑，身体轻捷，"她的紧身胸衣让人瞥见了胸前的白雪，她笔直地竖起的衣领展现了她肩膀的优美轮廓"[①]。在这样一张脸上找不到任何瑕疵，但正因为它如此冷漠，如此毫无瑕疵，具有如此平滑的美丽，它就缺乏关键性的特征。看到她的这幅肖像，人们还是对这个优雅的少女一无所知，她自己也对自己的真实本质一无所知。内心的东西还没有将灵魂和感官挤压到这张面孔上面，在这里说话的人还不是一个女人——一个漂亮、温柔的寄宿学校的女生友善而

---

① 原文为法语。

亲切地注视着画家。

尽管许多人都赞美她，但这种稚嫩、迷惘的特性也经过了所有口头报告的证实。因为在人们赞美玛丽·斯图亚特无可挑剔，赞美她出色的教养、她的勤奋与她的正确的时候，他们谈起她的时候就像在谈论一个出色的学生。人们意识到，她的学习进度非常出色，她的言谈值得敬爱，她注重仪表，非常虔诚，不断地精进着所有的艺术和游戏，却并不拥有从事某一门特定艺术的至关重要的特殊天赋，她善意而顺从地攻克了国王新娘所有规定好的教育内容。但是所有人称赞的都是社交圈子里和宫廷里的优势，都是没有个性的东西，而不是她的个性。至于她这个人，至于她的个性，很少有人提到，这证明了一个事实，也就是她天性中的本质之物在目前暂时还没有流露出来，这很简单，因为她的本质还没有开出花朵。这位公主的优秀教养和对世界文化的了解还将持续几年掩盖着她本人的特征，让人们注意不到那内心里的激情暴力，这是一个女人的灵魂中感人至深、最为坚定的一种因素。她的额头依然还闪烁着冷漠的白光，她的双唇依然还在友善而温柔地微笑，她的眼睛沉思着追寻，只望着世界，还没有望向自我的深渊：其他人还不知道，玛丽·斯图亚特自己也不知道她继承下来的是什么样的血脉，还不知道她自己的危险。永远都只有激情才能够揭秘一个女人最隐秘的灵魂，永远都只有爱和苦难才能够使一个女人抵达自己的极限。

之前，人们做出了实际的估计，认为这个孩子有希望成为未来的女王，于是开始准备婚礼：玛丽·斯图亚特的命运再一次被人决定了，她的命运之钟永远都比她的同龄人转得要快。尽管与她订婚的那位太子还不满十四岁，而且还是一个特别衰弱、苍白、多病的孩子。

但是政治在这个方面比自然还要不耐烦，政治不想也不能等待。人们有充分的理由怀疑法国宫廷要缔结这桩婚姻的焦急，因为医生那令人操心的报告体现出了这位继承人的衰弱，体现出他患有危险的疾病。对瓦卢瓦家族来说，这桩婚姻最重要的地方就是要确保能够得到苏格兰的王冠，因此人们几乎是匆匆忙忙地把两个孩子拉到了祭坛前面。法国与苏格兰议会的使者一起拟定婚约，其中规定太子会得到"联姻王冠"，与妻子一同登上苏格兰的王位，与此同时，他们的亲戚，也就是吉斯家族的人又让十五岁的玛丽在完全不清楚自己责任的情况下秘密签署了第二份文件，这份文件在苏格兰议会的面前被隐藏了起来，她不得不在这份文件中提前承诺，如果提早死亡，或者是没有生出继承人就去世，她的国家——好像这是她的私人财产一样——甚至是她的英格兰和爱尔兰的继承权都会转赠给法国王室。

这份协议自然是一种——秘密签署已经证明了这一点——不诚实的行为。因为玛丽·斯图亚特根本没有权利任意变更继承顺序，在自己死后，把自己的祖国像一件斗篷或者是一件寻常的财产转赠给一个异国王室，但她的舅舅们强迫这个无知无觉的少女签了字。这是一个悲剧性的象征：玛丽·斯图亚特在她亲戚的压力之下，第一次签署了一份政治文件，同时也说出了第一个谎言，这与她内心深处非常正直、充满信任、单纯坦率的天性互相违背。但是为了成为一位女王，为了始终都是一位女王，她已经不能完全保持真诚了：当一个人因为政治立下了誓言，他就不再属于他自己了，不再听从于他神圣的天性，而是不得不听从于其他的法则。

可是这桩秘密交易被隆重的婚礼从这个世界面前以一种大手笔的方式得到了掩盖。两百年以来，没有一位法国太子在自己的祖国举行婚礼，因此瓦卢瓦宫廷认为自己有责任让还没有习惯这种场面的人们目睹一次闻所未闻的华丽场面。美第奇家族的凯瑟琳很了解自己家乡的一流艺术家所设计的文艺复兴风格的节庆活动，她产生了一种野心，想要让自己孩子的婚礼胜过自己童年的华丽场面：巴黎在1588年4月24日成了全世界的庆典之城。在巴黎圣母院前面有一个开放式的亭子，用绣满了王室百合花的塞浦路斯蓝色绸做顶，前面铺着同样绣满百合花的地毯。乐师在前面奏乐，身穿红黄两色衣服，演奏着各种各样的乐器，然后走来的是王室的队列，身着昂贵的衣服，人们欢呼着向他们致意。这一对伴侣被带到了人民的眼前，成千上万道目光惊奇地问候着新娘，问候着她旁边那个衰弱的、苍白的孩子，华丽的服装几乎要压得他窒息了。宫廷诗人们在这个场合里不断地以陶醉的语言描绘着新娘的美貌。"她出现了，"布兰托姆以颂歌的方式写到，他一向喜欢讲述这些风流轶事，"比一位天上的女神还要美几百倍"，也许这位热情而又野心勃勃的女人在她的幸福辉光闪现的时刻真的迸发出了一种特殊的光华。因为在这个时刻，当她微笑着向四面致意的时候，这个美丽的、年轻的、盛放的少女也许正在经历她一生中最为华美的瞬间。玛丽·斯图亚特永远不会再像现在这样，身边环绕着如此多的财富、赞美与欢呼，这时她走在整个欧洲第一等王侯的儿子身边，走在那些打扮精美的骑士队列的最前面，穿过街道，所有的屋顶之下都轰响着欢呼声与喝彩声。晚上，在司法宫举办公开的宴会，整个巴黎都可以热情洋溢地挤进来赞美这个年轻的少女，她给法国带来了一顶新的王冠。这个值得纪念的日子以一场舞会收场，这场舞会是艺术家们所构思出来的最为神奇的惊喜。六艘通体饰以黄金的船只装饰着船帆和银质的桅杆，模仿出在暴风雨的海上航行的摆动频率，由看不见的机械师牵引着穿过大厅。每艘船上都坐着一位亲王，身穿绣金的衣服，戴着装有花饰的面具，每个人都以优雅的手势邀请一位宫廷女士走上他们的船，她们是王后凯瑟琳·德·美第奇、女继承人玛丽·斯图亚特，然后是纳瓦拉王后，还有公主伊丽莎白、玛格丽特和克劳迪娅。这一幕象征性地表现出幸福的航船以华丽的排场穿过人生。但命运不能被人愿掌握，就在这唯一一个无忧无虑的瞬间之后，玛丽·斯图亚特的生命之船就驶向了另一处危险的河滩。

第一个危险完全是意料之外。玛丽·斯图亚特早就已经是苏格兰的女王了，现在又是法国的王位继承人，"Roi Dauphin"①迎娶她为妻，这样一来，第二顶看不见却依然珍贵的王冠就已经戴在了她的头上。这时命运又开始了危险的尝试，想要把第三顶王冠也推给她，她没有征询建议，就以幼稚的方式向这顶王冠那欺骗性的光芒伸出了被蒙骗的双手。就在1558年，在她成为法国王位继承人妻子的这一年，英格兰女王玛丽去世，她同父异母的妹妹伊丽莎白立刻登上了英格兰王位。但伊丽莎白真的是享有继承权的女王吗？亨利八世，这位女人的蓝胡子②留下了三个孩子，爱德华和两个女儿，也就是阿拉贡的凯瑟琳所生的玛丽，还有安妮·博林所生的伊丽莎白。在爱德华早逝之后，玛丽因为年龄更长，而且拥有无可置疑的合法荣誉，成了王位的继承人，但她去世的时候也没有留下孩子，那么伊丽莎白会成为继承人吗？是的，英国的王位法学家这样说，因为有一位主教缔结了这段婚姻，教皇承认了这段婚姻。不，法国的王位法学家们这样说道，因

---

① 法语，意为"王太子"。
② 蓝胡子：欧洲童话人物，曾经杀死多任妻子。

为亨利八世在这之后宣布他和安妮·博林的婚姻无效，经过议会宣布伊丽莎白为私生女。如果伊丽莎白按照这种标准——整个天主教世界都赞同这种观点——被判定为私生女，那么她就没有权利继承王位，而现在有权要求继承英格兰王位的不是别人，正是亨利七世的曾外孙女玛丽·斯图亚特。

于是，一个责任重大的、具有世界史意义的决定就在一夜之间突然落到了一个未经世事的十六岁少女的手里。玛丽·斯图亚特有两种选择。她可以让步，进行政治谈判，承认她的表亲伊丽莎白是合法的英格兰女王，放弃自己的权利，因为她的权利无疑要通过武力才能得到保证。她也可以勇敢又坚决地声称伊丽莎白抢夺了王位，命令法国和苏格兰的军队用武力从这位篡位者手里夺得王位。灾难性的是，玛丽·斯图亚特和她的顾问选择了第三种方案，那是最为不幸的政治方案：中间道路。法国宫廷没有猛烈而又坚决地讨伐伊丽莎白，而是虚张声势：亨利二世命令太子和太子妃把英格兰的王冠加入到他们的家徽里，玛丽·斯图亚特在这之后就让别人在所有文件中公开称呼她为"法国王后，苏格兰、英格兰和爱尔兰女王"。这样一来，她就提出了自己的要求，可是又不去捍卫这种权利。人们没有和伊丽莎白作战，只是激怒了她。人们没有真正地挥舞刀剑采取行动，而是摆出毫无力量的姿态，用彩绘木头和纸面文件提出要求。这样一来，就产生了持久的暧昧不清的状况，因为玛丽·斯图亚特以这种形式提出了对英格兰王位的要求，又似乎没有提出要求。人们有时候隐藏这种要求，有时候又重申这种要求。当伊丽莎白根据条约，要求亨利二世归还加莱的时候，亨利二世这样回答道："在这种情况下，加莱应该交给太子的妻子，交给苏格兰的女王，我们把她视为合法的英格兰女王。"但另一方面，亨利二世根本不会动手捍卫自己儿媳的权利，而是继续与所谓的篡位者谈判，就好像是在对待一位地位平等的君主。

这种愚蠢而又空洞的姿态，这种怀着幼稚的虚荣绘制的家徽没有给玛丽·斯图亚特带来任何东西，还摧毁了她的一切。每个人的一生中都会犯下无可挽回的错误。这个在童稚时期犯下的错误就是如此，与其说是经过了有意识的思考，不如说是出于固执和虚荣，玛丽·斯图亚特在政治上的不成熟实际上摧毁了她的整整一生，因为这种羞辱使她成了欧洲最强大的女人不可原谅的敌人。一位真正的统治者可以允许和容忍所有事情，唯独不允许有另一个人质疑她的统治。因此，伊丽莎白从这一刻开始就把玛丽·斯图亚特视为了最危险的竞争对手，视为了她王位背后的一片阴影，这也是自然而然的事情。从这一刻开始，这两个人的话语和信件都被迫沦为粉饰之物，沦为欺骗性的话语，只是为了掩饰她们内心的敌对，但在话语之下是无法弥合的裂痕。政治上的中间路线和不诚实的行为总是像在生活中一样，比果断而又干脆的决定造成更大的危害。英格兰的王冠只是象征性地被画进了玛丽·斯图亚特的家徽，但它造成的流血比抢夺一顶真正王冠的真正战争还多。因为一场公开的战争可以一劳永逸地决定胜负，这种背后的阴险行为却总是会不断爆发，直到摧毁这两个女人的统治和生命。

太子和太子妃那个灾难深重的家徽也于1559年7月骄傲又明显地出现在巴黎的一场骑马比武大会上，这是为了庆祝《卡托-康布雷西和约》的签订。具有骑士风范的国王亨利二世没有回避，亲自"为了女士们的爱情"①折断了一根长矛,每个人都知道他指的是哪一位女士——狄安娜·德·普瓦捷,她骄傲又美丽地坐在自己的包厢里,俯视着自己的国王情人。但这场游戏突然具有了可怕的严肃性。这场搏斗决定了世界史的走向。因为苏格兰禁卫军的统帅蒙哥马利在被折断了长矛之后,不小心用矛杆猛烈地戳中了他的对手国王,碎片深深扎进国王的眼睛里,国王晕倒过去,从马上跌落。人们在一开始觉得伤势不算危险,但国王再也没有醒过来,他的家人惊恐地站在这个发着高烧的人的床榻边。勇敢的瓦卢瓦家族那有力的天资又与死神抗争了几天,最终,在7月10日,那颗心脏停止了跳动。

但即便是在至深的痛苦之中,法国宫廷也依然将习俗尊为生活中至高无上的主宰。当王室家庭离开城堡的时候,亨利二世的妻子凯瑟琳·德·美第奇突然在门口停下了脚步。自从她成为孀妇的这一刻开始,她就不应该第一个踏入宫廷了,一切权力都应该交给在这一刻成为国王妻子的人。玛丽·斯图亚特不得不作为法国新任王后,拘束又慌乱地迈着小步,走到了昨天的王后的前面。在迈出这一小步的时候,十七岁的她就已经超越了所有的同龄人,抵达了权力的高峰。

---

① 原文为法语。

第三章 王后，孀妇，然后是女王

1560年7月—1561年8月

玛丽·斯图亚特的生命轨迹从未有过如此悲剧性的转变，除了命运以欺骗性的方式将所有尘世的权力不费吹灰之力地交到她的手里的时候。她以火箭的架势飞升——出生后六天成为苏格兰女王，六岁成为欧洲一位强大的王子的新娘，十七岁成为法国王后，她已经把外界的至高权力握在了手里，但她内心的生活还没有真正开始。一切都从那看不见的丰饶角里源源不断地向她涌流出来，没有任何东西是她通过自己的意志获得、通过自己的力量征服的，她没有费过什么力气，做出过什么功绩，一切都是遗产、恩典与赠礼。就像在梦中一样，一切都色彩斑斓，轻盈地飞过，她穿着婚礼的华服和加冕的礼服经历着这一切，在她还没有能够以清醒的感知理解这种过早到来的春天的时候，春天就已经凋零、枯萎、逝去，而她失望地醒来，被劫掠一空，被夺走一切，已经被摧毁。在其他人刚刚开始拥有愿望、希望和渴望的年龄里，她已经经历过了胜利的所有可能性，但她的灵魂却没有时间感受，也没有经历什么必要的险阻。她命运的飞速进展就是她充满不安与不满的秘密的核心：如果谁如此早地就成了自己国家里的第一人，成了世界上的第一等人，那么他就绝对不会再满足于狭小的生命尺度。只有软弱的天性才会放弃和遗忘，强大的性格却不会得到满足，会向压倒性的命运提出挑战。

事实上，在法国做王后的短暂时光就像梦境一样匆匆飞逝，像一个匆忙不安、充满恐惧和忧虑的梦境。在兰斯大教堂，主教把王冠戴在了那个苍白病弱的孩子的头上，而这个美丽的少女，这个一身装饰着珠宝的王后站在贵族中间，就像一朵瘦削、纤长、还没有完全绽放的百合花一样闪闪发光，她只是留下了色彩斑斓、光华闪现的一瞬间，除此以外，编年史里没有任何庆典和娱乐活动。命运没有给玛丽·斯图亚特时间，让她建立一个属于艺术和诗歌的游吟诗人的宫廷，她曾经对此梦寐以求，命运也没有留给那些画家以时间，让他们把国王和他美丽的妻子的形象固定在华丽的油画中，没有留给那些编年史学家以时间，来描绘他们的性格，更没有留给人民以时间，让他们了解自己的统治者，甚至是学会热爱他们。这两个孩子就像两个被恶风驱赶的匆忙阴影，在一长串的法国国王的形象中转瞬即逝。

因为弗朗索瓦二世身患疾病，从一开始就流露出了早逝的迹象，就像森林里一棵用白漆标记出来的树。这是一个苍白而又瘦小的男孩，圆圆的、浮肿的面孔上有一双沉重、疲惫的眼睛，就像是从梦中惊醒一样，恐惧地注视着别人，突然开始的同时也是不自然的生长进一步削弱了他的抵抗力。医生们总是在看守着他，恳切地建议他保护自己。但这个孩子的心里有一种愚蠢又幼稚的野心在跳动，不甘落后于自己那身材纤细、强壮有力、热情地参与狩猎与运动的妻子。他强迫自己进行激烈的骑马活动，进行各种体力劳动，只是为了装出健康和具有男子气概的样子。但天性是不可欺骗的。他的血液无药可救，饱含毒素，这是他从祖父弗朗索瓦一世那里继承下来的坏遗产。他总是发烧，在天气恶劣的时候不得不待在家里，焦躁、恐惧而又疲倦，一个悲惨的影子，被许多医生的忧虑所环绕。这样一个可怜的国王在他的宫廷里激起的更多是同情，而非敬畏，在人民中间却很快就具有了恶名，说他有麻风病，为了康复，要在刚刚杀死的孩子的鲜血里沐浴。农夫阴沉地看着这个引人忧虑的孩子苍白而缓慢地骑着自己的骏马走过去，宫廷人士已经开始做出预先的打算，围拢在太后凯瑟琳·德·美第奇和王位继承人查理的身边。这双无力的、软弱的手没有办法长久而坚决地掌握权力，这个孩子时不时地用僵硬、歪斜的字迹在文件和政令上面签上他的名字"弗朗索瓦"，但实际上进行统治的是玛丽·斯图亚特的亲戚，也就是吉斯家族的人，而弗朗索瓦只是在为了一件事情而奋斗，尽可能长久地维持他的生命与力量。

如果这也能算得上是真正的婚姻生活，那么这段在病房里的时光，这种永远的忧虑与照顾并不是一段幸福的婚姻。但我们也不能反过来说，这两个半大孩子无法容忍彼此，因为就连一个如此喜欢说恶毒闲话的宫廷，就连这个给了布兰托姆以激情来创造《风流女士的生活》[①]的宫廷都没有发现玛丽·斯图亚特的举止有任何值得挑剔或者是值得怀疑的地方。早在他们出于国家利益，在祭坛前走向结合之前，弗朗索瓦和玛丽·斯图亚特就成了朋友，他们早就成了游戏伙伴，因此，在这两个半大孩子的关系里，情欲几乎没有发挥本质性的作用。还要再过几年，玛丽·斯图亚特的内心里才会有满怀激情的献

---

① 原文为法语。

身能力走向觉醒，而爱发烧的、软弱无力的弗朗索瓦绝对不是唤醒了这种矜持的、这种深深地自我锁闭的天性的人。玛丽·斯图亚特本质上满怀同情，也非常善良，当然以最为体贴的方式照料着自己的丈夫。即使不是出于真情实感，理智也一定告诉了她，她所有的权力和荣光都取决于这个可怜的、病弱的孩子的呼吸和心跳，保护他的生命就是在捍卫她自己的幸福。但这段身为王后的时光却根本没有给她留下真正的幸福。国内的胡格诺派教徒开始起义，在臭名昭著的安博瓦阴谋威胁到了国王夫妇之后，玛丽·斯图亚特不得不走上悲剧性的讲台，履行统治者的义务。她不得不出现在处决叛乱分子的现场，不得不观看处决。这个瞬间深深地镌刻在了她的灵魂深处，也许它会像一面魔镜，照亮她生命中的另一个时刻，一个属于她自己的时刻，观看这些活生生的人如何手臂被捆绑起来，被按在一块石板上，伴随着一声沉闷的、雷鸣般的吱呀作响，斧头砍进脖子里，一颗鲜血淋漓的头颅在沙地上滚动：这幅场景足够残忍，已经冲淡了她在兰斯大教堂光彩辉煌的加冕典礼。然后坏消息一个接着一个。她的母亲，替她在苏格兰维持统治的玛丽·德·吉斯在1560年6月逝世，她所继承的国家陷入了宗教纷争与叛乱，边境线上打起了战争，英格兰部队深入国土，玛丽·斯图亚特身上穿的已经不是她幼稚地梦想过的节日盛装，而是丧服。她喜欢的音乐不得不沉寂下来，舞蹈不得不停止下来。而一只瘦骨嶙峋的手再次叩响了她的心房和家宅，弗朗索瓦二世变得越来越衰弱，含毒的血液在他的血管里不安地锤击着，在太阳穴后面和耳朵里咆哮着。他已经不能走路、不能骑马了，只能躺在床上，被人从一个地方抬到另一个地方。最终，他的耳朵开始发炎流脓，医生已经束手无策，在1560年12月6日，这个不幸的孩子迎来了解脱。

两个女人，凯瑟琳·德·美第奇和玛丽·斯图亚特之间的场景——悲剧的象征——再一次重演。弗朗索瓦二世刚刚断气，玛丽·斯图亚特就站在门口，让凯瑟琳·德·美第奇先行一步，因为她已经不再是法国的王后，而年轻的国王孀妇必须让年长的国王孀妇走在前面。她已经不再是这个王国的第一夫人，而是再次屈居第二，玛丽·斯图亚特的梦境仅仅在一年之后就宣告终结，不再是法国王后，只是还拥有她从刚刚生下来就拥有、直到最后一刻都拥有的那个身份：苏格兰女王。

根据法国宫廷的仪式，王后的严格丧期持续四十天。在这个严格的禁闭期间，她不能有一刻离开自己的卧室，在前两个星期里，除了新任国王和他最亲密的亲属，没有人可以进入到这个墓穴里，进入到这个昏黑的、仅仅靠蜡烛照明的房间里来探望她。国王的孀妇不像普通女性那样，穿着阴沉的黑衣，那种永远象征着哀悼的颜色，唯有她才能身穿"白色的丧服"①。雪白的帽子戴在苍白的脸孔之上，雪白的锦缎长袍，雪白的鞋子和袜子，只是在这奇怪的白光之外再罩上一层黑色的面纱。玛丽·斯图亚特在那些日子里就这样穿戴，她就这样出现在雅奈著名的画作上，隆萨尔在他的诗歌里是这样描绘她的：

> 一副长长的、微妙的、松散的面纱
> 一道又一道褶皱，扭转又折叠，
> 这身丧服，它掩盖着你，

---

① 原文为法语。

> 从头到腰间,
> 当风吹起,就像船帆一样膨胀,
> 拉动着船与船头,
> 你穿着这样的衣服
> 离开了,唉!离开这美丽的国家
> 你曾经在这里手握权杖,
> 你沉思着,泪水打湿了你的乳房,
> 悲伤地走过长长的林荫道
> 那泪水是美丽的水晶,
> 这座王室城堡的大花园
> 它得名于美丽的水。

事实上,几乎没有哪一副肖像像这里这个年轻的面孔一样,如此成功地表现出了她的温柔善良,某种严肃的沉思使得这双一向焦躁不安的眼睛变得清澈,单调而毫无装饰的纯白衣衫衬得她的肌肤更加明亮,这身丧服能让人们感受到某种高贵,她的女王气质显得比她在其他画像中要清晰许多,尽管在那些画像里,她被以符合等级的华丽排场表现出来,全身堆积着珠宝,装饰着所有权力的象征。

这种高贵的忧伤也反映在了她在那些日子里自己写的一首哀悼亡夫的诗歌里,这比起她的老师、诗歌大师隆萨尔的作品并不显得不体面。即便这首诗不是王后亲笔下写的,这首轻盈的挽歌也依然能够通过它质朴的语调和它的诚恳与我们的心灵进行对话。因为这位未亡人绝对不是在夸耀她对死者满怀激情的爱意——玛丽·斯图亚特在诗歌中从来不曾说谎,她只在政治中说谎——,只是让她的失落与孤寂开口说话：

> 我的心里一直感到
>
> 一位缺席者的遗憾
>
> 当我望向天空
>
> 看向我的亡夫
>
> 他的眼睛就甜蜜地闪烁
>
> 我看到一朵云层；
>
> 当我望入水中
>
> 就像望入一座坟墓
>
> 如果我歇息
>
> 睡在我的床上，
>
> 我就感觉到他在触碰我：
>
> 在清醒时，在睡梦中
>
> 永远在我的心上。

玛丽·斯图亚特对弗朗索瓦二世的这种哀悼不仅仅是一种诗歌层面的虚构，而是表达了诚实真挚的遗憾，这是毋庸置疑的。因为在失去弗朗索瓦二世的时候，玛丽·斯图亚特失去的不仅仅是一个意愿良好、乐于屈服的同伴，一位满怀柔情的朋友，她也失去了自己在欧洲的地位，失去了她的权力、她的稳固地位。很快，这位天真的孀妇就察觉到了身为宫廷里的第一夫人和突然成为第二夫人有多么大的区别，她现在成了恩典之下的食客。而她已经令人压抑的情况还因为敌对的势力进一步恶化，她的婆婆凯瑟琳·德·美第奇几乎刚刚重新成为宫廷的第一夫人，就开始反对她。玛丽·斯图亚特曾经用一个愚蠢的词对这个经验丰富、非常阴险的来自美第奇家族的女人进行过致命的侮辱，她轻蔑地将这个出身更加低微的女人称为"商人的女儿"，将她的出身与自己的出身，与自己世代继承的国王尊严进行比较。这种未经深思熟虑的举动——在面对伊丽莎白的时候，这个缺乏建议、脾气狂躁的少女也犯下了类似的错误——在女人之间比公开的侮辱更可怕。凯瑟琳·德·美第奇因为狄安娜·德·普瓦捷压抑了二十年自己的野心，为玛丽·斯图亚特压抑自己，现在得到了政治权利，就满怀仇恨地让这两位倒台者感受一下被统治和被挑衅的滋味。

但玛丽·斯图亚特——她现在清晰地表现出了性格中的关键特征：不受束缚、绝不屈服、像男子一般坚不可摧的骄傲——她不想屈居第二，她那颗高贵而又激烈的心绝对不会满足于微不足道的位置，满足于有权力的等级。她宁可什么都没有，宁可去死。在一瞬间里，她想永远隐退到一座修道院里，放弃所有的等级，既然这个国家里最高的等级已经再也不可以得到了。但生活的诱惑太大了，尤其是对一个十八岁的少女来说，永远的放弃违背了她的天性。此外：她还有可能在失去一顶王冠以后得到另一顶王冠。西班牙国王已经派来了两位使者，为未来新旧两个世界的统治者堂·卡洛斯求婚，奥地利宫廷已经派来了秘密的谈判者，瑞典国王和丹麦国王也把自己的宝座递到她的手里。最终，她还有自己的一顶王冠——苏格兰王冠，她还依然在要求另一顶邻近的王冠，也就是悬而未决的英格兰王冠。这位少女守寡的王后，这位刚刚进入盛放年龄的王后面前依然有着难以估量的可能性。只是她再也无法得到命运的馈赠和从天而降的礼物，而是从现在开始不得不靠搏斗来赢得一切，通过技巧与耐心来打倒对手。但是她心里有这样的勇气，面容这样美丽，火热地绽放的身体是如此年轻，她可以不假思索地加入最大胆的赌局。玛丽·斯图亚特怀着坚决的灵魂，开始为了她的遗产斗争。

当然：与法国告别对她来说并不轻松。她在这个王侯的宫廷里生活了十二年，这个美丽、富饶、充满感官娱乐的国家比起已经沉落在童年时期里的苏格兰更像她的家乡。在这里，有母亲的亲戚保护她，在这里，有她幸福地居住过的城堡，有赞美她和理解她的诗人，有轻松的、骑士风格的优雅生活，她知道自己的内心深处向往的就是这种生活。因此，她犹豫了一个又一个月，尽管自己的王国已经发出了最迫切的呼唤，要求她回到祖国。她去舒昂维尔和南希探望亲戚，去兰斯参加十岁的小叔子查理九世的加冕典礼。她总是在试图寻找一个又一个借口，好像是受到了某种神秘预感的警告，推迟着自己动身的日期。好像她实际上是在等待命运的转机，可以不用回到的家乡苏格兰。

因为尽管这位十八岁的少女在处理国家事务的时候还是个新手，非常缺乏经验：玛丽·斯图亚特却肯定明白了一件事，在苏格兰，严酷的考验正在等待着她。自从替她进行统治的母亲也就是摄政太后去世，那些信仰新教的勋爵，她最为麻烦的对手就占了上风，几乎不再掩饰自己的抵抗，不想把一位信仰天主教的女人、一位备受憎恨的弥撒的追随者请回这个国家。他们公开宣称——英格兰的使者兴高采烈地向伦敦报告了这件事情——，"他们想把女王来苏格兰的日期再推迟几个月，如果没有服从的义务，他们甚至永远也不想见到她。"他们早就在背地里玩起了险恶的游戏，试图向英格兰女王推荐另一位合法的王位继承人来做她的丈夫，那就是信仰信教的阿兰伯爵，这样就可以把确定属于玛丽·斯图亚特的王冠以不合法的方式交到伊丽莎白的手里。玛丽·斯图亚特也不能信任自己同父异母的兄弟，梅里伯爵詹姆斯·斯图亚特，他按照苏格兰议会的命令来法国接她，因为他和伊丽莎白走得太近了，非常可疑，很可能已经被收买，为伊丽莎白效力。只有她迅速回国，才能及时地解决所有这些阴谋诡计，只有依靠从她的祖先，从斯图亚特家族的众多国王那里继承下来的勇气，她才能捍卫自己的王位。所以玛丽·斯图亚特终于下定了决心，沉重的内心怀着阴郁的预感，追随了这次并不是诚心诚意，而是自己也半信半疑的呼唤。

但是在她踏上自己的国土之前，玛丽·斯图亚特还是不得不意识到，苏格兰的边界之外就是英格兰，不是她自己，而是另一个女人才是那个国家的女王。伊丽莎白既没有什么理由，也没有什么兴趣让她的对手和王位竞争者的生活过得轻松，她的国务部长塞西尔以愤世嫉俗的方式公开赞同这种敌对行为："苏格兰女王的事务拖得越久，就对陛下您的事业越是有利。"因为那种纸面上的和家徽上的对王位的要求还没有停止。尽管苏格兰使者在爱丁堡已经和英格兰使者签订了一份条约，以玛丽·斯图亚特的名义保证，伊丽莎白"随时受到欢迎"①，也就是说，伊丽莎白始终在统治，作为英格兰的合法女王得到了承认，但之后，这份条约被送到了巴黎，毫无疑问应该被签署，玛丽·斯图亚特和她的丈夫弗朗索瓦二世却不肯签字。她不愿意在笔头上承认这件事情，她永远也不会放弃在自己家徽上对英格兰王冠的要求，就像扛着一面旗帜，不允许这面旗帜降落一样。无论如何，她

---

① 原文为英语。

已经准备好把这种政治权利先保留下来，但她永远也不会公开而诚恳地放弃她祖先的遗产。

这种模棱两可的状况是伊丽莎白所不能容忍的。苏格兰女王的使者们以她的名义在爱丁堡签订了条约，因此，她解释道，那么玛丽·斯图亚特就有义务签下自己的名字。伊丽莎白不满足于这种"默认"①，这种秘密的承认，因为她的国家里还有一半人口是狂热的天主教徒，而作为一位新教徒，一位信仰天主教的窥伺王位者对她来说并不仅仅意味着王位危险，也意味着生命危险。如果那位已经成了敌手的女王不干净利落地放弃自己的要求，那么伊丽莎白就无法成为真正的女王。

伊丽莎白认为，没有人可以否认她在这件事上具有毫无疑问的权力，但她用小气且低劣的方式去解决巨大的政治争端，这使得她的举动也迅速丧失了合法性。女人们在从政的时候总是具有一种危险的特性，仅仅是用微小的针刺伤害对方，用个人的恶意毒害矛盾，现在，这位一向耳聪目明的女统治者也犯下了女人从政的永恒错误。玛丽·斯图亚特为了前往苏格兰，正式申请一份"平安过境许可"②——我们今天会称之为：过境旅行证——，她出于宫廷礼仪，只是在形式上遵守官方的礼节，因为无论如何，回家的海路对她来说一直都是开敞的：如果她想要取道英格兰，那么她就给她的对手默默地提供了一个友好谈判的可能性。伊丽莎白却立刻抓住了这个机会，想要刺伤自己的竞争对手。她对这种礼貌的行为报以粗俗的不礼貌，宣称她拒

---

① 原文为英语。
② 原文为英语。

绝给玛丽·斯图亚特开出"平安过境许可"[1]，除非她在《爱丁堡条约》上面签字。她想要打击一位女王，却侮辱了一位女性。她没有采用有力的战争威胁的姿态，而是选择了以恶毒和无力的方式进行个人伤害。

两个女人内心的冲突已经撕开了纱幕，她们以生硬、热切的眼神彼此逼视，骄傲地对峙。玛丽·斯图亚特立刻就召见了英国大使，激动地斥责他："没有什么比这件事情伤我更深了，我怎么会这样忘记了我的身份，向你们的君主，向你们的女王请求恩惠，实际上我根本不需要这种恩惠。不需要她的批准，我也可以旅行，就像她旅行不需要我的批准一样，没有她的通行证和许可证，我也可以回到我的王国里。当我来到这个国家的时候，尽管你们的先王在道路上设置障碍，想要把我截住，但您也知道，大使先生，我还是安然无恙地来到了这里，我也一样会找到很好的方法回去，用同样的方式回到家里，我会呼吁我的朋友帮助我……您经常对我公开说明，我们两位女王之间的友善是值得期盼的事情，这对我们双方都有好处。我现在有一些理由认为，你们的女王并不赞同这个观点，不然的话，她就不会这样不友善地拒绝我的请求。似乎她更愿意得到我那些不顺从的臣民的友谊，更看重他们的友谊，而不是我的，尽管我是和她处于等级相同的统治者，就算我的才智和经验不如她，但我也是她最近的亲属和最近的邻居……我对她别无所求，除了友谊，我并没有扰乱她的国家，也没有和她的臣民进行谈判，但我知道，在她的王国里会有许多人乐于接受我的提议。"

---

[1] 原文为英语。

这是一种强硬的威胁，也许强硬胜过了明智。因为玛丽·斯图亚特在还没有踏上苏格兰的土地之前就已经泄露了自己的秘密企图，那就是在英格兰和伊丽莎白作战。使者说所有的艰难只是因为一件事，就是玛丽·斯图亚特把英格兰的纹章绘制进了自己的家徽。面对这项指责，玛丽·斯图亚特立刻给出了回答："大使先生，那时候我受到了我的公公国王亨利的影响，还有我的统治者与丈夫，也就是国王的影响，我每一次都遵守他们的命令和规定。自从他们死后，您也知道，我就既没有使用过那个家徽，也没有使用过英格兰女王的头衔了。我相信，这个举动肯定可以让英格兰女王安下心来。此外，从我的角度来看，我并没有觉得英格兰女王受到了不名誉的对待，就因为我作为女王同样对英格兰的纹章提出了要求。因为我知道，有一些等级更加低微的人们、有一些亲缘关系没有我这么近的人也在使用这个纹章。您也不能否认，我的祖母是她父王的姐妹，而且还是更年长的一位。"

友善的形式下又开始闪烁出危险的警示：玛丽·斯图亚特强调她是较为年长的支脉的后裔，再一次捍卫她的权利。使者一如既往地请求她不要误会，结束不友善的局面，遵守她的诺言，签署《爱丁堡条约》，玛丽·斯图亚特也一如既往，在涉及这个棘手的事务的时候就逃避问题，开始拖延：她在和苏格兰议会进行商议之前绝对无法这么做。而大使也不想以伊丽莎白的名义给予承诺。只要谈判涉及这个棘手的转折点，需要有一位女王或者是另一位女王清楚地放弃自己的权利，不坦诚就开始了。每个人都把自己的王牌痉挛着攥在手里，这样游戏就没完没了地拖延下去，走向了悲剧。玛丽·斯图亚特最终生硬地中断了有关通行证的谈判，就像是剪裁布片的时候会发出那种尖锐的撕裂声音："如果我的不是已经做了那么多准备工作，那么你们的女王，你们的君主这种不友善的行为也许会阻碍我的旅行。但现在我下定了决心，要冒险去做我应做事情。我希望我们一路顺风，不必在英格兰的海岸线上靠岸。如果这样的事情发生了，那么你们的女王、你们的统治者就会把我抓到她的手里。在这种情况下，她可以随意地处置我，如果她的心肠那么硬，想要杀死我，就把我当作她的战利品吧，把我牺牲掉吧。也许这样的解决方案对我来说比活着更好。在这件事情上，我就听凭上帝的意志吧。"

玛丽·斯图亚特的这些话语又显露出了危险、自负和坚决的语调。她的天性还是较为软弱、随意和轻率，热爱生活的享乐本能胜过了斗争本能，但只要事情涉及了她的荣誉，触及到了她的权利，这个女人就立刻变得像钢铁一样坚硬、顽固和勇敢。她宁可毁灭也不屈服，宁可犯下具有女王风度的愚行，也不做谨小慎微的弱者。大使受到了打击，向伦敦报告了他的失败，而伊丽莎白这位具有国家级别的智慧和变通能力的君主马上就让步了。通行证制作完毕，被寄到了加莱。但是它晚到了两天。因为玛丽·斯图亚特已经下定决心，踏上了道路，冒险开始了航程，尽管还有英格兰的海盗船在海峡里穿梭。她宁可自由而勇敢地选择一条危险的道路，也不要忍受屈辱的代价选择安全的道路。伊丽莎白已经错过了通过宽宏大量来解决这个咄咄逼人的世界危机的唯一机会。但是理智和政治很少遵循同样的道路：也许正是这些错过的机会推动了世界史戏剧性的塑形过程。

就像夕阳的辉光幻象一般地映照着一片风景，给这片风景镀上了金光，玛丽·斯图亚特在告别的时刻再一次经历了法国的仪式与她的名誉相匹配的奢华排场。作为一个以国王新娘的身份踏上这片土地的人，她不能在无人引导、无人陪伴的情况下离开这个即便她已经失去了王座的地方，必须要广而告之，苏格兰女王并不是作为一个可怜的、孤独的孀妇，作为一个软弱而无助的女人回到了自己的家乡，有法国的刀剑和荣誉捍卫着她的命运。一群骑士从圣日尔曼宫伴随着她一直来到加莱。马匹装饰着色彩鲜明的鞍鞯，骑士穿着华丽的法国文艺复兴风格的服装，武器叮当作响，法国贵族身上披挂着镀金的、锻造工艺精美的盔甲，骑在马上陪伴着国王的孀妇，前面是一辆华丽的马车，里面坐着她的三位舅舅，他们是吉斯公爵、洛林红衣主教和吉斯红衣主教。她自己则被忠心的"四玛丽"、贵族女性和侍女们包围着，被侍童、诗人和乐师簇拥着，在这五彩斑斓的队伍后面是装满了珍贵居家用品的箱子，一只带锁的小匣子里放着属于王冠的珠宝。女王玛丽·斯图亚特就像来这里的时候一样，威严而充满荣誉，闪烁着伟大的光华，离开了她内心的故乡。只是她的眼里已经不再有童年时期如此美丽、如此无忧无虑地闪烁过的欢乐，只有一半光明，一半黑暗了。

王侯的队列大部分留在了加莱。贵族们骑马回家。他们明天还要在卢浮宫里服侍另一位孀居的王后，因为对宫廷人士来说，重要的永远都是尊严，而不是负载这种尊严的人。所有这些人都会忘记玛丽·斯图亚特，一旦海风吹动了这艘巨型帆船，所有人的真心都会离开她，尽管他们此刻正怀着迷醉的目光跪在她的面前，发誓即使她身在远方，也要永远效忠于她：对骑士们来说，这次告别和护送只意味着一场激情洋溢的仪式，就像加冕典礼和葬礼一样，此外无他。在玛丽·斯图亚特动身离开的时候，只有诗人们感到了真诚的悲伤和犹豫，因为他们更敏锐的感官有着预见和警示的天赋。他们知道，随着想要创造一个快乐与审美的宫廷的年轻女人的离去，缪斯也将离开法国，现在对他们来说，对所有的人来说，一段黑暗的年月即将到来：那是政治的时代，内讧与纷争的时代，与胡格诺教徒作战，圣巴托洛缪之夜[1]，狂热与暴动。骑士精神、浪漫主义、明媚而又无忧无虑的美、艺术的胜利都将随着这位少女的身影而消逝。"七星"的星宿，诗歌的七星即将在阴暗的战时天空中变得苍白。他们抱怨道，随着玛丽·斯图亚特的离去，精神层面的美丽欢愉也一起离去了：

那一天，同一艘海船从法国带走了
那些缪斯女神，她们曾经栖身在这里。

隆萨尔再一次受到了触动，每当青春和优雅触动了他的内心的时候，他就似乎又变得年轻了，他在哀歌《告别》[2]中描绘了玛丽·斯图亚特的所有美丽，好像他想要至少把他那双热切的眼睛永远失去的东西留在诗歌里，他以非常坦率的悲悼之情写就了一首真正感人、饱经传颂的哀诉：

诗人的双唇还要如何歌唱，
当你离开，而缪斯女神陷入了沉寂？
一切美好的事物都不会永存，
玫瑰与百合只统治了一个春天。

---

[1] 圣巴托洛缪之夜：1572年8月23日巴黎天主教徒对新教徒的一次大规模屠杀行动，共杀死2000多人。
[2] 原文为法语。

你的美丽也是这样,仅仅在我们法国

闪现了十五年,就消失不见,

像一道逐渐消失的闪电,

她只给我留下了遗憾,

还有不断令我失望的绝望

心中永远充满对这位公主的记忆。

当法国的宫廷、贵族和骑士匆匆忘记了这位远行的少女的时候,只有所有的诗人们还在继续为他们的王后效劳。因为对诗人来说,不幸只不过是一种崭新的高贵,他们歌颂过她作为统治者的美丽,现在在她的哀伤之中,她又得到了他们加倍的热爱。他们直到最后都保持着忠诚,歌颂着她的生和她的死,陪伴着她。永远都是这样,如果有一个高贵的人的生活就像是一首诗,就像是一部戏剧,就像是一首舞曲一样活到了尽头,就会有诗人走上前来,一而再地塑造他那亘古常新的生活。

在加莱港,一辆华丽的、漆成白色的巨型帆船在等待着她,在这艘飘扬着法国王旗和苏格兰王旗的军舰上,她由三位王后舅舅、精心挑选出来的宫廷骑士和忠诚的玩伴"四玛丽"陪伴着,还有另外两艘船给她护航。但帆船还没有驶出内港,风帆还没有飘扬过来,玛丽·斯图亚特望向大海的第一眼就已经瞥见了不祥的征兆:一艘驶进来的小船翻了船,船员面临着溺死的危险。玛丽·斯图亚特离开法国,准备摄政的时候看到的第一幕场景成了一个阴沉的象征:一艘船因为驾驶不善,正在被卷入深渊。

不知是这个征兆带来了隐秘的恐惧,还是出于失去这个家乡的悲伤,还是由于这一切都将一去不复返的预感:无论如何,玛丽·斯图亚特没有办法把泪水朦胧的双眼从这片土地上移开,她曾经在这里是那么的年轻,那么的一无所知,因此是那么的幸福。布兰托姆以感人至深的笔触描绘出了她在离别时分的深沉痛楚:"当船刚刚驶出海港的时候,一阵清风吹起,人们张开了船帆。她站在船舵那里,两只手扶在船舷上,开始大哭,她一直都在用那双美丽的眼睛看着海港,看着这个地方,不断重复着那句悲哀的话语:'再见了,法兰西。'直到入夜。人们建议她进船舱里休息,但她坚决地全部回绝。于是人们在甲板上给她准备了一个床铺。她严厉地命令副舵手,只要天一亮,只要还能从远处看得见法国的地平线,就立刻把她叫醒,不要害怕,要大声叫她起来。她的愿望果然幸运地实现了。因为这之后风就停了,人们不得不划桨行船,一个晚上也没有走出多远。天亮的时候,法国的地平线依然还清晰可见。舵手几乎刚刚完成了自己的任务,她就从自己的床铺上起来了,望了过去,望向那片陆地,只要她还看得见这片陆地,她就不断地重复着这句话:'再见了,法兰西,再见了,法兰西!我觉得,我再也没有办法见到你了。'"

# 第四章 回到苏格兰

1561年8月

玛丽·斯图亚特于1561年8月19日在雷斯登陆，一团浓重的迷雾笼罩着海岸，这在北部的夏天非常罕见。但抵达苏格兰与告别"亲爱的法兰西"①的场景是多么的不同啊。在那里，有身穿彩衣的法国贵族陪伴着她庄严的队列，王侯与伯爵、诗人与音乐家都以符合宫廷礼节的方式竞相表达着他们的敬畏与问候。但这里没有人在等待着她。直到船只靠岸的时候，才有几个惊讶和好奇的人聚集起来。几个穿着粗糙的工作服的渔夫、几个闲晃的士兵、几个商人和几个把自己的羊群带到城里售卖的农夫。与其说是振奋，不如说是怯懦地望着他们，看着这些穿着华服、戴着隆重的饰品的女王侯和贵族从船上登岸。双方都以陌生的眼神注视着彼此。这是一次粗鲁的欢迎，就像这个北方国度的灵魂一样，冷硬而严苛。玛丽·斯图亚特在最初的几个小时里就痛苦地认识到了她家乡的贫困，在五天的航海之后，她实际上来到了

---

① 原文为法语。

一百年前，从一种伟大、丰富、繁盛、强调挥霍和自我享乐的文化来到了一个狭窄、阴暗而悲惨的世界。因为这个城市已经被英格兰人和起义者洗劫过、焚毁过几十次，所以没有宫殿，没有一栋贵族的住所有资格接待她：女王在自己的国度里不得不在一个普通商人的家里过夜，这才找到了一个栖身之处。

第一印象对灵魂有着巨大的权力，它会深刻而又宿命般地给灵魂打上烙印。也许这个年轻的女人自己也不知道，当她在十三年后像一个异乡人一样再次踏上自己的国土的时候，那种抓攫了她的力量究竟是什么。那是一种怀乡之情，无意识地渴望着她在法国的土地上学会热爱的温暖而甜蜜的生活，还是这片灰暗陌生的天空的阴影，或者是对即将到来的危险的预感？无论如何，玛丽·斯图亚特——几乎是独自一人——布兰托姆是这样讲述的——流下了泪水。并不是像征服者威廉那样，怀着真正的王者的强大与自信，双脚踩在不列颠岛上——她最初的感受是备受拘束，是对未来将要发生的事情的预感与恐惧。

第二天，得到了消息的摄政王赶了过来，他是她同父异母的哥哥詹姆斯·斯图亚特——以梅里伯爵这个名字著称——，还有另外几个贵族也快马加鞭地赶了过来，想要作为与她身份相匹配的陪同护送她来到临近的爱丁堡。但这并不是什么庄严的队列。英格兰人用了一个拙劣的借口，说要捕捉海盗，扣下了一只她用来把骏马运送到宫廷的船只，在小城雷斯只能找到一匹对王后来说还算是实用、鞍辔还比较像样的马，因此其他的女人和她们的陪同不得不非常气恼地骑在从城市附近的马厩里匆匆征来的皮毛粗糙的农村劣马上。就在这一刻，玛丽·斯图亚特再次泪水盈眶，她不得不再一次感受到，她丈夫的去世意味着多么大的损失，她仅仅是苏格兰的女王，而不再是法国的王后。以如此寒酸、如此尊严尽失的样子出现在她的臣民面前，有损她的骄傲。因此，她没有穿过爱丁堡的街道进行"欢乐的入城式"①，而是在城墙外面立刻就带着自己的随从进入了霍利罗德城堡。她父亲建筑的房屋幽暗地躺在风景的深处，只能看到圆形的塔楼和锯齿形的堡垒墙垣。第一眼从外面看过去，方石砌成的墙壁规模壮大，形状清晰。

但是对这个习惯了法国生活的女人来说，这座城堡的内部房间是多么的寒冷、多么的空旷、多么的凄凉啊！房间里没有织花地毯，也没有被意大利镜子从一面墙映照到另一面墙上的火光，没有珍贵的丝织品，没有银器与金器的光闪。这里已经有几年没有作为宫殿使用了，这些荒凉的房间里早就没有了笑声，自从她的父亲死后，就没有一双国王的手来翻新和装修这栋房子。在这里也只能够看到满目疮痍的贫困，这是她的王国古老的诅咒。

爱丁堡的居民刚一听说他们的女王来到了霍利罗德城堡，所有人就都在夜晚出动，来对她表示欢迎。这种欢迎对这位习惯了法国贵族那种异常精致、娇生惯养的品味的女人来说有一点粗鲁，有一点野蛮，没有什么值得赞叹。爱丁堡的市民没有什么"宫廷乐师"②来向这位隆萨尔的女弟子献上柔美的情歌和充满艺术气息的抒情诗来取悦她。他们只能按照古老的方式为自己国家的女王进行庆贺，用这个贫困地区唯一盛产的枯树枝，在广场上堆成堆，彻夜点燃明亮的"篝火"③。然后聚集在她的窗下，吹着风笛，吹着牧笛，吹着其他笨拙

---

① 原文为法语。
② 原文为法语。
③ 原文为英语。

的乐器，这对他们来说是音乐，对那些有教养的客人来说却是地狱里的噪音；他们还伴着乐器唱起了歌——因为他们的加尔文教派的牧师禁止他们唱世俗歌曲——用粗糙的男人嗓音唱起了赞美诗和其他虔诚的歌曲，怀着最好的意志，但无法提供更多的东西了。可是玛丽·斯图亚特对这场热烈的欢迎表现得非常高兴，至少是展现出了礼貌和高兴。至少在她刚刚抵达苏格兰的那一刻，君主和她的人民之间又出现了几十年来不曾有过的和谐。

有一项非常艰巨的任务在等待着这位在政治上完全缺乏经验的统治者，无论是女王还是她的顾问在这件事情上都看得一清二楚。苏格兰最为机智的一位大贵族迈特兰·列廷顿曾经对玛丽·斯图亚特抵达写过一句预言式的话语，说她将会不可抑制地引发异常的悲剧（"这件事无法不引起许多奇妙的悲剧"[①]）。即便是一个精力充沛、决心坚定的男人用铁拳来捍卫，也没有办法长久维持这里的平静，更不用说一个对自己的国家不甚了解、扮演统治者又异常生疏的十九岁少女了！一个贫困的国家，一群腐败的贵族，抓住任何机会发动起义，热衷于战争，还有无数的大家族，永远都活在自己的斗争与仇恨之中，永远都在等待着一个机会，好将自己的仇恨转化为内战，还有天主教与新教的神职人员，残酷地争夺着统治权，还有一个警惕的、充满危险的邻居，抓住任何机会，伸出巧妙的手来煽动不安，还有世界上的许多其他势力的敌意，它们想要毫不留情地将苏格兰卷入到它们血腥的游戏之中：这就是玛丽·斯图亚特所面对的局势。

在她踏上自己国家土地的那一刻，这场战争就已经图穷匕见。

---

① 原文为英语。

她从自己的母亲那里继承下来的并不是一个装得满满的钱箱,而是一个真正的"祖传的恶魔"①:宗教的纷争在这里比在任何地方都能够摧毁人的灵魂。就在她自己还毫无觉察,在法国幸福快乐地度过的那几年里,宗教改革已经取得了成功,胜利地渗透了苏格兰。从宫廷到家宅,从村落到城市,从家族到家庭之间现在都存在着一道可怕的裂隙:部分贵族信仰新教,另一部分信仰天主教,各个城市转向了新的宗教,而乡村依旧信仰古老的宗教,各个家族互相作对,一代人和另一代人作对,两个党派始终由狂热的神职人员挑起仇恨,而且还受到外国势力的支持。但对玛丽·斯图亚特来说,最危险的事情乃是,最为强大、最富有影响力的贵族中间也有一部分处于敌对阵营,也就是说,处于加尔文教派的阵营。可以得到富有的教会财产的机会让这些贪求权势的叛乱者们目眩神迷。终于,他们找到了一个漂亮的借口,作为真正教会的捍卫者,作为"会众勋爵"来反对他们的统治者,要进行这样的反抗,他们在英格兰已经找到了帮手。平素节俭的伊丽莎白已经牺牲了20万英镑,想通过起义与战争粉碎信仰天主教的斯图亚特家族对苏格兰的统治,即便是那时已经庄严地缔结了和平,玛丽·斯图亚特的很大一部分臣民也还在收取她的贿赂。在这样的打击之下,玛丽·斯图亚特可以建立起平衡的局面,也就是自己改宗信仰新教,也有一部分顾问激烈地恳求她这样做。但玛丽·斯图亚特是一个吉斯家族的孩子。她出自最为狂热的天主教捍卫者家族,如果说她自己不是怀有着狂热的虔诚之心,那么她也依然忠诚而满怀热情地献身于父辈和祖先的信仰。她永远也不会失去自己的坚信,即便是面临

---

① 原文为拉丁语。

着最可怕的危险，她那勇敢的天性也宁可选择永恒的战斗，而不是一劳永逸却违背自己良知的怯懦行为。但这就在她与贵族之间创造了一道难以愈合的裂痕。如果一位统治者和他的臣民信仰的不是同一种宗教，就总是会出现危险。因为这样一副天平不可能总是在两个极端之间晃来晃去，必须有一方占据上风。实际上，玛丽·斯图亚特只需要做出一个选择，是成为宗教改革的领导者，还是被它击溃。路德教派、加尔文教派与罗马教廷之间的分庭抗礼越来越不可遏制，这个趋势通过一个神奇的偶然事件，恰好在她的命运中得到了戏剧性的体现。伊丽莎白和玛丽·斯图亚特之间的个人斗争、英格兰和苏格兰之间的事件也因此得到了决定——因此这件事才具有重大的意义——此外，英格兰与西班牙之间的事情、改革派与反改革派之间的事也得到了决定。

这种对命运产生了重大影响的局面还因为一个情况变得更加艰难，也就是宗教分裂的情况一直深入到了她的家庭里、宫殿里和议事厅里。苏格兰最具有影响力的人物就是她同父异母的兄弟詹姆斯·斯图亚特，梅里伯爵，她不得不委托他领导国家事务，但他是一个坚定的新教徒，是所谓"新教会"的保护人，而她作为虔诚的天主教徒，不得不把这一切都斥之为异端。四年前，他就已经在保护人的誓言，也就是"会众勋爵"[①]的誓言上面第一个签下了自己的名字，保证"摒弃撒旦的教义，从现在起，宣布它的迷信和它的偶像崇拜是自己公开的敌人"。他们所摒弃的撒旦宗教（"撒旦的会众"[②]）不是别

---

① 原文为英语。
② 原文为英语。

的，正是天主教，也就是玛丽·斯图亚特信仰的宗教。这样一来，女王和摄政王从一开始就在最基本、最重要的生活形式上产生了分歧，这并不能带来和平。因为在内心深处，女王只有一个念头：压制苏格兰的宗教改革运动。而她的摄政王哥哥也只有一种意志：将新教的地位提升为苏格兰唯一的国教。这种尖锐的信仰问题的分歧必定会不可避免地导致一场公开冲突。

詹姆斯·斯图亚特注定要在玛丽·斯图亚特的戏剧中扮演一个至为关键的角色，命运为他构思了一个伟大的角色，他也知道如何用大师般的技巧进行演绎。他们两个是同父异母的兄妹，当时他们的父亲已经和一个苏格兰贵族家庭的女儿，玛格丽特·厄斯金维持了多年的情人关系，由于梅里具有王室的血脉，而且天生就具有钢铁般的精力，他是最适合的王位继承人。只是詹姆斯五世出于政治地位的弱势，不得不放弃与他非常钟爱的厄斯金小姐缔结一段合法婚姻的想法，为了巩固自己的权力，改善自己的财政状况，迎娶了一位法国公主，也就是玛丽·斯图亚特的母亲。这样一来，非婚生的瑕疵就成了这个野心勃勃的王子的负担，一直以来都在阻拦他通往王位的道路。尽管教皇已经公开答应了詹姆斯五世的请求，承认这个孩子和他父亲的其他五个私生子一样具有王室的血统，梅里依然还是一个不受尊敬的私生子，没有权利继承父亲的王位。

历史和历史最伟大的临摹者莎士比亚塑造了无数次私生子灵魂层面的悲剧，他是儿子，又不算是儿子，国家、宗教和世俗的律法都无情地剥夺了大自然在他的血液里和面孔上打下烙印的权利。他受到偏见的审判——这是一切判决之中最为冷酷的、最不可改变的——，非婚生的孩子，没有在国王床上降生的孩子不得不屈居更多软弱的孩子后面，那些孩子更软弱，是因为他们的出生不是出于爱情，而是出于政治的考量，而他要在自己应该发号施令、占为己有的地方永远居于人后，被人排挤，被斥为乞丐。但如果有一个人明显地打上了这种不如别人的烙印，那么这种不如别人的感受就会持续下去，不是使他经历毁灭性的削弱，就是使他得到至关重要的增强，这样的压力可以破坏一种性格，也可以以神奇的方式对一种性格进行锻造。怯懦温和的人们会因为这样的屈辱而变得比原来的样子更加渺小，会作为乞丐和食客，依靠那些得到了合法承认的人们的赠礼过活，为他们效劳。但坚强的人们会因此而爆发出所有隐而不宣的力量，如果不能以良好的意志保证他们走上正途，通往权力，他们就要学会为自己创造权力。

梅里的天性就非常坚强。斯图亚特的皇族血脉带给他的疯狂的坚决、骄傲与统治意志都在他的血管里强劲而阴沉地涌流着。作为一个男人，作为一个人，他的机智与明晰的坚决远远胜过了那些土匪一般渺小的勋爵与男爵。他的目标着眼深远，他的计划在政治层面经过了深思熟虑，这个三十岁的男人和他的妹妹一样聪明，但他的深思熟虑和经验丰富远远胜过了她。他俯视着自己的妹妹，就像俯视着一个玩耍的孩童，只要她的游戏没有触及他的利益，就任她玩耍，因为作为一个成熟的男人，他已经不再像自己的妹妹那样，顺从于自己猛烈的、神经质的、浪漫主义的冲动，他并没有作为统治者的英武气概，但他了解等待与安然忍耐的秘密，这比昙花一现的热情冲动更能确保成功。

一个人真正具有政治天赋的第一个征兆，一直以来都是可以提前放弃无法实现的目标。对非婚生的王子来说，无法实现的目标就是王冠。梅里伯爵永远也无法称呼自己为詹姆斯六世，他很清楚这一点。

于是这位深谋远虑的政治家从一开始就绝口不提成为苏格兰国王的要求，这样就更有把握一直担任苏格兰的统治者——摄政王，既然他永远也成不了国王。他放弃了权力的象征，放弃了外在的表象，他牢牢地握在手里的只有真正的权力。在还很年轻的时候，他就以非常理智的方法攫取权力。他从自己的父亲那里继承了许多财富，也得到了其他人的许多馈赠，他利用没收教会财产的机会，利用战争，每一次都坐收渔利，第一个把自己的渔网装得满满的。他毫无顾虑地接受伊丽莎白的津贴，当玛丽·斯图亚特作为女王回国的时候，她不得不承认他已经是这个国家最富有、最有权势的人了，地位已经非常强大，没有人可以把他铲除。她更多的是出于困境，而不是出于真情实感的喜爱，才来寻求他的友谊。为了巩固她自己的统治，她给这位同父异母的哥哥所有他所渴望的东西，喂养着他那对财富和权力的不知餍足的贪欲。现在，梅里伯爵的双手——这对玛丽·斯图亚特来说是一件幸事——确实可靠，知道何时应该控制，何时应该屈服。梅里伯爵就是一个天生的政治家，始终奉行中庸之道：他是新教徒，却不去毁坏圣像，他是苏格兰的爱国主义者，但是蒙受了来自伊丽莎白的极大恩惠，他是勋爵们的好朋友，但是也知道在特定的时候向他们展示出铁腕——总的来说，他是一位冷酷的、缺乏神经的算计者，没有被权力的假象所迷惑，只满足于真正的权力。

这样一个非同寻常的男人只要站在玛丽·斯图亚特的一方，就是她不可多得的珍宝。只要他反对她，就是她巨大的危险。作为与她血脉相连的兄长，就连非常自我中心的梅里伯爵也有兴趣维持她的权力，因为如果是一个汉密尔顿家族的人或者是戈尔登家族的人处于她的地位，他就不会得到如此不受限制的权利和自由进行摄政了。因此只要他还能把真正的权力握在手里，他就很高兴看到她作为王权的代表，毫无嫉妒之情地看着她在庄严的典礼上拿着权杖，戴着王冠。但是就在她试图自己进行统治，削弱他的权威性的那一刻，斯图亚特家族钢铁一般坚硬的骄傲就和另一个斯图亚特家族成员的骄傲相撞了。没有什么比彼此相似的人出于同样的冲动，怀着同样的膂力进行奋战更可怕的敌对关系了。

就连玛丽·斯图亚特宫廷里第二重要的人，国务秘书迈特兰·列廷顿也是一个新教徒。但他在一开始也站在她这一方。迈特兰头脑机智，做事灵活，非常有教养——"智慧之花"①，就像伊丽莎白曾经称呼他的这样——他觉得最好不要像梅里伯爵那么专横和骄傲。作为外交家，他很喜欢错综复杂的政治游戏和阴谋诡计，还有各种政治技巧。他所看重的不是僵化的原则，不是宗教和祖国，也不是女王和王国，而是同时在所有的赌局里下注，随心所欲地编结或者是解开线索。他本人以一种奇特的方式忠于玛丽·斯图亚特——"四玛丽"中间的玛丽·弗莱明成了他的妻子——既不是完全忠诚，也不是完全不忠。只要玛丽·斯图亚特还能取得成功，他就为她效力，只要她陷入危险，他就离她而去。他就是一面风信彩旗，她能通过他认出是顺风还是逆风。因为作为一位真正的政治家，他并不效力于她，效力于一位女王和一个朋友，而只是效力于她的运气。

这样一来，在自己的身边，在自己的城市里和自己的家里——悲惨的前兆！——在抵达的时候，玛丽·斯图亚特都找不到一位可靠的朋友。但无论如何，有梅里伯爵和迈特兰在身边，还可以进行统治和

---

① 原文为英语。

制定协议——只是那个不可原谅的残酷敌人，那个有着冷酷而又嗜血的念头的对手，那个强大的、来自人民的人从一开始就与她针锋相对：那就是约翰·诺克斯，爱丁堡的人民传道者，苏格兰"新教会"的组织者和领导者，宗教煽动的大师。他掀起了一场不是存在就是消亡、不是生存就是死亡的战争。因为约翰·诺克斯的加尔文主义绝对不仅仅包括教会方面的改革性创新，也要改变僵化的国教系统，因此在一定程度上是新教的高级形式。他作为领导者，怀着君临天下的气度登台，狂热地嘶声宣布，就连国王也应该向奴隶一样服从于他的神学命令。玛丽·斯图亚特的天性柔和软弱，有可能赞同圣公会、路德教派或者任何一种温和形式的改革派宗教。但是这种妄自尊大的加尔文主义对一位真正的统治者来说却是绝对不可能接受的，即便是伊丽莎白，她为了政治目的雇佣诺克斯，为了给她的竞争对手制造困难，但也因为难以容忍他的妄自尊大而厌恶他本人。这种阴沉的狂热在一开始会让非常具有人性、信仰人文主义的玛丽·斯图亚特多么气恼啊！她这种热爱生活、热爱享乐的处事方式，她对音乐的喜爱都使得她无法理解这种冷酷严苛的教义，它是生活的敌人，是摧毁圣像者对艺术的仇恨，是对乐趣的仇恨，她觉得这种来自日内瓦的教义是不堪忍受的，是一种高傲的僵化思想，想灭绝笑声，把美宣判为罪，想毁灭一切对她来说无比珍贵的东西，形式愉快的习俗、音乐、诗歌和舞蹈，使得这里已经阴沉的世界因此而变得特别阴沉。

爱丁堡就此对诺克斯的"新教会"打上了石头般冷硬、古板而迂腐的印象，他是所有的教会创办者里面最狂热、最无情的，他在冷酷和不耐烦的方面甚至超过了自己的教师加尔文。在一开始，他是一位等级低下的小小的天主教牧师，然后以真正信徒的灵魂怀着所有的野性与愤怒投入到了宗教改革之中,他是乔治·威斯哈特的学生,玛丽·斯图亚特的母亲曾经把他作为异端,判处他活活烧死。那场吞噬了他的导师的火焰继续在他的灵魂里燃烧下去。作为反对摄政太后的起义的领袖之一,他曾经被法国援军俘虏,到法国的苦役船上服役。尽管他在那里被长期监禁,他的意志却立刻就变得就像身上的镣铐一样坚硬。然后他被释放,逃到了加尔文那里,学会了演讲的力量,学会了清教徒那种对所有美好之物和放纵之事的无情仇恨,几乎刚一回到苏格兰,就以他天才一般的行动力在几年内在勋爵与人民之间推动了宗教改革。

约翰·诺克斯也许是有史以来最为完美的宗教狂热分子的典型,他比路德还要强硬,就连路德都有过许多次感到灵魂中的勇气走向动摇,他比萨沃纳罗拉[①]还要苛刻,因为他的演讲缺乏光华,缺乏神秘主义的光亮。他非常诚恳,直来直去,但这种残酷的思想局限使他变成了一个狭隘、严苛的神职人员,对他来说,只有自己的真理才是真理,只有自己的美德才是美德,只有自己的基督教才是基督教。谁不认同他的思想,谁就会被视为罪犯,谁仅仅是在一个字上偏离了他的要求,谁就是撒旦的奴仆。诺克斯拥有着魔一般的阴暗勇气,拥有狂躁且自我陶醉的人们的那种激情,还有自认为拥有权力的人们的可憎骄傲。在他的残忍之中,有一种危险的情绪堆积起来,也就是对自己的残酷感到高兴,对自己的不耐烦感到一种阴暗的乐趣,欣赏着自己的绝对正确。这位苏格兰的耶和华带着飘扬的胡须站在那里,每个星

---

[①] 萨沃纳罗拉(1452—1498):佛罗伦萨的一名僧侣,在布道的时候抨击教皇和教会的腐败,最后因为领导人民起义而被处死。

期天都在圣吉尔教堂的布道坛上对所有人大发雷霆，表达着他对那些不来听他讲道的人们的仇恨和诅咒，他"杀死了欢乐"[①]，是欢乐的杀手，辱骂那些无忧无虑、从不操心的"撒旦家族的人们"，那些不按照他的严格规定和他的个人理解侍奉上帝的人们。因为这个年老的狂热之徒不知道其他的任何欢乐，除了拥有权利的胜利，不知道任何公正，除了他自己事业的成功。每当他战胜了或者是羞辱了一个天主教徒或者是一位其他的对手的时候，他都以非常幼稚的方式发出欢呼，如果"新教会"的一个敌人被杀死了，那么自然就是上帝想要这种值得赞叹的行动，并且促成了这项行动。当可怜的、瘦小的、年轻的弗朗索瓦二世，玛丽·斯图亚特的丈夫从耳朵里流出致命的脓液的时候，诺克斯站在他的布道坛上唱起胜利的凯歌，"上帝不想再听到这个声音了"，当玛丽·德·吉斯，玛丽·斯图亚特的母亲去世的时候，他兴致勃勃地在布道中说："愿上帝很快就赐给我们巨大的恩惠，让我们摆脱其他有着瓦卢瓦血统的人们。阿门！阿门！"人们在他的布道里完全找不到仁慈的内容，感受不到福音的善良，他就像挥舞一根木棒一样，咄咄逼人地挥舞着自己的布道词。只有复仇的上帝、嫉妒心强和铁面无私的上帝才是他的上帝，只有嗜血的、带有蛮荒时代的严苛的《旧约》才是他真正的《圣经》。他不断以咄咄逼人的方式演讲着，谈论着牧播、亚玛力和以色列人民的敌人，说他们应该被火焰与刀剑消灭，因此与真正的敌人——也就是他的敌人——宗教的敌人针锋相对。当他以残酷的话语评价《圣经》中的耶洗别女王的时候，他的听众都非常清楚，他指的就是现实生活中的女王。就像一阵

---

[①] 原文为英语。

阴沉而壮大的暴风骤雨，开阔的天空蒙上了阴影，灵魂因为抽动的闪电和震响的雷声陷入了永恒的恐惧，加尔文主义就这样掠过了苏格兰的土地，随时准备爆发出摧毁一切的张力。

这个不可迷惑、不可贿赂的人只想发号施令，只要顺从的信徒，绝不妥协。任何想接近这个人的努力都只会让他变得更为强硬，更爱嘲讽，要求更高。在这块已经感到沾沾自喜的僵化思想的石墙之上，任何互相理解的尝试都会撞得粉碎。永远都是如此，为了上帝而斗争的人们是世界上最不友好的人，因为他们自以为听到了上天的消息，于是对所有富于人性的话语都充耳不闻。

玛丽·斯图亚特刚刚回到自己的国家一个星期，就已经感觉到了这位宗教狂热分子阴暗的存在。在她开始统治前，她不仅仅向自己的臣民承诺了完全的信仰自由——这对她宽容的天性来说几乎算不了什么牺牲——甚至立下了法律，禁止在苏格兰举办公开弥撒——这是对约翰·诺克斯的追随者所作出的痛苦让步，因为根据他的说法，"我宁可看到一万名敌军在苏格兰登陆，也不想知道有人在举办一场弥撒"。但是自然而然的是，这个虔诚的天主教徒，这个吉斯主教的外甥女保留下来了在自己的家庭礼拜堂里不受阻碍地进行自己的宗教仪式的权利。可是就在她在自己家里度过的第一个星期天，在霍利罗德城堡的礼拜堂里，当她准备开始天主教仪式时，有一群愤怒的人们一直咄咄逼人地挤到了门边。执事想要把祝圣的蜡烛拿到祭坛那里，它们却被暴力地抢走了、折断了。不远处的嘟囔声越来越响亮，甚至要求处死"偶像崇拜"的牧师，呼喊着"撒旦的事务"的声音越来越激动，女王自己家里的教堂塔楼很可能会被摧毁。幸运的是，梅里勋爵出现了，尽管他自己也是"新教会"的先锋斗士，但他反对这些狂热的人民，挡住了走廊。在惊恐地结束了圣礼后，他把心惊胆战的神父平安地送回了他的房间。一场公开的不幸事件得以避免，女王的权威努力地被挽救回来。但刚刚回国的时候尊崇她的那种欢乐的节庆，那种被诺克斯嘲讽地成为"寻欢作乐"[①]的活动被粗暴地打断了，这一点让诺克斯很是开心：具有浪漫情调的女王第一次在她自己的国家里感到现实的阻力。

玛丽·斯图亚特对这次侮辱回报以愤怒的爆发。她对这次令人窒息的烦扰感到羞耻，流着泪说着强硬的话语。这样一来，一道尖锐的光线再一次照亮了她迄今为止还无足轻重的性格。这个年轻的、从小就被命运骄纵的女人内心的本质非常娇嫩和温柔，易于屈从，很好相处。从宫廷的第一等贵族到她的侍女和女佣，人人都夸赞她那友善的、毫不骄傲又非常真挚的与人相处的方式。她知道该如何赢得每一个人的好感，因为她不会以生硬的态度对待任何人，也不会因为地位高贵就表现出骄傲，而是会通过某种自然的吸引力让人们忘记了她地位的优越。但是这种自然流露的真挚背后却隐藏着强烈的自我意识，只要不被触碰，就几乎是看不见的，但只要有人胆敢反抗或者是拒绝，这种意识就会激情洋溢地爆发出来。这位奇特的女人经常能够忘记个人的烦恼，但却从来都不容许针对她王权的任何侵犯。

因此，对这第一次屈辱她一刻也不会加以容忍。这样严重的事情必须从一开始就杜绝。她知道她应该去找谁，她知道是那个异教教堂里长髯飞扬的人煽动人民来反对她的信仰，把这些渎神者赶到了她的家里。她立刻决定要对他采取彻底的措施。因为玛丽·斯图亚特从小

---

① 原文为法语。

就已经习惯了法国的绝对君主制，习惯了人民的服从，在神恩的情感下成长起来，根本无法想象她的一位臣民、一位出身市民阶层的人会违抗她。她最不理解的是，竟有人胆敢公开违抗她，甚至还这么不礼貌。但诺克斯已经做好了准备，甚至是对此感到兴高采烈。"我已经注视过了许多怒发冲冠的男人的眼睛，从来都不曾被吓得低下头，那么一位贵族女性的美丽面孔怎么能够吓到我呢？"他心情振奋地匆匆走进了宫殿，因为争吵——他觉得，是为了上帝而争吵——是所有的狂热分子最喜爱的享乐活动。如果上帝把王冠赐给了国王，那么他就赐给了他的牧师和使者火热的言辞。对约翰·诺克斯来说，"新教会"的牧师是神圣权利的保护者，地位比国王更高。他的使命就是在人世间捍卫上帝的国度，他不能犹豫，要用自己的愤怒作为大棒，教育那些不听命令的人们，就像远古时期的撒母耳，就像《圣经》中的法官。于是就出现了一幅与《旧约》中的描述如出一辙的场景，女王的骄傲与牧师的傲慢发生了正面冲突。这不是一个女人在和一个男人互相争上风，而是两种古老的思想第几千次进行斗争。玛丽·斯图亚特试图保持温和。她希望达成彼此之间的理解，她克制自己的怨言，因为她想要这个国家和平。她礼貌地引领着谈话。但约翰·诺克斯决心坚定，他变得不礼貌起来，向这个"偶像崇拜的女人"[①]表现出，他绝对不向俗世上拥有权力的人低头。他沉默而又阴郁，不像一个被告，而像一个原告，听着女王说话，她指责他写的那本书《针对魔鬼一样的女统治者的第一声胜利号角》[②]，说这本书里否定了女人继承王位

---

① 原文为英语。
② 原文为英语。

的权利。但就是这同一个诺克斯,日后因为同一本书以非常谦卑的方式向新教徒伊丽莎白致歉,现在却在自己的"信仰教皇的"女王面前坚持自己的观点,说着模棱两可的话。渐渐地,谈话变得激烈起来。玛丽·斯图亚特质问诺克斯,臣民是否应该无条件地顺从自己的统治者。但是诺克斯没有给出玛丽·斯图亚特期待中的回答,也就是"自然而然",这个技巧娴熟的辩论者回避了顺从的义务,使用了一个比喻:如果一位父亲失去了理智,想要杀死他的孩子,那么这个孩子就有权捆住父亲的手脚,夺走他的剑。如果王侯迫害上帝的孩子,那么他们也有权反抗。女王在这种有所保留的说法里立刻察觉到了这位神学家对她的统治的抗拒。"也就是说,"她问到,"我的臣民其实应该顺从于您而不是顺从于我?我也是您的臣民,而您不是我的臣民?"

这正是约翰·诺克斯的观点。但他很谨慎,不会当着梅里伯爵的面把话说得太明确。"不,"他以回避的方式说道,"君主和臣民二者都应该服从于上帝。国王应该成为教会的衣食之父,女王应该成为教会的乳母。"

"但你们的教会并不是我想要哺育的教会,"女王被他的含糊其辞激怒了,说道,"我服务于罗马天主教会,因为我认为那是上帝的教会。"

现在终于开始了硬碰硬的环节。到了现在这个地步,一位虔诚的天主教徒和一位狂热的新教徒已经无法互相理解了。诺克斯开始变得非常无礼,将罗马天主教会斥为妓女,说它不配做上帝的新娘。当女王禁止他使用这些词语,因为这些词语侮辱了她的良心的时候,他挑衅性地回答道:"良心要求认识",他是真的害怕女王缺乏真正的认识。第一次谈话没有取得和解,而是加深了彼此的矛盾。诺克斯现在知道了,"撒旦是强大的",他无法指望年轻女王的屈服。"在这次交锋中,我被一种迄今为止还从来没有在这个年龄的人身上见过的坚决所伤。自从这一刻,宫廷就与我走向决裂,而我也与宫廷走向决裂。"他苦涩地写道。但另一方面,那位年轻的女子也第一次意识到了自己王权的界限。诺克斯昂着头颅离开了她的房间,自满而骄傲,因为他违抗了女王,但是玛丽·斯图亚特心烦意乱地留在这里,苦涩地意识到了自己的无力,留下了热泪。但这并不是她最后一次流泪。很快她就会意识到,人们并不能够仅仅通过血缘来继承权力,而是要靠永不间断的斗争和屈辱,一次次地重新为自己争得权力。

## 第五章　巨石滚动

1561年—1563年

年轻的女王作为法国国王的孀妇来到苏格兰的前三年就这样以相对风平浪静的方式度过了，没有发生什么重大事件，这就是她命运的特殊形式，她生活中所有的重大事件总是（就是这一点对戏剧的作者们形成了巨大的吸引力）堆积在了一段非常短暂、非常具有爆发性的时期里。在那几年里，梅里伯爵和迈特兰共同实行着统治，玛丽·斯图亚特则担任代表，这种权力划分被证明对整个王国来说都非常出色。因为梅里伯爵和迈特兰的统治方式都聪明谨慎，玛丽·斯图亚特的代表工作又做得非常卓越。她天生就优雅美丽，从事所有骑士的艺术都非常娴熟，她是一个像男子一样勇敢的骑士、一名灵巧的球员和一位激情洋溢的猎手，已经通过自己的外在特征赢得了普遍的赞叹。爱丁堡的人民骄傲地看着这位斯图亚特家族的女儿，看着她在清早出猎，猎鹰停在她高举的拳头上，看着她和她身穿色彩斑斓的服装的骑士们在一起，友善欢乐地回应着每个人的致意：这个有着少女气质的女王给这个严肃阴沉的国家带来了某种愉快的、动人的、浪漫的东西，带来了一道青春与美的阳光，而一位统治者的美貌与青春总是能够以神秘的方式赢得一个民族的热爱。勋爵们也尊敬她性格里这种男子一般的勇敢。这位年轻的女人可以率领自己的随从整天以狂野的速度策马冲锋，在这种赢得人心的友善的背后，在她的灵魂里还有一种尚未发扬壮大的钢铁般的骄傲，在这具纤瘦、娇柔、轻盈而带有女性化的柔软的身体里，也潜藏着一种非比寻常的力量。她那炽热的勇气不会在任何艰险面前退缩，有一次，当她陶醉于狂野的骑马追猎的乐趣时，她对一位随从说道，她很想成为一个男人，只是为了知道整晚都在田野里策马飞驰是什么感受。当摄政王梅里伯爵出征讨伐起义的亨特莱家族的时候，她也坚决地骑马加入，匕首挂在身边，手枪插在腰带上。狂热的冒险以一种全新的、强烈的野性和危险刺激着她，对她形成了奇妙的吸引力，因为她的性格无比坚决，灵魂深处最深的秘密就是把她所有的力量、所有的爱意、所有的激情都进行彻底的贯彻。虽然她可以像一个猎人一样简单有耐力，像一个战士一样骑马行军，但是另一方面，她也可以以完全不同的面貌作为统治者出现在她的城堡里，拥有极高的艺术和文化修养，是她那个小世界里最为愉快、最值得敬爱的女人——她那短暂的青春的确以堪称典范的方式体现出了那个时代的理想，在具有骑士精神的浪漫表象里，勇气与轻盈合为一体，强大与柔和合为一体。在这多雾的、寒冷的北境，游吟诗人所歌唱的"骑士风度"[1]最后的辉光在她的身影上闪烁着，但这缕光芒已经被宗教改革的阴影所笼罩。

  这位浪漫的少女-女人或者是这位浪漫的少女-孀妇的形象从来没

---

[1] 原文为法语。

有像在她二十岁和二十一岁的时候这样辉光闪烁：她在这里也太早地取得了胜利，因为她没有理解这一切，没有对这一切加以利用。因为她内心里的生命还没有完全苏醒，她内心里的那个女人还不知道自己血液的意志，她的个性还没有成型，没有得到发展。永远都是这样，只有激动人心和危险的事件才能揭示出真正的玛丽·斯图亚特，而在苏格兰度过的最初几年只是一段无关紧要的等待时光，漫无目的、游戏一般地打发时间，一段自我准备的时间，却还不知道内心里的意志，不知道是为了什么、为了谁而做准备。这就像是在做出一种重大的、关键性的努力之前的深呼吸，是一个苍白而死寂的瞬间。因为玛丽·斯图亚特在还是个半大孩子的时候就已经拥有了法国，在内心里绝对不会满足于仅仅成为贫瘠的苏格兰的女王。她回到自己的家乡，并不是为了统治这个贫穷、狭小而又偏僻的国家，从一开始，她就把这顶王冠仅仅看作一个赌注，可以用它在世界性的赌局里赢得一顶光芒更为璀璨的王冠，所有那些认为或者是宣布说玛丽·斯图亚特没有什么更高的追求，只想做一位优秀的女继承人，心平气和地继承父亲的遗产，统治苏格兰的人们都说错了。如果谁如此低估了她的野心，那么谁就矮化了她灵魂的尺度，因为这个年轻女人的心里有一种桀骜不驯的意志，想要获得更大的权力。这个女人在十五岁的时候就在巴黎圣母院里和法国王子结为连理，在卢浮宫里作为统治者接受上百万人的庆贺，怎么会满足于成为二十多个不顺从的、几乎跟农夫没有什么两样的伯爵和勋爵的统治者，成为不过二十万牧羊人和渔民的女王呢。没有什么比在之后把她说成是具有民族情感的爱国主义者更虚伪、更矫揉造作的事情了。十五世纪和十六世纪的王后——除了她那伟大的对手伊丽莎白——在那时候还不会怎么考虑自己的人民，唯独关心自己的个人权力。王国的分裂和疆界的改变就像时装一样多变，国家依靠战争与婚姻形成，而不是依靠内在的民族认同感。也就是说，人们不能以多愁善感的情绪蒙蔽自己。那时的玛丽·斯图亚特已经准备好用苏格兰去交换西班牙、英格兰、法国和任意一顶可以得到的王冠了，很可能，当她告别家乡那些森林、湖泊还有极具浪漫色彩的城堡的时候根本就不会落泪，因为她激情洋溢的野心从来都没有把这个小小的王国视为过其他的东西，只将它视为一个向着更高的目标飞跃的跳板。她知道自己拥有继承权，生来应该做统治者，因为她具有美貌和文化修养，她也配得上任何一个欧洲国家的王冠，她怀着暧昧不清的激情，就像同年龄的女人憧憬着无限的爱情，她的野心唯独梦想着无限的权力。

因此，她从一开始就把所有国家事务交给了梅里伯爵和迈特兰，完全没有嫉妒之情，甚至也没有真正地参与其中的兴趣。她毫不嫉妒——对她这位早早得到了王冠的人来说，对这个过早地被命运骄纵的人来说，这个贫穷而又狭小的国家又算得了什么呢？——她任由这两个人去管理，去统治。管理和扩大自己的产业这门至高的政治艺术从来都不是玛丽·斯图亚特的强项。她只能进行捍卫，却不会保持现状。只有当她的权利受到了威胁，只有当她的骄傲受到了挑衅，只有当一个陌生的意志干涉了她的要求的时候，她的能量才会狂野又强大地苏醒过来：只有在宏大的瞬间里，这个女人才会变得伟大，具有行动力，在平凡的日子里她也显得非常平庸，无关紧要。

在这段沉寂的时间里，她强大的竞争对手也变得安静。因为每当玛丽·斯图亚特那颗炽烈的心变得平静、变得谦逊，伊丽莎白就也安下心来。这位伟大的现实主义者一项意义重大的政治优势就是非常识时务，不会一意孤行，反抗不可避免的事情。她曾经用所有的权力阻碍玛丽·斯图亚特回家，为了推迟她的行程无所不用其极，现在，既然她的对手已经取得成功，那么伊丽莎白就不再继续与这个既定事实进行抗争，如果她无法摆平这个竞争对手，她宁可和她保持友好的关系。伊丽莎白——这是她那混乱而专横的人格里最强大的积极特点——是一个聪明的女人，她不喜欢战争，她在面临暴力的、责任重大的抉择的时候会表现出恐惧的胆怯。她天生工于心计，宁可用谈判和条约使自己处于有利地位，试图通过巧妙机智的游戏占据上风。玛丽·斯图亚特回到苏格兰的消息刚一得到证实，梅里勋爵就警告伊丽莎白，要她和玛丽·斯图亚特建立诚挚的友谊。"你们二位都是年轻出色的女王，你们的性别应该不允许你们通过战争流血来提高你们的声誉。你们两个都知道，您和那位女王之间的敌对情绪是因为什么，我在上帝面前发出请求，但愿我的女王从来没有提出过索要陛下您的国土的要求，从来没有使用过这个头衔。尽管如此，你们两个还是一定要成为朋友，并且保持友好的关系。既然她那一方面曾经表达过这样的想法，我就担心她和您之间将始终存在着误会。陛下您不能在这一点上面表现出屈服，而她反过来也很难把血缘如此亲近的英格兰视为异乡。难道这里就不存在一条中间道路吗？"伊丽莎白觉得他的这个建议并不是不可接受的。玛丽·斯图亚特现在仅仅是苏格兰女王，而且处于从她这里拿饷金的梅里伯爵的庇护之下，对她来说已经不再像她身为法国王后与苏格兰女王的那段时期里那么危险了。为什么她不能展现出并非发自内心的友谊？很快，伊丽莎白就和玛丽·斯图亚特开始了书信往来，两位"亲爱的姐妹"①在纸页上耐心地传达着她们最亲切的情感。玛丽·斯图亚特给伊丽莎白寄去了一枚钻石戒指，作为充满爱意的礼物，伊丽莎白回赠了一枚更加昂贵的戒指。两个人在世界面前，也在自己面前表演了一出愉快的戏剧，表现出了她们亲戚之间的喜爱之情。玛丽·斯图亚特保证，她"在这个世界上没有比见到自己亲爱的妹妹更大的愿望了"，她愿意与法国同盟断绝关系，因为她珍视伊丽莎白对她的喜爱，"胜过世界上的所有舅舅"②，伊丽莎白则以只有在重大场合才会使用的庄重的大型字体，庄严承诺着她的喜爱与忠诚。但很快，事情真正涉及了她们见面的具体事宜，这两个人就开始小心翼翼地回避话题。因为从本质上讲，她们旧日的谈判还是会在这里陷入死局：如果伊丽莎白承认玛丽·斯图亚特的继承权，那么玛丽·斯图亚特就愿意签署《爱丁堡条约》，而伊丽莎白反过来觉得这就相当于签署了自己的死亡判决书。她们都对自己的权力寸步不让，因此在最后，所有虚情假意的话语都只不过是造成了一道无法跨越的鸿沟。"天无二日，"世界的征服者成吉思汗曾经坚决地说过，"国无二主。"她们两个中间的一个必须让步，不是伊丽莎白，就是玛丽·斯图亚特。两个人在内心深处都知道这一点，她们两个都在等待这一刻的到来。但在这一刻还没有到来的时候，为什么不利用短暂的间歇，借由战争来寻寻开心呢？当内心深处的怀疑已经不可消除，就不会缺少借口，把暗暗燃烧的火苗扇成吞噬一切的熊熊烈火。

在那几年里，年轻的女王有时会因为小小的忧虑感到苦恼，有

---

① 原文为英语。
② 原文为英语。

时因为令人烦恼的国家事务感到压抑，越来越经常地觉得自己和那些冷酷的、好战的贵族格格不入，与那些心怀嫉恨的牧师和暗地里的阴谋家的争吵也令她感到反感：在这样的时候她就逃到法国去。当然，她无法离开苏格兰，于是她在自己的霍利罗德城堡里给自己建造了一个微型法国，一个迷你的世界，她可以在无人注目的情况下完全自由地生活在自己最爱的享乐之中，生活在她自己的特里亚农宫。她在霍利罗德城堡的圆形塔楼里按照法式品味建造了一个具有骑士风度、一个具有浪漫色彩的宫廷。她从巴黎带来了织花挂毯和土耳其地毯、华丽的床和家具还有油画，带来了她装订精美的藏书，她的伊拉斯谟、她的拉伯雷、她的阿利奥斯和隆萨尔。在这里，人们说法语，过着法式生活，在这里，在飘闪的烛光之下，人们在傍晚奏乐，举办社交游戏，朗诵诗歌，大唱情歌。这个迷你宫廷在这里，在海峡的这一岸第一次上演了"假面戏剧"这种即兴的古典剧，这种戏剧之后在英国的戏剧舞台之上登峰造极。直到午夜过后都有人穿着戏服跳舞，在一次以"意愿"[①]为主题的假面舞会上，年轻的女王甚至化妆成了男人，穿着黑色的紧身绸裤，而她的伴侣——年轻的诗人夏特利亚尔——却装扮成女人，这幅场景肯定会让约翰·诺克斯感到气愤的震惊。

但这些清教徒、宗教狂热分子和诸如此类的吹毛求疵的人被小心翼翼地隔绝在了这种寻欢作乐的时刻之外，约翰·诺克斯徒劳地针对这种"晚宴"[②]和"舞会"[③]在圣吉尔的布道坛上发出雷鸣，他的胡须像钟摆一样飘动："王侯们习惯了演奏音乐，招待客人，但是在

---

① 原文为英语。
② 原文为法语。
③ 原文为法语。

阅读和聆听上帝那神圣的言辞的时候就不那么娴熟了。乐手与逢迎拍马的人总是在摧毁青春年华，但比起那些年老而又明智的人，他们正在摆脱那些有治愈效果的警告，摆脱他们身上那种我们与生俱来的骄傲"——这位自认为有权利的人在这个时候想到了谁呢？——"他们更喜欢这些人。"但是这个年轻的、欢乐的圈子并不向着这位"杀死快乐"[①]的人，这位欢乐的杀手寻求他那"具有治愈效果的警告"。"四玛丽"和几位具有法式思想的骑士在这里非常幸福，在这间灯火通明、气氛温暖、充满友善气息的房间里，人们可以忘记这个严肃悲惨的国家的阴霾，而玛丽·斯图亚特首先可以做的就是把权威的冷硬面具抛到一边，在这个年纪相仿、志趣相投的圈子里仅仅做一个愉快的年轻女子。

这种愿望是非常自然的。但对玛丽·斯图亚特来说，屈服于自己的懒散永远都充满危险。伪装使她感到压抑，长久的小心翼翼令她难以忍受，但正是这种"永远不能掩饰自己"的美德，这种"永远不遮掩自己的情感流露"[②]（正如她有一次在信里写道的那样），比其他最恶意的欺骗行为和最冷酷的残忍行为在政治上给她创造了更多的不便。因为女王在这些年轻人的中间表现得无拘无束，微笑着接受他们的赞美，也许甚至还在无意之中要求他们赞美，使得有些不太体面的骑士的行为失去了控制，而她那热情洋溢的天性甚至形成了一种引诱。这个女人的美貌在画像上不能一览无余，这种美貌在感官层面非常具有吸引力，也许有几个男人在那时就已经预感到了，在这个少女

---

① 原文为英语。
② 原文为法语。

一般的女人那软弱、亲和又显得非常自信的外表之下，潜藏着某种巨大的激情，就像一片可爱动人的风景下面隐藏着一座火山。也许在玛丽·斯图亚特认识到自己的秘密之前很久，就有人出于男性的本能预感到、猜测到了这一点，因为她的体内有某种力量，在感官层面很容易激起男人们浪漫主义的强烈爱情。很有可能，她在自我的冲动还没有苏醒的时候，比一个对此已经知晓的女人更容易接受小小的肢体上的亲密动作——一只爱抚的手，一个亲吻，一道引诱的目光——因为成熟的女人知道这些毫无强迫性质的行为有多么危险。无论如何，她有时让身边的年轻人忘记了这个女人是女王，任何大胆的念头都必须离她远远的。已经发生了一件事情，一个年轻的苏格兰船长，名叫赫本，曾经对她做出了愚蠢而有放肆的不得体之举，于是只能逃亡，才躲过了最为可怕的惩罚。但是玛丽·斯图亚特对这件令人愤怒的意外表现得太过于温和，她只是轻率地认为他犯下了一件可笑的罪行，这样一来就赋予了她的小圈子里的另一名贵族新的勇气。

这次冒险的形式看起来非常浪漫。就像在苏格兰的土地上发生过的所有插曲一样，这段插曲也变成了一段血色深浓的谣曲。玛丽·斯图亚特在法国宫廷里的第一崇拜者丹维尔先生把自己年轻的朋友和陪同，也就是诗人夏特利亚尔视为自己的好友，曾经向他吐露过自己的激情。这位丹维尔先生已经和其他贵族先生陪伴玛丽·斯图亚特来到了苏格兰，现在不得不返回法国了，回到他的妻子身边，回去履行他的义务；吟游诗人夏特利亚尔却要留在苏格兰，同时也成了为别人表达喜爱之情的代表。写一些总是充满柔情的诗歌并非毫无危险，因为游戏很容易就能够成真。玛丽·斯图亚特不假思索地接受了这位年轻的、谙熟一切骑士艺术的胡格诺教徒的奉承诗歌，甚至还拿自己的诗作回应他的诗作。有哪一个像音乐一般敏感的、在一个粗鲁而又落后的国家感到寂寞的年轻女人在听到这样表达赞叹的诗节以后能够不感到备受奉承呢：

> 哦，不朽的女神
> 就这样护送我的声音吧
> 你的意愿
> 就是我的律法和命运
> 如果我的生命
> 就这样简短地告终
> 那么一定是因为你
> 你仅仅用你的美丽
> 就杀死了诗人。

而且尤其是，她为什么要有负罪感呢？因为夏特利亚尔并不能夸耀自己的激情是一种真正存在于双方之间的爱情。他不得不犹豫地承认：

> 爱情的火焰
> 燃烧着我，烧毁了我
> 但是永远也无法点燃
> 你的芳心。

也许玛丽·斯图亚特只是把这一切当作诗歌层面的奉承，把它和所有其他那么多的宫廷奉承与情场献媚一起接受了下来，她本人也是一名诗人，深知诗歌的夸张艺术，对这种漂亮的陈词滥调只是报以微笑，觉得她所容忍的殷勤只不过是游戏般的一时兴起，在这个浪漫的女人宫廷里没有什么奇怪的。她以无拘无束的方式和夏特利亚尔开着玩笑，就像与她的"四玛丽"开玩笑一样，毫无恶意。她以非常无害的小动作对他进行关照，选择他（他这种等级几乎得不到靠近她的许可）做自己的舞伴，她有一次扮演一个舞蹈人物，在跳假摔动作的时候非常近地靠上了他的肩膀。她允许他畅所欲言，而在苏格兰，在三条街之外的约翰·诺克斯的布道坛上却不能这样发言，约翰·克诺斯斥责说，"如此的时尚比起城市的女性，更适合妓院里的淫妇"。她甚至有可能在某次化装舞会或者是游戏中送给夏特利亚尔一个转瞬即逝的吻。但这种本身无伤大雅的信任却产生了恶劣影响，也就是说，这个年轻诗人变得像托夸多·塔索[①]一样，不再能够清楚地感知到女王与仆从、尊重与友谊、殷勤与体面、严肃和玩笑之间的界限，而是头脑发热，追随着自己的感受。因此，就发生了一个难以预料而又令人恼火的意外：有一天傍晚，侍奉玛丽·斯图亚特的年轻少女们发现夏特利亚尔藏在女王卧室的床帘后面。她们在一开始并没有把这看成什么不体面的事情，而是仅仅把这视为年轻人一个调皮的愚行，就用几句欢快的、表面上显得很气愤的话语把这个过分大胆的人从卧室里赶了出来。玛丽·斯图亚特面对这种没有分寸感的做法表现出的也是宽恕的温和态度，而不是真正的愤怒。这件事情被小心翼翼地在

---

[①] 托夸多·塔索（1544—1595）：意大利文艺复兴后期的诗人和批评家，著有抒情长诗《利那尔多》、牧歌剧《亚朱达》等，叙事诗《耶路撒冷的解放》，晚年因为宗教迫害而精神失常，被囚禁于费拉拉的圣安娜精神病院。

玛丽·斯图亚特的哥哥面前隐瞒了下来，没有人想要严肃惩罚这种对所有习俗的可怕的违抗行为，很快就没有人再谈论这件事情了。但宽容用错了地方。因为这个头脑轻率的疯狂之人反而受到了这个圈子里年轻女人们的鼓励，想要再开一次这样的玩笑，或者是他对玛丽·斯图亚特真实的激情征服了他所有的顾虑——无论如何，他悄悄地跟着女王去了法埃夫，宫廷人士都不知道他的在场，直到玛丽·斯图亚特已经开始更衣了，她才在自己的卧室里再一次发现了这个失去理智的人。这位受到侮辱的女人立刻就发出了尖叫，尖利的呼声在整栋房屋里震响，她同父异母的哥哥梅里伯爵立刻就从隔壁的房间冲了进来，宽恕和缄默已经是不可能的了。据说那个时候，玛丽·斯图亚特（但这不太可能）甚至要求梅里伯爵立刻用匕首刺死这个胆大妄为的人。但梅里伯爵在做事情的时候和自己激情洋溢的妹妹完全相反，他理智地从法律的角度思考了所有的后果，他很清楚，把一个年轻男人杀死在女王的卧室里，他的鲜血就不仅仅会玷污地毯，也会败坏她的名誉。这样的罪行必须公开宣判，必须在市集广场上进行公开的惩罚，这样才能够在人民面前、在世界面前证明女王彻底无罪。

几天后，人们就把夏特利亚尔带到了断头台上。他放肆的狂妄行为被法官宣判为有罪，他的轻率被认为是心怀恶意。他们一致决定对他施以最为严厉的惩罚：被刀斧砍头。玛丽·斯图亚特即便想宽恕这个失去理智的人，现在也不可能了。使者已经把这件意外报告给了所有的宫廷，人们在伦敦、在巴黎好奇地观望着她的举止。每句有利于他的说辞都会被认为是共犯。因此她不得不表现得比她本人所想的更强硬，在最艰难的时刻抛下这位曾经陪伴她度过了欢乐时光的人，让他陷入毫无希望、孤立无援的境地。

夏特利亚尔死去了，与他在浪漫的女王宫廷里的身份非常相符，他的死亡是无可挑剔的。他拒绝了教士的临终祷告，只是用诗歌里的这样一种思想来安慰自己：

> 我可悲而不幸
> 我的痛苦却是不朽的。

这位勇敢的游吟诗人昂首挺胸地走上了行刑台，没有唱赞美诗，也没有背诵祈祷文，而是在迈步的过程中大声地朗诵起了他朋友隆萨尔的名篇《致死神》：

> 我向你致敬，快乐而善良的死神
> 医好了我极度的痛苦，安慰着我。

在断头台前，他再一次抬起头来大喊，比起抱怨，这更像是一句叹息："残忍的夫人啊"[1]，然后他才镇定地弯下腰去，准备迎接夺走他生命的刀斧。这位浪漫主义者怀着一首谣曲、一首诗作的静谧死去了。

但这个不幸的夏特利亚尔只是看不见的一群人中间的一个，他只不过是为玛丽·斯图亚特而死的第一人，他只是走在了其他人的前面。那鬼影幢幢的死神之舞就随着他而开始，为了这个女人走上断头台，被她的命运吸引，同时也将她裹挟到了自己的命运之中。他们从

---

[1] 原文为英文。

所有的国家到来,就像荷尔拜因①画中的人物一样,走在黑漆漆的枯骨做成的鼓后面,一步又一步,一年又一年,王侯与摄政王,伯爵与贵族,牧师与士兵,年轻人与老年人,所有这些人都为她牺牲,所有这些人都被她牺牲,而他们阴沉的队列就让她在无辜的情况下被定了罪。命运很少将如此强大的死亡魔力赐给一个女人:她就像黑暗的磁石,以最危险的方式将身边的男人吸引到自己那灾难深重的魔咒里。如果谁经过她的道路,无论是得到了她的恩宠还是厌恶,都会经历不幸和暴力的死亡。没有人因为憎恨玛丽·斯图亚特而得到过幸福。但是胆敢爱上她的人却付出了更为沉重的代价。

因此,夏特利亚尔的这个插曲只是在表面上看属于一个偶然事件,是一起纯粹的意外:但她命运的法则——她没有立刻就理解它——第一次在这件事上揭晓出来,也就是说,她永远不能不受惩罚,懒散、轻率而又充满信任地活着。她的生活从最初的时刻就已经注定,她必须担任一个具有代表性的形象,永远只能是女王,永远只能是一个公开的人物,是世界赌局中的一个筹码,在一开始看起来似乎是恩赐的东西:幼年的加冕,天生的等级,实际上都是诅咒。因为每当她试图做回自己,仅仅依靠她的情绪、她的爱意、她真实的喜好生活时,她都会因为自己的玩忽职守受到可怕的惩戒。夏特利亚尔的事情只是第一次警告。在度过了并不能算得上童年的童年之后,在她的身体被别人第二次、第三次地交到一个陌生男人的手里来换取一顶王冠之前,她有了一段短暂的过渡期,她试图在几个月里不做其他的事情,只是保持年轻和无忧无虑,仅仅是呼吸,仅仅是生活,仅仅是

---

① 荷尔拜因(1497—1543):德国文艺复兴时期画家,代表作是版画《死神之舞》。

让自己快乐：这时一双残酷的手就立刻把她拉出了这些轻率的游戏。这场意外令摄政王、议会和勋爵们感到不安，紧迫地想要给她缔结一段新的婚姻。玛丽·斯图亚特应该挑选一位丈夫，自然不是一个自己喜欢的人，而是一个能够使这个国家的权力增加并且得到巩固的人。人们之前就已经开始了谈判，现在猛烈加速，因为人们惧怕负责任，惧怕这个不假思索的女人又做出什么新的愚行，完全摧毁自己的号召力和名声。婚姻市场的交易再一次开始了：玛丽·斯图亚特再一次被迫回到了中魔一般的政治圈套里，这个圈套从第一刻直到最后一刻都毫不留情地紧锁着她的命运。而每当她想要冲破这个冰冷的圈套，让自己温暖而又真实的生命喘一口气的时候，她就会打碎别人的和自己的好运。

# 第六章 巨大的政治婚姻市场

1563—1565

在这一刻，有两个年轻女子成了全世界最有追求价值的新娘：英格兰的伊丽莎白和苏格兰的玛丽·斯图亚特。如果谁在欧洲拥有王权，但是还没有妻子，现在就都向她们派去了求婚者，哈布斯堡家族和波旁家族、西班牙的腓力二世还有他的儿子堂·卡洛斯、奥地利的大公、瑞典和丹麦的国王、白发老人和半大少年、成熟男人和年轻的小伙子。政治婚姻的市场已经有很久没有这么拥挤过了。因为和一位女王结婚依然还是一位统治者扩充自己的权力最方便的办法。在绝对君主制的时代，不是通过战争，而是通过婚姻就可以产生巨大的继承权，重获统一的法国、世界性的西班牙和哈布斯堡的家族权势都是这样形成的。现在，欧洲王冠上最珍贵的两个宝石也意料之外地发出了光彩。伊丽莎白或者是玛丽·斯图亚特，英格兰或者是苏格兰，如果谁通过婚姻赢得了这个或者是那个国家，那么谁也就在世界的赌局中取得了胜利，与此同时，这也不仅仅是民族之间的竞争，还是两种宗教之间的战争。一旦不列颠岛上两位女王中间的一位因为婚姻迎来了一位信仰天主教的国王，那么在这场天主教与新教的战争中，天平的指针就将完全有利于罗马，"普世教会"①将再次在世界上取得胜利。因此，这场对新娘的狂热追猎的意义远远胜过了一般的家族事务，具有了决定世界的意义。

　　这是一个具有世界性意义的决定，但对这两个女人来说，对这两个女王来说，这也意味着一生的决定。因为她们的命运之线就这样纠葛在了一起，彼此难分难解。如果两个竞争对手中间的一个的地位通过婚姻得到了提升，那么另一个的宝座肯定就会陷入摇摇欲坠的状态，当天平的一端升起，另一端肯定就会下降。玛丽·斯图亚特和伊丽莎白之间摇摇摆摆的表面友谊能够持续，只是因为两个人现在都处于未婚状态，一位仅仅是英格兰的女王，一位仅仅是苏格兰的女王。如果谁的王位增加了重量，那么她就会变得更强大，成为胜利者。但这两个人坚决地以骄傲对抗骄傲，没有一个人想要在另一个人面前示弱。只有事关生死的战斗才能化解这种可怕的纠葛状态。

　　历史选择了两位伟大的对手来上演这出壮观的姐妹之争的戏剧。玛丽·斯图亚特和伊丽莎白两个人都具有特别的天赋和无与伦比的处事方式。与她们精力充沛的形象相比，这个时代的其他君主，西班牙像僧侣一般呆板的腓力二世、法国年轻而情绪化的查理九世、奥地利无足轻重的斐迪南都显得像平淡的配角。他们中间没有一个人达到了、甚至是接近了这两个非同寻常的女子那崇高的精神层面。这两个人都非常聪明——她们的聪明只是经常会受到女性化的情绪和激情所阻碍——，都野心勃勃，简直就是具有无限的野心，都从很年轻的时

---

① 原文为拉丁语。

候就为自己的高贵等级做了特别的准备。两个人都具有与她们所代表的外在形象相符的典范式的仪态，两个人都非常了解这个人文主义时代的精神高度。除了自己的母语，她们都能流利地讲拉丁语、法语和意大利语，伊丽莎白还能讲希腊语，两个人的书信表达水平都远远超过了自己最好的部长平淡无奇的语言，伊丽莎白的表达比她聪明的国务秘书塞西尔远远更生动、更形象，而玛丽·斯图亚特的表达也比迈特兰和梅里伯爵圆滑流畅的外交辞令更精致、更具有个人特色。两个人都才智过人，都具有艺术细胞，都在生活中维持着王侯的气度，就连最为苛刻的批评者也挑不出问题，伊丽莎白赞叹莎士比亚和本·琼森[①]，玛丽·斯图亚特则欣赏隆萨尔和都·贝拉。但这两个女人之间所有的相似之处只有她们共同的高度文化水平，诗人们从一开始就把她们内心里的矛盾表现得更加鲜明，作为典型的戏剧进行描绘和塑造。

这种矛盾是非常彻底的，她们的生活道路简直就是以几何般的清晰表达出来了这一点。她们之间具有重大的差异：伊丽莎白在一开始过得非常艰难，玛丽·斯图亚特在最后面临艰险。玛丽·斯图亚特很容易就得到了幸福与权力，就像一颗明亮的晨星，迅速地升起在清朗的天空里，生下来就是女王，还是孩子就又加冕为王后。但是她的坠落也一样迅猛和突然。她的命运浓缩成了三场或者是四场灾难，也就是说，得到了典型的戏剧式的塑造——正因为此，她总是一再被选中成为悲剧的女主人公——，而伊丽莎白的上升之路非常缓慢，坚持不懈（因此她实际上只适合史诗般辽阔的呈现）。她没有得到任何赠

---

[①] 本·琼森（1572—1637）：英国剧作家、诗人、评论家。

礼，上天没有轻轻松松地就赐给她任何东西。在还是个孩子的时候，她就被宣布为私生子，被自己的姐姐关进伦敦塔①，被死刑判决威胁着，这个早熟的外交家不得不通过阴谋诡计和苦心忍耐才能至少是生存下去。玛丽·斯图亚特从一开始就因为继承到了遗产而得到了尊严，伊丽莎白却是靠自己的躯体与自己的生命创造了尊严。

两种如此不同的生活道路肯定会走向不同的方向。她们的道路有可能会偶然交错，彼此覆盖，但永远也不会真正地结合在一起。因为性格的所有震撼和重音都会深刻地反映出本质性的区别，有一个人生下来就戴着王冠，就仿佛她的王冠和自己的头发是连在一起的，另一个人却需要为了自己的地位进行艰苦的斗争、玩弄阴谋、努力征服，有一个人从一开始就是合法的女王，另一个人却受到了质疑。这两个女人都因为这种特别的命运形式而发展出了另外一种力量。在玛丽·斯图亚特那里，她不费吹灰之力就能得到一切——而且太早了！——，这个特点激发了她非比寻常的轻率和自信，赋予了她胆大妄为的勇气，这就是她的伟大之处，也是她的灾难所在。上帝把王冠赐予了她，没有人能够从她的手中夺走王冠。她只需要下命令，其他人只需要服从，即便全世界都怀疑她的权利，她也能够感受到统治者的血液在她的血管里热烈地奔流着。她轻率而不假思索，很容易感到激动，就像拔剑出鞘一样仓促热切地决定，就像她作为勇敢的骑手，扯紧了缰绳，奋力一冲，就越过了栏架和障碍物，她也指望着仅仅怀着如虎添翼的勇气就飞越过所有的政治困难与障碍。如果说统治对伊丽莎白来说意味着一盘棋局、一场思考的游戏、一次永远紧绷的努力

---

① 原文为英语。

追寻，那么统治对玛丽·斯图亚特来说就仅仅意味着一种丰富的享乐、一种升华过的生活的乐趣、一种骑士风格的战斗游戏。就像教皇有一次关于她说的那样，她"在一个女人的身体里有一颗男人的心"，正是这种轻率的勇敢，这种自大的统治者的心态决定了她过早的没落，使她对诗歌、谣曲和悲剧都如此富有吸引力。

因为伊丽莎白的天性是非常现实主义的，她对现实情况几乎有着天才般的认识，实际上，她只是在机智地利用自己骑士般的对手的不假思索与愚蠢行为来取得胜利。她以自己清晰、锐利的鹰一般的目光——我们可以在她的肖像画里看到这一点——怀疑地看着这个世界，在很早的时候就已经学会了惧怕这个世界的危险。在还是个孩子的时候，她就有机会观察，幸运女神的滚珠如何上下滚动，在王座与断头台之间只有一步之遥，而死神的会客厅伦敦塔①距离威斯敏斯特宫也只有一步之遥。因此伊丽莎白永远都认为，权力是某种会流失的事物，在最安全的状况里也会察觉到危险，小心翼翼、心怀恐惧，紧紧把王冠和权杖抓在手里，好像它们是玻璃做的，随时都有可能从手里滑落。实际上，她将自己的一生都深藏在忧虑与犹豫不决之中。所有的肖像画都对留存下来的对她性格的描绘做出了令人信服的补充：她在任何一幅画上都不是明朗、自由和骄傲的，看起来都不像一位真正的统治者，她那神经质的面孔总是紧绷着，显得恐惧而不安，好像是在倾听，好像是在等待着什么事情，她的嘴唇上从来没有就闪烁过快乐的、自信的微笑。她既羞怯又虚荣地从珠光宝气的长裙那浮夸的衣领上抬起她那苍白的面孔，好像这种过于沉重的华贵服装压得她身

---

① 原文为英语。

体僵硬。人们可以感觉到：只要她独自一人的时候，只要那件国家礼服从她那瘦骨嶙峋的肩上脱了下来，那些铅粉从她那瘦削的双颊上清洗干净，那么那种高贵感就离开了她，只剩下一个可怜的、烦闷的、英年早衰的女人，一个孤独的人，几乎不知道如何解决自己的困境，更不用说知道如何去统治一个世界了。这样畏缩的态度在一位女王的身上并不显得非常具有英雄主义，这种永恒的犹豫、拖延与优柔寡断肯定也显得不够威严。但伊丽莎白处理政事的伟大之处并不在于这些浪漫主义的方面，而在于其他方面。她的力量并不表现在大胆的计划或者是决定上面，而是表现在坚韧仔细的持续积累与巩固之上，表现在积蓄精力的稳重上，也就是说，这是一种属于市民阶层的持家美德：正是她的这些缺憾，她的恐惧、她的谨慎，在处理政务的层面上带来了收效。如果说玛丽·斯图亚特只是为了自己而活，那么伊丽莎白就是为了她的国家而活，作为一个现实主义者，她有义务把自己的统治者身份看作一个职业，玛丽·斯图亚特却与之相反，作为一个浪漫主义者，她永远把自己的女王身份看作一个没有义务的头衔。这两个人各有自己的长处和缺点。如果说玛丽·斯图亚特那种英雄主义的、愚蠢的勇敢造成了她的灾难，那么伊丽莎白的犹豫与推迟就最终造就了她的胜利。因为在政治层面上，缓慢的坚忍总是有一种难以遏制的力量，精心制定的计划会战胜即兴的冲动，现实主义会战胜浪漫主义。

但是在这对姐妹的斗争中，她们的差异还要更为深刻。伊丽莎白和玛丽·斯图亚特不仅仅是两种完全不同的女王，也属于两个位于对立的两极的女人，就好像是大自然要以两个伟大的、在所有的细节上都截然相反的形象来展现这种重大的世界史上的对立一样。

玛丽·斯图亚特是一个彻头彻尾的女人，她一生中最为重大的决定都是通过这一性别最深处的源泉做出来的。她的天性不是始终都富有激情，仅仅靠自己的本能驱动——与之相反，在一开始，玛丽·斯图亚特性格中引人注目的就是她那长久的女性的矜持。这种矜持年复一年地持续，直到感情生活完全在她的内心里苏醒。长久以来，人们看到的只是（肖像画证明了这一点）一个友善、软弱、温和又慵懒的女人，眼睛里有一丝忧愁，唇边挂着一丝几乎是天真的微笑，性格并不坚决，并不具有很强的行动力，还是一位少女。她非常敏感（就像任何真正的女人一样），她的情绪很容易波动，很容易脸红，或者是变得面色苍白，很容易落泪。但是这种匆匆忙忙、流于表面的血液里的浪涛在很多年里都没有触及她的内心深处。正因为她是一个非常正常的、一个真正的真实女人，玛丽·斯图亚特才只有在激情之中——在她的一生中只有那么一次——发现了自己真正的真实本质。那时人们才能够感觉到，她是一个多么强大的女人，具有什么样的冲动和发自本能的本质，毫无意志地被自己的性别所束缚。因为在这个伟大的时候，她的陶醉之情突然就像是撕碎了、卷走了罩在这个迄今为止还一直都很冷静得体的女人身上的文化的外衣，打破了所有作为女人的良好教养，所有的习俗与尊严，在面临着她的婚姻与她的激情的选择的时候，玛丽·斯图亚特作为一位真正的女人，没有选择她的王位，而是选择了她自己心里的那个女人。女王的大氅突然坠落，她感觉自己赤裸灼烫，成了无数个想要得到爱情和给予爱情的人们中间的一个，当她为了让自己过上彻底的生活，将王国、权力和尊严直接轻蔑地扔到了地上的时候，这样的大手笔却没有给她带来任何恩惠。

伊丽莎白恰恰相反，她从来都不能彻底地自我沉浸，这是出于一个秘密的原因。因为她——就像玛丽·斯图亚特在她那封著名的表达仇恨的信件里所说的那样——在身体上"与所有其他的女人都不一样"。她不仅仅当不了母亲,就连那种完全的、女性的非常自然的委身都做不到。她并不是像她所表现出来的那样,出于自愿,终生做一位"童贞女王"①,作一位贞洁的女王,即便特定的同时代关于伊丽莎白生理缺陷的报告(就像本·琼森流传下来的那些报告一样)是值得怀疑的,她隐秘的女性部分也还是肯定是被某种身体或者是心理上的障碍破坏了。这种不幸肯定对女人的本质性格有着决定性的影响,这个秘密实际上也包含了她的性格里所有其他秘密的核心。她神经里所有闪烁不定、摇摆不定、颜色变幻的因素,她本质性格里不断闪现的歇斯底里的光芒,她做出决定的时候的失衡与顽固,她从冷到热、从是到否的永恒变换,她所有的喜剧演员般的表演、装腔作势和阴险狠毒的行为,还有使得她丧失作为政治家的尊严的卖弄风情都源于这种内心的不自信。这位在内心深处受到创伤的女人没有办法以单纯的和自然的方式去感受、去思考、去行事,没有人可以指望她,她自己也不指望自己。但是即便伊丽莎白在最隐秘的区域有所残缺,即便她的神经总是在不断地撕扯,即便她阴谋家的机智充满了危险,她也从来都不是一个残忍的、无人性的、冷漠的和强硬的人。没有什么比那种已经成了一种系统的观点更虚假、更肤浅的了(席勒在他的悲剧里采取的就是这种观点),认为伊丽莎白是一只阴险狡猾的猫,玩弄着温柔的、手无寸铁的玛丽·斯图亚特。如果更深刻地看待这个问题,就会发现这个女人在她的权力中心已经孤独得僵冷,只能一直通过几

---

① 原文为英语。

个不算是情人的情人来歇斯底里地折磨自己，因为她不能彻底地、单纯地献身，在她所有的乖僻举止与激烈行为的背后是一种隐藏的、迂回的暖意，是一种诚恳的意志，想要做一个宽宏大量的好人。她易于恐惧的天性不适应暴力，她宁可逃进渺小的、刺激神经的外交技巧，在幕后进行不负责任的操纵。在每次宣战的时候她都觉得犹豫，感到惊骇，每次死刑判决都像是在她的良心之上压了一块石头，为了维护自己国家的和平，她付出了最大的努力。如果她要和玛丽·斯图亚特斗争，那么只能是出于一个原因，就是因为她感受到了（这也是不无道理的）她的危险，但即便是这样，她也宁可回避公开的战争，因为她的天性只是赌徒和权术家，不是战士。她们两个人都宁可维持这种半真半假的和平，玛丽·斯图亚特出于懒惰，伊丽莎白出于恐惧。但那个时刻的星象不容许这种比肩而立的局面。个人内心深处的意志进行着徒劳的反抗，但在这场致命的赌局之中，历史的意志往往比人类和权力的意志更为强大。

因为在这两个人性格的区分背后升起了一个巨大的阴影，这就是时代的巨大矛盾。人们不会觉得这是一个偶然，玛丽·斯图亚特是古老天主教的先锋战士，伊丽莎白则是改革派新宗教的保护人，这个党派选择实际上是一个象征，两位女王分别是一种世界观的化身，玛丽·斯图亚特代表那个走向死灭的中世纪的骑士世界，伊丽莎白代表那个正在生成的新时代世界。整整一个时代的转折通过她们的斗争走向了终结。

玛丽·斯图亚特——这使得她的形象非常具有浪漫色彩——作为最后一位勇敢的骑士崛起又陨落，为了一桩已经消逝、已经落后的事业斗争。她仅仅顺从于历史已经成形的意志，转身面向过去，在政治上与那些已经度过了自己的巅峰期的权力联系在一起，比如西班牙与罗马教廷，而伊丽莎白目光清晰地注视着遥远的国家，把她的大使派往俄国和波斯，以具有先见之明的预感把自己人民的精力引向海洋，好像她已经预见到了未来世界帝国的支柱必须建立在这个新大陆上。玛丽·斯图亚特僵化地固守传统，她没有办法超越自己对王国的王朝理解。根据她的看法，王国与统治者维系在一起，而不是统治者与他的土地维系在一起。事实上，玛丽·斯图亚特在所有这些年里只是拥有着苏格兰的女王，从来都不是统治着苏格兰的女王。她写过上百封信件，所有的信件都仅仅涉及她个人权利的巩固与扩大，但完全没有一封信件谈及人民的福利，谈及对贸易、对航海或者是对军事力量的要求。就像她在一生中都用法语写诗和交谈一样，她的思想里和感情里也从来都没有什么属于苏格兰的、属于本民族的东西。她活着不是为了苏格兰，死去也不是为了苏格兰，而只是为了继续当苏格兰的女王。在最后，玛丽·斯图亚特没有赋予她的国家以任何创造性的赠礼，除了她那传奇般的一生。

这种凌驾于所有人之上的地位注定会使玛丽·斯图亚特陷入孤独。在个人的勇气和决心方面，她远远胜过了伊丽莎白。但是伊丽莎白并不是孤军与她作战的。出于自己的不自信，她及时地明白了如何巩固自己的地位，她身边全都是冷静而又目光敏锐的人民，在这场战争中，她的身边站着一整个参谋部，教给她行动与技巧，坚决地保护着她远离自己的冲动与神经质。伊丽莎白知道如何在身边建立起一个完美的机构，直到今天，在几百年后，她的个人功劳和伊丽莎白时代的集体功劳都几乎不可分割，那些与她的名字结合在一起的无量荣耀也与她那些出色的匿名顾问的功绩紧紧联系在一起。玛丽·斯图亚特仅仅是玛丽·斯图亚特，伊丽莎白却永远都是伊丽莎白加上塞西尔，加上莱斯特，加上沃尔辛汉姆，再加上她全体人民的努力，人们很难区分清楚谁才是那个莎士比亚的世纪的天才，是英格兰还是伊丽莎白，这二者如此完美地融为了一体。伊丽莎白在这个时代的君主里达到了无与伦比的地位，正是因为她不仅仅想要成为英格兰的统治者，而且也想要成为英国人民的管理者，成为一项民族性使命的公仆。她理解了这个时代的趋势是从独裁专制向君主立宪过渡。她乐于承认新生的力量，那些力量来自于阶级的改变、来自地理大发现所带来的世界空间的扩张。她促进所有新生事物的发展，行会、商人、借贷人甚至是海盗，因为他们给英格兰，给她的英格兰开拓了在海上称霸的道路。她无数次地（玛丽·斯图亚特从来不这样做）为了普遍的民族利益牺牲自己的个人愿望。因为内心困境最好的救赎方式就是把自己投入到创造性的工作中去。伊丽莎白作为女人是不幸的，于是她就在治理自己的国家的过程中寻求幸福。这个没有孩子、没有丈夫的女人把自己全部的自我主义和全部的对权力的热情都投入到了对这个国家的塑造工作中，她最虚荣的一点就是希望英格兰的伟大可以在后世面前也显得伟大，她只是为了这个即将到来的伟大的英格兰而活着。任何一项其他的王冠都不能吸引她（而玛丽·斯图亚特则为了用自己的王冠换来一顶更好的王冠感到振奋），当玛丽·斯图亚特在现世、在此刻发出宏伟的辉光闪耀的时候，节俭而又深谋远虑的伊丽莎白却把自己的全部膂力献给了自己民族的未来。

　　因此，玛丽·斯图亚特和伊丽莎白之间的斗争以象征着发展和进步的女王取胜，而不是象征着落后的骑士精神的女王取胜而告终，这并不是一个偶然。与伊丽莎白一同取胜的是历史的意志，它想向前发展，把失去了生命力的形式像空壳一样抛在身后，永远在其他有创造力的工作中努力尝试。在伊丽莎白的一生中，她化身成为一个民族想要在世界之巅争锋的精力，在玛丽·斯图亚特的终局里，一种具有骑士风度的过去华丽而慷慨激昂地死去了。但是这两个人都在这场战斗中实现了自己的意义：现实主义者伊丽莎白在历史中取胜，浪漫主义者玛丽·斯图亚特在诗歌与传说中取胜。

这场冲突在空间里、时间中得到了宏大的呈现：如果斗争的方式不是卑劣得堪称无情，那么该有多好啊！因为尽管这两个女人具有惊人的格调，她们也依然是女人，没有办法克服自己性别的弱点，不是公开敌对，只是使用阴谋诡计对抗彼此。如果面临冲突的不是玛丽·斯图亚特和伊丽莎白，而是两位国王，那么很快就会造成激烈的冲突，就会明确宣战。彼此的要求、彼此的勇气会针锋相对。玛丽·斯图亚特和伊丽莎白的冲突却相反，缺乏男子汉的光明正大，就像两只猫在打斗，自我掩饰，带着蜷缩的利爪潜伏起来，这是一种阴险的、完全不诚恳的游戏。在四分之一个世纪里，这两个女人就在不断地欺瞒和哄骗彼此（但谁也没有哪怕是一秒钟被蒙蔽）。她们从来都没有不带成见地直视过彼此的眼睛，从来都没有公开、真实而又清晰地表达出她们的仇恨。她们带着微笑，用谄媚之词和虚情假意互相问候，互赠礼品，互相祝福，而每个人在背后都藏着一把刀子。不，伊丽莎白和玛丽·斯图亚特的战争史并不是一场伊利亚特式的战争，没有著名的战役，也不是什么英雄史诗，而是马基雅维利作品里的一个章节，尽管在心理学的层面上引起了非凡的激动，却在道德层面上招人厌恶，因为这是一场长达二十年的阴谋，从来都不是一次掷地有声的公开斗争。

这种不诚实的游戏立刻随着玛丽·斯图亚特的婚姻谈判开始了，求婚的王侯被列到了计划中。玛丽·斯图亚特很可能会赞同与任何一个人成婚，因为她内心的女性还没有觉醒，还没有开始干涉她的选择。她会心甘情愿地接受十五岁的少年堂·卡洛斯，尽管传言把他描绘成一个恶毒暴躁的年轻人，她也一样愿意嫁给尚未发育的孩子查理九世，是年长还是年幼，是令人厌恶还是富有吸引力，对她的野心来说都无关紧要，只要这桩婚姻能够使她的地位凌驾于她所憎恨的竞争对手之上。她几乎没有什么个人兴趣，把谈判事宜全部交给自己同父异母的哥哥梅里伯爵，他怀着非常自私的热心为她谈判，因为如果他的妹妹在巴黎、维也纳或者马德里得到了一顶王冠，那么他也就摆脱了她，再次成了苏格兰的无冕之王。但很快，伊丽莎白就通过自己在苏格兰的无可挑剔的间谍得知了这些海外的求婚行为，立刻表示强烈反对，她非常清楚地威胁苏格兰使者，如果玛丽·斯图亚特接受了来自奥地利、法国或者是西班牙王侯的求婚，她就会把这一举动视为敌对行为，她绝对不会阻挡，但同时会采取最温和的方式写信劝告她亲爱的表妹，她只能信任她一个人，"无论别人许诺给她以什么样的幸福之山与尘世的奢华"。哦，她一点也不反对她和一位信仰新教的王子结婚，比如丹麦国王或者费拉拉公爵——翻译过来的意思就是：和一位没有危险的、无足轻重的求婚者结婚——最好的方案是，玛丽·斯图亚特在"家里"缔结婚姻，和一位苏格兰或者是英格兰贵族结婚。在这种情况下，她永远都可以确保得到她姐妹的爱意与帮助。

伊丽莎白的态度自然是公开的"无耻行径"[①]，每个人都能够看

---

① 原文为法语。

穿她的意图：这个并非自愿的"童贞女王"①只想要破坏自己竞争对手的大好机遇。但玛丽·斯图亚特用同样巧妙的手段把这个球扔了回去。她自然一刻都没有想过要承认伊丽莎白在她的婚姻事务上有所谓的"overlordship"，也就是决定权。但这桩重大的生意还没有说定，主要的候选人堂·卡洛斯还在犹豫。所以玛丽·斯图亚特先是虚伪地向伊丽莎白的担忧表达了亲切的感谢之情。她保证，不会"为了世界上的所有舅舅"②，不会因为自己孤注一掷的行为损害英格兰女王珍贵的友谊，哦，不，哦，绝对不会！——她的内心已经做好了诚恳的准备，想要忠实地遵从她的所有建议，但愿伊丽莎白可以告诉她，哪些求婚者"得到了许可"③，哪些没有。这种顺从非常感人，但玛丽·斯图亚特在其中提出了一个清醒的问题，也就是这样一来，伊丽莎白应该以什么方式来弥补她的顺从。从某种程度上来讲，她是在说，那么好，我遵循你的愿望，我不会嫁给等级和地位比你还要高的人，亲爱的姐姐。只是现在你也要给我一个明确的保证：我的继承权应该怎么办呢？

这样一来，争端就被幸运地避开了，我们又回到了那个古老的死结。只要在伊丽莎白需要对继承权做出明确表述的时候，那么就连上帝都无法强迫她做出一个清晰的表述。她非常含糊地顾左右而言他，"既然我自己倾向于完全维护我妹妹的利益"，她说，自己想要像对待亲生女儿一样关照玛丽·斯图亚特。她一连几页地倾吐着甜言蜜语，是那唯一一句受到要求的、至关重要的话语没有被说出。就像两

---

① 原文为英语。
② 原文为英语。
③ 原文为英语。

个正在以物易物的近东商人，谁也不率先摊开手掌。我向你提议婚姻的候选人，伊丽莎白说，然后我认命你为我的继承人。你认命我为你的继承人，然后我就嫁给你推荐的人选，玛丽·斯图亚特回答说。但是没有一个人相信另一个人，因为两个人都想欺骗另外一方。

有关婚姻、求婚和继承权的谈判拖了整整两年。奇怪的是，这两个"女骗子"都不自觉地配合着彼此。伊丽莎白只想稳住玛丽·斯图亚特，而玛丽·斯图亚特很不幸，恰好遇上了所有的君主里面最为拖沓的腓力二世。只有当和西班牙的谈判彻底石沉海底的时候，他们才不得不考虑其他的决定，而玛丽·斯图亚特觉得有必要抛开所有的伪装，直接对着她亲爱的姐姐开枪。于是她清楚明确地提问，伊丽莎白到底觉得谁是她最适合的伴侣。

伊丽莎白并不喜欢这种无拘无束的提问方式，尤其是在这个情况下。因为她早就已经暗示过她为玛丽·斯图亚特选定的人是谁了。她曾经暧昧地低语说，她"想要向她推荐和一个没有人会想到的人结婚"。但苏格兰宫廷装作没有理解，要求她做出正面的建议，给出一个名字。伊丽莎白被逼到绝路，已经无法再躲在暗示背后。最终她终于从齿间挤出了候选人的名字：罗伯特·杜德雷。

现在，这场外交喜剧几乎要演变为丑闻了。因为伊丽莎白的建议不是可怕的羞辱，就是可怕的示威。在那个时代，仅仅是设想一位苏格兰的女王、一位法国国王的孀妇会下嫁给一个"subject"，也就是自己姐姐的一个臣民，一个无足轻重、没有王室血脉的小贵族，这几乎意味着侮辱了。这个建议还由于提议者的情况显得更加无耻，因为整个欧洲都知道，罗伯特·杜德勒多年来都是伊丽莎白的情色伴侣，因此，英格兰女王就像是送掉一件旧衣服一样，把这个她觉得地位太低、无法下嫁的男人推给了苏格兰女王。但是，就在几年前，这个永远都在犹豫不决的女人还在想嫁给他（她心里只是一直都怀有着这个念头而已）。直到杜德雷的妻子艾米·罗布萨特在非常奇特的情况下被杀害以后，她才匆匆退缩，为了不让别人怀疑她参与到了这件事情里。现在，这个人已经两次在世界面前名声败坏，一次是因为这件不光彩的意外，一件是和伊丽莎白的情色关系，现在她建议玛丽·斯图亚特接受这个人做她的丈夫，也许是她执政期间许多笨拙和冒失的举动里面最为冒失的一个举动。

伊丽莎白提出这种荒谬的建议，我们永远也不会找到她内心里全部的原因了：有谁能把一个天性歇斯底里的人的混乱想法组织成符合逻辑的观点呢！是不是作为忠实的恋人，她自己不敢嫁给他，于是就把自己所拥有的最宝贵的成果交给他：她的王国？还是说她只是想摆脱这个她已经厌倦的情人？她是否希望通过这个她所信任的人更好地控制住自己野心勃勃的竞争对手？她是否只是在考验忠诚的杜德雷？她是否在梦想着一场"三角恋爱"①，一种爱情层面的统一？还是说她提出这个不理智的建议只是为了得到玛丽·斯图亚特理所应当的拒绝，从而剥夺她的继承权？所有这些可能性都是存在的，但是最有可能的是，这个情绪化的女人在内心里自己也不知道自己想要什么：她可能只是玩味着这个想法，就像她永远都喜欢玩弄别人、玩弄思想一样。没有人可以设想，如果玛丽·斯图亚特认真对待伊丽莎白的这个推荐，事情将会是怎么样。也许这样一来，伊丽莎白就会迅速改变主意，禁止她的杜德雷结婚，对她的竞争对手报以嘲笑，然后又给她的

---

① 原文为法语。

竞争对手增添被拒绝的耻辱。

玛丽·斯图亚特觉得,伊丽莎白建议她嫁给一个没有王室血统的人,简直是类似于渎神的罪行。她刚刚听到这个建议的时候非常愤怒,讥讽地问使者,他的统治者是不是真的觉得,她这个得到过涂油礼祝福的女王只不过应该嫁给一位"罗伯特勋爵"。但她很快压制住了自己的不满,流露出友善的目光,她不能通过断然拒绝惹恼一位这样危险的对手。如果她能够嫁给西班或者是法国的王位继承人,那么她就可以彻底地和伊丽莎白算算账了。在这场姐妹之争中,一方不诚实的举动永远会得到另一方的回应,伊丽莎白这个阴险的提议很快得到了玛丽·斯图亚特虚假的友谊作为回报。也就是说,爱丁堡没有立刻就拒绝杜德雷的求婚,没有,没有,女王装作自己是认真地考虑了这个提议,然后她才能够立刻上演第二幕。詹姆斯·梅尔维尔爵士接受官方的任命前往伦敦,据说是要开始与杜德雷结婚的问题的谈判,实际上却是为了把所有的谎言和虚伪变得更错综复杂。

梅尔维尔是玛丽·斯图亚特的贵族里面最忠诚的一位,他是一位技巧娴熟的外交官,还能够书写非常巧妙的信件,我们尤其要为此而感谢他。因为他的造访给世界带来了关于伊丽莎白的个人生活的鲜明生动的描写,给人们留下了深刻的印象,与此同时,他也呈现出了最为杰出的历史喜剧。伊丽莎白很清楚,这个非常有文化的人在法国宫廷和德国宫廷都生活过很长的时间,因此她努力在他面前卖弄风情,却没有想到,他用那精确的记忆力把她所有的弱点和做作之处都载入了史册。因为她女人的虚荣经常会与她女王的尊严陷入难堪的争斗:这一次,这位矫揉造作的女人也没有尝试在政治层面说服苏格兰女王的使者,而是首先用个人的美貌在这个男人面前装腔作势。她像孔雀开屏一样在人们面前走来走去。她特意从巨大的衣柜里——在她死后，人们发现她有三千件衣服——挑选出最珍贵的礼服，时而按照英格兰的方式打扮，时而按照意大利的方式打扮，时而又按照法国的方式打扮，袒胸露背，这种样式日后有很多"仿品"①。在这期间，她还在炫耀自己的拉丁语、法语和意大利语，怀着难以餍足的渴求吮吸着使者们那显然无穷无尽的赞美。但是，使者们使用的所有最高级的赞美，最美的、最聪明的和最有教养的言辞都不能够使她感到满意：她想要更彻底的赞美——"魔镜，墙上的魔镜，谁是这个国家里最美的女人？"——她偏偏就想要强迫苏格兰女王的使者说，作为一个女人，她比他自己的女王更值得赞美。她想要听他说，她比玛丽·斯图亚特更美、更聪明或者是更有教养。因此，她对着他展示着自己美丽的金红色卷发，问道，玛丽·斯图亚特的秀发是否更美丽——对一位女王的使者来说，这真是一个尴尬的问题！梅尔维尔巧妙地回避了这件事情，以所罗门王②的机智回答说，在英格兰，没有一个女人比得上伊丽莎白，在苏格兰，也没有一个女人能够胜得过玛丽·斯图亚特。但是这个虚荣到愚蠢的女人并不满足于这种模棱两可的回答，她不断地夸耀自己的美丽，她弹着羽管键琴③，在诗琴④的伴奏之下唱着歌；最终，梅尔维尔意识到自己的使命是在政治层面上使伊丽莎白软化下来，就承认说伊丽莎白的肤色更白皙，羽管键琴弹得更好，跳起舞来姿态比玛丽·斯图亚特更优美。伊丽莎白忙于满怀嫉妒地自我

---

① 原文为法语。
② 所罗门王：《圣经》中以机智断案著称的以色列国王。
③ 羽管键琴：钢琴的前身。
④ 诗琴：一种五弦琴。

彰显，忘记了真实的事务，当梅尔维尔终于触及那个棘手的话题的时候，她已经沉浸到一幕喜剧之中，首先从抽屉里拿出一幅玛丽·斯图亚特的迷你肖像，温柔地亲吻着它。然后她用颤抖的声音讲起，她是多么想要亲眼见到玛丽·斯图亚特，见到自己亲爱的妹妹（实际上，她在这之后一直在避免见面），如果谁相信了这位胆大妄为的女演员，谁就一定会觉得，对伊丽莎白来说，世界上最重要的事情就是邻国的女王能够得到幸福。但梅尔维尔头脑冷静，目光清晰。他不会被这种大胆的表演行为所欺骗，他向爱丁堡进行了总结式的报告，说伊丽莎白说话和行动的方式并不正直，仅仅展现出了掩饰、激动和恐惧。当伊丽莎白这一方开始提问，玛丽·斯图亚特是怎么考虑和杜德雷的婚姻这件事情的时候，这位娴熟的外交官没有直接说出一个生涩的"不"，也没有说出一个清晰的"是"。他回避事端，说玛丽·斯图亚特还没有认真对这个问题进行考虑。但他越是回避，伊丽莎白就越是逼迫。"罗伯特勋爵，"她说，"是我最好的朋友。我爱他就像爱我的哥哥，如果我下定决心结婚，那么我也会和他结婚的。但因为我没有办法下定决心，那么我希望，至少我的妹妹可以和他结婚，和他分享我的遗产。为了让我的妹妹不要轻视他，我将在几天之后加封他为莱斯特伯爵兼邓比男爵。"

事实上，几天以后——喜剧的第三幕开始了——华丽的封爵仪式举办完成。罗伯特·杜德雷勋爵面对着所有贵族，在自己的女王兼心上人面前下跪，被加封为莱斯特伯爵。但伊丽莎白内心的女人在这个庄严肃穆的时刻又开了一个愚蠢的玩笑。因为当女王把伯爵的冠冕戴在这位忠诚的仆人的头上的时候，这位情人无法遏制自己的柔情蜜意，在她朋友的头发上充满信任地抓了一把。庄严肃穆的仪式变成了一出闹剧，梅尔维尔躲在自己的胡子后面微笑着，他将会给自己在爱丁堡的女王送去一份欢乐的报告。

但梅尔维尔来伦敦不是为了作为史学家欣赏一场王室的喜剧，他在这场等价交换的活动中也有自己的特殊角色。他的外交档案袋里藏着一份秘密文件，不能在伊丽莎白的面前打开，他对莱斯特伯爵的礼貌奉承只不过是一层烟雾，用来掩饰他来到伦敦的真实任务。首先，他应该积极地敲响西班牙使者的大门，问清楚堂·卡洛斯最终是拒绝还是同意，玛丽·斯图亚特不会继续等下去了。此外，他还有另一项秘密任务，就是和第二候选人亨利·达恩雷谈判。

这个亨利·达恩雷目前还只是一个备用选项，玛丽·斯图亚特把他留作储备，以防所有更好的婚姻计划都宣告失败。因为亨利·达恩雷既不是国王，也不是公侯，他的父亲伦诺克斯伯爵是斯图亚特家族的宿敌，已经被驱逐出苏格兰，被没收财产。但是从母亲的一方来看，这个十八岁的少年体内流淌着纯正的王室血脉，也就是都铎家族的血脉，他是亨利七世的曾外孙，是英格兰宫廷里第一等级的"血统纯正的亲王"[①]，有资格成为任何一位女王的配偶。此外，他还有一个优势，就是信仰天主教。这个年轻的达恩雷也可以当作第三、第四和第五位候选人，因此梅尔维尔和这个候选人的野心勃勃的母亲玛格丽特·伦诺克斯进行了一些不涉及任何义务的普遍性交谈。

真正的喜剧都有一个本质：尽管所有的演员都在互相欺骗，但骗术永远都是不完美的，总有人会在某个瞬间瞥见隔壁的牌。伊丽莎白并没有那么单纯，认为梅尔维尔来伦敦只是为了专程恭维她，恭维她

---

[①] 原文为法语。

的秀发和她的羽管键琴水平：她知道，挑选旧日的情人做玛丽·斯图亚特的丈夫的建议肯定不会那么轻易地得到接受，她也了解自己亲爱的亲戚伦诺克斯夫人的野心和行动力。此外，她的几个间谍有可能也对此知情。在骑士加封的典礼上，当亨利·达恩雷作为宫廷里第一等的亲王在女王面前挥舞王室宝剑的时候，女王突然冷静地直视着梅尔维尔的面孔，非常直率地说道："我很清楚，你们更喜欢这个年轻的浪子。"但面对这个冒失的进犯，梅尔维尔没有失去冷静。如果一个外交家不懂得在棘手的时刻大胆说谎的艺术，那么他也就不算是什么外交家了。于是他只是在聪慧的脸上流露出了不屑的神情，以轻视的样子看着这个昨天还在和他进行激烈谈判的达恩雷，回答说："一位精神层面成熟的女子永远不会挑选这样的一位浪子，他这么漂亮，身材纤细，没有胡须，比起一位男子，更像一个女人。"

伊丽莎白是不是真的被这种轻蔑所蒙蔽了？她真的因为这位娴熟的外交家所表现出来的不信任而陷入了昏睡吗？还是说她只不过是在玩着一场看不透的双面游戏？无论如何，有一件不太可能的事情发生了，达恩雷的父亲伦诺克斯勋爵得到了返回苏格兰的许可，1565年1月，达恩雷自己也获准返回。也就是说，伊丽莎白——人们永远也不会知道，是出于情绪还是出于诡计——恰好把玛丽·斯图亚特最危险的丈夫的候选人送到了对方的家里。奇特的是，为他们说话，让他们得到通行许可证的不是别人，正是莱斯特伯爵，他也在玩着自己的双面游戏，想不知不觉地逃出他的女主人给自己编造的婚姻圈套。现在，闹剧的第四幕在苏格兰欢乐地展开了，但那里的剧情突然超出了所有人的预料。人为编织的线索突然全部挣断，求婚的喜剧面临着所有人都没有料到的猝然中断。

因为政治这种俗世的人为力量在这个冬日与永恒的本源力量发生了碰撞,前来觐见玛丽·斯图亚特的求婚者意料之外地发现了这个女王内心的女性。在年复一年充满耐心、无动于衷的等待之后,她自己终于觉醒了过来。到目前为止,她只不过是国王的女儿、国王的新娘、女王和国王的孀妇,是陌生意志的玩物,是外交顺从的造物。现在第一次,她的内心里爆发出了真实的情感,她一举扯下自己的野心,就像剥下了一件沉重的衣衫,想要完全自由地支配自己年轻的身体,支配自己的生命。她第一次不再听从别人的话语,只是听从自己血液的搏动,听从自己感官的愿望与意志。她的内心生活史由此开始。

第七章　第二次婚姻

1565年

这时发生的意外实际上是世界上最为寻常的事情：一个年轻的女人爱上了一个年轻的男人。天性没有办法持久地压抑，玛丽·斯图亚特是一个有着温暖血液与健康感官的女人，她在迎来二十三岁的时候刚好站在自己命运的转折点上。她已经以一丝不苟的方式守了四年寡，没有一次真正的艳遇。但所有情感的克制都有告终的时候：即便是在一位女王身上，女性也最终会提出她神圣的权利，也就是去爱别人和被别人爱的权利。

玛丽·斯图亚特第一次倾情相爱的对象——这是世界史上一个罕见的案例——不是别人，正是这个具有政治意义的求婚者达恩雷，他接受自己母亲的使命，在1565年2月初来到苏格兰。这个年轻人对玛丽·斯图亚特来说并不是一个完全的陌生人，四年前，他曾经在十五岁的时候来到法国，来到幽暗的孀妇的卧室里向那个身穿白色丧服[①]

---

① 原文为法语。

的哀悼者传达母亲的哀思。但自那以后他长大了很多，长成了一个高大健壮的年轻人，有着一头稻草一样的金发，面孔像女人一样光滑没有胡须，也像女人一样漂亮，一双圆而大的眼睛像孩子一样，带着某种犹疑的神情注视着这个世界："不可能有比他还要俊美的王子了"①，莫维西耶②这样描述他，年轻的女王也称赞他是"the lustiest and bestproportioned long man"，就是她所见过的最为俊俏、最为匀称的高大的年轻人。现在玛丽·斯图亚特的性格变得火热焦躁，耽于幻想。她以自己浪漫主义的方式做着白日梦，很少能看清人和事物的真实面貌，而是在大部分时候只能看到自己渴望看到的东西。这些不可救药的人们不断地从过高的估计跳到失望的境地，却永远不会完全清醒过来，他们从一个妄念中惊醒过来，就又成为另一个妄念的牺牲品，因为对他们来说，真实的世界是妄念，不是现实。因此，玛丽·斯图亚特在对这个俊美的年轻人迅速燃起的激情中起先并没有注意到，达恩雷俊秀的外表之下并没有什么内涵，他结实的肌肉下面并没有真正的力量，他礼貌的举止背后并没有灵魂深处的文化修养。她只能看到，她不习惯自己身边的那些清教徒，这个年轻的王子却能轻捷地骑马，娴熟地跳舞，热爱音乐和快乐的娱乐活动，在必要的时候也可以做一首即兴诗。这种在艺术方面的喜好总是能够给她留下深刻的印象。她真心感到高兴，因为这位年轻的王子在跳舞和狩猎的时候是个不错的同伴，给这个无聊的宫廷带来了某些不同之处，带来了明媚的青春气息。另一方面，达恩雷也遵从自己聪慧的母亲的指示，表

---

① 原文为法语。
② 莫维西耶：当时的法国驻英大使。

现得非常谦恭和友善。很快，他在爱丁堡就成了一个受欢迎的客人，正如伊丽莎白的间谍恼怒地报告的那样，"因为他的人格广受欢迎"。这个技巧熟练的人不仅仅征服了玛丽·斯图亚特，而且也征服了所有人。他和女王新任的私人秘书、反宗教改革的代表大卫·李乔结成了好友，白天和他一起打球，晚上和他睡在一张床上。但当他接近天主教党派的同时，他也在奉承新教徒。他陪伴宗教改革派的摄政王梅里伯爵在星期天去"新教会"，在那里装出深受震撼的样子，聆听约翰·诺克斯布道，在中午，他为了掩人耳目，和英格兰的使者一起用餐，夸赞伊丽莎白的仁慈，在傍晚，他和"四玛丽"跳舞。简而言之，这个高大的、不算聪明但是擅长阴谋的年轻人很好地完成了自己的任务，正是他平庸的天资保护了他免受任何的怀疑。

突然间火星跳了起来，点燃了火焰，被国王与侯王们追逐的玛丽·斯图亚特突然去追求一个愚蠢的十九岁少年。这种喜爱之情以一种堵塞已久、急不可待的力量从她的体内爆发而出，就像每个拥有完整的性格又没有过早地在微不足道的冒险与寻欢作乐中践踏和荒废掉自己的感情的人一样，在面对达恩雷的时候，玛丽·斯图亚特第一次经历了自己女性的渴望。因为她儿时与弗朗索瓦二世缔结的婚姻只不过是一场没有结果的手足情谊，自那以后的所有这些年来，她体内的女性一直在以某种朦胧的状态生活着：现在突然出现了一个人，一个男人，可以把过度淤积的情感都像决堤的溪水一样倾泻到他的身上。她不假思索，不经思量，就像许多女人一样，在一个人的身上看到了自己的所有一切。当然，更明智的做法是等一等，等这个人验证自己的价值。但要求一位深陷爱河的年轻女人的激情符合逻辑，不啻在午夜寻找太阳。因为激情的真正本质就是无法分析的和非理性的。它无法进行事先的计算，也无法得到事后的衡量。毫无疑问，玛丽·斯图亚特完全失去了自己清醒的心智。这个不成熟的、虚荣的、只不过是具有漂亮外表的孩子身上并没有什么可以使她激情澎湃的东西：就像其他无数男子一样，他们被精神层面和内心尺度远胜于自己的女人所爱，达恩雷也没有别的其他的功绩，关键的地方就在于他在这个紧张的时刻走进了一个女人尚未完全苏醒的爱情意志。

过了很久、很久的时间，这位骄傲的斯图亚特家族的女儿的血液才终于开成了花朵。但是现在，这丛花朵跳闪着，不耐烦地震荡着。每当玛丽·斯图亚特想要什么东西的时候，她都绝对不会等待，不会仔细思考。比起一个充满爱意的当下，英格兰、法国、西班牙对她来说又算得了什么呢，未来对她来说又算得了什么呢？不，她不想继续和伊丽莎白玩这种无聊的、愚蠢的游戏了，不想再继续昏昏欲睡地坚持下去，做马德里的新娘，戴上新旧两个世界的王冠了：在这里，她有这个明媚、青春、温柔又懂得欢愉的少年，有他那鲜红的、肉欲的双唇，他那愚蠢的、天真的双眼，他那情窦初开的柔情！现在只需要尽快把自己和他捆绑在一起，只需要尽快属于他，这就是她在这个陷入感官极乐的不理智的时刻的唯一念头。在一开始，整个宫廷里只有新任私人秘书大卫·李乔知道她的爱恋、她甜美的苦恼，他想尽办法使这对恋人的船只驶向库瑞忒亚①的港口。这个教皇的亲信认为，与一个天主教徒结婚就已经能够确保教会在苏格兰未来的统治权了，因此他热心地促成婚事不是考虑到这对恋人的幸福，而是考虑到反宗教改革的政治目的。在王国的掌玺大臣，在梅里伯爵和迈特

---

① 库瑞忒亚：古希腊爱神阿芙洛狄忒的别名。

兰都不知道玛丽·斯图亚特的意图的情况下，他就已经写信给教皇申请这桩婚姻，这是有必要的，因为玛丽·斯图亚特与达恩雷有四等亲的血缘关系。他谨慎地思考了所有的结果，已经向腓力二世探询过了，如果伊丽莎白为这桩婚姻制造困难，那么他们能否为玛丽·斯图亚特提供帮助。的确，这位可靠的特工日日夜夜都在工作，希望可以通过婚姻计划的成功使他自己的幸运之星冉冉升起，与此同时也宣告天主教事业的胜利。尽管他如此辛勤地工作，想要扫清阻碍，急不可待的女王依然觉得一切都进行得太慢、太谨慎、太小心翼翼了。她不想等。要等信件以乌龟爬行的速度跨海越洋，还需要一个星期又一个星期，她确定教皇会赞同，那么是不是就不必等待文件来批准她想做的事情了？玛丽·斯图亚特在做决定的时候总是怀着这种盲目的孤注一掷，做出这种华丽而愚蠢的宏大手笔。最终，机智的李乔就像满足自己女主人的其他愿望一样，满足了她的这个愿望。他请一位天主教的神父来到了他的家里，即便无法证明事实上的确在教堂婚礼之前举办过某种仪式——在玛丽·斯图亚特的故事里，我们不能相信个别人的证词——，这两个人之间肯定也存在着某种订婚或者是婚约之类的东西。因为"赞美天主"①，能干的帮手李乔高喊道，没有人可以再"拆散这门婚姻"②了。在宫廷里也没有其他人知道，在达恩雷提出求婚之前，他实际上已经成了她生命的主人，也许也是她肉体的主人。

这桩"秘密婚姻"③处于保密状态，因为只有三个人和那个有义

---

① 原文为拉丁语。
② 原文为法语。
③ 原文为拉丁语。

务保密的神父对此知情。但就像烟雾让人嗅到了看不见的火焰，他们之间的柔情也不断暴露着隐藏的情感。没有过太久的时间，宫廷里的人们就开始小心翼翼地看着他们两个人了。当这个可怜的年轻人突然——对一位新郎来说真是罕见的病症——得了麻疹，玛丽·斯图亚特非常引人注目地照顾着自己的这个亲戚，焦虑又勤奋。那时候，她一天又一天地坐在他的床边，他几乎刚一康复，就又和她寸步不离了。第一个用险恶的眼神看着他们两个的是梅里伯爵。他曾经诚恳地鼓励过妹妹所有的婚姻计划（主要是为了给自己增添好处），尽管他是一位非常虔诚的新教徒，却同意她和天主教的庇护者，西班牙哈布斯堡家族的儿子结婚，因为马德里距离霍利罗德的距离足够远，他可以完全不受干扰。涉及达恩雷的计划却尖锐地触碰到了他的利益。梅里伯爵非常深谋远虑，可以看出来，只要这个虚荣的、羽毛一样软弱的年轻人达恩雷成了女王的配偶，他就会立刻滥用女王的权利。此外，他也有足够的政治直觉，可以预料到那个教皇的特工，那个意大利秘书暗地里在搞什么阴谋：也就是重建天主教的统治权，摧毁苏格兰的宗教改革。在他坚决的灵魂里，个人的野心和宗教的信念掺杂在了一起，对权力的热情和对民族的担忧掺杂在了一起。他清清楚楚地看出来，与达恩雷的婚姻将意味着异族统治苏格兰的日子开始了，而他的统治即将告终。因此，他警告过自己的妹妹，劝她不要缔结这桩婚姻，这会在几乎刚刚得到和平的国家里引来无穷无尽的冲突。当他看到没有人听他的警告的时候，他就固执地离开了宫廷。

就连另一位饱经考验的顾问迈特兰也试图做出反对。他也看到自己的地位和苏格兰的和平受到了威胁，作为信奉新教的部长，他也反对由一位天主教的王子来担任女王的配偶，全国的改革派贵族逐渐在这两个人的身边聚集起来。现在英格兰大使伦道夫终于也睁开了眼睛。出于睡过了关键时刻的羞愧，他在自己的报告里将这位俊美的年轻人对女王的影响，形容为魔力，猛烈地呼喊救援。但是所有这些小人物的不适与嘟哝，比起伊丽莎白获悉玛丽·斯图亚特的消息的时候的那种愤怒又算得了什么呢！因为对她来说，她的双面游戏真的造成了苦涩的损失，在这场婚姻游戏中，人们把她当作了笑柄。人们借着和莱斯特伯爵谈判的借口，实际上是为了把真正的求婚者成功地从她手中吸引走，偷偷地带到苏格兰。现在她只好伦敦思考着自己过度的外交手段。她在最初的怒火里把整场求婚的策划人，也就是达恩雷的母亲伦诺克斯夫人投进了伦敦塔①，咄咄逼人地命令她的"臣民"达恩雷立刻返回，用没收地产的法令恐吓他的父亲，召开了女王会议，会议按照她的愿望宣布这桩婚姻威胁到了两个国家之间的友谊，也就是说，她也用迂回的方式威胁着战争。但在内心深处，这个上当的女人非常惊慌和烦躁，所以她同时又开始了讨价还价。为了挽回自己的面子，她匆匆地打出了目前为止一直紧紧地抓在手里的一张王牌：第一次公开、负责地承认玛丽·斯图亚特（既然她已经输了这个游戏）对英格兰王位的继承权，她甚至派出了——她已经急不可待——自己的特使，进行慷慨承诺："如果苏格兰女王愿意接受莱斯特，她就会被当作下一位王冠的继承人得到接受和认可，被当作伊丽莎白的亲生女儿对待。"②这真是一个神奇的例证可以证明所有外交手段都只有永恒的荒谬：玛丽·斯图亚特多年以来以极大的聪慧、急迫和诡计想要

---

① 原文为英语。
② 原文为英语。

在她的竞争对手这里得到的东西，也就是对王位的继承权，现在却通过她一生中最大的愚行得到了。

但政治让步的本质就是它们总是来得太迟。昨天，玛丽·斯图亚特还是一个政治家，今天她就只不过是一个女人，是一个恋人。不久前，成为英格兰的王位继承人还是玛丽·斯图亚特最热切的梦想，今天，所有这些称王的野心却都随着一个更低微、却更符合本能的渴望被遗忘了，她只想尽快拥有这个纤瘦、俊美的年轻人。伊丽莎白的威胁和许诺都来得太晚了，诚挚的朋友们的警告都来得太晚了，比如她的舅舅洛林公爵就劝说她离开这个"joli hutaudeau"（"美貌的浪子"）。理智和国家利益已经不再能对她这种无拘无束的焦躁之情施加控制。她嘲讽地答复了因为作茧自缚而愤怒不已的伊丽莎白。"我善良的姐姐表示不满，我觉得真的很令人震惊，因为她现在责备我的选择，可我恰好遵循了她的愿望。我拒绝了所有的外国求婚者，选中了一个英格兰人，身体里流着两个王国的王室血液，在英格兰也是第一等级的王子。"伊丽莎白没有办法反驳，因为玛丽·斯图亚特的确在字面上——尽管是以另一种形式——忠实地满足了她的愿望。她选中了一位英格兰贵族，甚至还是伊丽莎白自己怀着模棱两可的用心派到她家里来的贵族。既然她已经不再努力掩饰自己的神经质，不断地向玛丽·斯图亚特提出建议，发出威胁，那么玛丽·斯图亚特的态度在最终也就变得直率和明晰。人们已经用美好的话语蒙蔽了她这么久，现在她的期待落了空，玛丽·斯图亚特已经在全国的支持之下做出了自己的决定。无论伦敦寄来的书信是充满甜言蜜语还是尖刻话语，爱丁堡都紧锣密鼓地筹办着婚事，匆匆将达恩雷晋封为罗斯公爵。英格兰使者在最后一刻带着一大包抗议文件从英格兰一路骑马赶来，他们刚刚抵达，就听说亨利·达恩雷从现在开始将被尊称为国王。

7月29日，钟声宣告婚礼。在霍利罗德的天主教家庭小礼拜堂里，一位神父给两个人的结合进行了祝圣。玛丽·斯图亚特在应对代表性的典礼的时候一直都非常具有创造性，她在这个时刻出人意料地身穿丧服出现，就是她给第一任丈夫法国国王送葬的时候穿的那身丧服：她这样公开宣布，她绝对没有轻率地忘记她的第一位丈夫，只是为了满足自己国家的愿望，她才第二次走向婚礼的圣坛。直到她听过弥撒，回到自己的房间以后，她才——场景经过了精心的设计，节日的衣袍已经准备好了——禁不住达恩雷满腔柔情的请求，除下丧服，换上显示出节日与喜庆的颜色的衣服。城堡脚下挤满了欢呼的人群，大把大把的金钱被撒给他们，女王怀着明媚的心情，和人民一起欢庆。尽管六十五岁的约翰·诺克斯自己也娶了一个十八岁的少女作为第二任妻子，但他似乎认为除了自己的欢乐没有别的欢乐，对长达四天四夜的节日和宴饮感到气恼，好像阴郁的日子现在已经永远结束，极乐的青春王国开始了。

当尚未婚配、也无法进行婚配的伊丽莎白听说玛丽·斯图亚特第二次成了人妻，她的内心非常绝望。因为她巧妙的计谋只不过是让自己尴尬地落后了一步。她建议苏格兰女王嫁给心爱的朋友：人们在全世界的面前拒绝了她。她反对达恩雷的要求：人们也一样无动于衷，对她置之不理。她派出使者进行最后的警告：等待使者的是紧闭的大门，直到婚礼完成才放他进来。她想要做点什么来弥补自己的威信。她必须采取某种外交手段，或者是宣战。但是找什么借口呢？因为玛丽·斯图亚特明显是有道理的，她满足了伊丽莎白的愿望，没有选择外国的王侯，这桩婚姻没有任何瑕疵，亨利·达恩雷是英格兰王位的直接继承者，是亨利七世的曾外孙，是一个配得上女王的丈夫。任何一种事后的抗议都不够有力，都只能在全世界面前使得伊丽莎白的气恼更加显而易见。

但双面态度在一生中都是伊丽莎白一种独特的姿态。即便是在第一次悲惨的经历之后，她也没有改变自己的方法。她自然没有向玛丽·斯图亚特宣战，也没有召回自己的使者，只在暗地里想尽办法为这对幸福的爱侣制造阴险的不幸。她太胆小，太谨慎，不会和达恩雷还有玛丽·斯图亚特进行公开的争执，于是就在黑暗中与他们作对。在苏格兰找到针对世袭统治者的反叛者和不满者是一件很容易的事情，这一次，在他们中间甚至有一个比所有这些小人物都要强大的人，这个人以坚决的精力和诚挚的仇恨在其中凸显出来。在自己妹妹的婚礼上，梅里伯爵示威性地缺席了，在场者都认为他的缺席是一个凶兆。因为梅里伯爵——这一点使他的形象具有了非凡的吸引力和神秘感——对政治气候的变动有着惊人的本能，在危险临近的时候，就会有一种难以置信的可靠的预感对他发出忠告，在这样的情况下，他做了一位手段巧妙的政治家所实现的最聪明的事情：消失不见。他交出权柄，突然消失，谁也找不到他。就像自然界中河流的突然干涸、水流的突然枯竭预示着巨大的自然灾害一样，梅里伯爵的每一次消失都预示着——玛丽·斯图亚特的故事证明了这一点——一次政治层面的灾难。梅里伯爵在一开始表现得还很被动。他待在自己的城堡里，固执地回避着宫廷，以表示他作为摄政王和新教的保护人，反对达恩雷成为苏格兰国王。但是伊丽莎白想要的不仅仅是人们反对新任国王夫妇。她想要一场反叛，于是她去争取梅里伯爵和同样心怀不满的汉密尔顿家族的人们。她严格下令，在不把她自己卷入阴谋的情况下，

"以最秘密的方式"①委托特工给勋爵们提供军事和经济支持,"好像是他们自己的行动",好像这全是他们自行采取的行动,她对此一无所知。金钱落到了贪婪的勋爵的手里,就像露水落到了干枯欲焚的草地上,他们的心重新生出勇气,许诺中的军事援助很快就促成了英格兰所希望的起义。

也许一向聪慧和深谋远虑的政治家梅里伯爵唯一的错误就是他实际上依靠的是所有君王中最不可靠的一位,而且站在了这场起义的风口浪尖。尽管这位谨慎的人没有立刻采取行动,他也还是暂时先在暗地里聚集了一群同伙:实际上,他想要等到伊丽莎白公开宣布支持抗议的勋爵们的事业,这时他就不是作为叛乱分子,而是作为受到威胁的教会的保护人来反对自己的妹妹。但玛丽·斯图亚特因为自己哥哥的暧昧举动感到不安,不无理由地不愿意忍受他满怀敌意的旁观状态,就严肃地把他唤来,要求他在议会里为自己辩护。梅里伯爵的高傲并不亚于他的妹妹,不愿意接受作为被告的地位,骄傲地拒绝顺从。这样一来,他和他的追随者就在公开的集市广场的公告里得到了公开的贬斥("put to the horn")。人们不得不再一次动用武器,而不是理性。

在面临重大决定的时候,玛丽·斯图亚特和伊丽莎白的个性总是能够异常清晰地分别展现。玛丽·斯图亚特速战速决,永远怀揣着勇气,急躁地气喘吁吁。伊丽莎白却符合自己胆小的天性,做决定的时候非常犹豫。在她还在考虑到底是不是应该给国库一个指示,准备好军队,公开支持起义的时候,玛丽·斯图亚特就已经采取了行动。她

---

① 原文为英语。

发布宣言，彻底清算反叛者。"他们囤积无穷无尽的财富和无穷无尽的荣耀，却依然不满足，他们想把我们和我们的王国完全掌握在手中，为了他们自己的利益，让我们唯独听命于他们——简而言之，他们想自己成为国王，我们最多保留我们的头衔，国王的权力却会落入他们之手。"这个勇敢的女人没有浪费片刻的时间，开始策马前行。她腰间插着手枪，身穿镀金盔甲的丈夫陪在她身边，依然忠诚的贵族环绕着她，她策马走在最前列，带领着她那仓促集结而成的军队前去迎击起义者。婚礼的车队一夜之间就变成了战争的车队。她的决心保持坚定。因为大部分叛乱的男爵被这种初生牛犊的精力吓得惊慌失措，此外，伊丽莎白说过要派遣一支军队过去，可是许诺中的英格兰援军也没有到位。他们一个又一个低垂着头颅回到合法的女王身边，只有梅里伯爵不想屈服。但所有人都抛弃了他，他率领着一支真正拼凑而成的军队，已经被击溃，不得不逃亡。所向披靡的国王夫妇那大胆的骑兵一直把他追到了边境线上。他费了很大力气，才在十月中旬逃到了英格兰的领土。

他们取得了完全的胜利，王国里所有的男爵与勋爵现在都归顺于玛丽·斯图亚特，多年来第一次，苏格兰再次完整地掌握在一位国王和一位女王的手中。在一瞬间内，玛丽·斯图亚特的安全感变得非常强烈，她竟然开始衡量是不是应该继续进攻，入侵英格兰，她知道，在那里，信仰天主教的少数派将会欢呼着将她称为他们的解放者，更机智的顾问们费了很大力气才抑制住了她的激情。但无论如何，自从她已经让她的对手打完了手里所有公开的和隐藏的牌，礼貌的往来就结束了。这段自行缔结的婚姻是她针对伊丽莎白取得的第一次胜利，粉碎反叛势力是第二次胜利，如今她可以怀着明亮而坦然的自信，直视着国境线对面"善良的姐姐"的眼睛。

伊丽莎白的处境在这之前已经不算很好了,在由她煽动和鼓励的叛乱者被击溃以后,她简直陷入了恐惧。尽管一直以来都有一种国际惯例,也就是在邻国秘密招募的起义者一旦被战胜,在事后就否认与他们存在关系,但就像不幸者总是会不断地陷入越来越糟糕的偶然状况,伊丽莎白向勋爵们提供的一笔金钱恰好通过一个大胆的行动落到了博斯威尔的手里,他是梅里伯爵的宿敌,这也就清清楚楚地证明了她参与到其中的事实。此外,还有另一件不可接受的事情:梅里伯爵在逃亡的时候自然去了对他明里暗里都表示支持的地方,也就是英格兰,这个被战胜的人甚至突然在伦敦露面。这个一向平稳的双面游戏家陷入了令人厌恶的尴尬状况!因为如果她在宫廷里迎接梅里伯爵,这位反叛玛丽·斯图亚特的人,就意味着在事后赞同这次起义。如果她反过来,用回绝公开羞辱这位秘密的盟友,那么这位愤怒的人就能够轻易地说出反对自己金主的话来,这些话还是最好不要让外国宫廷知道——伊丽莎白几乎从来没有在双面游戏中像这一刻这样陷入过如此难堪的境地。

但幸运的是,这个世纪是大师级别的喜剧时代,伊丽莎白并不仅仅是出于偶然,才与莎士比亚和本·琼森呼吸着同样强劲而清冷的生活气息。她是天生的演员,比任何一位君王都更懂得戏剧与宏大的场景:当时的汉普顿宫和威斯敏斯特宫丝毫不逊于"环球"与"鸿运"①剧院。她几乎刚一得知这个不受欢迎的盟友的到来,就让塞西尔在当天傍晚把梅里伯爵叫走,给他进行某种总排练,让他第二天上

---

① 两者均为当时伦敦的著名剧院。

演给伊丽莎白挽救名誉的戏份。

很难想象还有比第二天的戏剧更厚颜无耻的事情了。法国大使正在觐见，正在与伊丽莎白闲聊着——他怎么能够料到，他已经被置身于一场闹剧之中了呢！——政治事务。突然之间，一位佣人走了进来，通报梅里伯爵到访。女王皱起了眉头。什么？她是理解错了吗？真的是梅里勋爵吗？这个"她善良的妹妹"的卑鄙无耻的叛乱者怎么到伦敦来了？他怎么还敢——简直是闻所未闻的大胆！——来见她，她的确是——全世界都知道——全心全意地为了自己亲爱的表妹啊？可怜的伊丽莎白！她在一开始几乎失去了镇静，又惊又气！无论如何，她阴沉地犹豫了片刻，还是接见了这个"胆大妄为的人"，但是，上帝保佑，不要让她独自一人面对他！不，她请求法国的使者留下，为了见证她"诚恳"的愤怒。

现在轮到梅里上演了。他非常严肃地扮演了这个交给他的角色。他的登场就非常引人注目，被设计成请罪的方式。他谦卑而又畏缩，不像平时那样昂首挺胸、满怀勇气，身穿一身黑衣，走上前来，像一个乞讨者一样跪下，用苏格兰方言开始对女王说话。伊丽莎白立刻打断了他，命令他说法语，这样使者就可以听懂他们的谈话，可以断定她和这个叛乱分子之间没有什么秘密了。梅里显然有些吞吞吐吐地说了几句话，但是伊丽莎白立刻就尖刻地发问：她不理解，他，一个逃犯，一个反叛自己朋友的人，怎么还敢在未经召唤的情况下出现在她的宫廷里。的确，她与玛丽·斯图亚特之间有时候存在着误会，但绝对不是重大的矛盾。她一直都把苏格兰的女王当作自己善良的妹妹，而且希望一直如此。如果梅里没有办法证明，他只是出于愚蠢或者是为了自卫才反对自己的女主人，她就会对他实施监禁，让他为自己的反叛行为负责。也就是说,梅里要在她面前为自己辩护。

梅里已经从塞西尔那里很好地学会了自己的角色,他很清楚自己现在什么都可以说,只是不能说一件事:真相。他知道,他必须把所有罪责都揽到自己的身上,自己承担一切,在使者面前证明伊丽莎白的清白,证明她完全没有参与这场由她煽动的起义。他不得不给她提供不在场证明。因此,他没有抱怨玛丽·斯图亚特,反而大肆夸赞自己同父异母的妹妹。她原本给了他远远超出他应得的土地、荣誉和金钱,因此他始终忠心地为她效劳,是因为惧怕有人谋害他本人,只因为担心被杀,他才采取了这种不理智的行为。因此,他来觐见伊丽莎白,是为了让她帮助他,向他的女主人苏格兰女王请求宽恕。

这些话对起义实际上的幕后操纵者来说已经很漂亮了。但是伊丽莎白还需要更多的东西。因为这场喜剧并不是为了叫梅里在使者的面前把罪责揽下来,而是要让他作为主要证人,宣布伊丽莎白对这件事根本就是一无所知。一位狡猾的政治家从来也不会觉得说一个弥天大谎比一次深呼吸更费力气,于是梅里庄严在使者面前发誓,伊丽莎白"对这场阴谋一点也不知情,从来没有鼓励他或者是他的朋友拒绝服从他们的女王。"

现在伊丽莎白有了她想要的不在场证明。她已经被彻底洗白了。现在她可以怀着最优美的戏剧的激情在使者面前对着自己的搭档大发雷霆:"现在你终于说了实话!因为我和任何人都不曾以我的名义挑唆你针对你们的女王。这样阴险的背叛可能会成为一个恶劣的典范,也会鼓励我的臣民掀动对我的反叛。因此,你赶紧从我的面前滚开,你是一个毫无尊严的背叛者。"

梅里深深地低下了头,也许是为了掩饰唇角轻微的笑意。他无法忘记他的妻子和其他勋爵的妻子以女王的名义拿到过的几千英镑，无法忘记伦道夫的信件与担保，无法忘记国务总理的承诺。但是他知道，如果他现在担任这个替罪羊，伊丽莎白就不会把他赶往荒野。就连法国使者也保持着平静和表面上的敬佩，就好像一位懂得欣赏优秀喜剧的文化人一样，只有回到家里，独自坐在书桌前，把这一幕向巴黎报告的时候，他才会露出窃笑。在这一刻，也许只有伊丽莎白的心情不算完全明朗，可能她自己也不信会有人相信这一幕。但至少没有人敢公开质疑，面子上的事情得到了维护，至于真相，那就随便吧！她穿着宽阔的裙子高贵、缄默、窸窸窣窣地走出了房间。

没有什么比这一点更能证明玛丽·斯图亚特在这一瞬间里的力量了，她的对手竟然不得不使用这种小花招，只是在败局面前至少确保自己的道德立场。苏格兰女王现在可以骄傲地昂起头颅了，所有一切都按照她的意志取得了成功。她选中的男人戴上了王冠。反对她的男爵回到了她的身边，或者是被流放到了异国。所有的星象都对她有利，如果这次新的婚姻还能生下一位继承人，那么最后的、最大的梦想就也实现了：一个斯图亚特家族的人成为苏格兰与英格兰共同的王位候选人。

所有的星象都如此有利，罕见的祝福静静地笼罩了这片国土。现在玛丽·斯图亚特终于可以歇息片刻，为她所收获的幸福感到高兴。但是她那无拘无束的天性的法则就是在不安中受难，在不安中创造。如果谁得到了一颗狂野的心，那么当外界赐予他幸福与平静的时候，他就无法感到满足。因为这颗心总是在狂躁之中不断地创造新的灾祸与其他危险。

## 第八章 霍利罗德的命运之夜

1566年3月9日

盛放的情感本质上无法计算，无法克制，不会犹豫，也不会追问：当一个具有王侯一般天性的人陷入了热恋，那么这就意味着完全的献身与挥霍。在这段婚姻的最初几个星期里，玛丽·斯图亚特简直是无穷无尽地向自己那年轻的丈夫倾泻恩惠。她每天都用不同的赠礼给达恩雷带来惊喜，有时候是一匹马，有时候是一件礼服，还有上百件精美的小东西，在此之外，她也赠予了他最伟大的东西，也就是国王的头衔和她那颗不安的心。"一个男人在婚姻中可以从一个女人那里得到的东西，"英格兰大使这样向伦敦报告，"他都全部得到了。她将所有的赞颂、所有的尊严都全部赠予了他。没有一个违逆他的人会得到她的喜爱，如果我还能说些什么，那么就是她的全部意志都交给了他支配。"这也符合玛丽·斯图亚特那种激烈的天性，做什么都不会只做一半，而是只能全心全意、倾情投入：当她献身的时候，这绝对不是一种犹豫的、恐惧的赠予，而是一种不假思索、挥霍无度、毫无限制的赠予。"她完全受他的意志支配，"伦道夫写道，"让他来随心所欲地引导她、引领她。"她这位激情洋溢的恋人将整个生命溶解在了顺从与陶醉的谦卑之中。只有某种巨大的骄傲，才能在一个热恋的女人身上以如此宏大的方式化为一种巨大的献身精神。

但是所有伟大的赠礼都只有对配得上的人才算是恩典，对任何其他人来说都是危险。坚强的性格会因为突然增强的力量而变得更坚强（因为力量就是它的本质元素），软弱的性格则会被自己配不上的幸运毁灭。成功不会令这样的人表现出谦卑，而是变得傲慢，他们会怀着幼稚的愚蠢，把所有偶然的赠礼变成自己的功绩。事实很快就证明，玛丽·斯图亚特迅速燃起又毫无限制的热情以灾难性的方式荒废在了这个狭隘虚荣的年轻人身上，他自己还需要一个教师，没有办法成为一位心胸宽广的高傲女王的丈夫。因为达恩雷几乎还没有意识到他赢得了什么样的力量，就变得骄傲和狂妄起来。他接受玛丽·斯图亚特的赠礼就像接受一件由他自己赢得的战利品，把女王的爱情恩典当成丈夫理所当然的权利。等到他的地位被提升为主人以后，他觉得自己有权利把她当作一位臣民对待。这个不幸的人在内心里有一颗蜡质的心——"heart of wax"，就像玛丽·斯图亚特日后自己轻蔑地说过的那样——于是这个娇生惯养的年轻人就失去了所有分寸感，膨胀起来，以统治者的姿态干预国家事务。他抛开了诗歌与温柔的举止，这些东西已经不再需要了，现在他在议会里捶胸顿足，粗鲁地高声说话，和狐朋狗友喝酒，当女王有一次试图把他从这个没有尊严的社交圈子里拽出来的时候，他以非常羞辱人的方式怒斥她，使这位公开被侮辱的女人流下了泪水。因为玛丽·斯图亚特赠予了他国王的头衔——只有头衔，除此以外没有别的——他就觉得自己已经成了真正的国王，执意要求共同统治的权利，要求这顶"婚姻王冠"①。这个十九岁的孩子还没有长出胡须，就已经想把苏格兰当作自己不受限制的领地进行统治了。但是每个人都认识到了一点：在这种挑衅性的方式背后没有真正的勇气，在这种张牙舞爪背后没有坚决的意志。很快，玛丽·斯图亚特就不再能够摆脱这种耻辱，她最美好的初恋竟然浪费在了这样一个没有头脑的流氓身上。但是就像经常会发生的那样，这时后悔蔑视了自己最优秀的顾问那些善意的警告，已经太晚了。

比起过于仓促地献身于一个配不上自己的爱情的男人，一个女人的生活中没有更大的屈辱了：一个真正的女人永远不会原谅自己的这种过错、这种失误。在这两个人经历过那么多的激情之后，单纯的冷漠与不露痕迹的礼貌也非常反人性：情感一旦点燃，就会继续燃烧下去，它只可能改变色彩，会变成沉郁地闷烧着的仇恨和轻蔑，而不是明亮地熊熊燃烧着的爱情与烈焰。玛丽·斯图亚特的情感一向都无拘无束，一旦她认识到了这个人配不上她的爱情，就立刻收回了她对达恩雷的恩惠，也许她的做法太猛烈也太突然了，一个深思熟虑、工于心计的女人是不会这样做的。她从一个极端跳到了另一个极端。现在她一点一点地收回了她在最初的激情时分不假思索、不经计算就送给达恩雷的特权。她曾经带给十六岁的弗朗索瓦二世的共同统治权，也就是那顶"婚姻王冠"，现在已经被收回。达恩雷满怀愤怒地注意到，他已经无法再出席重要的国务委员会议了，人们拒绝给他的家徽加上王室的纹章。他的地位跌至单纯的亲王配偶，突然不再能继续在

---

① 原文为英语。

宫廷里扮演他梦寐以求的首要角色，只是一个越来越气恼的辩论者。他的朋友大卫·李乔不再把国务文件拿给他看，不过问他就用"铁公章"①盖章封缄了所有的信件，上面是女王的签名，英格兰使者也不再称呼他为"陛下"，在圣诞节的时候，也就是在蜜月后还不到半年，英格兰就收到了关于苏格兰宫廷的"奇特变动"②的报告。不久前人们还在一直说：国王和女王，现在却只是说女王的丈夫。他已经习惯了在诏书中把自己的名字放在第一位，现在却被排在了第二位。最近刚刚铸造了印有双人头像的"亨利和玛丽"③的硬币，但这种硬币很快就不再流通，被新币所取代。这两个人之间出现了某种不合，不过，因为这只是"恋人之间的争执"④，或者是像民间说的那样，是"自己家里的事情"⑤，这一切就都没有什么可以说的，只要事情不变得更糟就可以了。

可事情的确变得更糟了！这个书面上的国王不得不在自己的宫廷里忍受这种被明显的置之幕后的感受，此外还有隐秘的、最敏感的作为丈夫的感受。几年以来，玛丽·斯图亚特尽管在内心深处非常正直，却不得不学会在政治层面上说谎：但是在涉及她个人情感领域的时候，她就绝对不会伪装。她几乎刚一明白她把自己的激情浪费在了什么样的无足轻重的一个人的身上，这个愚蠢、虚荣、无耻又不知感恩的年轻人几乎刚一从求婚时期那个幻想中的达恩雷背后浮现出来，

---

① 原文为英语。
② 原文为英语。
③ 原文为拉丁语。
④ 原文为拉丁语。
⑤ 原文为拉丁语。

她肉欲层面的偏爱就立刻变成了肉体层面的厌恶。自从她对他的感情变得冷淡以后，她就完全无法忍受她的丈夫再接近她的身体了。

当女王发现自己已经怀孕的时候，就立刻找出所有借口来躲避他的拥抱。有时候她说自己病了，有时候说自己过于疲倦，总是能够找到不同的借口来回绝他。在婚姻的最初几个月里（达恩雷自己在恼怒之中揭露了所有这些细节）是她进行着感官方面的求爱，现在她却经常以羞辱的方式回绝着他。即便是在这个最私密的领域，在他最初征服了这个女人的领域，达恩雷也——这种感觉非常深刻，因为这是一种最使人折磨的苦痛——突然感觉被剥夺了权利，受到了排挤。

达恩雷缺乏灵魂上的力量来掩盖自己的失败。他愚蠢地到处讲闲话，在公共场合高喊自己被置于幕后，他低声嘟囔，发出威胁，大声夸口，宣布要进行可怕的复仇。但他越是以爆炸性的方式宣泄自己的尴尬处境，他的装腔作势听起来就越是可笑，在几个月后，尽管他还拥有国王的头衔，却只是被当作一个讨厌的、满腹牢骚的闲人，每个人都漠不关心地在他的面前转过身去。当这个亨利，这个苏格兰国王①有什么愿望或者是要求的时候，人们不再向他鞠躬，而是发出嘲笑。对一位统治者来说，受到仇恨都不如受到普遍的轻蔑这么可怕。

玛丽·斯图亚特在达恩雷那里经历了可怕的失望，不仅仅是人性层面的失望，也是政治层面的失望。她曾经希望，她可以通过这位年轻的、在肉体和灵魂上都完全献身于她的丈夫最终摆脱梅里伯

---

① 原文为拉丁语。

爵、迈特兰与男爵们的监护。但是在蜜月结束后，所有的幻想就都付之东流。她曾经为了达恩雷反对梅里和迈特兰，现在却比以往的任何时候都要孤独。但是她的天性就是无论面临着多么深的失望，也不能在没有信任的情况下生活下去。她总是在不断找寻着可靠的人，找寻着自己可以无条件地信任的人。她更愿意选择一个出身于较低等级的人，没有梅里和迈特兰的威望，但是具备某种她的苏格兰宫廷更为需要的美德，这也是所有的仆人最为珍贵的美德：无条件的忠诚与可靠。

这个国家里恰好有一个这样的人。当萨伏依使者莫雷塔侯爵访问苏格兰的时候，他的随从里有一个年轻的、皮肤黝黑的皮埃蒙特人，那就是大卫·李乔（"看起来非常黑"[①]），大约二十八岁，有着警醒的圆眼睛和鲜艳的嘴唇，唱歌唱得非常动听（"尤其是个出色的音乐家"[②]）。众所周知，诗人和音乐家在玛丽·斯图亚特的宫廷里永远都是备受欢迎的客人。她从自己的父亲和母亲那里继承了对优美艺术满怀激情的热爱，对她来说，没有什么比在这个阴沉的环境里听到如此优美的声音，听到小提琴和诗琴的演奏更令人迷醉、更令人愉快的事情了。那时候，她的合唱团里刚好缺一位男低音，既然"大卫先生"（从现在开始，他在小圈子里就被这样称呼）不但唱歌唱得非常动听，也懂得娴熟地书写歌词与谱曲，她就请求莫雷塔，把这个"出色的音乐家"[③]留下来为她一个人效劳。莫雷塔表示同意，而李乔也接受了这个每年有着六十五磅的收入的职位。他在登记簿里作为"歌

---

① 原文为英语。
② 原文为意大利语。
③ 原文为意大利语。

手大卫"①列入"宫廷仆役"②的行列，被当作佣人对待，他也没有觉得这是什么屈辱的事情，因为直到贝多芬的时代，即便是神灵一般的大音乐家在宫廷里也会被当作佣人对待。就连沃尔夫冈·阿玛德斯·莫扎特和白发苍苍的老年海顿，尽管已经享誉欧洲，还是不能和贵族和王侯一起坐在宫廷的桌边用餐，而是只能和马夫还有女佣坐在没有铺桌布的桌子上用餐。

除了出色的嗓音，李乔还有清楚明白的头脑、清晰活跃的理解力和非常良好的艺术修养。他的拉丁语讲得就像法语和意大利语一样流利，也能够写一笔好文章。有一首他的流传至今的十四行诗证明了他的诗歌品味和真正的形式感。很快，他就得到了自己梦寐以求的机会，从仆从的职务得到晋升。玛丽·斯图亚特的私人秘书劳勒特没有办法抵抗苏格兰宫廷的传染病：来自英格兰的贿赂。女王不得不立刻将他解雇。灵活的李乔就把自己挤进了他的工作室里，从此开始了飞速的晋升。他做了很短一段时间的普通文书，然后立刻成了她的顾问。很快，玛丽·斯图亚特就不再对这个自皮埃蒙特的秘书口授信件了，而是让他根据自己的考量自行起草。在几个星期后，他的个人影响力在苏格兰的国家政务里就已经变得显而易见了。与天主教王子达恩雷快速缔结的婚姻在很大程度上就是他的手笔，而女王怀着异乎寻常的坚决，拒绝宽恕梅里和其他苏格兰起义者，这一点被归为他的阴谋也不无道理。也许李乔的确是教皇安插在苏格兰宫廷的特工，也许这一点只是人们的怀疑，但即便是他满怀热情地服务于教皇与天主教

---

① 原文为法语。
② 原文为法语。

的事业，自从玛丽·斯图亚特来到苏格兰以后，他也一样充满献身精神地为玛丽·斯图亚特效劳。如果谁能够让玛丽·斯图亚特感受到忠诚，谁对她来说就是值得褒奖的，她可以对谁敞开心扉交谈，就也会伸给他一只乐于帮助的手。她非常明显，简直是过于明显地表彰李乔，送给他昂贵的衣装，把王玺交给他保管，让他参与所有国家机密。没有过多久，佣人大卫·李乔就已经成了一位伟大的先生，可以坐在女王和她的女性朋友们的餐桌上，就像过去的夏特利亚尔一样（命运灾难性的相似之处），怀着真挚的心帮助女王进行"享乐活动"①，在宫廷里组织音乐庆典和其他欢庆活动，这种主仆关系逐渐变成了朋友关系。直到深夜，这个出身卑微的外国人还可以独自在女王的卧室里逗留，与她进行亲密的交谈，他的举止宛若亲王，出现的时候无比骄傲，担任最高的国家级职位，但是在一两年前还只是个衣衫褴褛的佣人，来到这个宫里的时候除了会唱歌一无是处。现在，苏格兰王国里的任何决定都要在他同意和他知情的情况下才能够做出。但即便李乔成了居于众人之上的先生，他也还是自己的女王最忠心的佣人。

女王进行独立的统治，还有第二个稳固的支柱：不仅仅是政治权力，而且还有军事权力也被交到了可靠的手中。即便在这个领域，她的身边也站立着一位新人，那就是博斯威尔勋爵，他在青年时期曾经为了她的母亲玛丽·德·吉斯反抗过新教公会的勋爵——尽管他自己也是新教徒——因为被梅里所仇恨，不得不离开苏格兰。在他的宿敌倒台之后，他回到苏格兰，带领他的属下为女王效劳，成了一股不容

---

① 原文为法语。

小觑的势力。博斯威尔本人是一位毫无顾忌的战士，随时准备好进行任何冒险，性格如钢铁般刚强，满怀着激情洋溢的热爱与仇恨，他的背后还有一支边防军。此外，他一个人就已经意味着是一支坚定不屈的部队了：玛丽·斯图亚特满怀感恩地任命他为总将军，知道他会为了捍卫她和她的王权而为任何人作战。

二十三岁的玛丽·斯图亚特依靠这两个忠于她本人的亲信，终于把统治权的两根缰绳牢牢地握在了自己的手里，也就是政治大权和军事大权。现在她第一次尝试独自统治，这个并不谨慎的女人总是敢于冒一切的风险。

但是每当苏格兰有一位国王想要进行真正的统治的时候，勋爵们就会加以反抗。这些顽固不化的人们最不能忍受的就是一位既不去争取他们、也不畏惧他们的女王。梅里和其他被贬斥的人们急于回返。他们动用大量金钱进行贿赂，玛丽·斯图亚特却表现出了出人意料的坚定，而这些贵族的怒气首先就指向了女王的顾问李乔。很快，各个城堡里就在暗地里流传闲言碎语。这些新教徒满怀愤怒地发现霍利罗德正在编织精妙的马基雅维利式的外交罗网。他们更多是预感到了，而不是明确知道，苏格兰参与到了某种反对宗教改革的秘密计划之中，也许玛丽·斯图亚特已经在巨大的天主教同盟里承担了某种责任。对此首先要负责任的就是外来人李乔，尽管他是自己的女主人完全不需要顾忌的亲信，但在这个宫廷里却没有什么朋友。聪明人总是会做出最不聪明的事情。李乔没有谦卑地掩饰自己的权力，反而——对迅速晋升的人们来说，这是一个永恒的错误——大肆夸耀自己的权力。但是从根本上讲，苏格兰贵族们的骄傲不能容忍旁观这个过去的佣人，这个出身可疑、四处游荡的音乐家一连几个小时在女王的卧室里坐在她的身边，和她进行亲密的交谈。他们的猜忌越来越残忍，觉得这些秘密对话的目的是要消灭宗教改革，重振天主教的统治。为了及时制止这种计划，一连串信仰新教的勋爵在暗地里组织了一场阴谋。

苏格兰的贵族几百年来都只会使用一种手段对付令自己感到难堪的敌人：刺杀。只有把那只编结了所有隐秘丝线的蜘蛛践踏得粉碎，只有把这个行动敏捷、令人看不透的意大利冒险家除掉，他们才能重新把权力握在手里，只有这样，玛丽·斯图亚特才会重新被他们所掌控。刺杀李乔的这个计划很早就在这些贵族中间得到了支持，因为在行动之前的几个月里，英格兰使者就已经向伦敦报告说："不是上帝给他准备一个迅速的解决，就是给他们准备一个难以忍受的余生。"但是这些密谋者长期以来又没有真正的勇气进行公开的反抗。玛丽·斯图亚特之前以迅速的行动和坚决的态度打败了他们的叛乱，这令他们的骨子里还潜藏着惊骇，他们并不想要梅里和其他流亡者的那种命运。他们也同样惧怕博斯威尔的铁腕，这个人喜欢采用强硬的手段，而且过于高傲，不会与这些人进行阴谋。这样一来，他们只能够暗自嘟囔，在暗地里握紧拳头，直到他们中间最终有一个人——这是一个魔鬼一般的天才计划——想出了一个计划，把刺杀李乔的行动从一场反叛行动变成一场合法的、爱国主义的行动，也就是将国王达恩雷当作掩护，把他推到这场阴谋的风口浪尖。这个想法乍一看非常荒谬。一个国家的统治者密谋反对自己的妻子，国王反对女王？但是这个借口从心理学的层面看非常有道理，因为就像所有的弱者一样，达恩雷最强烈的驱动力就是他虚荣心没有得到满足。李乔得到了太多的权力，倒台的达恩雷肯定会对过去的朋友怀有着愤怒的嫉妒。这个并非专业的异国政治家主导着外交谈判，而他，亨利，苏格兰的国王[①]却对此一无所知，这个人在女王的房间里一直坐到深夜一两点钟，也就是说，那本是妻子应该在丈夫身边度过的时刻。他的权力日复一日地增长，而国王自己的权力却在整个宫廷的面前得到削弱。玛丽·斯图亚特拒绝赐给他共同的统治权，拒绝赐给他那顶"婚姻王冠"[②]，达雷恩把这归咎于——可能也是很有道理的——李乔的影响，这一点就已经足够掀起一个嫉妒的、内心并不算高贵的男人的恨意了。但是勋爵们还在他虚荣的伤口之上撒上了一剂更加灼痛的毒药，刺激达恩雷内心里最为敏感的伤口，也就是他作为男人的荣誉。他们用各种暗示激起他的猜疑，让他觉得李乔不仅仅与女王同桌吃饭，而且也同床共枕。这个毫无根据的猜测却使达恩雷坚信不疑，因为玛丽·斯图亚特最近经常回避婚姻中的义务，于是他就有了这个阴沉的念头，难道这是因为她觉得这个皮肤黝黑的乐师胜过了他？他的野心受到刺激，又没有勇气进行公开明确的抱怨，这样总是很容易陷入猜疑，如果一个人不相信自己，那么很快他也就不相信别人。勋爵们没有挑拨他多长的时间，他就已经陷入了混乱，并且心怀恶意。很快，达恩雷就深深地坚信，"他蒙受了一个男人所能够蒙受的最大的耻辱"。这样一来，不可置信的事情就有了结果：国王走到了反对自己妻子，反对女王的阴谋的风口浪尖。

这位微不足道、皮肤黝黑的乐师大卫·李乔实际上是不是玛丽·斯图亚特的情人，我们从来就没有得到过证明，也永远不会得到

---

[①] 原文为拉丁语。

[②] 原文为英语。

证明。但正是女王在整个宫廷面前施予这位私人秘书的公开恩典有力地驳回了这种怀疑。即便我们承认，在一位女性和一位男性精神层面的亲密与肉体层面的献身之间只有一层薄薄的界限，有时候，在一个不安的瞬间，一个紧张的动作就可以突然越过这道界限，那么当时已经有孕在身的玛丽·斯图亚特在对李乔表现出她作为王后的友谊的时候怀有如此的自信与体贴，实际上也并不像是一个破坏了婚姻的女人。如果她真的和李乔有着不被允许的关系，那么她最为自然的做法就会是避免表面上的非议，不会直到深夜都和他在自己的卧室里演奏音乐或者是玩纸牌，不会和他在自己的工作间里在遣退所有人的情况下起草外交辞令。但是就像夏特利亚尔的情况一样，恰好是她最引人喜爱的特质造成了危险，她对"闲话"①的蔑视、她对任何流言蜚语的不管不顾、她自然而然的无拘无束的性格。不谨慎与勇气几乎总是存在于一种性格之中，就像危险与美德，组成了一枚硬币的正反两面：只有懦夫和良心不安的人才会惧怕罪恶的迹象，做起事来小心翼翼，斤斤计较。

即便编造的话语非常恶毒和违反常理，有关一个女人的流言只要开始传播，就不会走向平息。好奇的人们口口相传着谣言。在半个世纪以后，亨利四世还在用这些诽谤谈论那时候还在玛丽·斯图亚特腹中的英格兰的詹姆斯六世，嘲讽说他实际上应该叫作所罗门，因为他是大卫的孩子②。玛丽·斯图亚特的名声第二次受到严重的损害，不是因为她犯下的罪过，而是因为她的不谨慎。

---

① 原文为法语。
② 《圣经》中记载的以色列王，是大卫王的儿子和继承人。

挑唆达恩雷的密谋者自己也不相信自己编造的谣言，这件事情已经得到了证实，因为两年后，他们就庄严宣布那个传说中的私生子成为国王詹姆斯六世。这些高傲的人可绝对不会向一个四处行旅的乐师的非婚生子宣誓效忠。这些心怀仇恨的骗子当时就已经知道了真相，他们传播这种污蔑，只是为了激怒达恩雷。这个已经被激怒的人因为这种被损害的感觉陷入了迷乱，被激发出了本能的猜忌之情：怒火在他的心里燃烧，他就像一头公牛一样冲向了面前的红布，怀着盲目的愤怒冲进了阴谋的圈套。他没有多想，就被牵扯进了这场反对他自己妻子的阴谋，几天以后，没有人比李乔的这位老朋友更渴望畅饮他的鲜血了，尽管他曾经和这个小小的、从意大利来的乐师同桌吃饭，同床共枕，还在他的帮助下得到了一顶王冠。

当时的苏格兰贵族把这场政治刺杀当成了一件庄严的事情：他们没有在最初的怒火里急躁仓促地行事，而是小心翼翼地选择同党——他们太清楚了，荣誉和誓言不能提供足够的担保——用盖章签字、进行书信交换的方式来对待这桩骑士的事务，好像这是一件合法的事情。在所有有约束效力的行动中，就像在一份买卖合同中一样，所谓的"公会"①和"联盟"②清清楚楚地写在一张羊皮纸上，参与到这次叛乱行为中的王侯联盟彼此进行约束，因为只有作为团伙、作为党派和世家，他们才有足够的勇气去反对自己的统治者。这一次——这在苏格兰的历史上是第一次——阴谋者有幸在他们的盟约上得到了国王的签字。勋爵们和达恩雷签署了两份对双方来说都非常合乎规范的条

---

① 原文为英语。
② 原文为英语。

约，受到逼迫的国王与被铲除了势力的男爵们达成了一条又一条的共同义务，想要把权力从玛丽·斯图亚特的手中抢夺出来。达恩雷在第一份"盟约"①中许诺，在任何情况下都要保证阴谋者不受惩罚，在女王面前保护他们，为他们进行辩护。他还进一步答应，把被流放的勋爵召唤回国，只要他能够得到玛丽·斯图亚特迄今为止都拒绝授予他的王权"婚姻王冠"②，他就赦免他们所有人的"罪过"③，他甚至宣布，要在所有打击面前保卫"新教会"。那些组织阴谋的勋爵则在第二份"盟约"④——所谓的"回信"，就像人们用生意的方式所说的那样——中承诺，赋予达恩雷这顶"婚姻王冠"⑤，甚至（可以看出来，他们考虑到这种可能性并不是没有经过思考）在女王早逝的情况下，也依然保持他作为国王的权利。但是在这些似乎清晰的话语背后还闪烁着比达恩雷所理解的更多的内容——英格兰使者已经正确地听懂了真正的文本内容——也就是说，他们想要彻底除掉玛丽·斯图亚特，通过某个"不幸的意外"同时除掉她和李乔。

这个可耻而胆大妄为的交易几乎刚一签署，使者就一路小跑地骑着马去通知梅里，让他做好回国的准备。而英国大使积极地参与了这场阴谋，也及时地把邻国女王面临着血腥的意外的消息传达给了伊丽莎白。"现在我确切地知道，"他在2月13日，也就是早在刺杀行动进行之前就已经给伦敦写信说，"女王为自己的婚姻感到悔

---

① 原文为英语。
② 原文为英语。
③ 原文为英语。
④ 原文为英语。
⑤ 原文为英语。

恨，现在她憎恨他和他的整个家族。我也知道，他相信有人正在试图在这场游戏中夺走他的权力，父亲和儿子正在共同采取行动，想要违背她的意志得到王冠。我知道，如果他们取得了成功，在国王的同意之下，大卫在接下来的十天里就会被割断喉咙了。"但这个间谍也清清楚楚地知道这些密谋者更阴险的意图。"我还听说了更可怕的事情，甚至是危及她本人的生命安全。"根据这封信，毫无疑问，这场密谋还有更多的目标，比人们告诉达恩雷那个蠢货的目标多得多，也就是据说针对李乔的打击同时也是针对玛丽·斯图亚特的打击，她的生命就像他一样受到了威胁。但这个疯狂的达恩雷——天性最懦弱的人只要察觉到自己背后的权力，就会变成最残忍的人——渴望以特别精妙的方式报复这个夺走了他的国玺和他妻子的信任的男人。他想在自己的妻子面前完成这场刺杀，为了羞辱自己的妻子——这真是一个弱者的妄念，想通过一次"惩戒"使一个天性刚强的人屈服，通过一次凶残的暴力行为使一个蔑视他的女人再次变得顺从。于是按照他的愿望，屠杀实际上在这个有孕在身的女人的房间里进行了，日子选定在3月9日：这场行动的令人反感之处甚至胜过了这次刺杀的卑鄙之处。

几个星期以前，伊丽莎白和她的部长在伦敦就知道了所有的细节（但是没有对自己受到威胁的妹妹发出警告），梅里在边界上已经给马匹装上了鞍辔，约翰·诺克斯已经在准备布道，准备把这场刺杀赞誉为一桩"最值得赞美"[①]的行为，而被所有人出卖的玛丽·斯图亚特却对此完全没有预料。恰好在这最后几天里，达恩雷——他的虚伪

---

① 原文为英语。

总是使他的背叛行为显得尤为令人反感——表现得异乎寻常地顺从，她完全猜不到，3月9日这个沉坠的黄昏是一个多么恐怖的夜晚，即将开启随后多少年的灾祸。与她相反，李乔倒是收到了来自陌生人的警告，但是他没有重视这个警告，因为为了打消他的疑虑，达恩雷在下午邀请他一起打球，这个乐师就开开心心、无忧无虑地接受了他昔日好友的邀请。

　　傍晚来临了。玛丽·斯图亚特和平时一样，在塔楼的房间里用晚餐，这个房间设在二楼，在她的卧室隔壁：这是一个小房间，只能坐下最亲密的社交圈子。几个最熟悉的朋友——几个贵族还有玛丽·斯图亚特同父异母的姐妹——围坐在沉重的橡木桌边，蜡烛在银质的枝形烛台上面燃烧着。女王的正对面坐着大卫·李乔，他的举止就像一位伟大的先生，头上戴着"法国式样"①的帽子，穿着一件有花纹刺绣和毛皮镶边的外套。他开心地讲着话，也许人们在用过餐以后还演奏了一会儿音乐，或者是用平时的随意方式进行了一下娱乐。突然，通往女王卧室的帘幔被掀开了，女王的丈夫，国王达恩雷走了进来，这也没有什么可奇怪的。所有人立刻都站起身来，在拥挤的餐桌旁边，给这位稀客让出了一个紧靠着自己的妻子的位置，他放松地拥抱着她，以一个犹大之吻对她表示问候。欢乐的交谈继续着，杯盘发出友善好客的叮当声。

　　但在这时，帘幔第二次被掀了起来。这时所有人都跳了起来，感到惊讶、愤怒和恐惧，因为门后出现了一个令所有人都感到恐惧的全副武装的人，就像一个黑色的天使，那就是被众人认为是个巫师的

---

① 原文为法语。

帕特里克·卢瑟文勋爵，他也属于那些密谋者之一，手里拿着明晃晃的利剑。他的面孔看起来特别苍白，因为这个身患重病的人正发着高烧，但他从床上站了起来，只为了不错过这样一桩值得赞誉的行动，他用灼热的眼睛表达着强硬的决心。女王立刻预感到了恶意——因为除了她的丈夫，任何人都不能使用那道通往她卧室的秘密的螺旋楼梯——她威严地质问卢瑟文，是谁允许他在未受召唤的情况下进来的。但是冷血的卢瑟文怀着平静的镇定回答说，他来这里不是为了反对她或者是任何其他别人。他来这里只是为了那个"胆小鬼大卫"①。

在华丽的帽子下面，李乔变得面色惨白，双手紧抓桌子。他立刻就明白了等待着他的是什么。现在只有他的女主人，只有玛丽·斯图亚特可以保护他，因为国王没有做出任何驱赶这个胆大妄为的人的举动，而是冷漠和尴尬地坐在那里，好像这出场景和他没有任何关系。玛丽·斯图亚特立刻就试图干预。她问道，那么人们到底为什么责备李乔，李乔到底犯了什么罪。

卢瑟文对这个问题的回答只是轻蔑地耸了耸双肩，然后说道："问您的丈夫吧。"

玛丽·斯图亚特不情愿地转过身面对着达恩雷。但是在关键时刻，这个几个星期以来一直都在煽动这场刺杀的软弱之人却懦弱地缩成了一团。他没有勇气清楚明白地站在自己的同党背后。"我完全不知道这件事情。"他尴尬地说着谎，把目光转移开。

但人们又听到帷幕后面再次传来了生硬的脚步声和武器相击作

---

① 原文为法语。

响的声音。同谋者一个又一个地走上那道狭窄的楼梯，像一道铜墙铁壁一样阻挡了李乔的所有退路。逃脱已经不可能了。因此玛丽·斯图亚特尝试着至少通过谈判来拯救自己忠诚的仆人。如果大卫的确值得谴责，那么她就亲自把他带到贵族的议会面前，但现在，她请求道，希望卢瑟文和所有其他人离开她的卧室。可反叛者不听从于她。卢瑟文已经走近了像尸体一样苍白的李乔，想要抓住他，另一个人用一根绳套套住了他的身体，开始把他拽走。一场可怕的骚乱爆发了，餐桌被打翻，蜡烛熄灭了。李乔手无寸铁，无力抵抗，他不是什么战士，也不是什么英雄，紧紧地抓住女王的衣衫，在人群中爆发出了尖利的、满怀恐惧的喊叫："夫人，我要死了，主持公道，主持公道！"[①]一个密谋者用装了子弹的手枪瞄准了玛丽·斯图亚特，准备按照密谋的计划打中她，可是这时，另一个人及时地把枪管顶偏了，达恩雷亲自伸出双臂，紧紧抱住这个怀孕的女人沉重的身体，直到其他人把这个吓得要死、不断号叫着的反抗者拖出了房间。在他们经过隔壁的卧室的时候，李乔抓住了王后的床脚，她听到了他救命的呼号，却无能为力。这群毫无同情心的人暴力地切断了他的手指，继续把他拖走了，拖到隔壁的大厅里，那些狂暴的人们在那里一起扑向了他。据说他们原本的意图只是把李乔关进监狱，然后第二天在集市广场上庄严地绞死他。但激动的情绪使他们发狂。他们就像是参加竞赛一样，用匕首捅向这个手无寸铁的人，不断地捅着，满足他们嗜血的欲望，最终他们甚至狂暴地互相捅了起来。地板上一片湿漉漉的鲜红，他们还在继续发疯。直到他们捅得

---

① 原文为意大利语。

这个身上有五十多处伤口在流血的不幸者失去了最后一丝呼吸，他们才肯罢手。玛丽·斯图亚特最忠实的朋友的尸体就以一摊可怕的肉泥的形式被从宫廷窗口扔了出去。

玛丽·斯图亚特听到了自己忠心的仆人充满愤恨的垂死呼号。但是她那怀孕的沉重身体没有办法挣脱达恩雷，他正在用自己钢铁一样的手臂紧紧抱着她，于是她就用自己那激情勃发的灵魂的全部力量来抗议她自己的臣民在她自己的家里给她带来的这种闻所未闻的羞辱。达恩雷可以按住她的双臂，却捂不住她的双唇。她怀着不理智的狂怒，唾沫横飞，啐了这个懦夫一脸，以此表达她那致命的轻蔑。她称他为叛徒和叛徒的儿子，她抱怨自己，怎么把这样一个无足轻重的人物抬到了王座之上：迄今为止，这个女人对自己的丈夫只是怀有纯粹的反感，这种情绪在这一刻里却强化成了不可遗忘、无法原谅的仇恨。达恩雷试图为自己的行为进行开脱，却只是徒劳。他责备她，说她几个月来一直在肉欲的层面拒绝他，她和李乔在一起的时间超过了和他这个丈夫在一起的时间。就连这时走进了房间，因为自己的行为筋疲力尽地跌坐到椅子上的卢瑟文也没有躲过玛丽·斯图亚特最可怕的威胁。如果达恩雷能够读懂她的眼神，他就会被那种难以掩饰的、熊熊燃烧的深仇大恨所吓退。如果他的内心再警醒一点，再机智一点，他就一定会理解她的宣告所包含的危险，她不再把自己当作他的妻子，不再像之前那样平静，除非他的内心也像她此刻一样充满了悲哀。达恩雷只能理解短暂和渺小的激情，不知道他是以多么致命的方式伤害了玛丽·斯图亚特的骄傲，他没有预感到，她在这一刻已经说出了对他的宣判。这个可怜、渺小、人人都可以愚弄的叛徒觉得，现在，因为这位精疲力竭的女人已经沉默了下来，表面上毫无意志地被别人带进了自己的房间，所以她的力量就已经最终被击溃了，她再次属于他了。但很快他就会得知，缄默的仇恨比最为疯狂的言辞还要更危险，而如果谁以致命的方式侮辱了这位骄傲的女人，谁自己就已经离死亡不远了。

被拖走的李乔的呼救声和女王卧室里兵器的骚乱声惊醒了整个城堡：女王的忠实拥护者博斯威尔和亨特莱手持利剑离开他们的房间。但是密谋者也预先料到了这个可能性：霍利罗德城堡从四面八方都被他们武装起来的仆从包围着，每个入口都被封锁起来，这样城里的救援力量就不会及时赶来营救女王了。博斯威尔和亨特莱为了营救女王的性命，为了及时投入战斗，已经没有别的选择，只能从窗户里跳出来。他们发出警报，说女王的性命受到了威胁，让城市守卫者立刻敲响警钟，市民们聚集起来，走到霍利罗德城堡的城门前，要求见到女王，和女王讲话。但迎接他们的是达恩雷，他用谎言使他们平静下来，说什么也没有发生，人们只不过是在城堡里杀死了一个外国间谍，那个间谍想把西班牙的军队引到国家里来。城市守卫者自然不能质疑国王的话，于是顺从的市民们又平静地回到了他们的家里，而玛丽·斯图亚特努力想要和自己的亲信取得联系，却被严格的守卫锁在自己的房间里。她的宫廷女侍、她的女佣人都没有办法走到她面前，城堡里的大小房门都有三道把手：在这天晚上，玛丽·斯图亚特这辈子第一次从女王变成了女囚。密谋的所有细节都取得了成功。在宫廷里，在一摊血泊里漂浮着她最出色的仆人破碎的尸身，在她敌人的首领位置站着苏格兰的国王，因为现在他已经得到了许诺中的王冠，而她已经不再有权利走出自己的房间。她突然就从最高的位置跌落，无力反抗，被人抛弃，没有帮手，没有朋友，身边只有仇恨和讥讽。在这个可怕的夜晚，一切对她来说似乎都已经失去。但是在命运的重锤之下，她灼热的心变得更为刚强。在所有涉及她的自由、她的荣誉、她的王位的瞬间，玛丽·斯图亚特自己内心里的力量就会胜过她所有帮手和仆人的力量。

# 第九章 叛徒中间的叛徒

1566年3月至6月

在人性的意义上，危险对于玛丽·斯图亚特永远是一件幸事。因为只有在关键性的瞬间，只有当她需要彻底贯彻自己的本性的时候，人们才会意识到，这个女人身上潜藏着什么样非比寻常的能力：那是一种钢铁般的坚决，一种迅速冷静的大局观，一种狂野甚至是具有英雄气概的勇气。但要催发这种最为极端的力量，不得不触及她的本质最深层、最敏感的根基。只有这种平时像游戏一样被散乱地抛在四处的灵魂的力量聚集成了一种真正的精力，这种力量才会诞生。如果谁试图羞辱她，实际上就是在帮她站起来。命运的每一次考验对她来说，在深层的意义上都是财富与赠礼。

这天晚上的第一次屈辱永远改变了玛丽·斯图亚特的性格。在这场最为可怕的经历火焰一般的锻造中，在那一瞬间，她所有过于轻率地信任着的人全部欺骗了她，她的丈夫、她的哥哥、她的朋友还有她的臣民，在这位平素温柔又非常妩媚的女人的心里，一切都在这火焰里变得如同钢铁一般坚硬，同时又如久经锤炼的金属一样具有韧性。但是就像一柄真正的双刃剑，她的性格从这个晚上开始也具有了双重的色彩，这个夜晚就是她日后所有灾祸的开始。血腥的宏大悲剧开始了。

此刻只有复仇的想法填满了她的思绪，而她被锁在自己的房间里，成了背叛了她的臣民的囚徒，焦躁地来回踱步，始终都在想着一件事情，权衡着一件事情：如何冲破她的敌人对她形成的这个包围圈，如何为她忠诚的仆人讨还血债，他的鲜血还依然温热地从地板缝里滴淌着，如何让这些如此不顺从地反抗她、把手伸向了她这个正式加冕过的女王的人们再次屈膝臣服，或者是死在断头台上？在这位具有骑士精神的女斗士看来，面对这种令她备受折磨的不公正，所有的手法现在都变得可以使用和合乎法律。她的内心里产生了变化：这个迄今为止都并不谨慎的人变得谨慎和阴险了，这个迄今为止都拥有着诚挚的感情的人学会了伪装自己，对别人说谎，这个迄今为止和所有人都玩着"公平的游戏"①的人现在要利用自己那非同寻常的精神层面的能力，用自己的双手来打击这些叛徒。一个人经常会在一天里学到比在几个月里和几年里学到的更多的东西，玛丽·斯图亚特现在也学会了对于她的整个一生至关重要的一课：阴谋者的匕首不仅仅是在她的眼前杀死了她忠诚的佣人李乔，也深深地刺入了她性格里那种无忧无虑的信任和无拘无束。轻易地相信这些叛徒，诚恳地向这些说谎的人们展示自己的内心，是多么大的错误，是什么样的愚行啊！不，现在要把自己伪装起来，要掩盖自己的感受，隐藏自己的愤怒，对那些始终都是敌人的人表现友善，隐藏仇恨，等待时机，为自己被杀的

---

① 原文为英语。

朋友复仇，等待复仇的时机！她现在用尽了所有的力气去掩饰自己的真实想法，只要敌人们依然还沉醉在自己胜利的成果之中，就继续蒙骗他们，最好假装出一两天的谦卑，然后最终打败他们！她面对这么可怕的背叛行为只能报以复仇，只能以更勇敢、更大胆、更无耻的方式背叛这些叛徒。

在面临死亡危险的时候，即便是天性软弱和懒惰的人们也能够激发出闪电一般的灵感，玛丽·斯图亚特就这样制定了自己的计划。她很容易就看清，只要达恩雷和反叛者还团结在一起，她就完全没有出路。只有一个方法可以拯救她：就是及时地在反叛分子中间制造嫌隙。既然她无法一下扯断令她窒息的这根锁链，她就不得不尝试用诡计选择最为薄弱的环节：她不得不在叛徒里选中一个人，作为叛徒中间的叛徒。可怕的是。在所有这些铁石心肠的骗子中间，谁是这个灵魂最为软弱的人，她也一清二楚：就是达恩雷，他有一颗"蜡质的心"，任何一只强硬的手都可以对他进行塑造。

玛丽·斯图亚特所构思的第一步措施在心理学层面上简直就是大师手笔。她宣布，她感到了强烈的生产的阵痛。前一夜的动荡，在一位怀孕五个月的女人面前进行如此残暴的屠杀行为，的确也很容易让人相信有早产的可能性。玛丽·斯图亚特装出可怕的痉挛，躺在床上，没有人可以承受以最野蛮和残忍的方式对待她的责备，禁止她的女佣和医生前来提供帮助。玛丽·斯图亚特要做出第一步也不需要更多的东西了，因为这样一来，严格的监禁状态就被打破了。现在她终于有了机会向她可靠的仆人博斯威尔和亨特莱发出消息，并且让人开始准备自己计划的出逃。此外，她通过有可能早产的威胁让密谋者们陷入了尴尬的道德困境，对达恩雷来说尤其是这样。因为她怀着的这个孩子就是苏格兰的王位继承人，也是英格兰的王位继承人。如果孩子自己的父亲因为在孕妇的面前犯下了虐待行径，犯下了谋杀行为，从而杀死了腹中的这个孩子，那么这意味着要在全世界面前承担多么大的责任啊。达恩雷满怀担忧地出现在自己妻子的卧室里。

现在一出莎士比亚式的戏剧开始了，这种宏大而又几乎不可能的场景也许只有理查三世在被他杀死的人夫棺木前向孀妇求爱成功的那出戏剧可以与之相比。在这里，也有尚未得到安葬的被杀者躺在地上，在这里，凶手和同谋也站在一个人的面前，那就是他们以能够设想出来的最可怕的方式背叛了的人，在这里，也有魔鬼般的雄辩那扭曲事实的艺术。这幅场景没有人见证，人们只知道它的开端和它的结尾。达恩雷昨天还以致命的方式侮辱了妻子，而她也怀着最初的、最真实的坦诚说要对他进行致命的复仇，现在他走进了自己妻子的房间。她昨天还像克里姆希尔德在西格弗里德①尸体旁边那样握紧拳头，她也像想要报仇的克里姆希尔德一样，在这一夜之间学会了隐藏自己的仇恨。达恩雷发现玛丽·斯图亚特已经不再是昨天的样子了，已经不再是那个昂首挺胸的对手和复仇者了，而是一个可怜的、顺从的女人，累得半死，显出屈服，流露出病容，是一个怀着臣服和柔情的目光仰视着他的女人，而他这个强大的暴君已经向她宣示了自己的统治权。这个虚荣的傻瓜觉得自己取得了胜利，昨天这还是他梦寐以求的事：他终于再次征服了玛丽·斯图亚特。当她感受到了自己的铁

---

① 两者均为《尼伯龙根之歌》中的人物，克里姆希尔德为西格弗里德国王的妻子，发誓要为被国王的情人杀死的国王报仇。

腕以后，这个骄矜的女人、这个傲慢的女人就变得顺从了。既然已经把这个来自意大利的无赖铲除掉了，她就又会把他当作她真正的丈夫和主人进行服侍了。

一个聪明的、深思熟虑的人肯定会对这种迅速的发展抱有怀疑。这个女人尖利的叫声肯定还会在他的耳畔回响，这个女人昨天的眼睛里还闪烁着好像要杀人的凶光，称呼他为叛徒和叛徒的儿子。他肯定会记得，这个斯图亚特家族的女人在屈辱面前不懂得原谅，在侮辱面前不懂得遗忘。但达恩雷就像所有虚荣之人一样轻信，只要有人奉承他，他就像所有愚蠢的人一样把一切都忘掉了。然后——这是一个奇特的恶作剧——这个头脑发热的年轻人是所有遇到过玛丽·斯图亚特的男人里面对她最有肉欲激情的一个人。这个贪婪的年轻人依恋着她的身体，就像是一条狗，没有什么比她在之前那段时间突然拒绝他的拥抱让他更受刺激、更感到气愤的事情了。而现在——这真是难以预料的奇迹——他一直渴望的女人又彻底地回到了他的身边。他现在的确想在今晚留在她的身边，这个平时一向拒绝他的女人也在请求他，他的力量顿时就消融了，立刻变得温柔而又顺从，变成了她灵魂的奴隶、她的仆人、她忠实的仆从。没有人知道，玛丽·斯图亚特究竟用什么精妙的骗术最终造成了这个奇迹般的转变。但是在刺杀后不到二十四个小时，刚刚和勋爵们一起欺骗了玛丽·斯图亚特的达恩雷就已经准备好了百依百顺地为她的利益而服务，欺骗昨天的同伙：这个女人比那些人把他拉过去的方式还要轻易地就吸引这个顺从的人又回到了自己的身边。他把所有参与者的名字都告诉了她，他表明自己愿意帮助玛丽·斯图亚特进行逃亡，他甚至软弱地同意做复仇的工具，而作为叛徒的首领，他的行为肯定会涉及他自己。他走进房间的时候相信自己是丈夫和主人，离开的时候却依旧成了顺从的工具。在遭受屈辱几个小时以后，玛丽·斯图亚特就已经一举挣脱了锁链，阴谋者们还没有预料到，最重要的一个阴谋者已经开始了反对阴谋者的阴谋，天才的伪装战胜了卑劣的伪装。

当梅里带着其他被贬斥的勋爵骑马来到爱丁堡的时候，解救女王的工作已经进行了一半。他在这次刺杀的时候并不在场，这也符合他那工于算计的行为方式，这样一来，人们实际上就不能证明他参与到其中了——人们永远没有办法在危险的地方捕捉到这位娴熟的政治家。但每当尴尬的事情处理完成，他就两手干干净净地赶到现场，平静、骄傲又自信，前来占领成果。就是在这个3月11日，玛丽·斯图亚特打算在议会里公开宣布他是叛徒，但一看到他，这个被拘禁的妹妹就突然忘记了所有的仇恨。她出于绝望，成了一位杰出的演员，扑进他的怀里，给了他一个犹大的亲吻，就像昨天她的丈夫给她的那个亲吻一样。她紧迫又温柔地请求他给她作为兄长的忠告和帮助，她现在对他也怀有着警惕。

梅里是一位出色的心理学家，明明白白地看清了情况。毫无疑问，他也曾经希望事情如此，赞同刺杀李乔的计划，这是为了阻碍玛丽·斯图亚特天主教的秘密计划。对他来说，那个皮肤黝黑的阴谋家对于新教和苏格兰的事业都是一种损害，除此之外，对他自己成为统治者的欲望来说，李乔也是一种令人讨厌的阻碍。但现在，李乔已经被幸运地除掉了，梅里就很想要把这件肮脏的事清理干净，因此他提出了一个平衡的方法：起义的勋爵们应该立刻撤走羞辱式的对女王的看守人员，玛丽·斯图亚特应该再次得到不受限制的女王的尊严。而她这方面则应该忘记所有发生过的事情，原谅这些爱国的杀手。

玛丽·斯图亚特早就在自己背叛的丈夫的帮助下制定好了逃亡计划的所有细节，她当然没有想过要原谅这些杀手。但为了麻痹叛乱分子的警惕性，她宣布会表现出宽宏大量。在刺杀行动过后的四十八个小时，随着李乔破碎的尸身得到掩埋，整件事似乎已经尘埃落定。人们都装作什么也没有发生的样子。一个微不足道的乐师被杀死了，除此之外还有什么呢？人们会忘记这位来自异国的小人物，苏格兰将会再次归于和平。

口头的协议已经签订。尽管如此，密谋者们还是不敢下定决心，撤走玛丽·斯图亚特卧室门前的岗哨。他们有某种不适的感觉。他们中间最为机智的人非常了解斯图亚特家族的骄傲，尽管玛丽·斯图亚特显示出表示和解的漂亮姿态，他们也不相信她会在事后真的宽容地忘记这次针对她仆人的无耻的刺杀行为。他们觉得更保险的方式是持续地把这个不受拘束的女人拘禁起来，不给她提供任何报仇的机会：只要人们给她自由，他们感觉到，她就会变得危险。他们也不喜欢达恩雷总是跑到她的房间里，在那里和称病的女王进行很长时间的秘密谈话。凭借自己的经验，他们已经知道，要给这位可怜的、软弱的人施加压力是多么的容易。他们开始表达公开的怀疑，认为玛丽·斯图亚特想要把他拉到自己的阵营里。他们警告达恩雷，不要相信她的许诺，他们请求他忠于他们，因为否则的话——这真是具预见性的话——他和女王都会为此感到懊悔。尽管这个说谎者向他们承诺说，她已经原谅和遗忘了一切，他们还是不想释放她，要玛丽·斯图亚特先做出不惩罚他们的书面保证，然后再撤去女王卧室前面的警卫。这些奇特的、热爱法律的朋友就像在进行刺杀活动之前一样，在刺杀之后也索求一纸文件，一纸"盟约"①。

可以看出来，这些经验丰富、技巧娴熟的背信弃义者非常清楚口头承诺是多么的易变，多么的不具效力。但玛丽·斯图亚特太高傲、也太谨慎了，没有办法和杀手们签订这样的盟约。这些无赖中间，没有一个可以宣扬自己手里握有她所签署的"盟约"②。但就因为她决定不给这些密谋者提供任何书面的担保，她就虚情假意地摆出了友好的态度——在时间上，她只能拖过这天傍晚！达恩雷已经完全成了她手里的一块蜡，她委托给他一项可怜的任务，就是用虚情假意去安抚他昨天的同党，夸口说女王将会签署文件。他作为一个忠诚的帮手出现在反叛者中间，按照他们的愿望，和他们一起起草庄严的免罪文书，最终，除了玛丽·斯图亚特的签名，已经万事俱备。唉，现在已经到了晚上，达恩雷解释说，女王已经精疲力竭，陷入了深睡，他没有办法把女王的签名带过来了。但是已经说过谎的人怎么会在乎再说一次谎呢？——他承诺说，明天一早就把签过字的文件送到他们的手里。如果一位国王已经做了这样的保证，那么任何进一步的怀疑就都将意味着侮辱。因此阴谋者为了得到协议上面的盖章，撤走了女王卧室门口的守卫。女王已经没有别的要求了。现在逃亡的道路已经开启了。

几乎当守卫刚一离开她的房门，玛丽·斯图亚特就立刻从自己装病的床上跳了下来，精力充沛，做好了所有的准备。博斯威尔和其他城堡外面的朋友早就得知了消息，几匹装备好鞍辔的马匹在午夜里

---

① 原文为英语。
② 原文为英语。

等待在教堂墓园的阴影里。现在,只需要麻痹阴谋者的警惕,而这个可耻的角色就像所有可鄙的事情一样,再次落到了达恩雷的头上。人们让他用美酒灌醉所有的守卫,用信任愚弄他们。根据女王的命令,他在前一天邀请自己的同伙去参加盛大的宴席,尽情畅饮,一直到深夜都怀着兄弟情谊庆贺达成的和解,为了不引起任何怀疑,最终等客人们放下沉重的酒杯去睡觉,勤奋的达恩雷也不敢走进玛丽·斯图亚特的房间。但是勋爵们已经感到了安全,不再小心谨慎。女王已经表达了原谅之情,国王已经做出了担保,李乔已经躺在了地下,梅里又回到了这个国家:还需要思考什么,惧怕什么呢?人们倒在自己的床上,彻底陶醉在美酒与胜利的滋味之中,在如此筋疲力尽的日子之后终于睡去了。

午夜时分,沉睡的城堡的走廊里早已变得沉寂,楼上的一扇门悄悄打开了。玛丽·斯图亚特试探性地走出这个佣人的房,然后走下楼梯,来到地下室,这里通过一条地下走廊通往教堂墓园的墓室——这是一条阴沉的道路,通往一个冰冷的、潮湿地滴着水的穹顶。火焰把耸动的光芒投在了夜晚一样黑暗的墙壁上,经过了棺木和堆积起来的死人的枯骨。终于走到了开阔的、新鲜的空气里,走到了出口!现在只需要穿过墓园走到墙边,朋友们就在外面带着上了鞍辔的马匹等待着他们!达恩雷突然绊了一跤,几乎跌倒在地,女王走到他身边,她怀着一阵战栗意识到,这是一座新堆起来的坟丘,就是大卫·李乔的坟墓。

这就是她所受到的最后一击,让这位备受侮辱的女人的内心再一次变得坚硬起来。她知道,她只还需要完成两件事情:通过这次逃亡挽救她女王的名誉,把这个孩子生到世界上,也就是生下一位王位继承人——然后再向所有羞辱了她的人们进行报仇!向那个现在出于愚蠢而成了她的帮手的人报仇！这个怀孕五个月的女人没有犹豫一刻，就跳上了贴身侍卫忠诚的领袖亚瑟·厄斯金那匹装上了男式马鞍的马，坐到了他的后面：她在这个陌生人身边感觉比在自己丈夫身边更安全，她的丈夫根本没有等她，而是为了自保，率先骑马离开了。两个人骑着一匹马，厄斯金骑着马，玛丽·斯图亚特紧紧地抱着他，一路疾驰了二十一英里，来到了赛顿勋爵的城堡。她在这里最终得到了一匹自己的马和一个由二百名骑士组成的护卫队，这个逃亡的女人在天亮的时候又成了统治者。上午，她就抵达了她的敦巴尔城堡。但是她没有休息，没有享受安宁，而是立刻开始了工作：仅仅声称自己是女王还不够，在这样的时刻，人们必须战斗，才能够成为真正的女王。她向所有方面写信或者是口授信件，把依然保持忠诚的贵族召集起来，组成了一支对抗占领了霍利罗德城堡的反叛者的军队。她的生命已经得到了拯救，现在要为了王冠，为了名誉而战！每当事情涉及她的复仇的时候，她的血管里就涌动着激情，这个女人就会知道如何战胜所有的软弱、所有的疲惫。永远只有在这宏大的、至关重要的一秒钟，她的内心才显示出了自己高贵的力量。

阴谋者们第二天早晨在霍利罗德城堡里醒来，才意识到发生了糟糕的事情：房间空空荡荡，女王逃跑了，他们的保护人达恩雷也不见了。他们在最初的时刻还没有领会到他们已经坠入了深渊，他们依然相信，达恩雷作为国王所给出的承诺是值得信任的，他们昨天晚上还在和他一起起草的总赦免令是合法的。实际上，这样的背叛行为确实很令人难以置信。不，他们依然不相信自己已经受骗。他们谦卑地派出了一位使者前往敦巴尔城堡，请求得到文件签署，这位使者就是塞佩尔勋爵。但是玛丽·斯图亚特让这位求和的使者像在卡诺萨门①前一样在门前站了三天：她不和反叛者进行谈判，尤其是现在，博斯威尔已经把自己的部队集结了起来。

反叛者们恐惧地感觉到了脖颈上的寒意，他们的行列立刻分崩离析。他们一个又一个地悄悄走上前去，向逃亡的女王请求宽恕，而阴谋的首领，比如第一个抓住李乔的卢瑟文和把手枪对准了女王的法多西德已经不再希望还能够得到宽恕。他们匆忙地逃到了国外，这一次，约翰·诺克斯也随着他们一起逃走了，他曾经过早地、过于张扬地将这次刺杀行动称为一次善举。

现在，如果按照她强烈的复仇意愿，玛丽·斯图亚特最想要做的就是杀一儆百，让这些永远在起义的贵族们明白，阴谋反对她的人们是不可能不受到惩罚的。但情况已经非常危险了，她已经学会了该如何更清醒地思考现状，如何更隐蔽地采取行动。她同父异母的哥哥梅里尽管知道这次阴谋（他及时到达的事实就已经证明了这一点），但他没有参与其中。玛丽·斯图亚特看得出来，保护这位比她更强大的人是更明智的做法。"为了不要同时引起对我的太多反对。"她宁可睁一只眼闭一只眼。因为如果她想要严肃审判这个事件，那么难道她首先必须控诉的不就是自己的丈夫达恩雷吗？就是他把刺杀者带到了她的卧室里，就是他在刺杀的过程中控制住了她。但是她的名声已经因为夏特利亚尔那件事情遭受了严重的损害，因此玛丽·斯图亚特有一切理由不让自己的丈夫显得像是一个面对自己的婚姻受辱而妒忌的

---

① 卡诺萨门：卡萨诺为意大利北部的城堡，1077年，被开除教籍的日耳曼皇帝亨利四世在卡萨诺门前站立三天，请求教皇格里高利七世的宽恕。

复仇者。"总是有某些事情在妨碍着"①，现在最好是扭曲事情的全部过程，就好像这个主要的策划人和这场灾祸、和这次刺杀完全没有关系。对一个已经签署过了两份"盟约"②的人来说，对一个已经缔结了一份合法合规的合同的人来说，这件事情并不那么令人信服，因为他在合约里预先保证，杀手可以完全不受惩罚，而他自己的匕首——可以在李乔破碎的尸身上面发现——也被友善地递给了一个屠杀者。但是傀儡既没有意志，也没有荣誉，只要玛丽·斯图亚特牵一牵线，达恩雷就会非常顺从地跳起舞来。他庄严地说出了这个世纪最为厚颜无耻的谎言，"以他作为王子的荣誉和话语"，在爱丁堡的集市广场上担保，他从来没有参与过这场"treasonable conspiracy"（叛徒的阴谋），指责他"建议、命令、赞同或者是批准"这场阴谋的说法全都是污蔑，而这个城市和这个国家里人人都知道，他不仅仅是对这场阴谋表示了"counseled, commanded, consented, assisted"③，而且也用纹章和信件"确保"④了这场阴谋的实行。这个意志薄弱的骗子在刺杀的过程中已经证明了自己的无情，在爱丁堡集市广场上面对人民和国家做出宣言的时候，他甚至还超越了自己之前的无情。在所有她发誓要报仇的人们中间，玛丽·斯图亚特最蔑视的就是达恩雷，她从很早之前就在内心里看不起他，现在她需要让他在全世界面前永远地颜面扫地。

谎言那雪白的裹尸布已经掩住了刺杀行为。国王夫妇再次以奇

---

① 原文为拉丁语。
② 原文为英语。
③ 意为"建议、命令、赞同或是批准"。
④ 原文为英语。

迹般的方式团结一致，在示威性的胜利氛围中以张扬的排场回到了爱丁堡。一切似乎都已经平息，一切动乱似乎都已经得到征服。为了维持可悲的公正的假象，为了不让任何人感到恐惧，人们绞死了一两个可怜的走卒，那是几个微不足道、对此一无所知的随从和士兵，他们只是在自己家族领袖在楼上刺杀的时候听从了他们的指挥，站在门边进行看守而已：高贵的先生们本身没有受到任何惩罚。李乔得以在王室的墓园里进行体面地安葬，他的弟弟在女王的宫廷里接替了他的职位，这对一位死者来说真是微不足道的安慰。这样一来，这整个悲剧性的插曲就被原谅、被遗忘了。

在所有这些刺激和激动之后，玛丽·斯图亚特只剩下一件事情要做，来巩固她那受到了强烈震撼的地位：平安无事地生下一位王位继承人。只有成为一位国王的母亲，而不是一位如此悲惨的傀儡国王的妻子，她的地位才会变得不可触动。她焦躁不安地等待着那艰难的时刻。在最后几个星期里，一种奇特的阴沉与迟疑的感觉征服了她。难道李乔的死亡依旧以某种压抑的情感笼罩着她的灵魂吗？难道她以自己逐渐增强的力量预感到了即将到来的不幸吗？无论如何，她立下了一份遗嘱，遗赠给达恩雷一枚戒指，也就是他在婚礼上戴在她手指上的那枚戒指，而被杀死的李乔的弟弟约瑟夫·李乔、博斯威尔和"四玛丽"也没有被她遗忘。这个平素无忧无虑、勇敢大胆的女人第一次恐惧着死亡，或者是恐惧着其他的什么危险。她离开了霍利罗德城堡，就像那个悲剧之夜已经证明的那样，这个城堡并不能提供足够的庇护，她躲进了没有那么舒适、但是建立在高地之上、易守难攻的爱丁堡内堡，准备在那里生下苏格兰王冠与英格兰王冠未来的继承人，不惜自己生命的代价，也要赋予这个继承人以生命。

在6月9日早晨，城堡的加农炮以雷鸣般的声音向城市传达了喜气洋洋的消息。一个儿子出生了，他是一个斯图亚特家族的后裔，一位苏格兰国王，女人危险的统治终于走到了终结。母亲热切的梦想、整个国家的愿望都因为斯图亚特家族的继承人的出生得到了美满的实现。只是玛丽·斯图亚特刚一生下这个孩子，就觉得自己有义务同样确保他的荣誉。她肯定已经非常清楚地了解到，那些阴谋者曾经在达恩雷的耳朵里散布过什么样的恶毒流言，也就是怀疑她破坏了自己的婚姻，献身于李乔，这些流言早就开始在城堡的高墙里渗透。她知道，伦敦的人们将会多么高兴地看到有了借口质疑这个继承人的合法身份，在日后也许会因此剥夺他的王位继承权。因此她想要及时地在全世界面前一劳永逸地根除这种放肆的谎言。她让达恩雷来到自己坐月子的房间里，让他当着所有人的面端详这个孩子，并且说了这样的话："上帝赐给了你和我一个儿子，他不是别人的儿子，只可能是你的儿子。"

达恩雷非常尴尬，因为恰好他本人曾经到处谈论过自己的嫉妒，为这种破坏婚姻的流言的传播推波助澜。他该如何回应这种庄严的声明呢？为了隐藏自己的羞愧，他俯下身去亲吻这个孩子。

但是玛丽·斯图亚特把这个孩子抱在怀里，再一次大声重复说："我在上帝面前保证，就像在面临末日审判的时候一样保证，他是你的儿子，不是别人的儿子，我希望所有在场的女士们和先生们也能为我作证，他就是你的儿子，我有些担心，也许他以后的结果会变得不好。"

这是一个庄重的誓言，与此同时，也是一种奇特的担忧：即便是在这样庄严的时刻，这个忧虑的女人也没有掩饰她对达恩雷的不信任。即便在这一刻，她都无法遗忘这个人曾经让她面临着多么深的失望,曾经多么深地伤害了她。在说完了这几句意味深长的话以后,她就把孩子递给了威廉·斯坦顿勋爵:"我希望这个儿子能够成为第一个把苏格兰和英格兰这两个王国结合在一起的人。"

斯丹顿有些震惊地回答说:"为什么呢,夫人?为什么他可以超过陛下您和他的父亲呢?"

玛丽·斯图亚特再一次以责备性地语气说道:"因为他的父亲破坏了我们之间的纽带。"

达恩雷在众人面前感到羞愧,试图令这个激动的女人平静下来。他不安地问道:"难道这不是违背了你之前的诺言,原谅一切,忘记一切?"

"我会原谅一切,"女王回答道,"但是我永远也不会忘记这一切。如果那时法多西德开了一枪,那么这个孩子和我又会怎么样呢?天知道,在那之后他们将会拿你怎么办。"

"夫人,"达恩雷警告道,"这些事情早就已经结束了。"

"很好,我们不再谈论这些事情了。"女王回答道,这段电闪雷鸣的对话就此告终,它预示了即将到来的暴风雨。即便是在分娩的艰难时刻,玛丽·斯图亚特也没有说出全部的真相,就像她说的那样,她永远也不会遗忘,但是她也不会原谅。因为在这座城堡、在这座国家里将再也不会拥有安宁,直到血债血偿,暴力与暴力得以相互抵消。

几乎当母亲刚刚结束分娩,孩子刚刚出世,午夜十二点左右,玛丽·斯图亚特一直以来最为可靠的信使詹姆斯·梅尔维尔爵士就坐上了马鞍。他在傍晚已经骑行来到了苏格兰的边界,晚上在贝尔维克休息,在第二天早晨又开始了一路疾驰。在6月12日傍晚——真是巨大的体力贡献——他骑着这匹口吐白沫的马来到了伦敦。他在那里得知，伊丽莎白要在她的格林尼治宫里举办一场舞会。因此，他无视所有的疲惫，再次换了另一匹马向前疾驰，只是为了在当天晚上把这个消息通报给伊丽莎白！

伊丽莎白在这个盛大的舞会上自己也跳了舞，在一场危及生命的久病之后，她很高兴自己的力量又回来了。她非常高兴，非常愉快，涂脂抹粉，穿着宽阔而浮夸的钟形长裙，站在她忠实的骑士的圈子里就像一株巨大的郁金香。这时，她的国务秘书塞西尔匆匆穿过跳舞的行列挤向她，后面跟着詹姆斯·梅尔维尔。他走到女王的面前，对着她的耳朵低语，说玛丽·斯图亚特生了一个儿子，一个王位继承人。

作为一个国家的统治者，伊丽莎白在平时拥有非常适于外交的天性。她是自我控制的大师，对掩饰真实感情的艺术颇为娴熟。但这个消息打击到了她内心的那个女人。就像是匕首刺穿了她内心的人性。作为女人，伊丽莎白的情感非常富有激情，几乎难以控制她反叛的神经。这个惊吓如此巨大，她简直忘记了去掩饰自己愤怒的双眼、自己咬紧的双唇。在一瞬间内，她的表情非常呆滞，血液在脂粉下面退潮，她的手生硬地痉挛起来。女王立刻命令停止奏乐，突然停止了跳舞，崩溃地离开了宴会厅，因为她觉得自己的神经已经不再能够控制住自己了。但是在卧室里，在激动的女人们的环绕之下，她还是失去了强硬的态度。这种痛苦令她心碎，她呻吟着倒在一把椅子上，开始抽泣："苏格兰女王生下了一个儿子，但我却只不过是一根枯枝。"

在她的七十年岁月里，这位不幸女人最深刻的悲剧没有一刻像在这一刻那样揭示得如此清晰：她的秘密从未得到如此清晰地揭露，这位因为没有能力去爱而饱经忧虑的女人，这位以残忍的方式深知自己的不育的女人在这声呐喊中，在这声来自内心最女性化、最深处最诚恳的不忿呐喊中就像雪崩一样爆发了出来。可以感觉出来，这个女人愿意牺牲这个世界上所有的王国，换来最简单、最明确、最自然的幸福，就为了成为一个完整的女人，成为一个完整的恋人和母亲。尽管她怀有强烈的妒忌心，但她也许会原谅玛丽·斯图亚特所有的权力和所有其他的成就。只有这一点是她最嫉妒的，因为她内心的情感在这一点上堆积着绝望：成为母亲。

第二天早晨，伊丽莎白就又彻底成了女王，成了一位非常政治化的、具有外交人格的女人。她以堪称典范的方式运用着自己经常运用的技巧，把自己的愤怒、自己的不快、自己深沉的痛苦都隐藏在了冷漠而又冠冕堂皇的话语背后。她以杰出的方式粉饰出友善的微笑，按照隆重的规格接待了梅尔维尔，听过她的话，人们简直会认为，她很少会听到比这更令人高兴的消息。她请求他替自己向玛丽·斯图亚特传达最衷心的祝福，她再一次承诺说愿意做这个孩子的教母，如果可能的话，还想要亲自出席洗礼仪式。恰恰是因为她命中注定的妹妹使她丧失了内心深处的幸福，她才希望——她永远是自己伟大形象的演员——在世界的面前扮演宽宏大量的赢家。

现在风向再次有利于富有勇气的女人，所有的危险似乎都已经得到了征服，所有的困难似乎都以最神奇的方式得到了化解。从一开始就悲剧性地笼罩在玛丽·斯图亚特命运之上的乌云再一次仿佛出于神恩消散。但这个大胆妄为的人永远不会因为经历过的危险变得更明智，而是变得越来越勇敢，直到疯狂。玛丽·斯图亚特生来就不是为了过上安宁与幸福的生活，她受到体内灾难般暴力的强烈驱赶。而外部世界的进展与偶然从来就不能塑造一种命运的意义和形式。永远都是与生俱来、最为原始的法则形成或者是摧毁了生活。

# 第十章 可怕的纠葛

1566年7月至圣诞节

在玛丽·斯图亚特的悲剧中，孩子的诞生同时也标记着仅仅作为序幕的第一场戏剧的结束。事态得到戏剧化的塑造，内心充满坚决与张力。现在新的人物与角色登场，剧场发生改变，政治的悲剧演变为个人的悲剧。到目前为止，玛丽·斯图亚特都是在针对国内的反叛者作战，针对国境线对面的敌人作战，现在一种新的力量撞上了她，比她所有的勋爵和男爵的力量都更为强大：她自己的感官发动了反叛，玛丽·斯图亚特体内的女人发起了针对她体内的女王的战争。权力的意志第一次在血性的意志面前落败了。觉醒的女人用激情和轻率摧毁了女王迄今为止清醒捍卫的东西：就像纵入了深渊，在激情的陶醉之中，她怀着庄严的自我牺牲的精神，好像她在这种过度热情的情况下对世界史已经没有了认识，忘记了一切，抛下了一切，荣誉、法律和习俗，她的王冠还有她的国家，这个悲剧性的灵魂变得几乎和之前那个勤奋勇敢的公主，和那个懒散地等待着荒废着时光的国王孀妇判若两人。仅仅在一年之内，玛丽·斯图亚特的生命就在戏剧性的程度上提升了几千倍，在这一年内，仅仅在这一年内，她的生活走向了摧毁。

在第二幕的开端，达恩雷再度登场，他也有了改变，染上了一种悲剧性的色彩。他出场的时候独自一人，因为他背叛了所有人，不再有人予他信任，甚至仅仅是一句真挚的问候。一种深刻的愤怒、一种无力的怒火折磨着这个虚荣的年轻人的灵魂。他做了一个男人能够为一个女人做的所有事，但是他觉得自己至少能够赢得她的感激之情，赢得她的一点谦逊、献身，也许甚至还有爱情。但达恩雷没有得到这些东西，因为玛丽·斯图亚特已经不再需要他了，他只能从她那里得到更加强烈的反感。女王始终都保持着铁面无私。为了报复这个叛徒，逃亡的勋爵们把达恩雷签署的赦免刺杀李乔行动的文件暗中交给了女王，让女王知道她的丈夫也同样负有罪责。玛丽·斯图亚特并没有因为这份"盟约"①得知什么新的消息，但她越是蔑视这个背叛的懦夫达恩雷，这个骄傲的女人就越是不能原谅自己竟然爱上了这么一副空洞无物的漂亮皮囊。她在憎恨达恩雷的同时也憎恨自己犯下的错误，她早就对达恩雷产生了反感，因为这个男人就像黏黏糊糊的东西，像一条蛇，像一只蜗牛，根本没有办法触碰，更不用说把自己温暖而充满活力的身体贴上去了。他的存在和他的在场就像噩梦一样让她感到压抑。日日夜夜，她的脑子里只有一个想法：该怎么摆脱他，该怎么离开他的身边，再次获得自由？

这个念头在那时绝对没有被暴力的愿望笼罩：玛丽·斯图亚特的经历绝对不是一个孤例。她就像成千上万其他的女人一样，在短暂的

---

① 原文为英语。

婚姻之后就感受到了痛苦的失望，没有办法继续忍受这个渐渐形同陌路的男人的拥抱和亲近。离婚在这种情况下自然就是最合乎逻辑的解决方案，事实也如此：玛丽·斯图亚特和梅里还有迈特兰谈论过这个可能性。但刚生下孩子就立刻离婚，会助长和李乔有婚外关系的危险传言：人们立刻就会把她的孩子说成是私生子。詹姆斯六世只有作为完全不受质疑的婚生子才有权要求继承王位，为了使儿子的名声不受损害，女王不得不——真是惊人的折磨——放弃这种最自然而然的解决方案。

但其实也还有另一种可能性：丈夫与妻子达成一种互相信任的和平协议，继续对外维持国王与女王的夫妇身份，在私下里却给彼此自由。这样一来，玛丽·斯图亚特既可以摆脱达恩雷的情爱逼迫，又在世界面前维持婚姻的假象。玛丽·斯图亚特也努力寻求过这种形式的解脱，有一段她和达恩雷保留下来的谈话记录可以作证，她暗示他可以接纳一位情妇，人选甚至还是他的宿敌梅里的妻子。她想要以这种伪装成玩笑的建议做出暗示，如果他到别的地方寻求弥补，她并不会为此感到特别的苦恼。但是命运玩了一个惊人的恶作剧：达恩雷不想要别的女人，他想要她，而且只想要她，这个可怜又可悲的年轻人怀着一种神秘的顺从与饥渴，依附于这个强大而骄傲的女人。他从来没有想过要去找别人，他不能也不想碰其他的女人，除了这个从他身边抽身而退的女人。只有这具肉体可以令他饥渴，令他疯狂，他一刻不停地乞求着自己在婚姻中的权利，他越是激烈，越是咄咄逼人地追求她，她就越是激愤地回绝，而他的愿望就变得越是阴险，越是愤怒，他越来越卑微地一遍遍地乞求着她，而这个女人面临着可怕的失望，她为了自己不幸的仓促付出了巨大的代价，把婚姻的权利赠给了这个没有尊严也不高贵的孩子,因为尽管她的内心满怀着抗拒,她还是无可救药地与他联系在一起。

在这种可怕的精神状态下,玛丽·斯图亚特的行事方式就和大多数处于走投无路的状况的人们一样。她逃避着决断,逃避着公开的斗争,只是从他的身边抽身而退。奇怪的是,几乎所有的传记作者都觉得,玛丽·斯图亚特生完孩子以后的行为是难以理解的,她没有先等到休息上一段时间,而是在生产四个星期后就立刻在没有预先发表声明的情况下离开了城堡和婴儿,来到马尔伯爵的领地阿洛亚去散心。事实上,没有什么比这次逃避更容易解释的事情了。因为在这几个星期里,对产妇表示尊敬的期限结束了。在前段时间里,她不需要什么特别的借口就可以拒绝她那已经不受喜爱的丈夫,现在他很快就要接近她了,每天、每夜都在敦促她,可是她的身体不想要、她的灵魂也无法容忍一个她已经不复深爱的恋人。因此,玛丽·斯图亚特从他的身边逃开,在他和她之间设立起遥远的距离,也是一件很自然的事情,只有在外在上得到自由,她才能够在内心得到自由!在接下来的几个星期和几个月里,在整个夏天直到深秋,她都在骑着马从一座城堡来到另一座城堡,从一处猎场来到另一处猎场,不断地逃亡。她到四处寻欢作乐,到阿洛亚,到所有其他的地方,尚还不满二十四岁的玛丽·斯图亚特玩得开开心心,丝毫没有吸取教训,再次举办化妆游戏和舞会,就像和夏特利亚尔玩的那种最为丰富多彩的娱乐活动一样,就像和李乔在一起打发时间一样,这一切都只证明了这个无忧无虑的女人是多么迅速地就忘记了那些悲惨的经历。有一次,达恩雷做出了羞怯的尝试,想提出他在婚姻中的权利。他骑马来到了阿洛亚,但很快就被打发走了,甚至没有被邀请在城堡里过夜。玛丽·斯图亚特在内心里已经和他一刀两断。她对他的感情就像篝火一样突然腾空，现在也像篝火一样突然熄灭。如今在她看来，她那恋人式的愚蠢把亨利·达伦雷变成了苏格兰的统治者和她身体的主人——这件事情已经成了一个她不愿意去想的错误，一件可恶的、最好还是从脑海里清除掉的回忆。

达恩雷对她来说已经变得无关紧要，她的哥哥梅里也是一样，尽管她表现出了所有的宽恕，却并不完全信任他，同样，她也不再完全信任在经过了较长时间的考虑以后才得到了宽恕的迈特兰，但她还是需要一个人，一个可以毫无顾虑地信任的人，因为她那冲动的天性不可能进行任何半信半疑、小心翼翼、有所保留和犹豫不决的行为。她只能进行完全而倾尽全力的献予，完全而倾尽全力的拒绝，只能对别人完全不信任或者是完全信任。作为女王和女人，玛丽·斯图亚特一生都在有意或者是无意地为自己躁动不安的本性寻找一个相反的基点，一个刚强、坚决、始终可靠的男人。

这样一来，博斯威尔就成了李乔死后她唯一可以依赖的人。生活一直都在毫无顾忌地驱赶着这个强大的人，在他还是个年轻人的时候，那些勋爵就把他赶出了这个国家，因为他拒绝和他们结成同盟，他直到最后一刻都保持着对玛丽·斯图亚特的母亲玛丽·德·吉斯的忠心，拥戴她，反对"会众勋爵"[①]，当斯图亚特家族的天主教事业彻底失势以后，他还在继续反抗。但最终压倒性的势力变得过于强大，把他赶出了家乡。这个流放者在法国很快就成了苏格兰贴身侍卫的司令，这个充满荣耀的宫廷职位令他学会了优雅的举止，却没有削

---

① 原文为英语。

弱他性格里那种原始的、天然的力量感。但博斯威尔是位地道的武士，没有办法满足于一个肥缺，当他的宿敌梅里站起来反对女王的时候，他就立即跨海越洋，准备为斯图亚特家族的女儿进行斗争。现在，不管在任何时候，只要玛丽·斯图亚特需要一位帮手来反对她那些阴险的臣民，他就会非常甘愿地向她伸出自己那装甲武器一样刚劲的手。在李乔被刺杀的那天晚上，他坚决地从二楼窗口跳下来，准备实行救援，他的规划促成了女王勇敢的逃亡，他在军事方面的能量给阴谋分子们带来了巨大的恐惧，使得他们迅速投降。到目前为止，苏格兰还没有一个人能够像这位三十岁左右的勇敢军人一样，如此出色地为玛丽·斯图亚特效劳。

博斯威尔的体态就像是用一块黑色大理石雕出来的一样。与他的同行意大利雇佣兵队长科列奥尼[①]一样，他怀着遗世独立、精力充沛、满怀挑衅的姿态勇敢地傲视着历史，他是个非常刚强和残忍的男人，是个男子气概十足的彻头彻尾的男人。他拥有一个最为古老家族的姓氏，他来自于赫本家族，但是人们可能会想象他的血管里流淌着维京人和诺曼征服者的血液，流淌着鲁莽的战士与强盗的血液，热烈不羁的血液。尽管习得了良好的文化修养（他说一口流利的法语，很喜欢读书，热爱藏书），但他身上还是保有着一个天生反叛者那种本质性的粗鲁的乐趣，反对市民阶层的善良秩序，内心充满着对狂野冒险的渴望，也就是拜伦所钟爱的那种"hors la loi"[②]，那种浪漫主义的海盗——他身材高大，肩膀宽阔，具有异乎寻常的体力——他使用

---

① 意大利雕塑家委罗基奥的雕塑作品。
② 法语，意为"法外狂徒"。

沉重的阔刃长剑就像是在使用一把匕首,可以在暴风雨中独自驾驶一艘船只——他对自己体力的信心也让他在道德层面变得大胆起来,或者说是在不道德的事情上变得大胆起来。这个强有力的人不畏惧任何事情,只有强者的道德才符合他的道德标准:毫无顾忌地攫取、占有和守卫。但他这种天生粗野的乐趣和其他那些男爵卑劣的贪婪和算计的阴谋又没有关系,这个难以想象的人鄙视那些男爵,因为他们总是小心翼翼地一起去抢掠,用黑暗掩饰自己的懦弱。他可不会去缔结联盟,他做所有的事情都是独自一人,独立、高傲又具有挑衅的色彩,走在路上的时候不在意法律和习俗,任何敢挡他的道的人都会在脸上挨上一拳。他完全不去操心自己想做的事情到底有没有得到允许,就在光天化日之下随心所欲地去做。尽管他是一个最难以设想的暴徒,是个身穿盔甲的道德败坏者,博斯威尔比起其他人至少还有直率这个优点。在那些模棱两可、玩着双面游戏的勋爵和男爵中间,他像是一头危险但具有君王气度的野兽,就像是所有那些狡猾的豺狼和鬣狗群中的一头豹子或者是一只狮子,虽然不是一个在道德和人性层面令人愉快的人,但毕竟是个男人,是个完完全全、富有男子气概的、具有武士品格的男人。

正因为此,其他的男人害怕他,但他这种赤裸裸的、显而易见的残酷力量却对女人有着无限的吸引力。这位女人的掠夺者是否英俊,我们无从得知,因为没有一幅可信的肖像保存下来(人们不禁会把他想象成弗兰斯·哈尔斯[1]画里的人物,想象成一位面露挑衅、勇猛异常的武士,帽子放肆地在额头上戴得高高的,眼睛大胆而自如地应对

---

[1] 弗兰斯·哈尔斯(1581—1666):荷兰画家,曾经为一些军人绘制肖像。

着所有人的目光）。有些报告说他简直丑陋得令人厌恶。但是要赢得一个女人，并不需要美貌，这个天性有力的人物散发出来的男子气概的魅力、巨大的狂野还有毫无顾忌的强大力量，这种战争和胜利的气息就足够形成感官上的诱惑了。女人们最容易满怀着激情热爱的就是她们既惧怕又赞叹的男人，在这种男人的身上，某种轻微的、涟漪一般的恐惧和危险会将欲望升华为一种神秘的东西。但是如果这样一个强有力的人并不仅仅是个"男性"[①]，并不仅仅是一个公牛一般狂野的男性野兽，而是像博斯威尔这样，赤裸裸的残忍的一面同时也被一种符合宫廷的、极具个人魅力的文化修养掩饰起来，如果在此之外，他还拥有机智和灵活的品质，那么他的力量就是无法抗拒的。这位冒险家似乎在各处都可以不费吹灰之力地展开他的冒险。在法国宫廷，他受人喜爱这件事情已经非常出名了，在玛丽·斯图亚特的圈子里，也有几位贵族夫人被他所征服，在丹麦，有一个女人为了他牺牲了自己的丈夫、地产和金钱。但尽管取得了所有这些胜利，博斯威尔也绝对不是一位真正的引诱者，不是一个唐·璜，一个女人的猎手，因为他根本就没有严肃地追求过女人。这种形式的胜利对他热爱斗争的天性来说实在是太缺乏危险了，也太轻而易举了。博斯威尔仅仅使用劫掠的维京海盗的方式把女人当作偶然的战利品，他偶尔征服一个女人，就像是喝酒、赌牌或者是骑马，他就像面对一种增强生命力的考验一样为之战斗，将它作为所有富有男子气概的游戏里面最富有男子气概的一种，他占有女人，但是却不像这些女人，他不会迷失在女人的身上。他占有女人，因为占有和通过暴力的手段占有就是他的权力

---

[①] 原文为英语。

欲望所采取的最为自然的生活方式。

玛丽·斯图亚特在一开始完全没有发现她这位可靠的臣仆博斯威尔体内的那个男人。博斯威尔也并没有把女王看作一位值得追求的年轻女人，在那个时候，他曾经以他那种毫无顾忌的放肆方式，对她本人发表过相当惊人的妄议："她和伊丽莎白加在一起也算不上一个体面的女人。"他根本没有想过要从肉欲的层面上看待她，而她对他也没有什么喜爱之情。在一开始，她甚至想禁止他回到苏格兰，因为他曾经在法国散布过有关她的放肆的谣言，但当她对他的军人身份进行过了考验以后，她就非常可靠而且心怀感激地为他提供了帮助。一次奖赏紧接着另一次，他被任命为北方诸郡的总司令，然后又被任命为苏格兰的海军总将和战时以及反叛时期武装部队总司令。被贬斥的叛乱者的地产都被赠予给他，而且作为女王特别关心的友善征兆，她——这是能够证明他们的关系在一开始与肉欲毫无关系的最佳例证——为他从富有的亨特莱家族里挑选了一位年轻的妻子。

这样一个天生就具有统治气度的人只要得到了权力，肯定就会把权力全部攫取到自己的手里。很快，博斯威尔就成了所有事务的首席顾问，成了王国国务实际上的管理者，英格兰的使者对此进行了愤怒地报告，"他在女王面前的威望已经胜过了所有其他人"。但是这一次，玛丽·斯图亚特的选择是正确的，她终于找到了一个可以掌管权力的人，这个人过于骄傲，不会被伊丽莎白的承诺与贿赂所收买，不会因为微不足道的利益就和勋爵们结盟，她将这位勇敢无畏的军人当作忠诚的佣人，第一次在自己的国家里赢得了上风。很快，那些勋爵们就发现，女王的权威已经通过博斯威尔的军事独裁增长了许多。他们开始抱怨，"他实在是过于高傲了，就连大卫都没有像他那样招人厌恶"，于是就想要除掉他。但是博斯威尔不是李乔，手无寸铁地任人宰割，他也不是达恩雷，毫无抵抗地就被推到一边。他很了解自己那些贵族同僚们的细节，他的身边永远环绕着一支强大的贴身侍卫的部队，只要他使一使眼色，他的"边防军"①就会做好准备，拿起武器。他根本不在乎那些宫廷里的阴谋家是喜爱他还是憎恨他。只要他们惧怕他，这就足够了，只要他的手里还握着刀剑，这些不安分的、强盗一样的团伙就只能咬牙切齿地向女王俯首称臣。按照玛丽·斯图亚特明确表达过的意愿，他不得不和他最可怕的敌人梅里达成和解，划分权力范围，清清楚楚地保持着平衡。自从有了博斯威尔的保护，玛丽·斯图亚特就满足于仅仅担任权力代表的角色，让梅里继续领导内部的管理问题，迈特兰履行自己的外交职责，而可靠的博斯威尔则是"重中之重"②。多亏了他的铁腕统治，苏格兰才再次恢复了秩序与和平。仅仅是这一个真正的男人就创造了这项奇迹。

但博斯威尔把越多的权力握在自己那双强硬的手里，那些根据法律和规章应该属于国王的权力所剩下的就越少。而且这些为数不多的权力也在逐渐失去，仅仅留下一个空荡荡的名号。仅仅在一年前，那位年轻漂亮的女王还在激情之中选中了达恩雷，人们宣布立他为国王，然后他就身穿着黄金铠甲，策马追击反叛者，这个时代已经是多么遥远的事情了啊！现在，在孩子出生以后，在他完成了自己的义务以后，这个不幸的人就越来越被排挤到边缘地带，受人蔑视。人们任

---

① 原文为英语。
② 原文为英语。

由他自说自话，根本不听，人们任由他去往任何地方，根本不会陪着他去。他已经不再受邀出席国家委员会，不再有人陪伴在身边，他只能一直自己到处转来转去，冰冷的孤寂就像他的影子一样跟在他的身后。无论走到哪里，他都能感到背后吹起了一阵强烈的由讥讽和仇恨形成的疾风。他是一个陌生人，是一个敌人，在自己的国家和自己的家宅里就仿佛置身于敌人之中。

达雷恩所遭受的这种彻底的冷落，这种由热到冷的突然的转换，只可能是出于这个女子灵魂中的厌恶。但无论她可以多么公开地宣告自己的轻蔑，这么做在国家政治的层面上对女王来说也是一件愚蠢的行为。按照理智的做法，她至少要给这个具有野心的虚荣者一点尊严的外衣，不能让他遭受勋爵们如此无情、如此放肆的侮辱。因为侮辱总是会产生最坏的效果，即便是在最软弱的人身上也能够激发出刚强的品质，就连直到目前都非常软弱的达恩雷也逐渐变得恶毒和危险起来。他没有办法长久地抑制自己的愤懑。当他带着武装起来的佣人——李乔被刺杀的事情让他学会了谨慎——整天在外面骑马的时候，一起打猎的宾客有时候会听到他对梅里和其他勋爵发表公开的威胁。他擅自向外国寄出外交信函，在信中指责玛丽·斯图亚特"在宗教信仰方面不可靠"，而且向腓力二世自荐成为天主教真正的保护人。作为亨利七世的曾外孙，他要求属于自己合法权利的发言权，尽管这个孩子的灵魂非常软弱，他的内心深处也还燃烧着一丝飘闪的荣誉感。人们只能说这个不幸的人没有个性，不能说他不讲荣誉，而且达恩雷甚至在做出最为令人轻蔑的行为的时候很可能也是出于受挫的野心，出于受到过度刺激的自主意志。最终——人们也的确把弓弦拉得太紧了——这个受到打击的人下定了一个孤注一掷的决心。在九月末，他突然骑马从霍利罗德来到了格拉斯哥，而且并没有隐瞒他打算离开苏格兰，到外国去的意图。他不再参与这场游戏了，他解释说。人们拒绝给他作为一位国王应当享有的实际权力，那么很好，他现在也要抛下这个头衔了。人们在这个王国和这个家宅里没有给他与自己地位相配的影响力，那么很好，那么他也要离开这座国王的宫殿，离开苏格兰。按照他的命令，人们在港口准备了一艘装备好了风帆的船只，一切启程的工作都已经准备就绪。

达恩雷想要通过这个突然的威胁做些什么呢？他是不是已经得到了某种警告？是不是有人暗示说，人们正在计划一场针对他的阴谋，而他准备——他没有能力对抗所有的那些党徒——及时地逃到什么地方，逃到某个毒药和匕首都没有办法伤害他的地方？难道有某种怀疑在折磨着他，难道有某种恐惧在驱赶着他？或者说这种大肆宣告的行为只不过某种虚张声势，只不过是某种外交上的顽固手段，想要恐吓一下玛丽·斯图亚特？所有这些可能性都是有可能的，甚至所有这些可能性都同时存在——一个单纯的决定的确总是融合进了许多种感情——我们不能坚决地认定是某一种因素起到了作用，或者是否认另一种因素。因为在这里，既然原因已经开始通往了隐蔽的内心世界，那么历史的烛光就变得阴暗了：一切都只是小心翼翼的猜测，人们在这座迷宫里只能小心翼翼地继续摸索。

显而易见的是，达恩雷宣布出国旅行的消息给把玛丽·斯图亚特带来了重大的惊吓。在给孩子举办庄严的洗礼之前，孩子的父亲却如此恶意地逃到国外，这对她的良好名声来说是多么致命的打击啊？尤其是在现在的情况下，紧接着李乔的丑闻，这是多么危险啊！如果这个被刺激到的愚蠢的年轻人在怒火万丈的情况下，在凯瑟琳·德·美第奇或者是伊丽莎白的宫廷上一派胡言，传播那些对她的名誉没有益处的谣言，那么又会怎么样呢？如果这个在国外一定会受到欢迎的丈夫这么匆忙地从餐桌旁边和床上夺路而逃，那么这对于这两个竞争对手来说会是什么样的胜利啊，在整个世界面前会引发什么样的讥讽啊！玛丽·斯图亚特立刻召集国家委员会，为了抢达恩雷的先机，匆匆给凯瑟琳·德·美第奇写了一封长篇大论的外交函件，把所有的罪过都堆到了这个出国旅行的人的头上。

但敲响这样的警钟也为时过早。因为达恩雷根本就没有动身远行。这个软弱的孩子永远都只有做出具有男子气概的姿态的力气，而没有做出具有男子气概的行动的力气。9月29日，就在勋爵们把他们诋毁达恩雷的信件寄往巴黎的同一天，达恩雷突然意料之外地出现在了爱丁堡的宫殿前面。但只要这些勋爵还在，他就拒绝走进宫殿：这又是一个奇特的、几乎难以解释的举动！难道达恩雷惧怕自己面临着李乔的命运，他会在知道自己的宿敌就在城堡里的情况下，出于谨慎而不愿意走进城堡？或者这个深感气恼的人只是想要玛丽·斯图亚特公开发出请求，请求他回家？也可能他只是来看看自己的威胁有没有效果？这个谜就像所有其他的谜团一样，令达恩雷的形象和命运都笼罩在云里雾里！

玛丽·斯图亚特很快就做出了决定。她已经有了用来对付这个软弱之人的特别技巧，每当他想要扮演统治者或者是反叛者的时候，她就这样对付他。她知道，显然，她必须尽快——就像在刺杀李乔之后的那个夜晚一样——在这个人以幼稚的固执造成灾祸之前阻止他的意志。也就是说，必须尽快抛下所有道德层面的顾虑和所有敏感的想法！她再次表演出了屈服的样子。为了让他变得顺从，玛丽·斯图亚特也不惜采取最极端的手段：她与勋爵们决定，走到门前迎接固执地在那里等待的达恩雷，不仅仅是庄严地把他请到王宫里，而且也许也把他请到了喀耳刻①的海岛上，也就是她自己的卧室里。你们看，这个魔法总是能够起效，这个年轻人将所有感官上的激情全部倾注给了她。第二天早晨，达恩雷就又变得温顺了，玛丽·斯图亚特就又将他束缚住了。

就像在那次刺杀李乔的晚上过后，这个被引诱的人也要付出无情的代价。达恩雷感觉自己又成了主人和统治者，却突然在接待的大厅里遇到了法国使者和勋爵们：就像伊丽莎白和梅里扮演的那出喜剧一样，玛丽·斯图亚特也及时地找来了证人。在他们的面前，现在她提高声音，恳切地"为了上帝的原因"②追问达恩雷，他为什么想要离开苏格兰，她是不是给他提供了什么借口。这在达恩雷看来是一个强烈的惊吓，他刚刚还觉得自己是一个彻头彻尾的恋人和被爱者，现在就像一个被告一样被带到了使者和勋爵们的面前。这个身材颀长的孩子阴沉地站在那里，孩子一样的没有胡须的面孔显得苍白。如果他是一个真正的男人，是用坚硬的木料雕刻出来的，那么现在就是一个强硬的登场时刻，可以威严地提出自己的怨言，不是作为被告，而是作为法官和国王站立在这个女人和他的臣民面前。但是他怎么敢用一颗蜡质的心进行反抗呢。达恩雷就像一个做了恶行被抓到的学校里的孩子一样，惧怕着自己任何一刻都可

---

① 喀耳刻：古希腊神话中的女妖，会将路过她小岛的旅客变为牲畜。
② 原文为英语。

能会因为无力的愤怒流下泪水，他站在大厅的中央，紧咬着双唇，始终保持着沉默。他没有做出回答。他没有给出指责，但是他也没有为自己进行脱罪。勋爵们逐渐开始因为他的沉默感到尴尬，开始礼貌地和他交谈，问他怎么能够离开"如此美丽的一位女王和如此高贵的一个国家呢"[①]。但这一切都是徒劳，达恩雷没有办法给他们任何答案。这种充满了固执和神秘的威胁的沉默令所有聚集起来的人都感到压抑，人们觉得，这个可怜的人只不过是在努力地压制着自己，为了不让自己失控，而如果这个控诉般地保持着沉默的人爆发出来，那么玛丽·斯图亚特就会面临着一次可怕的失败。但是达恩雷的态度软化了下来。使者和勋爵们不断地恳切地逼迫他，"还有很多话可以说"[②]，他最终用不情愿的语气低声承认，不，他的妻子没有什么给他提供任何可以动身旅行的借口。玛丽·斯图亚特除了这句声明，也不需要更多的东西了，随着这句声明，他也把自己置于毫无道义的境况。现在她良好的名声已经在法国使臣的面前得到了确保。现在她又可以平静地微笑了，最终挥一挥手，表示她觉得达恩雷的这个声明非常完美。

但是达恩雷可并不觉得满意。他的内心饱胀着羞愧，他再一次向这个大力拉[③]屈服，因为自己的愚蠢又被她的骗术吸引。在那个时候，当她用充满高贵的手势对他表明"宽恕"，这个被骗的、被愚弄的人肯定会感到无穷无尽的痛苦，因为他原本有权扮演原告的角色。他恢复仪态的时候已经太晚了。他生硬地打断了这次谈话。他没有向

---

① 原文为英语。
② 原文为法语。
③ 大力拉：《圣经》中使得大力士参孙吐露了力量源泉的秘密的非利士女人。

勋爵们表示礼貌的问候，没有拥抱自己的妻子，就像一个前来宣战的使者一样，生硬地走出了房间。他临走前的最后一句话是："夫人，您不会很快就再次见到我的。"但勋爵们和玛丽·斯图亚特现在都轻松地露出了微笑，既然这个"骄傲的傻瓜"[①]，如此放肆和大胆地来到了这里，那么就让他弯着腰再回去吧，他的威胁没有吓到任何人。如果他愿意离得远远的，那么对他和对所有人来说都是更好的解决方案！

但还没有结束！人们还需要这个没有用的人再派一次用场。人们再一次恳切地召唤这个没有人需要的人回到家里。在推迟了很长时间以后，小王子隆重的洗礼仪式定于12月16日在斯特尔林城堡中举行。人们进行了壮观的筹备工作。教母伊丽莎白尽管没有亲自出席——她在一生中都在回避与玛丽·斯图亚特会面——但是她破例克服了自己出名的节俭，通过贝德福伯爵送来了一份珍贵的礼物，一只沉重的、工艺精美的纯金洗礼盘，边缘上镶满了宝石。法国、西班牙、萨伏依的使节莅临现场，所有的贵族都得到了邀请，如果谁想要宣扬自己的名誉，增长自己的威望，那么就都不愿意错过这场节庆。在这样具有代表性的典礼上，无论出于多么良好的意志，也不能排除那个本人并不算太重要的人，也就是亨利·达恩雷，孩子的父亲，国家的统治者。但达恩雷知道，这就是人们最后一次需要他了，因此也没有那么轻易地就上套。他已经受够了公开的羞辱，他知道，英国使者接到了任务，不得称呼他为"陛下"，而他到法国使臣的房间里探访他的时候，却发现法国使者怀着令人惊讶的傲慢告诉他，只要达伦雷从一扇

---

[①] 原文为英语。

门走进他的房间，他就会立即从另一扇门走出去。现在这个备受糟践的人的内心终于爆发出了骄傲——自然，他的力量只能够做出某种幼稚而又恶毒的姿态。但这一次，他的姿态产生了影响。达恩雷尽管一直留在斯特尔林的城堡里，却没有露面。他固执地保持着缺席。他示威性地从不离开自己的房间，不去参加自己儿子的洗礼活动，也不参加舞会、节庆与化妆活动。代替他接待客人的是博斯威尔——人群中发出一阵恼怒的嘟囔声，这个备受憎恨的宠臣身穿一身华丽的新装，而玛丽·斯图亚特不得不表现出友善愉快，这样人们就不会想起家中的那具活尸首了，不会想起那个统治者、父亲和丈夫，他坐在高高的楼梯上方，把自己锁在房间里，成功地毁坏了自己的妻子和她的朋友们在节庆日子里的欢乐。他再一次证明了，他就在这里，依然还在这里，达恩雷正是以他的缺席最后一次让人们想起了他的存在。

但是这个孩子气的、违背了女王的举动很快就得到了教训。几天以后，在圣诞夜，鞭子狠毒地抽了下来。难以预料的事情发生了：平时拒绝和解的玛丽·斯图亚特最终决定遵循梅里和博斯威尔的建议，赦免那些因为杀害李乔遭到贬斥的凶手。这样一来，达恩雷那些最不共戴天的死敌，也就是那时候被他欺骗和出卖的反叛者们又被召回到了这个国家。达恩雷尽管一向都头脑简单，也立即就意识到了本人正面临着生命危险。如果这一伙党徒，梅里、迈特兰、博斯威尔和莫顿勾结到一起，那么这就意味着一场围猎了，他最终会被他们杀死。如果他的妻子突然就和他最危险的敌人达成了和解，那么这绝对不会是没有意义的，这其中的意义就是让他付出自己并不愿意付出的高昂代价。

达恩雷理解了危险所在。他知道，现在这件事情已经危及到了他的生命。达恩雷就像一只被猎犬死死追踪的野兽，一跃逃出了城堡，逃到了他在格拉斯哥的父亲那里。在那个灾难深重的年份还没有结束的时候，在李乔下葬还不满一年的时候，凶手们就再次结成了兄弟一般的团伙，某种可怕的事情逐渐迫近。死去的人并不愿意孤独地躺在深深的泥土里，总是在索求着把他推向死亡的人们，总是派出恐惧与惊骇作自己的使者。

事实上，某种阴暗的、沉重的东西，某种压抑的、森冷的东西就像阴雨日子里的乌云，在几个星期里一直悬在霍利罗德城堡的上空。在王子在斯特尔林城堡举行洗礼的那个傍晚，有几百支蜡烛照亮宾客，因为人们想要向外国的宾客展示宫廷的华丽，向朋友们展现出友谊，玛丽·斯图亚特在短时间内永远都是自己意志的大师，这一次她也竭尽全力。她让自己的双眼闪烁着虚伪的幸福，她用快乐的情绪和别人赢得人心的真挚迷住了自己的宾客们，但是灯火几乎刚一熄灭，她装出来的愉快也随之走向了熄灭，四下一片寂静，霍利罗德城堡里笼罩着一片阴惨的寂静，她的灵魂里笼罩着一种奇特的寂静。有某种神秘的忧愁，某种看不透的压抑笼罩了女王。这种平素完全不常见的忧郁突然就像一道阴沉的影子笼罩了她的面孔，内心的情绪似乎也受到了某种难以解释的事情扰乱。她不再跳舞，不再渴望音乐。自从那次在杰德堡的骑马事件以后，当人们把几乎昏死过去的她扶下马以后，她的健康状况似乎也受到了强烈的损害。她抱怨腰痛，整天躺在床上，回避所有娱乐。但她只在霍利罗德城堡待了很短的一段时间，一连几个星期都在偏僻的庄园和其他城堡里度过，但在哪里都待不久，一种可怕的不安在她的内心里不断地翻腾着。就好像有一种摧毁性的元素在她的体内运作着，而她怀着某种可怕的紧张和好奇心，顺从于这种在她的内心里翻搅着的动力——某种不一样的新东西在她的体内开始了运转，某种具有敌意和恶意的东西征服了她那曾经那么明净的灵魂。有一次，法国使者惊讶地发现她正躺在床上，痛苦地抽泣着。这位羞愧的女人开始匆忙地讲起自己左侧腰部的疼痛，这种疼痛令她泪流满面，但这个经验丰富的老人没有被她蒙骗。他立即察觉到，这是一种灵魂上的忧虑，而不是肉体上的痛苦，这不是一位女王的忧虑，而是一位不幸女人的忧虑。"女王感觉不舒服，"他向巴黎报告说，"但是我觉得，她真正的病因是某种无法遗忘的深刻痛苦。她总是在重复：'我真的想死！'"

梅里、迈特兰和勋爵们也没有忽略他们的女王心情阴郁的事实。但是他们经过的训练更利于战争，而不是利于了解别人的灵魂，他们只能看到粗糙的、表面上的、明显的原因，也就是婚姻生活中的失望。"对她来说，"迈特兰写道，"想到他是自己的丈夫，而且她又完全没有办法来摆脱他，她就觉得难以忍受"。但是经验丰富的老人都·克洛①说起那种"无法遗忘"的"深刻痛苦"的时候，他的认识要更为正确。在她的灵魂中，另一道内心看不见的伤痕正在折磨着这个不幸的女人。这种无法遗忘的痛苦就是，女王已经遗忘了自己和她的婚姻，遗忘了律法与习俗，有一种激情突然像一头巨兽从黑暗处抓住了她，完全撕碎了她的脏腑，那是一种无穷无尽、无法平息、不知餍足的激情，以犯罪开始，除了不断做出新的犯罪行为也没有其他别的要求。现在她在斗争，为自己感到恐惧，为自己感到羞愧，现在她

---

① 都·克洛：当时驻苏格兰的法国使者。

经历着折磨，想要掩盖这个可怕的秘密，却感觉到，也清楚地知道，这个秘密无法掩盖和隐瞒。这种更强大的意志已经战胜了她那清晰的意志，她已经不再属于她自己，而是在这种强大的、不理智的激情面前显得无能为力，束手无策。

# 第十一章 一段激情的悲剧

1566—1567

玛丽·斯图亚特对博斯威尔的激情属于历史上最值得我们思考的爱情之一。几乎没有任何一段流传下来的古代爱情故事比它还要狂野凶暴。这段爱情就像点燃的火焰一样高高腾空，燃烧出大红大紫的陶醉感，直到燃烧着急促的火焰进入到了夜晚一样漆黑的罪恶地带。一旦灵魂的状态抵达了如此的高度，那么用逻辑和理性对之进行衡量就是过于简单了，因为难以驯服的冲动本质就是会以有违理智的方式表达出来。人们就像面对疾病一样，没有办法控告激情，也没有办法为激情脱罪：人们只能不断地怀着全新的震惊来描绘它，在这其中还掺杂着对原始力量的轻微恐惧，这种力量有时候会在一种性格的身上、会在一个人的身上像狂风骤雨一样爆发出来。这种最为极端的激情从来就不会对它所侵袭的那个人的意志俯首称臣，它所有的表达方式和后果都已经不再属于这个有意识的生命，而是就仿佛凌驾在他之上，超越了他的责任感。要在道德层面评判这样一个被激情征服的人，也是毫无意义的，就好像要对一场暴风雨进行复仇，或者是对一座火山进行审判。因此，当我们面对玛丽·斯图亚特感官和灵魂层面的归属状态时，我们也不能把她的行为方式解读为负责任的，因为她那个时候毫不理智的行为已经完全超越了她平时非常正常、甚至可以说非常符合规范的生活态度。对她那着迷的感官来说，一切都是在没有意志参与的情况之下发生的，甚至违背了她的意志。她闭目塞听，像一个梦游人，被这种磁力一般的力量吸引，她的道路就这样通往了灾祸与犯罪。她听不进去任何建议，没有办法被任何呼呼唤醒，只有当她自己血液里，当她内心的火焰燃烧殆尽以后，她才能再次苏醒过来，但是已经被烧尽、被摧毁了。如果谁曾经历过这样的烈焰，那么他就会烧毁自己的生活。

因为这样宏大的一段激情在一个人的生命中绝对不会出现第二次。就像一场爆炸用尽了所有库存的炸药，这样的一次爆发也会永远耗尽内心里感情的库存。在玛丽·斯图亚特的身上，这段陶醉之情那白热化的火焰几乎没有持续超过半年的时间。但是在这个短暂的期限里，她的灵魂具有了异常的火热，因为日后的她只能够成为这道宏大燃烧的光线的影子。就像一些诗人（兰波[①]），一些音乐家（马斯卡尼[②]）在自己的一部天才作品中倾尽了所有，在这之后就变得无力，精疲力竭地缩回自己的体内，有些女人也会在一次激情的过程中一次性地挥霍掉自己所有爱情的可能性，而不是像那些天性更节制、更具有市民美德的女人一样，把自己的天性年复一年地俭省分配。她在这

---

[①] 兰波（1854—1891）：法国超现实主义代表诗人，"通灵派"诗歌的倡导者，代表作《醉舟》《地狱一季》，兰波年少成名，但是创作生涯异常短暂。
[②] 马斯卡尼（1863—1945）：意大利歌剧作曲家，以代表作《乡村骑士》享有盛名，但很少有其他的作品闻名。

段感情的精华之中享受着，把一生所有的爱情都倾注其中，以天才般的方式进行着自我挥霍，陷入激情最后的深渊，在这里没有救赎，也没有返回的可能性。因为这样的爱情不惧怕危险与死亡，所以我们真的可以把它称为一种英雄主义的爱情，玛丽·斯图亚特就是一个完美的例子，她只经历过一次激情，却充分享受了这种感觉：直到自我消融与自我毁灭。

这件事情乍看起来可能很古怪，也就是玛丽·斯图亚特对博斯威尔所怀有的本质激情就像她当年对达恩雷燃起的喜爱之情一样迅速。但正是这种发展趋势才是唯一合乎逻辑和自然而然的方式。因为就像所有其他伟大的艺术一样，爱情也想经过学习、检验与经历。我们从来或者是几乎从来无法——就像在艺术领域一样——在第一次尝试的时候就找到完美的解决方案：有一条关于灵魂状况的永恒法则，也就是在一次巨大的激情之前几乎总会有一次更微弱的激情，这一点，最了解灵魂的莎士比亚已经在自己的创作里以宏大的方式进行过了表述。在他那部不朽的爱情悲剧中，他并没有（像层次更低的艺术家和学者们所做的那样）让罗密欧在一开始就以闪电般的方式爱上朱丽叶，而是显然以某种矛盾的方式写出了罗密欧对某个叫作罗莎琳德的少女怀有过偏爱，这也许是最为天才的一次尝试。在这里，内心的一个错误被有意识的和灼热的真理进行了并置，设立了一段前提状态，一段学生气的、几乎无意识的倾心状态，这体现出了大师的手笔。莎士比亚用这个完美的例子说明，如果没有早期的预感，那么就也没有真正的认识，如果没有欲望的序幕，就也没有欲望，为了在他的内心煽动起无穷无尽的火焰，这种火焰必须在之前得到激发、被人点燃。罗密欧只有在经历了激情之后，凭借他那痛苦的渴望生命的意志，他的内心才会充满张力，只有先经历了愚蠢而盲目的第一次恋爱，只有经历了那个完全是偶然出现的罗莎琳德，他才会看清，才会明白，那种半心半意的爱情才会迅速变成全部的爱情，罗莎琳德才会变成朱丽叶。玛丽·斯图亚特的情况就是如此，她在一开始怀着盲目的感情喜爱上了达恩雷，这只是因为他年轻又俊美，因为他出现在了合适的时候。但他那疲软的生命力实在是太微弱了，没有办法滋养她内心的烈焰。他没有办法给她带来宛在天国的陶醉感受，她没有办法在他身边彻底燃烧，烧成熊熊大火。因此这种火焰只能继续闷烧，感官变得激动，灵魂变得失望，这种以窒息的火焰在内心燃烧的过程简直就是折磨。但是，一旦正确的人出现，她就从这种折磨里得到了解脱，这个人亲自给她窒息的火焰提供了空气和养分，因此，已经被压抑下去的火焰就飞升，变成了天国与地狱之火。就像罗密欧对罗莎琳德的感情在对朱丽叶的真正激情中不留痕迹地溶解了一样，玛丽·斯图亚特也立刻就在面对博斯威尔那躁动不安、满怀陶醉的激情中忘记了她在感官层面上对达恩雷的喜爱。因为最后的激情的形式和意义都要通过所有之前的感情得到滋养和升华。一个人之前在激情中所预想的一切，永远都只有在真正的爱情中才能够实现。

在历史上，我们能够看到玛丽·斯图亚特和博斯威尔的激情的两种说法。第一种是同时代人的笔记、编年史和档案，第二种是一系列留存下来的信件和诗歌，据说都是女王本人所写的。两种形式，也就是外部的事实证明和内部灵魂冲动的证据完全可以严丝合缝地对应起来。尽管有些人还是拒绝承认信件和诗歌的真实性，他们想要在事后捍卫玛丽·斯图亚特的名声和道德，那么就必须反对她的这段激情，反对这段她本人都没有为自己进行过辩护的激情。他们断然声称这些文件是伪造的，在史学上是不可靠的。他们在诉讼法的意义上毫无疑问有一定的道理。因为玛丽·斯图亚特留下的信件和十四行诗只余下了翻译件，我们甚至无法得到残缺不全的文本。原件始终缺失，而且永远也不会在世人面前得到披露，也就是说，玛丽·斯图亚特的亲笔手迹，无可辩驳的最终证据已经被销毁了，人们也知道销毁的人是谁，就是她的儿子詹姆斯一世，在他继位以后，他就立刻把这些在市民美德的意义上对他母亲作为女人的荣誉造成了负担的文件全部投入到了火中。自那以后，所谓的"首饰箱信件"的真伪就一直处在激烈的争论之中，各个党派都表达了自己从宗教层面或者是国家层面对玛丽·斯图亚特的判断，但我们恰恰需要的是一个没有党派色彩的呈现者，需要权衡不同的证据。但这个呈现者的决断将永远会是一个个人的、一个个体的决断，因为要拿到最终符合科学或者在法律上有效的证据，也就是展示出原件，已经不再是可能的做法了，他只能保持诚实，在逻辑学和心理学层面上表示认同或者是表示否认。

此外还有：如果有谁真的想要看透玛丽·斯图亚特，想要表现出她的内心本质，就肯定需要做出决定，也就是说，他到底认为这些诗歌和这些信件是真是伪。他不能够耸耸肩说""Forse che si, forse che no"，以如此怯懦的"也许是，也许不是"来回避这个问题，因为这里涉及她的内心进展，她灵魂的核心问题。他必须满怀责任感地权衡，到底是支持还是反对，如果他诚恳地做出了决定，把这些诗歌作为有效的证据列入进了自己的研究成果，那么他就需要公开而明确地论证自己坚信其真实性的理由。

这些信件和十四行诗被称为"首饰箱信件"，是因为它们是在博斯威尔倒台和逃亡之后在一只上了锁的银质首饰箱里被发现的。这个首饰箱实际上是玛丽·斯图亚特从她的第一任丈夫弗朗索瓦二世那里得到的，她把这个首饰箱就像所有其他东西一样赠送给了博斯威尔。毫无疑问，博斯威尔在这只安全的保险箱里也保存了自己所有的秘密文件，其中就包括玛丽·斯图亚特的信件。同样没有什么疑问的是，玛丽·斯图亚特给自己的情人寄送信函的时候肯定非常不谨慎，肯定因此出了丑，因为首先，玛丽·斯图亚特一生都是一个勇敢的、不假思索的女人，从来都不懂得如何在话语中和书信中掩饰自己的情感。其次，这些信件的发现令她的敌人感到无尽的喜悦，这就证明了这些信件肯定包含某种内容，它们对玛丽·斯图亚特形成了负担，或者是值得她感到羞耻。但是赞同信件是伪造的人们并没有严肃认真地对这些信件和诗歌的存在进行过争论，只是宣称在勋爵们一同审阅这些信件直到信件被交到议会的短短几天里，原件出于某种恶意被伪造品替代了，也就是说，公开发表的信件和最早人们发现锁在首饰箱里的信件绝对不是同一批信件。

现在就出现了一个问题：在同时代人的中间，有谁提出过这样的指控？回应的说法并没有提供有力的支持：实际上，没有人提出过这样的指控。在首饰箱落入莫顿家族的手里以后，勋爵们在第二天一起打开了它，并且宣誓证明，然后被召集起来的议会再次对信件进行了检验（其中包括玛丽·斯图亚特最为亲近的朋友），没有人表示出任何怀疑，这些信件在约克和汉普顿宫得到了第三次、第四次展示，与玛丽·斯图亚特其他的手写原件进行了比对，被认为是真实的。但是最令人信服、最有分量的证据首先是，伊丽莎白把这些文本的印刷件送到了所有的宫廷，英格兰女王的性格如此谨慎，绝对不会支持一场公开的、放肆的伪造活动，因为这种行为有可能会被某个参与其中的人在某一天发现：这位政治家太谨慎了，不会被人抓到进行这种微不足道的欺骗行为。在那个时候，唯一一个有义务面对世界声称信件是伪造的，并且呼吁提供帮助的人就是主要涉事人玛丽·斯图亚特自己，所谓的无辜被污蔑的人，但她——人们对此感到震惊——只是进行了非常、非常温和的抗议，抗议的方式根本不能使人信服。她先是试图通过秘密谈判干脆阻止人们在约克呈现出这些信件——为什么呢，人们肯定会有疑问，因为作为证据的伪造信件会使她的立场变得更稳固！——，即便她最终给自己的代表安排了任务，把所有人们带来的针对她的证据都"全盘否认"①，说成是不真实的证据，这对玛丽·斯图亚特来说也并不意味着什么，她在政治事务上很少说真话，只是简单地要求把她的"王者之言"②置于所有证据之上。即使是在利贝尔·布坎南把这些信件印刷出来，控告一般地传到了所有方面的时候，即使是在所有的宫廷都贪婪地阅读着这些信件的时候，她也没有进行什么激烈的反抗，她没有严肃地表达，这些文件是伪造的，只是非常空泛地斥责布坎南是一个"令人厌恶的无神论者"。在任何一封信里，在写给教皇的信里，在写给法国国王的信里，在写给她亲戚的信里，她都没有一个字提到有人伪造了信件和诗歌，而法国宫廷从一开始就拿到了原件的副本，在如此危及玛丽·斯图亚特的事件中也没有为她提供什么帮助。也就是说，在同时代人里，没有人片刻怀疑

---

① 原文为法语。
② 原文为法语。

过这些信件的真实性，没有一个同时代的朋友公开声称，这是一种可怕的不公做法，因为人们正在把伪造的文件展示出来。直到一百年、两百年以后，直到原件早就被她的儿子销毁以后，支持伪造说的人们才渐渐开始敢于努力把这个勇敢又无拘无束的女人说成是一桩卑鄙阴谋无知无觉、完美无瑕的牺牲品。

　　也就是说，同时代人的态度和历史的论据无疑说明了信件的真实性，在我看来，语文学和心理学的问题也同样清楚地解释了这一点。因为——我们先来看一看这些诗——我们一定会怀有疑问，在当时的苏格兰，谁有能力在这么短的时间里用一门外语，用法语写出整整一组十四行诗，而且还要对玛丽·斯图亚特的私人交际具有最为密切的了解？尽管世界史上出现过无数伪造的文件和书信，在文学领域中，也经常会有伪作以神秘的方式出现，就像迈克菲森①伪造的莪相诗歌或者是伪造的女王宫廷的手稿，但这些东西的永远都是对一个已经消逝百年的时代进行语文学层面的重建。从来没有人尝试过把一整组诗作伪造成一个在世的人的作品。而且，认为这个国家里对诗歌艺术最为陌生的苏格兰容克贵族迅速地以法语撰写了十一首十四行诗，这个念头是多么的荒谬啊！也就是说，谁是这位无名的魔术师呢——那些辩护者从来没有回答过这个问题——到底是谁用一门外语完美地伪造了以女王的风格创造的一组诗歌，每一个字、每一次感情波动都与这个女人内心中最隐秘的情绪相吻合？即便是隆萨尔，即便是都·贝拉也无法写得这么迅速，这么符合灵魂的状况，更不用说莫顿家族的人、阿尔吉尔家族的人、汉密尔顿家族的人

---

① 迈克菲森：18世纪英国作家、翻译家，曾将自己的诗歌伪造为古代作品进行发表。

和戈尔登家族的人了，他们尽管懂得用剑，但不太可能懂得如何用法语进行如此亲密的交谈！

如果这些诗作的真实性确切无疑（在今天，我们几乎无法对这一点提出严肃认真的否认），那么我们也需要承认这些信件的真实性。很有可能，信件在翻译回拉丁语和苏格兰方言的时候（只有两封信以原作的语言保存了下来）有一些细节得到了改变，也许甚至还增补了一两个地方。但总体来说，正是这同一个论据非常有说服力地证明了书信的真实性，因为这是最为有效的心理学层面的论据。如果人们想要出于仇恨，伪造一份所谓的"犯罪证据"给她带来负担，那么制造出来的对玛丽·斯图亚特进行贬低的证据将会非常明确，并且不言而喻，要把她刻画为一个充满淫欲、内心阴险、心怀恶意的女人。但如果我们完全违反了理智，认为人们是为了伤害玛丽·斯图亚特才伪造并且传播了这些信件和诗歌，把这些文件说成是她的创作，那就很荒谬了，因为首先，玛丽·斯图亚特在这些文件里以极富人性的方式，关于她对这个可怕事件的知情与参与做出了令人震惊的表达。因为这些信件所揭露的并不是她激情的欲望，而是她最为严酷的困境，这种仿佛被窒息的呐喊就像从一个正在燃烧、正在被活活烧死的人的身躯里发出来的。恰好是她用这种毫无技巧的方式，以这种混乱的、流动的思想，怀着如此明显的急促和摧毁性写出的内容，让人感觉是一只激动地颤抖着的手写出来的，正是这些东西完美地与玛丽·斯图亚特当时那种受到过度刺激的精神状态互相吻合，而这种状态迫使她在那几天里采取了那样的行动。只有一个天才级别的灵魂大师才能够面对如此明显的事实编造出粉饰之物。梅里、迈特兰和布坎南被玛丽·斯图亚特的职业名誉拯救者交替着说成是对伪造工作负责的人,但他们又不是莎士比亚,不是巴尔扎克,不是陀思妥耶夫斯基,只是一些渺小的灵魂,一些微不足道、手段灵巧的欺骗家,没有能力在自己的书房里建立起一个如此震撼人心的灵魂形象,就像玛丽·斯图亚特在所有时期里的信件里所表现出来的那样。能够伪造出这些信件的天才自己还没有出生。因此,所有没有成见的人都只能出于良心,把玛丽·斯图亚特这个永远在困境中和内心的压力之下会拥有一个诗人的灵魂的人视为这些信件与诗歌唯一的写作者,视为她自己最艰难的时刻最稳固的见证人。

只有一首诗暴露了这场不幸的激情最初的起源。只有通过这些火炽的诗行,人们才知道这场爱情并不是以缓慢的方式逐渐结晶的,而是突然就降临在了这个无知无觉的女人的身上,将她永远地攫住了。直接的起因是一种粗鲁的身体举动,一次博斯威尔的突袭,一次半推半就的强迫或者就是彻头彻尾的强暴。在她的这首十四行诗里,就好像有一道闪电照亮了黑暗:

> 为了他我曾经抛洒过许多的泪水,
> 在一开始,当他征服了我的肉体,
> 那时他却还没有占据我的心灵。

人们立刻就能看清事情的全貌。几个星期以来,玛丽·斯图亚特和博斯威尔在一起的时间越来越长,他成了她王国的首席顾问、她军队的司令官,陪伴着她从一个城堡到另一个城堡旅行和兜风。但她没有一刻在这个年轻的已婚男人身上看到一个追求者的影子,她刚刚亲自为这个男人挑选了一位美丽的贵族女性做他的妻子，还出席了他的婚礼，她肯定还是想要通过这桩婚姻使得他们之间忠诚的同盟关系变得加倍稳固。只是玛丽·斯图亚特总是有一种不谨慎的、充满信任的安全感，这正是她性格中最宝贵的特质，也正是她的危险所在。很有可能，我们可以想象出这个场景，她偶尔允许自己用某种松懈的信任对待他，表现出某种女性化的、娇俏的毫不在意，就像在面对夏特利亚尔和李乔的灾难时刻一样。也许她和他很长时间都独自待在房间里，她以信任的方式进行着闲聊，并没有表现出谨慎，她和他开玩笑，和他游戏，拿他打趣。但是这个博斯威尔不是夏特利亚尔，不是什么浪漫主义的诗琴乐手或者是游吟诗人，他也不是李乔，不是什么善于谄媚的、新近得势的小人：博斯威尔是一个有着热炽感官和强悍肌肉的男人，是一个遵从冲动和本能的人，不惧怕任何胆大妄为的举动。这样的人是不可以进行轻率的挑衅或者是挑逗的。他会生硬地采取行动，直接抓住这个女人，而她长久以来一直处于一种摇摇欲坠、十分混乱的灵魂状态，最初的愚蠢的喜爱之情激发了她的感官，却没有令她的感官得到平息。"这可能是肉体占领者的行为"[①]，他攻占了她，或者是用暴力强行征服了她。（在这样的时刻，在欲望与自卫的想法在陶醉之中混杂在一起的时刻，又有谁能够衡量其中的区别呢？）人们几乎不会怀疑：从博斯威尔这方面来说，这次突袭也绝对不是事先有计划的预谋，不是要满足自己长久以来压制着的柔情，而是一种冲动性的欲望行为，没有什么灵魂的因素，是一种纯粹肉体层面、纯粹生理层面的暴力行动。

---

① 原文为法语。

但这次行动对玛丽·斯图亚特的影响就像是闪电一样击碎了她。某种新的事物就像暴风雨一样在她平静的生活中爆发了：博斯威尔在用暴力征服了她的身体以后，也用暴力征服了她的情感。她的两任丈夫，十五岁时儿时的配偶弗朗索瓦二世和须髯未生的达恩雷到目前为止，在她看来都是不够具有男子气概的人物，都是软弱和无能的人。她已经觉得在隐秘的领域里也要由自己担任赠予者的角色，担任宽宏大量的恩赐者的角色，担任女王和女主人是一件自然而然的事情，她从来没有成为被占有者、被掠夺者和被征服者。可是在这次暴力的行动中，她突然——她的感官在惊喜之中感到陶醉，变得麻痹——遇到了一个真正的男人，她终于遇到了一个把她所有的女性力量，把她的羞耻、她的骄傲和她的安全感全部击得粉碎的男人，她自己直到目前为止都不被知晓的火山一般的欲望世界被打开了。在她还没有意识到威胁之前，在她还没有尝试做出反抗之前，她就已经被战胜，坚硬的外壳已经破碎，内心的火焰已经涌流出来，消耗了她，燃尽了她。有可能她在这次被突袭的时候最开始的感情只有愤怒，只有恼火，对这个杀死了女人骄傲的快乐杀手只是怀着气恼和致命的仇恨。但是人类天性始终遵循一个最深刻的法则，极端的情感会触碰到另一个极端。就像皮肤几乎感受不出来极度寒冷和极度灼热的区别，寒霜也会像火焰一样燃烧，截然相反的感情有时和彼此距离很近。在一瞬间，在一个女人的灵魂里，恨意可以一跃成为爱情，被侮辱的骄傲可以成为疯狂的谦卑，她的肉体直到最后一刻都只能对她在上一秒钟还表示拒绝的东西怀有渴望与赞美。无论如何，在这一刻，这位到目前为止都非常冷静的女人在火焰之中燃烧着，而且完全在自己内心的火焰之中燃烧殆尽了。

她生命中迄今为止所有的支柱，荣誉、尊严、体面、骄傲、自信和理智，全部走向了崩塌：突然就倒塌了，燃起了大火，因为她只想要沉沦得越来越深，只想要坠落，只想要失去自我。她拥有了一种新的欲望、一种陌生的欲望，她贪婪而又陶醉地品尝它的滋味，直到耗尽了自我：她谦卑地亲吻着这个男人的手，他摧毁了她作为女人的骄傲，而她因此学会了新的陶醉，学会了献身。

这种无穷无尽的全新激情远远超出了她第一次对达恩雷所怀有的激情。她在达恩雷身上只是发现了自己的献身欲望，进行了尝试，现在她才真正地体验到了献身的欲望。她只想要和达恩雷分享自己的东西，王冠、权势还有生命。但她却不是想要献给博斯威尔某些个别的东西，而是想要献给他她在这个世界上所拥有的一切东西，为了使他变得富有，她使自己变得贫穷，为了提高他的地位，她甘心降低自己的地位。在某种神秘的恍惚之中，她抛弃掉了一切束缚着她、限制着她的东西，只是为了得到并且牢牢地抓住他，只是为了这唯一的一个人。她知道，她的朋友们会抛弃她，这个世界会羞辱她、轻蔑她，但正是她那被践踏的骄傲赋予了她一种全新的骄傲，她激情澎湃地宣布道：

为了他我早就放弃了荣誉，
那是创造我的生活唯一真正的幸福，
为了他敢于抛弃良知和力量，
为了他放弃亲人，放弃朋友，
为了他必须抛弃所有的顾忌。

> 不再指望任何朋友,只要我还想着他,
> 不再有任何敌人,任何仇恨能够撼动我,
> 这是我的欲望,一切全为他抛弃,
> 因为我愿意为了他放弃世界
> 愿意死去,只求他能够高升。

现在,她已经不再为自己做出任何事情,一切事情都只是为了他,她在他身上第一次感受到了完全献身的感觉:

> 为了他我愿意付出最大的代价,
> 永远不停歇,直到他最终明白,
> 没有任何其他的欲望在我的心里燃烧,
> 因为我的心一刻不断、从不平息地服侍于他。

> 为了他命运也无法将我阻拦,
> 仅仅为了他的幸福与健康长存,
> 我追随着他,与他合为一体,
> 永远找寻着唯一的一人,找寻着他。

她所拥有的一切,她的一切,她的王位、她的荣誉、她的身体还有她的灵魂都在她的激情中被扔进了深渊,在她自己坠落的谷底,她同时也享受着她全部过于炽烈的情感。

这样疯狂的紧张情感状态或者说是过度的紧张肯定会改变一个灵魂。一种孤注一掷的陌生力量从这个直到目前为止都非常慵懒和克

制的女人的体内爆发出来。她的身体变得有以前的十倍那么活跃，她的灵魂在这几个星期里爆发出此前与此后都没有企及过的可能性和创造力。在这几个星期里，玛丽·斯图亚特可以一连骑马奔驰十八个小时，然后整夜都毫无倦意地保持清醒，写着书信。作为诗人，她平时只写一些短小的格言诗或者是仓促的偶然之作，现在却怀着最为火热的灵感写下了那十一首十四行诗，以此前和此后都没有过的辞藻表现力和滔滔不绝表达着她所有的欲望和折磨。她平时非常不谨慎，不爱操心，现在却有能力在几个月里都在别人面前进行完美的伪装，不让人们注意到她和博斯威尔的关系。她可以在人前和这个用最为轻柔的触碰就使她陷入火热颤抖的男人进行淡漠和冷静的交谈，就像在和一位臣民交谈，她可以在神经紧绷燃烧，灵魂陷入绝望的时候表现出开朗的样子。一种恶魔般的"超我"突然在她的体内产生了，把她撕扯得远远超越过了自己力量的极限。

但是这种感情上过度的成就，这种对意志的暴力强迫会让人付出可怕的代价。在情感爆发之后，她就一连几天都虚弱而精疲力竭地躺在床上，一连几个小时都在房间里到处乱走，感官麻木，在床上抽泣着呻吟："我想死"，喊着要一把匕首，用来杀死自己。就像这种巨大的力量出现得非常神秘一样，它们有时候也会神秘地消失。因为她的身体无法长久地承受这种激愤的自我超越，这种疯狂的想要摆脱自己的愿望，她的身体会反抗，会反叛，她的神经在燃烧和颤抖。没有什么比著名的杰德堡的那次插曲更能清晰地展现出，她的身体已经被这种无穷无尽的激情损害到了多么严重的程度。在10月7日，博斯威尔在和一位走私贩子的战斗中受到了致命伤，消息传到了玛丽·斯图亚特所在的杰德堡，她正在那里出席当地的审判。为了不引起任何轰动，她没有立刻就跳上马鞍，骑行二十五英里赶到赫米泰治城堡。但毫无疑问，这个坏消息完全扰乱了她的心绪，因为她身边有一位完全没有党派立场的观察者都·克洛大使，他在那个时候一点都没有想到她可能会和博斯威尔有着某种亲密关系，他向巴黎报告说："这对她来说是个价值重大的损失。"[①]迈特兰也注意到了她心不在焉，思路混乱，但也没有意识到真实的原因，认为"这种阴沉的思绪和不满足的原因在于她和国王之间的关系"。直到几天以后，女王才疯狂地策马飞奔，在梅里勋爵和几位贵族的陪伴之下去找博斯威尔。她在受伤者的床边待了两个小时，然后又以同样的疯狂骑马赶了回去，想要通过这种疯狂的骑行来平息自己内心痛苦的不安。但是那时，她那被灼热的激情所掏空的身体垮掉了。当人们把她扶下马鞍的时候，她晕倒在地，躺了两个小时。然后她开始发烧，这是一种典型的神经性的烧热，她辗转反侧，说着妄言。她发现自己的身体突然变得僵硬，什么感觉都没有了，贵族和医生都束手无策地围绕着这位得了神秘疾病的病人站着。使者被派往四面八方，去为女王请来主教，以防需要进行最后的涂油礼。玛丽·斯图亚特在生死之间躺了八天。好像是出于某种不再想要活下去的神秘意志，某种可怕的爆发撕裂了她的神经，摧毁了她的力量。但是——这一点也有清楚的病理学说明，也就是说，这种崩溃实际上是一种灵魂层面的问题，是一种典型的歇斯底里——人们几乎刚刚用板车推来了痊愈的博斯威尔，她就感觉好多了，而且——又一次奇迹发生了——两个星期以后，这位已经被认为必死无疑的女人又坐在了马上。危险来自于内心深处，她也依靠内心战胜了

---

① 原文为法语。

危险。

即便身体恢复了健康，女王在之后的几个星期里依然表现出性情大变，心烦意乱。即使是和她最不熟悉的人也能注意到，她变成了"另一个人"。她的性格、她的本质持久地改变了色彩，惯常的轻率和自信在她的身上已经消失不见。现在她行事和生活的方式就像一个面临着巨大压力的人。她把自己锁在房间里，女佣可以透过房门听到她在抽泣和呻吟。但这个平时对别人充满信任的人这一次却没有对任何人吐露心声。她的双唇始终咬得紧紧的，没有人预料到这个可怕的秘密，她日日夜夜都把这个秘密埋藏在心里，她的灵魂逐渐被它压抑窒息。

因为这段激情里有一种可怕的因素，它使得这段激情同时变得宏大而又可怖——女王在一开始就明白了难以克服的可怕之处，也就是她的爱情选择是一种犯罪，是完全没有出路的。第一次拥抱之后的惊醒应该就已经令人震惊了，这是一个特里斯坦①式的瞬间，她中了爱情魔药的毒，从陶醉中清醒过来，两个人都记起了他们并不是独自生活在无限的感情之中，而是与这个世界、与责任和权利都有着联系。这种惊醒令人震惊，因为理智再次恢复，刺眼的现实令人惊骇，他们发现自己坠入了什么样的谵妄。因为她，这个献身的女人，的确是另一个男人的妻子，而他，这个献身的男人，也是另一个女人的丈夫。他们之间这种疯狂的关系是一桩婚姻破坏罪，是双重的婚姻破坏罪，而且就在十四天、二十天或者是三十天前，

---

① 特里斯坦：法国古代传说，特里斯坦和伊索尔德在爱情魔药的作用下陷入疯狂的激情，但伊索尔德已经有婚约在身，最后这对恋人彼此殉情。

玛丽·斯图亚特本人作为苏格兰女王，还庄严地签署了一份法令，宣布婚姻破坏罪和其他不被允许的淫行一样，在她的国家里要被判处死刑。这段激情在一开始就被打上了犯罪的烙印，如果这段激情想要持续下去，它只能够以一次又一次的新犯罪来继续，来得到确认。这两个人为了把自己永远地结合在一起，必须使用暴力，一个摆脱自己的丈夫，一个摆脱自己的妻子。这段罪恶的爱情只能结出有毒的果实，而玛丽·斯图亚特怀着骇人的清醒，从一开始就知道，对她来说，从现在起，再也没有安宁与救赎了。但恰恰是在这个绝望的瞬间，玛丽·斯图亚特最后的勇气觉醒了，这个失去理智、束手无策的人也要尝试着对命运发起挑战。她不会怯懦地退缩，把自己隐藏起来，躲到角落里，而是会高昂着头颅在这条道路上一直走到深渊。即便可能会失去一切，这种折磨对她来说也是幸福，因为她是为了他而牺牲了一切。

在他的双手和他的怀抱里<br>
我放下了我在尘世间所拥有的一切，<br>
我的孩子，我的国家、生命、幸福和荣誉，<br>
因为我只想拥有也一定要拥有他<br>
我的灵魂永远都会证明，<br>
我只和他相连，只有在他身边才幸福，<br>
至死不渝，无论发生什么。

"无论发生什么"，她想要尝试开拓这条没有前景的道路。既然她已经完全在他这个无法和别人讲述的情人面前丧失了自我，丧失了她的身体、她的灵魂和她的命运,那么这个毫不克制的恋人在这个世界上就只会惧怕一件事情:失去他。

但是这个可怕的因素里最为可怕的事情,折磨之中最为折磨的事情还在等待着玛丽·斯图亚特。因为在犯下所有愚行的时候,她都看得太过清楚,很快就认识到,这一次她也徒劳地挥霍了自己的感情。这个在此刻点燃了她所有感官的人并不真的爱她。博斯威尔就像占有许多其他女人一样占有了她:以肉欲的、迅速的和残忍的方式。但他也已经准备好了冷漠地抛弃她,就像在对其他女人最初的感觉冷却下来以后一样。对他来说,这个暴力的行动只是一个炽热的瞬间,是一次迅速的冒险,这个被她所爱的男人绝对没有对她感到过特别的尊崇,这个不幸的女人很快不得不自己也承认:

> 你认为我的性格如此轻率
> 我感觉到——你认为我的本性漂泊不定。
> 你认为——唉,你对我是多么的不公啊!
> 我的心是蜡做的,从不恒久。
> 你感受不到我向你倾注的爱情,
> 你认为,别人也能够使我动心,
> 你认为我软弱又善变。只是
> 所有你的怀疑都只能助燃我的烈火
> 让我变得更加炽热,发誓为你献身。

但是这个陶醉的女人没有骄傲地从这个不知感恩的人身边转身离去——没有克制住和控制住自己,而是跪在了这个冷漠的人面前，只是为了留住他。她曾经的高傲以一种可怕的方式变成了疯狂的自我羞辱。她恳请，她祈求，她开出价格，说她能够为这个不愿意爱自己的恋人提供什么样的好处。她的羞辱进行得如此彻底，丧失了自尊心，这个曾经具有王者气度的女人就像一个市场上的售货女人向他一件一件点数着，她为他都做出了什么牺牲，她一直都在反复恳求——人们不得不说：迫切地恳求——让他承诺接受这种奴隶一般的臣服：

因为你的女友唯一的要求
就是爱你，忠诚地服侍于你，
完全地等同于你的意志，
为了你不去逃避任何苦难，
你将会看到，我会多么顺从地献身，
怀着何等的激情，何等贪婪的追求
我将学会让自己充满服侍的意志，
爱你并且消融在你的意志里——
我只愿意为了这个代价赴死和生活。

这种彻底的自我毁灭在这个直率的女人身上显得骇人又令人震撼。直到目前为止，她都没有在任何世界的统治者面前和任何尘世的危险面前感到过恐惧，现在却将自己贬为最屈辱的一粒微尘，怀着如此恶意的嫉妒。玛丽·斯图亚特肯定能通过某种迹象注意到，博斯威尔对待她本人无意中为他挑选的自己的年轻妻子要比对待她更为用心，他根本也没有想过要为了她背叛自己的妻子。现在她试图——

这真是恐怖，一种巨大的情感会让一位女人变得卑鄙——用最有违高贵、最满怀怨言、最充满恶意的方式贬低他的妻子。她试图激起他作为一位男性在情色方面的虚荣心，提醒他说（显然是在亲密交流的时刻），他的妻子在他的怀抱里并没有展现出足够的热忱，她没有怀着充满激情的热烈感觉，只是半推半就地献身于他。与他的妻子相比，她这个过去非常高傲、几乎是无情地进行着自我赞颂的女罪犯现在却为博斯威尔做出了牺牲，付出了代价，而他自己的妻子却能够因为他的伟大获得利益和享受。不，他应该留在她身边，留在玛丽·斯图亚特的身边，仅仅留在她一个人的身边，她用泪水、书信和誓言叫他不要被那个"虚伪"的妻子蒙骗。

> 但认真地看待，现在她开始
> 用多么恶劣的方式交谈和行事，
> 蔑视这最深情的恋人的爱情。
> 现在她试图用虚伪的书信恐吓
> 我的朋友回到她的身边，
> 唉，我已经看出，她取得了成功，
> 用虚伪的泪水，尖叫和抱怨
> 将你再一次捕捉在了古老的网中，
> 因为你把这些虚伪的信件保留在身边
> 相信这些写下的谎言胜过相信我。

她的呐喊越来越绝望。他的确不应该把她这个唯一值得的女人换成那个不值得的女人，他应该排除千难万险，也要维系和她的联系，因为她已经做好了准备，无论发生什么，都与他同生共死。她跪在他面前乞求，无论他想要她拿出什么，作为忠诚和永远献身的证明，她都已经准备好做出牺牲了：房屋、家庭、财产、王冠、婚姻和她的孩子。他可以拿走这一切，只要把她留在身边，把这个完全依附于他、已经迷失了自我的女人留在自己这个被爱的人的身边。

现在悲剧的幕后场景第一次被照亮了。通过玛丽·斯图亚特这种过于摇摆不定的自我状态，整个场景完全变得明晰。博斯威尔只是偶然地占有了她，就像占有了许多其他女人一样，对他来说，冒险实际上已经结束了。但是玛丽·斯图亚特的灵魂和感官都因为他而沦陷，彻底陷入了火热与陶醉，想要把他留在身边，永远地留在身边。可是对这个在婚姻中很幸福、同时也非常有野心的男人来说，一段恋爱关系并没有多大的刺激。博斯威尔顶多会为了利益，为了舒适的条件才会愿意继续和一个把所有的尊严和苏格兰的荣誉都献给他的女人维持一段时间的关系，也许他也可以让玛丽·斯图亚特成为自己妻子之外一个类似于妾室的存在。但一位具有真正女王灵魂的女王觉得这是不够的，一个在激情中不愿意分享、想要独占一个男人的女人也觉得这是不够的。该怎么才能留住他呢？该怎么才能把他，把这个狂野不羁的冒险者永远地束缚在自己的身边呢？承诺无限的忠诚与谦逊只能够让这样的一个男人觉得无聊，更加无法被吸引，他已经从其他女人那里得到太多这样的东西了。只有一种奖赏才能够刺激到这个贪婪的人，那是最高的奖赏，曾经赢得了那么多人、令那么多人犯下罪行的奖赏：王冠。博斯威尔可能已经觉得继续做这个女人的情人是一件无关紧要的事情，因为他内心里并不爱她——但这个女人是王后，他可以坐在她的身边成为苏格兰国王，这对他来说倒的确是一种强有力的诱惑。

不过：这个念头乍一看很不理智。因为玛丽·斯图亚特合法的丈夫亨利·达恩雷还在世：没有给第二个国王留下位置。但是这个不理智的念头就在这一瞬间把玛丽·斯图亚特和博斯威尔锁在了一起，因为这个不幸的女人已经没有其他的诱惑力来留住这个无拘无束的人了。在这个世界上，这个完全依附于他的女人除了王冠，已经没有办法可以换来这个自由的、独立的、强大的男人的爱情了。现在这个沉醉的女人已经不惜代价，早就忘记了名誉、声望、尊严和法律。即便是玛丽·斯图亚特不得不通过犯罪行为为博斯威尔弄到这顶王冠，这个被激情弄得目眩神迷的女人也不会惧怕。

因为就像麦克白[①]要成为国王，没有其他的可能性一样，除了用血腥的暴力行为清除掉所有的王家血脉，博斯威尔的确也无法通过正当的、合法的方式成为苏格兰的国王。这条路只有踏着达恩雷的尸首才走得通。为了这两个人血液的交融，必须先流下鲜血。

在博斯威尔要求从达恩雷的手中解放她和她的王冠之后，他怀着确切无疑的自信知道，他并不期待玛丽·斯图亚特做出什么严肃的反抗。即便是那些得到表达、得到书写的承诺，那些据说在著名的银首饰箱里找到的信件，即便是那些她承诺，会"反对所有亲戚和其他人的干涉和他结婚"，是传说或者是一份伪造的文件——即便是他没有得到她的书信或者是签章。她过于频繁地向他——就像向其他人一样——抱怨说，达恩雷是她的丈夫，这个令人压抑的念头使她受到了多少折磨，过于热烈地在那些十四行诗里，也许也过于热烈地在一些

---

① 麦克白：莎士比亚著名悲剧《麦克白》中的篡位者。

爱意弥漫的时刻声称，她是多么渴望地把她和博斯威尔永远地结合在一起，因此他才敢于采取最为极端的手段，她才可以尝试最不理智的事情。

但是在这里——至少是默认的——勋爵们毫无疑问向博斯威尔发誓，他们对此表示赞同。他知道，他们所有的恨意都针对这个令人不快、难以忍受的年轻人，这个背叛了他们所有人的人，如果可以尽快用某种方式让他离开苏格兰，那么他们就觉得没有更称心如意的事情了。博斯威尔本人也参与了十一月在克雷格米拉尔城堡里的谈话，在玛丽·斯图亚特在场的情况下，隐蔽地玩弄着达恩雷的命运。国家最高的代表梅里、迈特兰、阿尔吉尔、亨特莱和博斯威尔当时都一致向女王建议做一种特别的交易：如果她下定决心，让因为谋杀李乔而被流放的贵族莫顿、林德赛和卢瑟文回国，那么她这方面就会得到承诺，她将从达恩雷手里得到解放。在女王面前，人们首先谈论的是合法的形式，"to make her quit of him"①，这谈论的是离婚。但是玛丽·斯图亚特提出了一个条件，解决方案一方面必须合法，另一方面不能为她的儿子带来危险。迈特兰以一种特别暧昧的方式回答了她，说她只需要把形式和方法委托给他们，他们就会办好事情，不会让她的儿子陷入不利的境地，梅里作为新教徒，尽管在这个问题上多少有点吹毛求疵，但也愿意"睁一只眼闭一只眼"。这是一种奇怪的宣言，非常奇怪，因为玛丽·斯图亚特再一次强调，事情不应该"给她的名誉或者她的良心造成负担"。在这种阴暗的言谈背后隐藏着——博斯威尔绝对不是最后一个注意到这一点的——某种阴暗的意义。现

---

① 意为"让她摆脱掉他"。

在只有一件事情是明确的，也就是在那个时候，所有的人，玛丽·斯图亚特、梅里、迈特兰和博斯威尔，这出悲剧的主人公们，都一致决定赶走达恩雷，只是没有在使用什么方法解决问题上达成一致，是最好通过金钱，还是技巧，还是暴力。

博斯威尔是他们中间最急躁和最大胆的，他支持暴力的方案。他不能也不想要等，因为对他来说，问题和对其他人来说不一样，因为要做的事情不仅仅是把这个令人讨厌的年轻人赶走，而是继承他的王冠和王国。在其他人还只是有所图谋，还在观望的时候，他就必须采取坚决的行动了。似乎他已经通过某种隐蔽的手段，在勋爵中提前找到了共犯与帮手。但在这里，历史的灯火又一次变得黯淡，犯罪行为的准备也的确都是在阴影或者是暮光中进行的。梅里似乎对此知情，但自己没有参与，迈特兰不谨慎地大胆加入。与此相反，莫顿在临死的病床上留下的口供是可靠的。他刚刚流放回国，就开始反对背叛了他的达恩雷，他对达恩雷怀有刻骨的仇恨，博斯威尔骑马迎接他，直率而公开地建议他和自己一起刺杀达恩雷。但是莫顿参加过上一场阴谋，当时他的同党都谨慎地抽身而退。他犹豫着，没有做出承诺，也要求保证自身的安全。他首先询问，女王是否赞成这场刺杀。她赞成，为了让他坚定决心，博斯威尔不假思索地回答了他。但是莫顿自从李乔被杀以后就知道，口头的约定是多么容易地被"立即"①否认，因此，他要求在参与结盟之前先得到一份女王白纸黑字的书面许可。他想要按照良好的苏格兰方式缔结一份符合规范的"盟约"②，

--------

① 原文为拉丁语。
② 原文为英语。

可以在后续情况对自己不利的时候证明自己无罪。博斯威尔也承诺给他这份文件。但他自然永远也无法带来一份"盟约"[1]，因为只有当玛丽·斯图亚特完全置身幕后，对结果表现出"震惊"的时候，他未来的婚姻才是有可能的。

因此，行动又落到了博斯威尔的头上，这个最急躁、最胆大的人，他的决心也足够坚定，要一个人完成这件事。但他还是从莫顿、梅里和迈特兰这些人对他的计划表现出的模棱两可的态度中察觉到，这些勋爵不会公开提出反抗。如果没有办法得到签章和信件，他们也表明了他们友好的赞同与袖手旁观。从玛丽·斯图亚特、博斯威尔与勋爵们达成了一致的这一天开始，达恩雷鲜活的身体就已经穿上了尸衣。

现在一切都已经准备就绪。博斯威尔已经和几个可靠的同党开始了行动，刺杀的地点和方式都已经在秘密谈话中得到了确认。但是这场牺牲还缺乏一样东西：牺牲者。因为达恩雷即便非常愚蠢，肯定也会对自己面临着的事情隐约有所预感。在几个星期前，他就拒绝在家里还有武装勋爵的情况下走进霍利罗德城堡了。自从他所出卖的李乔的杀手们出于玛丽·斯图亚特意味深长的宽恕行为，再次回到了这个国家里，就连斯特尔林的城堡他也不再觉得安全。他面对所有邀请和诱惑都毫不动摇，留在格拉斯哥。那里有他的父亲伦诺克斯伯爵，那里也有他的亲信，有一栋在紧急状况下可以使用的坚固可靠的宅邸，如果他的敌人采取暴力手段靠近，海港里还有一艘船，他可以乘船逃

---

[1] 原文为英语。

走。好像是命运要在最危险的瞬间里保护他一样，他在一月初的几天里又得了天花，因此有了一连几个星期都留在格拉斯哥，留在他安全避风港里的完美借口。

这场疾病意料之外地打乱了博斯威尔经过了周密部署的计划，他正在爱丁堡焦躁地等待着这个牺牲品。出于某种我们不知道或者是只能够进行猜测的原因，博斯威尔一定要紧迫地执行行动，这可能是出于他对迫不及待地要戴上王冠，可能是他惧怕把一场阴谋拖上这么久就会导致有太多不可靠的知情人，而这种惧怕也是合理的，也可能是因为他与玛丽·斯图亚特的亲密关系终于开始产生了后果——无论如何，他不想继续等了。但该怎么吸引这个病人、这个多疑的人来到刺杀现场呢？该怎么把他从自己的床上和墙垣坚固的家宅里拽出来呢？一次正式的邀请会惊到达恩雷，而且无论是梅里还是迈特兰，还是宫廷里的其他人都和这个被疏远的、被憎恨的人保持着足够的距离，没有办法说服他自愿回来。只有一个人，只有唯一的一个人能够对这个弱者施加力量。她已经成功了两次，使得这个在肉体和灵魂上都依恋于她的不幸者屈服于她的意志，她就是玛丽·斯图亚特，只有她可以做到这一点，这个人除了她的爱情不想要别的东西，如果她用爱情来哄骗他，那么这个多疑的人也许会走进自己的陷阱。只有她，在这个世界上，只有她有可能完成这个可怕的骗局。而既然她自己已经不再是自己意志的主人，而是听命于她那强大的主人，博斯威尔就只需要下命令了，然后发生了不可置信的事情，或者说，我们感情拒绝相信的事情就发生了：在1月22日，几个星期以来都恐惧地回避与达恩雷在一起的玛丽·斯图亚特骑行到格拉斯哥，声称是为了探望生病的丈夫，实际上却是根据博斯威尔的命令，把他引诱回家，回到爱丁堡城，死神已经带着锋利的匕首在那里不耐烦地等着他了。

# 第十二章 谋杀之路

1567年1月22日至1567年2月9日

玛丽·斯图亚特这首歌曲里最黑暗的段落开始了。前往格拉斯哥的旅程把她还在病中的丈夫带回到了谋杀的阴谋中，这是她整个一生中最富有争议的行为。人们总是一而再地提出这个问题：玛丽·斯图亚特是否真的就是一个阿特里德斯[①]式的形象，是否是一个克吕泰涅斯特拉[②]，准备好了温暖的洗澡水，而杀手兼情人埃癸斯已经拿着锋利的刀斧藏在了阴影里？她是否真的是一个麦克白夫人，用温柔和谐媚的话语陪伴邓肯国王去睡觉，好让麦克白杀死他，这个最勇敢、最具有献身精神的女人会不会就像经常发生的那样，被她最极端的激情塑造成一个魔鬼般的罪犯？还是说她只是这个凶残的、掮客一样的男人的工具，只是博斯威尔手里毫无意志的工具，在恍惚的状态下无知无觉地接受了一个无法反抗的命令，变成了一个轻信而顺从的傀儡，

---

[①] 阿特里德斯：古希腊传说中受到弑母诅咒的家族。
[②] 克吕泰涅斯特拉：阿伽门农的妻子，在阿伽门农作战归来以后和情人合谋杀死了他。

对这件可怕事情的所有准备工作全都一无所知？我们的情感在一开始拒绝认为她真的参与了犯罪，拒绝把知情和帮助的罪过归咎给这个目前为止在人性层面都非常善良的女人。人们总是在不断地为这次前往格拉斯哥的旅程找寻其他人性层面更为温和的借口。人们一次又一次地否定所有针对玛丽·斯图亚特的口供和文献，把它们当作不可靠的材料，推到一边，怀着真诚的意志，坚信所有为她进行辩护的人发现或者是创造出来的脱罪证据。但这一切都是徒劳的！无论人们多么愿意相信这些人，所有这些论据在法律上都还是没有说服力：这一环节完美地使整个行动闭环，而每个脱罪的解释只要用力一握，就会在手里空洞地碎裂。

  因为玛丽·斯图亚特怎么可能怀着善意的、充满爱意的忧虑来到达恩雷的病床前，只是为了把他从自己安全的避难所里带回家里，在家里更好地照料他呢？几个月以来，这对夫妇几乎完全过着分居生活。达恩雷始终被禁止来到她的身边，尽管他怀着所有的谦卑，恳求作为她的伴侣分享她的床榻，但他在婚姻中的权利却得到了断然拒绝。西班牙、英格兰和法国的使者早就在自己的报告里谈到了这种关系的疏远，就像谈论一个无法改变、自然而然的事实，勋爵们公开准备为他们办理离婚，在暗地里甚至在考虑暴力的解决方式了。这两个人的关系已经变得非常冷漠，而玛丽·斯图亚特在杰德堡经历有生命危险的疾病的时候，在她已经准备好进行临终忏悔的时候，这位温柔的丈夫也绝对没有匆匆赶到她的身边。用最精确的放大镜也无法在这场婚姻中找到一丝一毫的爱意、一丝一毫的柔情：因此，认为玛丽·斯图亚特这次旅行是出于担忧，是出于满怀爱意的关心，实在是靠不住的说法。

但是——她"不惜一切代价的"[①]的辩护者还有一个最后的论据——也许玛丽·斯图亚特在这次旅行中正是想要彻底解决这种不幸的纠葛？她最终来到他的病床前，难道不是为了与他达成和解？但很可惜，就连最后这个对她有利的论据都因为她自己亲手签署的一份文件被驳倒了。因为在前往格拉斯哥的前一天，她还不谨慎地——玛丽·斯图亚特从来没有想过，她的信件在后世面前会成为反对她的证据——用充满仇恨、无比激动的方式给比雅顿主教写信抱怨达恩雷。"当事情涉及国王，也就是我的丈夫的时候，上帝知道，我到底对待他怎么样，上帝和全世界都知道他反对我们的行为和非法举动。我们所有的臣民都看到了这一点，我毫不怀疑，他们正在自己的内心里谴责着他。"难道这种心声表达的是和解的意思吗？难道一位恋爱中的女人，一位满怀担忧地赶向自己生病的丈夫身边的女人会说这样的话吗？还有另一个不可辩驳的对她不利的证据——玛丽·斯图亚特在这次旅行中不仅仅是要探望达恩雷，然后把他带回到家里，而是怀着坚决的意图，要立刻把他带回爱丁堡：这种过度的关心也很难起到真正令人信服的效果！因为难道把一位天花病人，把一位发着高烧的病人，把一位脸部还在肿胀的病人在严冬里，在一月份，从自己的床上带下来，在敞篷马车里进行长达两天的转运旅行，不是对所有医学和所有理智法则的嘲笑吗？但玛丽·斯图亚特甚至直接带来了板车，为了尽快得到达恩雷的赞同，然后尽快地把他带到爱丁堡，针对他的阴谋已经在那里全面展开了。

但是玛丽·斯图亚特也许不知情——我们还是可以继续看看她的

---

[①] 原文为法语。

辩护者是怎么说的，因为不公平地指责一个人犯下了谋杀罪是需要承担责任的！——也许她根本不知道这次阴谋？灾难性的是，这种怀疑也因为她自己写给阿尔齐巴尔德·道格拉斯的信被打消了。因为阿尔齐巴尔德·道格拉斯是阴谋的主要参与者之一，他甚至在那次悲剧性的前往格拉斯哥的旅程中觐见了她本人，这是为了赢得她对这场刺杀阴谋的公开赞同。如果她在那个时候没有给他答复，拒绝同意，那么如果一位妻子知道谋乱行为正在展开，怎么还能在这样的事情上保持沉默呢？怎么能不去警告达恩雷呢？尤其是在她确认人们在进行针对他的阴谋的情况下，怎么能说服他回到谋杀进行的地点呢？在这种情况下，沉默已经意味着知情了，这是一种被动的、隐秘的帮助，因为如果谁知道一桩罪行，而不去努力阻止它，那么至少他的漠不关心也是有罪的。也就是说，人们关于玛丽·斯图亚特可以说出的最为有利的内容，就是她对这场计划中的犯罪不知情，只是因为她不想要对此知情，她闭上眼睛，转过脸去，为了可以在之后发誓说：我没有参与这场行动。

也就是说，一个不带偏见的研究者肯定会感觉到玛丽·斯图亚特对除掉自己丈夫的行动也负有一定的罪责：如果谁想要为她脱罪，那么就只能猜测，这个女人的自由意志受到了削弱，而不是说她对此并不知情。因为这位顺从的女人不是愉快地、放肆地、有意识地，出于自由意志参与到了其中，而是受到了另一种陌生意志的逼迫。玛丽·斯图亚特去格拉斯哥的时候并不是冷酷、算计、阴险而又无情地想要引诱达恩雷回家，而是在那个关键性的瞬间——首饰箱信件证明了这一点——对自己被迫扮演的角色怀着反感与恐惧。当然，她和博斯威尔谈论过把他带回到爱丁堡的这个计划，但是在她的信里奇迹般地明明白白地写着，就在她离开了给她布置任务的博斯威尔一天远的路程以后，这位"伟大的女王"①心里就涌起了良心不安的感觉。人们的行为总是能够清楚地区分出来，有些人是因为神秘的力量走向了犯罪，有些人却从内心里就是真正的罪犯，是受到自发的"犯罪激情"②推动的阴险而提前预谋的阴谋家，玛丽·斯图亚特的行为也许就是另一种犯罪的完美范例，这种罪不是因为一个人自己的意志而犯下，而是因为从属于另一个意志更为强大的人才犯下。因为在玛丽·斯图亚特应该真正地执行这个已经被谈论过、已经得到了赞同的计划的那一瞬间，在她把牺牲品带过来，按照命令诱惑到屠杀发生的地方的时候，这个女人内心的仇恨和复仇心突然消泯了，她那符合原始人性的天性开始了和这件反人性的任务的绝望斗争。但已经太晚了，一切都已是徒劳：玛丽·斯图亚特在这场犯罪的过程中不仅仅是狡猾地追踪猎物的猎手，她自己也是被追猎的对象。她感受到了身后的鞭笞，驱赶着她向前。她在恋人狂暴的怒火面前瑟瑟发抖，如果她没有把这个约定中的牺牲品拖过来，那么她也会为因为惧怕自己的不顺从导致失去他的爱情瑟瑟发抖。只是这个失去意志的女人在采取行动的时候，在内心深处还想要用毫无还手之力的灵魂反对这个强制性的必要任务，仅仅是这一点，就可以使这次行动在人性的意义上得到理解，即便在公正的意义上无法得到原谅。

那封她在达恩雷的病床前写给博斯威尔的著名信件就足够以温和的方式证明这桩可怕的事件，她的那些辩护者总是愚蠢地拒绝承认这

---

① 原文为拉丁语。
② 原文为英语。

封信件：只有这封信件才能够给这桩令人反感的行为增加一点值得怜悯的人性的光辉。通过这封信，人们可以就像透过一道撕裂的墙壁一样看清在格拉斯哥发生的那些可怕的时辰。午夜早已过去，玛丽·斯图亚特穿着睡袍，坐在一个陌生房间的桌边。壁炉里生了火，但炉火没有办法温暖这个孤寂的空间，也不能温暖这个僵冷的灵魂。这个只是仓促地穿上了衣服的女人的肩头总是在发出一阵又一阵的冷战：天气很冷，她很累，她想要睡觉，但是因为紧张和激动无法入睡。她在最近的几个星期、几个小时里经历了太多和太令人震撼的事情，她的神经依然还在颤抖和燃烧，一直到最为敏感的神经末梢。这项行动令她满怀恐惧，但她又毫无意志地顺从于自己意志的主人，博斯威尔这个灵魂上的女奴经历了可怕的骑行，要把自己的丈夫从有保障的地方引诱到更加有保障的死亡之中，而她在这场欺骗中的行动并不容易。她在城门前就遇到了达恩雷的父亲伦诺克斯的信使。这位老人似乎很怀疑，这个女人在几个月里都满腔仇恨地躲避着自己的儿子，为什么突然满怀柔情地赶到了他的病床前。老人总是对灾祸有预感，也许伦诺克斯也想起了之前玛丽·斯图亚特在表面上顺从自己儿子的意志，却在心里隐藏着她的个人利益。她好不容易回避掉了信使的所有问题，幸运地来到了病人的床前，他也怀着一个——她太经常和他玩虚伪的游戏了——不信任的灵魂迎接了她。她带着板车过来是做什么的，他立刻就想知道这一点，疑虑依然不安地在他的眼神里闪烁着。她的身体不得不紧紧缩成一团，才没有在这样的问题面前吐露出关键的话语，不能因为脸色变白或者变红而出卖自己。但是在博斯威尔面前的恐惧教会了她伪装。她用爱抚的双手、用奉承的话语逐渐麻痹了达恩雷的不信任，一点一点地消融了他的意志，将自己更为强大的意志注入他的身体里。在第一天下午，任务就已经完成了一半。

现在，在夜晚，他们独自坐在昏暗的房间里，房间里寒冷而空荡，蜡烛的光闪显得阴森，房间里笼罩着沉默，她内心里的思绪浮现出来，她被践踏的良心发出叹息。她没有办法入睡，没有办法安歇，想要把这件压抑着她灵魂的沉重的事情讲给某个人，想要在最可怕的、最孤寂的困境里和某个人说说话的需求实在是过于巨大。既然他不在身边，他，世界上唯一一个可以和她谈论所有事情的人，除了他没有人可以知道，只有他可以知道这件可怕的犯罪，她自己都惧怕向自己承认这件事，于是她取来几张纸，开始写信。这是一封洋洋洒洒的长信。在这个夜晚，她没有写完这封信，在第二天的白天也没有，直到第二天的晚上才写完，在信里，一个正在犯罪的人在和自己的良心角力。这封信是在非常疲惫、极度混乱的状况下写成的，所有的事情都以沉醉和筋疲力尽的方式混淆在一起，愚蠢和最深刻的意义、呐喊与空洞的闲话，还有绝望的哀诉，黑暗的念头就像蝙蝠一样以"之"字形飞来飞去，撞在一起。她时而只是报告无聊的细节，时而呐喊着自己良心的困境，仇恨就像闪电一样，同情又压倒了仇恨，在这期间始终涌动着对着唯一一个人，对这位统治着她，将要用自己的手把她继续推进深渊的人那宏大的、炽烈的、奔流的爱意。然后她突然注意到，她的纸张已经用完了。但她还是继续写，继续写，因为她发现，如果她不能至少和他抱怨几句话，这种恐惧就会令她窒息，这种寂静就会令她喘不过气，她与他紧紧地锁在了一起，一对罪犯，血液涌流到了一起。但就在羽毛笔似乎挣脱了颤抖的手，在纸页上奔流的时候，她注意到，她所写的一切都不应该这样表达，她已经没有力气去约束、去管理自己的思想了。与此同时，她似乎是用意识的另一个领域意识到了这一点，因此请求博斯威尔把这封信读上两遍。但是正因为这封长达三千字的信件并不是出于清醒和明晰的构思而写成的，因为它令人困惑，吞吞吐吐，充满了闭目塞听的行为和交织在一起的念头，正是这一点使它成了灵魂史上一份独一无二的文献。因为在这里说话的并不是一个有意识的人，而是一个身处于疲倦和烧热的恍惚之中的内在之"我"，在这里说话的是平时从来无法窃听到的潜意识，是不再被任何羞耻感所遮掩的赤裸裸的情感。表面的声音与底层的声音、清晰的思想与那些在实际上根本不可以谈论的思想在这无法集中精力的状态之下进行着交替。它们在信件里重复，互相矛盾，一切都在这种激情的沉闷和涌动之中被混乱地搅在了一起。我们从来没有，或者是只有在很罕见的情况下才会得到这样一份留传下来的自白，在其中，一场罪行完美地解释了精神和灵魂上受到过度刺激的状态——不，布坎南和迈特兰，还有这些仅仅是头脑聪明、具有教养和才智的人们都没有办法以充满魔力的方式构思出一个心灵被扰乱的女人梦游一般的独白，她知道，在这样的行动中，她的良心得不到救赎，当她给自己的恋人不断写信的时候，她是为了失去自我、忘记自我，进行自我脱罪和自我辩解，她逃亡到书写的过程中，为了不要在心灵的死寂中听见自己那疯狂的心跳。人们不禁又一次想起了麦克白夫人，她同样穿着宽松的睡衣，在城堡的黑暗里颤抖着，四处乱逛，被可怖的思想所占据、所压抑，她那震撼人心的独白以梦游般的方式泄露了她的行为。只有莎士比亚和陀思妥耶夫斯基才能够进行这样的创作，他们最崇高的导师也能够进行这样的创作：那就是现实。

最开始的句子就已经以宏大的音调达到了感人至深的效果。"我累了，困了，但我没有办法克制自己，只要纸张还够……抱歉，我写得这么差，你肯定预感到了我没有说的那一部分……但我还是很高兴能够在其他人睡觉的时候给你写信，因为我感觉到，我没有办法依照我的渴望纵入你的怀抱，我珍贵的朋友。"她怀着难以抗拒的急迫感描写着，可怜的达恩雷对她意料之外的探访表现得多么高兴，人们几乎可以看到这个善良的年轻人的脸上浮现出烧热的迹象，依然还残留着红色的伤疤。日日夜夜，他都是独自一人躺着，内心已经破碎，因为她，这个他在肉体和灵魂上都深深喜爱的人回绝了他，离开了他。现在她突然出现了，这个被爱的、漂亮的、年轻的妻子，再一次温柔地坐在他的床边。这个可怜的傻子感到了幸福，开始"梦想"并且认为，"看到她是如此幸福，他觉得自己一定会因为快乐死去"。有时候，旧日不信任的伤口还在他的心里疼痛地燃烧。她的到来太出乎意料，太不可能发生，但是他的内心太可悲了，没有办法设想出如此可怕的欺骗，而她已经对他进行过了欺骗。因为对一位软弱的人来说，去相信、去信任是非常甜蜜的事情，要说服一个虚荣的人，他正在被人爱着，是很容易的事情。没有过多久，达恩雷就被软化、被触动，又变得完全顺从了，就像在李乔被杀之后的那天晚上，这个善良的年轻人乞求她的原谅，愿意为她做所有的事情。"你这么多的仆人都犯过错误，你已经原谅了他们，而我还那么年轻。你说，已经原谅了我许多次，而我总是会反复犯错。但是难道在我这年龄，听到不好的建议，犯两三次错误，没有遵守自己的承诺，最终没有在自己的经验中吸取教训，不也是很正常的事情吗？如果这一次我可以得到你的原谅，我发誓我再也不会犯任何错误。我也没有别的要求，除了我们在床上和在家里像丈夫和妻子一样生活在一起，如果你不愿意，我可能就不会从病床上再站起来了……天知道，我受到了多大的惩罚，我把你奉若神明，除了你根本没有别的渴望。"

人们又可以通过这封信看到远处那个阴影笼罩的房间了。玛丽·斯图亚特坐在病人的床边，听着他宣泄他的爱意，激烈地表达着谦卑。现在她可以进行开心的引诱了，因为她的计划已经成功，她已经再次使得这个单纯的年轻人的内心变得软弱，但她为自己的欺骗行为感到过于羞愧，没有办法高兴起来，在这次计划好的行动中，她残忍的行为令自己感到恶心。她阴沉地坐在这个病人的身边，眼神回避着他，内心陷入烦乱，甚至达恩雷这时也注意到了，有某种阴沉和难以理解的事情正压抑着他所爱的女人。这个可怜的、被背叛的受骗者依然还在试图——真是天才才能构思出来的情景！——安慰这个背叛者，这个女骗子，他想帮助她，想让她变得开朗、高兴和幸福。他乞求她在夜晚留在自己的房间里，这个不幸的傻子已经再一次梦想着爱情与柔情了。通过这封信，我们可以感受到一个令人震撼的事实，也就是这个弱者已经在很大的程度上再次满怀信任地依附于她了，对她感到完全的安心。不，他无法把目光从她的身上移开，他想要充分地享受这种乐趣和已经被剥夺很久又失而复得的信任感。他请求她在进餐的时候为他切肉，他以愚蠢的方式不断地讲述自己的秘密，把所有的秘密都讲了出来，他把他所有的同党和间谍的名字都说了出来，他完全没有预料到她的身体和灵魂都已经臣服于博斯威尔，向她坦白了自己对迈特兰和博斯威尔的刻骨仇恨。而且——我们也可以理解这一点——他吐露这些事情的时候越是充满信任，越是满怀爱意，他这个一无所知、孤立无援的人就越难让这个女人背叛他。这个毫不反抗的人，这个轻信的牺牲品触动了她。她必须强迫自己把这出令人轻蔑的喜剧不断地、不断地演下去。"你永远也不能更认真、更谦卑地和他交谈了，听他说话，我希望我从来都不知道他的心像蜡一样柔软，希望我的心不是像钻石一样坚硬，我希望你没有亲口发出过任何命令，而我没有对他产生过任何同情。"我们可以看出来：她自己在面对这个可怜人的时候，在面对这个因为发烧而面孔滚烫的人的时候是怀着温柔、渴望的目光的，早就已经没有了仇恨，她已经遗忘了一切，忘了这个愚蠢的小骗子以前都对她做过什么，她在内心深处非常愿意拯救他。因此，她在强烈的反感情绪之下把行动的部分抛到了博斯威尔的头上："如果是为了我个人的复仇，我不会这样做。"她只是为了自己的爱情，才不惜一切代价，也要完成这桩丑恶的行动，欺骗这个人幼稚的信任，她爆发出了激烈的、抱怨的呼喊："你强迫我进行如此的伪装，我心里充满了惊吓和恐惧，你让我扮演一个背叛者的角色。但是你记住，如果不是因为我想要顺从你的意志，那么我宁可死去。我的内心在流血。"

但是一个顺从于别人意志的人是不能反抗的，只能发出呻吟，因为鞭子还依然在残酷地驱赶他前进。她在自己意志的主人面前再一次怀着更加谦卑的哀诉低下了头颅。"我多么痛苦！我从来没有欺骗过任何人，但我做这一切都是出于你的意志。如果你对我说一个字，告诉我应该做什么，那么我始终都愿意去做，我想要顺从于你。你也想一想，你是不是可以通过药物采取更隐蔽的行为，因为他准备去克雷米拉尔那里看医生，泡温泉。"我们可以看出，她至少想为这个不幸的人准备一种更温和的死亡方式，避免粗鲁卑鄙的暴力行为。如果她不是完全失去了理智，把自己完全委托给了博斯威尔，如果她的内心里还有力量，还有一点道德的和体面的火花，那么我们感觉，她现在就会拯救达恩雷。但她不敢做出任何不顺从的行为，因为她害怕失去她曾经用誓言留住的博斯威尔，与此同时，她也害怕——天才的心理学现象，任何一位诗人都无法进行这样的构思——博斯威尔最终恰恰会因为这件事情鄙视她，因为她参与了如此残忍无情的交易。她恳求地举起双手，希望他"不要因此对她有分毫的鄙视，因为他的确是一切的起因"，而她的灵魂跪倒在地，发出最后绝望的呐喊，希望他可以通过爱情来报偿她的所有痛苦，她现在只是因为他的缘故才在忍受这种痛苦。"我牺牲了一切，荣誉、良知、幸福和伟大，你要记住这一点，你也不要和你那虚伪的连襟谈论你曾经有过或者可能会有的最忠诚的恋人。你也不要在乎她（博斯威尔的妻子）那虚伪的泪水，而是要更在乎我，在乎我满怀献身精神的行动，我容忍这些行为是为了替你赢得你的地位，为了你，我愿意违反我的本性欺骗所有的人。愿上帝原谅我，我珍贵的朋友，我赠送给你所有的幸福和恩典，你向你最为臣服、最为忠诚的恋人所索取的一切东西，我只希望你很快就可以报偿她的痛苦。"如果谁怀着毫无成见的想法倾听这个不幸福的女人那颗痛苦的、备受折磨的心，谁就无法称呼她为一位谋杀者，尽管这个女人在这几个夜晚和白天里所做的事是一件谋杀行为。因为我们可以察觉出，她的反对意志、她的反抗意志比她自己的意志要强大几千倍。也许在这个时刻，这个女人比起一位谋杀者，更像是一个自杀者。但是听命于他人是一种灾难：如果谁放弃了自己的意志，那么谁就不再能够选择自己的道路。他只能服侍他人，顺从他人。她就这样心怀陶醉地一路向前，成了自己热情的奴隶，无知无觉，却又怀着某种残忍的知觉，在自己的情感中梦游，陷入了自己行动的深渊。

但是第二天，玛丽·斯图亚特就马不停蹄地做完了被委任给她的所有事情，这项任务中最微妙、最危险的部分已经顺利完成了。她征服了达恩雷心中的怀疑，这个可怜的、生病的、愚蠢的年轻人，现在他再次变得开朗、自信、平静、快乐甚至是幸福了起来。尽管他依然虚弱，筋疲力尽，脸上布满了天花的疤痕，但是他已经开始尝试和自己的妻子进行小小的柔情互动了。他想亲吻她，拥抱她，她付出了很大的努力来隐藏自己的反感，抑制自己的不耐烦。按照玛丽·斯图亚特的愿望，就像她自己完全顺从于博斯威尔的命令一样，顺从于她的意志的达恩雷宣布已经准备好和她返回爱丁堡。他满怀信任地坐着板车离开了自己安全的城堡，脸上盖着一块细布，这样就没有人可以看到他被毁容的样子了，现在这个牺牲者终于走上了通往屠杀者的巢穴的道路。粗鲁的工作、血腥的行动只能交给博斯威尔，这个冷酷而又无情的男人背叛自己的良知要比玛丽·斯图亚特容易几千倍。

板车缓慢地开动在冬季寒冷的道路上，由骑士陪伴着，在几个月不间断的争吵后，国王夫妇在表面上达成了和解，回到了爱丁堡。但是去爱丁堡的什么地方呢？自然是去霍利罗德城堡，人们都会这么认为，回到国王的居所，回到舒适的、王侯的城堡里！但是不，博斯威尔，那个享有一切权力的人已经安排好了一切。国王不应该回到自己的家里，住在霍利罗德城堡里，因为据说感染的风险还没有结束。那么是住在斯特尔林城堡还是爱丁堡内堡，住在那栋骄傲的、易守难攻的堡垒里，还是作为客人，住在另一位王侯的家里，住在一位主教的宫殿里？也不是！人们选择了一栋非常不起眼的偏僻房屋，极度可疑，处在花园与草坪中间，几乎倒塌，有几年都没有人住了——这真是一个特别的、奇怪的选择。人们不禁会问，有谁能够恰好为国王选中了位于吉尔克奥菲尔德的这栋可疑的、偏僻的房屋，附近只有"Thieves Rows"，也就是盗贼在夜晚走的路。看啊，是博斯威尔，那个"负责一切"①的人。人们总是会在这个迷宫里找到相同的红线。所有的信件、文件与口供最终都将血腥的痕迹追溯到了唯一一个人身上。

这栋与国王身份并不匹配的小房屋坐落在荒僻的田野里，周围只有几个博斯威尔最信任的随从，一共只包括一个会客室和四个房间。其中有一个卧室被临时安排给了女王，她突然提出了这个紧迫的要求，想要用最温柔的方式照料她目前为止都在焦虑地躲避着的丈夫，另一个房间给她的贴身女佣使用。二楼的房间被布置成国王的卧室，附近的房间被分配给他的随从。无论如何，这栋可疑的房屋里低矮的房间被布置得非常豪华，人们从霍利罗德城堡运来了地毯与墙纸，还专门运来了两张华丽的床，这两张床是玛丽·德·吉斯从法国带回来的，一张给国王使用，另一张给女王使用。现在玛丽·斯图亚特每天都在尽可能地向达恩雷展示自己的关切与柔情。她每天有好几次带着全体随从，来楼上陪伴病人，她已经有——人们肯定还没有忘记这一点——几个月没有接近他了。从2月4日到2月7日，她甚至有三个晚上没有睡在自己舒适的宫殿里，而是住在这栋偏僻的房子里。也就是说，爱丁堡的每个人都应该见证，国王与女王又成了一对彼此深爱的夫妇。这对彼此敌对的夫妇在全城面前达成了和解，这简直是一种示威行为，甚至具有可疑的急迫感：人们想，首先，所有的勋爵肯定都会觉得这种突然燃起的热情非常

---

① 原文为英语。

奇怪，之前玛丽·斯图亚特还考虑过通过一切手段摆脱达恩雷。现在丈夫和妻子之间突然又出现了如此狂风骤雨、如此着重强烈的爱情！他们中间最聪明的一个人，也就是梅里，肯定已经暗中发现了什么，他之后的举动就证明了这一点。他没有一刻怀疑过这个引人注目的荒僻的房屋不是在为某种恶劣的游戏进行准备，于是他就采取了冷静又具有外交智慧的准备措施。

也许在这个城市和这个国家里，只有唯一的一个人真挚地相信过玛丽·斯图亚特：那就是达恩雷，这个不幸的丈夫。这种担忧令他的虚荣心得到了满足，他骄傲地看到，之前一直对他轻蔑地回避的勋爵都再次点头哈腰地出现在他的病床前，表现出一脸关切。他在2月7日怀着感激之情，在写给父亲的信里夸耀说，由于女王的悉心照料，自己的健康状况已经有了大幅改善，她像一位真正的、深情的妻子一样对待着他。医生已经开心地向他承诺，他已经恢复了健康，疾病最后留下的疤痕已经开始消失，人们已经开始准备让他搬回到城堡里，已经预定好了星期一早晨的马匹。还有一天，他就又会回到霍利罗德城堡的王位之上，在那里再一次与玛丽·斯图亚特共享"婚床与餐桌"①，终于再次成为他国家的主人、她心灵的主人。

但是在2月10日这个星期一之前还有一个星期天，也就是2月9日，那天傍晚要在霍利罗德城堡准备一场欢快的节庆活动。玛丽·斯图亚特两位最忠实的仆人要在那里庆祝婚礼，要举办一场盛大的婚宴和一场舞会，女王向她的这两个仆人们承诺到场。只是这一天真实发生的事件不仅仅有公开宣布的事情，还有另一件在之后才会显示出意义的

---

① 原文为英语。

事件。也就是在这天早晨,梅里伯爵突然说要离开自己的妹妹几日,据说是去一座他自己的城堡里探望他生病的妻子。这是一个恶兆。因为每当梅里突然离开政治舞台的时候,他都有非常充分的原因。每当某人倒台或者是某场不幸发生,他总是能够以充满名誉的方式抽身而退,不把自己卷入到游戏里。如果谁看到了即将到来的暴风雨的预兆,那么谁肯定就会焦躁不安,如果他同时还是一个工于心计、深谋远虑的人,那么他就会感觉自己要在暴风雨爆发之前保持谨慎。距离李乔被刺杀、他在第二天表现得一无所知、策马来到爱丁堡的事件还不到一年,现在他又装作对一切毫不知情,在这一天早晨启程,另一件更可怕的事情将要发生,他要把危险留给别人,维护自己的荣誉和利益。

另一个征兆也引人深思。据说玛丽·斯图亚特已经下令,把她那张珍贵的床和毛皮被衾从她在吉尔克奥菲尔德的卧室里再次送回到霍利罗德城堡。这个措施本身看起来非常合理,因为在参加已经定在这个晚上的节庆活动之后,女王不能在吉尔克奥菲尔德过夜,而是要在霍利罗德城堡过夜,而第二天她与国王的分别反正也要结束了。但是如此谨慎,如此着急运送这张宝贵的床在这整个事件中遇到了危险的解读,或者是过度解读。无论如何,下午和傍晚没有一点阴暗的征兆或者真正的危险,玛丽·斯图亚特的举动就像平常一样,非常不引人注目。在白天,她带着自己的朋友访问了几乎已经痊愈的丈夫,在傍晚,她和博斯威尔、亨特莱还有阿尔吉尔非常开心地坐在佣人婚礼的现场。但多么感人啊:她再一次——真是值得注目的感人——再一次在寒冷的冬夜里回到了吉尔克菲尔德那个荒僻的房屋里,尽管达恩雷第二天早晨就要回到霍利罗德城堡了!她特意离开了自己节日上欢乐的朋友们，只是为了再一次坐在达恩雷的床边，和他说说话。玛丽·斯图亚特在吉尔克菲尔德一直待到——我们一定要准确地注意时间——深夜十一点钟，然后才返回霍利罗德城堡：在昏暗的夜色中，远远就能清清楚楚地看到骑马的行列举着的摇摇晃晃的火炬和灯笼发出的光闪，听到他们笑声的吵闹。大门上了锁，整个爱丁堡肯定都看见了，女王出于担忧来看望她的丈夫，现在正返回霍利罗德城堡，那里有提琴和风笛为用人们的舞蹈伴奏。女王再一次友善健谈地加入到了婚礼的宾客中间。直到午夜过后，她才回到自己的卧室睡觉。

夜里两点，大地开始震颤。那是一次可怕的爆发，"就好像二十五门加农炮同时开火"，空气开始颤动。人们立刻看到了几个可疑的身影从吉尔克菲尔德的方向匆匆跑了过来：国王的房子里一定发生了什么暴力的举动。全城都被惊醒了，被惊恐与激动所征服。城门打开了。使者向着霍利罗德城堡冲锋，为了通报这个可怕的消息：吉尔克菲尔德那间孤独的房子和国王还有他所有的佣人都被炸飞到空中了。在婚礼的时候，博斯威尔在场——很显然，这是为了制造不在场证明，他手下的人做了准备工作——他从睡梦中被惊醒，或者不如说是在看起来正在躺着睡觉的时候从床上被拽了起来。他匆匆更衣，带着武装部队来到了犯罪现场。人们找到了达恩雷和佣人们的尸体，达雷恩睡在自己的房间里，身上只穿着衬衫，花园和房屋都被爆炸的火药完全摧毁了。博斯威尔仅仅满足于确认了这个似乎他觉得非常意外和非常震惊的事件。因为他比任何其他人都更清楚真正的事实，他就没有做出进一步的努力去揭露完整的真相。他命令把尸体抬上担架，在短短的半个小时以后就回到了城堡里。在那里，他向同样在无知无觉的睡眠中被恶意惊醒的女王进行了报告,除了赤裸裸的事实,没有其他内容,也就是说她的丈夫,苏格兰的亨利国王已经被不知名的罪犯用某种无法理解的方式刺杀了。

# 第十三章　如果上帝要谁灭亡……①

1567年2月至4月

---

① 原文为拉丁语,下半句为"必先使谁疯狂。"

激情可以使人做许多事情。它可以在一个人的心里唤醒难以言喻、超越人性的能量。它可以通过它那无法抵抗的压力，从最平静的灵魂中挤压出天神一般的暴力，可以使人抛弃一切习俗的规范与形式，被驱赶着走向犯罪。但是激情的本质之一是，在狂野的爆发之后，它自己很快也会被消耗殆尽。因此，激情罪犯就这样和那些真正的、天生的惯犯得以区分。仅仅做出一次犯罪的人，激情的犯罪者大部分只能做出行动，很少能面临后果。他们仅仅出于炽热的冲动行事，呆滞地注视着已经设计好的行动，把全部的张力都投入到唯一的目标上。只要达到了这个目标，只要行动一完成，他们的精力就丧失了，他们的决心就垮掉了，他们的机智就失去了，而那些冷漠的、清醒的、工于心计的罪犯却会灵活地投入到与原告和法官们的战斗之中。和激情罪犯不同，他们神经里最高的张力不是用于犯罪行为，而是用于犯罪行为之后的辩护。

玛丽·斯图亚特——这一点没有削弱她的形象，反而使她的形象变得更为崇高——陷入了犯罪，她在这个过程中完全臣服于博斯威尔的意志，没有办法做出抗拒，因为即便她是一位罪犯，她也只是在被激情冲昏头脑的情况下才是一位罪犯，她不是出于自己意志的罪犯，而是出于陌生意志的罪犯。她只是并不拥有及时阻止灾祸的力量，现在，在行动之后，她的意志完全崩溃了。她在这个时候只能做两件事情：不是坚决而又心怀厌恶地摆脱博斯威尔，因为他做的事情比她内心里想要的更过分；就是不得不帮助他进行掩饰，然后她又不得不说谎，为了不让别人怀疑他，为了把嫌疑转到其他人的头上，并且为此感到痛苦。玛丽·斯图亚特没有做这两件事情，却做了在这种如此可疑的情况下最不理智、最为愚蠢的事情，也就是什么也没有做。她保持着呆滞和沉默，而她的震撼刚好暴露了她自己。就像一具机械玩偶，机械地做着事先自动安排给自己的几个动作，她就在这种臣服于别人的恍惚状态里毫无意志地做着所有博斯威尔要求她做的事情，她前往格拉斯哥旅行，她安抚达恩雷，她把他诱骗回家。但是现在羽毛停止了运转，发条的力气没有了。恰恰是在现在，在她必须扮演好自己感情的演员让全世界对她坚信不疑的时候，她疲惫地扔掉了自己的假面具。一种石化的表现，一种可怕的灵魂的呆滞，一种难以理解的漠不关心出现在她的身上，她毫无意志地让怀疑的声音就像抽搐的利剑，在自己的身边低声喧嚣。

这种奇特的现象也不是什么非常不同寻常的事情，因为伪装和辩护最需要的就是在精神上做好充分的准备，而就在这一瞬间，在整个人的本质受到威胁的时候，人们会变得僵冷，呈现出彻底的被动和淡漠。这种灵魂的呆滞是应对过度紧张的一种必然的应激措施，是大自然针对所有人的阴险复仇，而大自然的力量显然更胜一筹。在滑铁卢的那个傍晚，拿破仑魔鬼一般强大的意志消失不见了，他沉默而呆滞地坐在那里，没有给出任何命令，尽管人们在灾难时分最需要的就是他的命令。所有的力量突然从他的身体里流失殆尽，就像葡萄酒从一只穿了孔的酒桶里流失。奥斯卡·王尔德在被捕之前也陷入了这样的僵冷，朋友们警告过他，他还有时间，他也有钱，他可以坐火车，也可以穿过海峡。但他也被这种僵滞所征服，坐在自己旅馆的房间里等了又等，我们不知道他在等什么，是在等奇迹，还是在等待毁灭。只有通过这样的类比——这样的例子在历史上有几千个——我们才能够理解玛丽·斯图亚特的行为，才能够解释那几个星期里那种荒谬的、愚蠢的、破坏性极大的消极行为。因为直到刺杀完成前，还没有人能料到她和博斯威尔达成了一致，探望达恩雷的事情也的确可以被视为一种和解的愿望。但就在刺杀之后不久，这位被杀者的孀妇就被闪亮的聚光灯照亮，成了关注的焦点，现在她必须要么强有力地公开证明自己的无辜，要么就是强悍地用天才的演技来掩饰自己。但这个不幸的女人肯定已经觉得无法克服这种谎言和伪装所带来的巨大厌恶感了。因为她没有在面对她的合理怀疑面前进行自卫，反而在世界的眼前因为完全无动于衷的表现而显得比实际上的样子更有罪。她就像一个纵入深渊的自杀者，闭上眼睛，什么也不去看，什么也不去感受，只想要这一切走向终结，在这个终结里，不再有思考和权衡的折磨，只有虚无，只有毁灭。几乎没有哪一个类似的犯罪案例比这个案例更能完美地展现出一个激情犯罪者充满痛苦的形象，这个形象在行动中耗尽了所有的力量，走向了内心的崩溃。"如果上帝要谁灭亡……"①，如果上帝要谁毁灭，那么就会要他疯狂。

因为一个无辜的、诚实的、深情的女人，因为一位女王在夜里听到使者带来可怕的消息，说她的丈夫刚刚被陌生的凶手刺杀了，她会有什么反应呢？她肯定会像面临着一场火灾一样爆发出来。她肯定会咆哮，会尖叫，会要求人们立刻逮捕罪犯。她肯定会把任何只要显示出一点嫌疑的人都投到监狱里。她肯定会呼吁人民一起帮助她，向外国王侯发出请求，在国境线上逮捕所有从她的国家逃亡的人。就像在弗朗索瓦二世去世之后，她肯定会几天几夜地把自己锁在卧室里，一连几个星期和几个月都不去思考任何欢乐、游戏和与朋友来往的乐趣，尤其是无法保持平静，无法安静地休息，直到最终的凶手和知情者都被捕获，并且得到审判。

一位真正感到意外的、一位真正不知情的深情妻子的灵魂状态一定差不多是这样。与此矛盾却符合逻辑的是，从另一方面看，一个参与了犯罪的女人至少也会装出这样的感受，这是不是因为在行动之后，装出完全无辜和不知情的样子能够确保一位罪犯不再受到怀疑？玛丽·斯图亚特在刺杀之后没有这样做，而是表现出如此骇人的冷漠，就连最轻信的人肯定也会觉得很值得注意。她没有表现出李乔被刺杀的时候的激动和阴沉的愤怒，没有表现出弗朗索瓦二世去世后的忧郁态度。她没有像哀悼第一位丈夫的时候一样，给达恩雷写下感人至深的哀歌，而是仅仅在人们通报这个消息几个小时后就已经给所有的宫廷签署了措辞迂回的信件，在信中向全世界报告了这次谋杀，显然这只是为了努力把自己的嫌疑转移开来。在这些奇特的信件中，事

---

① 原文为拉丁语。

实被刻意地歪曲了，好像这场谋杀行动针对的根本就不是国王，而首先针对的是她本人。按照这个官方的版本，阴谋者认为国王夫妇双方都在吉尔克菲尔德过夜，只是女王出于偶然，提前离开了那栋房屋，因为要出席婚礼，才没有和国王一起被炸飞。玛丽·斯图亚特在说话的时候双手没有一丝颤抖，她顺从地在这些信件上签下了名字："女王不知道这桩犯罪始作俑者是谁，但是她信任自己正在调查的顾问的努力与热情，打算对罪犯进行严惩，作为以儆后世的案例。"

这种对事实的歪曲自然过于笨拙了，没有办法误导公众舆论。因为实际上——整个爱丁堡都是证人——在夜晚十一点钟都看到了女王壮大的队伍，看到了他们举着燃烧的火炬离开了吉尔克菲尔德那栋荒僻的房屋。整个城市都很清楚，她没有留在达恩雷的身边，而潜伏在暗处的杀手也绝对不会为了要她的性命在三个小时后把这栋房子炸飞到空中。此外，房屋的火药爆炸本身也是一种掩护，只能让人们确定这是在掩饰实际上的罪行，也就是说，达恩雷很有可能是在之前就被偷偷潜入的杀手扼死了——官方的表述明显非常缺乏技巧，这也强化了女王可能参与其中的印象。

但奇怪的是：苏格兰保持着缄默，在这段时间里，不仅仅是玛丽·斯图亚特的冷漠在全世界看来非常奇怪，这整个国家都让全世界觉得非常奇怪。我们可以好好想一想：发生了一些可怕的事情，一些在即便是用鲜血书写的历史上都闻所未闻的事情。苏格兰国王在自己的首都被杀了，在自己的住所里被炸飞了。之后又发生了什么？整个城市都在因为激动和暴怒发出震颤吗？贵族和男爵都从自己的城堡里出来保卫据说同样有生命危险的女王吗？神父们在布道坛上提出庄严的控诉了吗，法院采取行动去揭发凶手了吗？城门关闭了吗？已经有几百个可疑的人被逮捕,被严刑拷问了吗?边界已经封锁了吗?国家的贵族有没有成千上万地排成队列,护送着被杀者的遗体穿过街巷?灵柩台在公开地点建立了吗,有没有被灯火和蜡烛环绕?议会被召集了吗,有没有公开听取这个可怕的事件,并且做出审判?勋爵们,那些王位的捍卫者庄严地进行集中宣誓了吗,要对凶手进行惩处?——上述这些事情一件都没有发生。在令人震惊的行为之后,紧接着到来的是难以理解的沉默。女王躲在自己的卧室里,没有进行一个字的公开发言。勋爵们保持安静的沉默。梅里和迈特兰都没有采取行动,所有曾经在国王面前下跪的人们中间没有一个采取行动。他们没有谴责,也没有称赞,他们在黑暗里沉默而惊恐地等待着事态的进一步发展。人们察觉到,所有人暂时都不愿意对国王的刺杀进行公开讨论,因为他们都或多或少地对此知情。市民们反过来也小心翼翼地把自己锁在家里,只是悄悄嘟囔着他们的推测。他们知道,小人物在任何时代最好都还是不要掺和尊贵的先生们的事情,因为小人物很容易成为别人的替罪羊。因此在最初的时刻,事情正如杀手们所希望的那样:所有人都把这次刺杀当作一个微不足道、令人不快的意外事件。也许在欧洲的历史上,从来没有哪一个宫廷,哪一个贵族阶层和哪一个城市尝试过如此沉默和怯懦地掩饰针对一位国王的刺杀。最引人注意的是,甚至最初查明犯罪的措施都被有意地忽略了。没有针对谋杀地点进行任何官方的、司法的调查,没有进行任何记录,没有给出明确的报告,没有进行对这场刺杀的详细情况的任何声明,人们忙着掩饰这次行动。尸体没有经过医学检验,没有经过有关机关的仔细观察,因此直到今天我们都不知道达恩雷是被扼死的、用匕首刺死的还是(人们发现赤裸的尸体躺在花园里,面色发黑)中毒而死的,然后再被凶手用大量的炸药把整栋房屋一起炸飞。在这方面也不能传播闲言碎语，不能让太多人见到尸体，于是博斯威尔用难以置信的仓促方式安葬了达恩雷。只需要快点把亨利·达恩雷埋到地下去！只需要在这整件阴暗的事情暴露在光天下之前，把他尽快草草掩埋！

最引人注目的事情就这样发生了，整个世界都注意到，这些身居高位的人们一定是秘密地参与到了刺杀之中：人们没有为苏格兰国王亨利·达恩雷举办一场与其地位相符的葬礼。没有排成华丽的队列进行庄严的出殡，没有抬着棺木在全城巡视一圈，后面跟着那位悲伤的孀妇，跟着勋爵们和男爵们。没有鸣炮，没有敲钟，而是在夜晚悄悄地把棺木落葬在了礼拜堂里。没有华丽的排场和荣耀的仪式，苏格兰国王亨利·达恩雷就被以这种可怕的仓促方式送进了墓穴，好像他自己就是一位杀手，而不是其他人的仇恨与无穷贪欲的牺牲品。然后还是举办了一场弥散，但这就足够了！现在这个备受折磨的灵魂已经不应该再来打扰苏格兰的平静了！"如果上帝要谁灭亡……"①

玛丽·斯图亚特、博斯威尔和勋爵们想要随着棺材板的闭合结束这桩阴暗的事件。但为了阻止引发太多的好奇心，也为了不使伊丽莎白抱怨人们没有做任何事情来揭露罪行，他们决定还是假装做点事情。为了回避真正的调查，博斯威尔组织了一场虚假的搜查，做出一个小小的姿态，表现出人们是在认真地、热心地搜寻那些"未知的凶手"。尽管全城都知道他们的名字，因为有太多同党参与其中，包围房屋，购买大量的火药，把它们一袋又一袋地拖进这栋房屋里，不可

---

① 原文为拉丁语。

能没有人注意到他们。就连城门的卫兵也清清楚楚地记得，在那天晚上的爆炸之后，他们把谁放进了爱丁堡的城门。但是女王的女王委员会现在实际上只有博斯威尔和迈特兰两个人，一个是共犯，一个是知情者，这两个人只需要照照镜子，就能够认出凶手，因此人们强行坚持说有"未知的参与者"加入其中，通过一项声明承诺，能够说出罪犯姓名的人将获得两千苏格兰镑的奖赏。两千苏格兰镑尽管对一位贫穷的爱丁堡市民来说是一笔巨大的款项，但每个人都知道，如果开始谈论这件事，不但口袋里无法装进两千镑，反而会立刻在肋骨上被捅上一刀。因为博斯威尔立刻就建立了某种军事独裁，他的随从"边防军"①咄咄逼人地策马穿过街巷。他们显而易见的武器让所有敢于公开谈论这件事情的人都立刻清醒了过来。

但总是这样，在人们想要用暴力压制真相的时候，真相就会以诡计进行反抗。如果人们在白天不让真理说话，那么真理就会在寂静的夜晚说话。在声明发表的第二天早晨，人们就在集市广场上发现了写有凶手名字的揭帖，甚至在女王霍利罗德的宫殿门上也有这样的揭帖。这些飘动的纸页上公然写着博斯威尔和他的同党詹姆斯·巴尔福的名字，还有女王的佣人巴斯蒂恩和约瑟夫·李乔，他们被斥为凶手，其他的名单还提到了另外几个其他的凶手。但有两个名字反复出现在所有的揭贴上：博斯威尔和巴尔福，巴尔福和博斯威尔。

如果玛丽·斯图亚特的情感没有完全被魔鬼征服，如果她没有因为这种火热的激情失去所有的理智与权衡，如果她的意志不是完全服从于别人，那么玛丽·斯图亚特现在只有一件必须做的事情，民众

---

① 原文为英语。

的声音已经非常清晰地表明了这一点：她必须与博斯威尔分开。只要她那被荫蔽的灵魂还有一点洞察力的微光，她必须现在就与他分道扬镳。她必须避免和他的一切来往，直到通过灵巧的操纵"官方"证明他的无辜，然后必须采取一切借口把他赶出宫廷。只有一件事情是她现在绝对不能做的：人们已经在大街上或是高声宣布，或是低声窃语说他就是杀害国王兼她的丈夫的凶手，但还让他继续在苏格兰国王的家里执掌政权，尤其是不应该恰恰让他这个公众舆论一致认为是凶手的人来负责调查那些"未知的凶手"。但她还做了更多的事情，更愚蠢的事情：在揭贴里，除了博斯威尔和巴尔福，还提到了她的两个佣人，巴斯蒂恩和约瑟夫·李乔（大卫·李乔的弟弟），说他们是帮凶。那么玛丽·斯图亚特最重要的职责是什么呢？自然是把这些受到控告的人交给法庭审判。但她没有这样做——在这件事情上，愚蠢就等于不谨慎和自我控告了——而是悄悄地解雇这两位佣人，给了他们通行证，匆匆地把他们运送到了边境外。也就是说，她恰好做了要维护荣誉就必须做的事情的相反面，她没有把他们送上法庭，而是引起了法庭的怀疑，而玛丽·斯图亚特就因为这种秘密行为把自己送上了被告席。还有远远更多的致命的疯狂行为！因为在那段日子里，没有人见过玛丽·斯图亚特流下一滴泪水，她没有像之前一样，身穿"白色丧服"①在自己的房间里把自己关上四十天——尽管这一次她必须装出严格几倍的服丧行为——而是在短短的一个星期之后就离开了霍利罗德城堡，前往赛顿勋爵的城堡。这位孀妇竟然不肯仅仅做出一个姿态，遵守宫廷的服丧制度，而最为挑衅的行为是——她在赛顿那里

---

①　原文为法语。

接受了一次访客的接见，这简直就是在向全世界挑衅，那个访客是谁呢？就是詹姆斯·博斯威尔，而他的画像已经挂满了爱丁堡的大街小巷，下面写着"这就是弑君者"。

但苏格兰并不是全世界，即便这些自知有罪的勋爵和那些被吓得颤抖的市民可以恐惧地保持沉默，好像自从谋杀结束，在这个世界上就不会有任何人对国王的尸体有兴趣了，在伦敦、巴黎和马德里也绝对不会对这种可怕的行动表现出如此的冷漠。对苏格兰来说，达恩雷只不过是一个不受欢迎的外来者，一旦当这个人变得令人厌恶，就会被推到角落里。但对欧洲宫廷来说他却是一位经过了正式加冕、正式涂油的国王，是他们尊贵家族的一员，属于他们不可触碰的阶级，因此他的事情就是他们的事情。自然，没有一个人对这份充满谎言的官方报告表现出一点的相信，对整个欧洲来说，他们从一开始就很清楚，博斯威尔肯定是刺杀的实施者，玛丽·斯图亚特肯定对此知情；甚至是教皇和他的使节也用激烈的言辞谴责这个被冲昏了头脑的女人。但是最令外国的君主关注和感到焦虑的并不是这次刺杀本身。因为那个世纪的思维方式绝对不是符合道德的，尤其不会觉得一个人的生命是多么重要的事情。自从马基雅维利的时代开始，政治性的刺杀在所有的欧洲国家就都成了可以被原谅的事情，几乎每个欧洲王室的家族在历史上都有自己的案例。亨利八世需要摆脱自己的妻子的时候毫不惧怕。腓力二世在儿子堂·卡洛斯被刺杀的时候非常不愿意回答别人的问题。教皇家族波吉亚家族因为使用毒药赢得了阴暗的名誉。但区别在于——所有这些王侯都会避免自己染上哪怕是一丝犯罪的或者是参与犯罪的嫌疑，他们让别人去犯罪，自己保持双手干净。人们对玛丽·斯图亚特的期待也只不过是在表面上尝试自我辩护，令他们感到恼火的正是她那种愚蠢的漠不关心。这些外国王侯先是用惊叹的目光，然后是用气恼的目光看着他们这位不够聪明的姐妹，她已经晕头转向甚至没有做一点事情来洗脱人们对她的怀疑，没有做一点人们在这种情况下要做的事情，绞死或者是车裂一两个小人物，而是平静地打球玩乐，还选择那个主犯作为她娱乐的玩伴。玛丽·斯图亚特忠诚的驻巴黎使者怀着真诚的震惊向她报告了这种被动的行为所造成的恶劣印象。"您本人在这里受到了污蔑，说您就是这场犯罪的主要起因，甚至是亲自命令了这场犯罪行为。"这位神职人员以如此的坦率和勇敢向他的女王说出了这句话，这使他的荣誉在所有的时代流传下来，如果她现在不彻底地以最果敢、最毫无顾忌的方式来弥补她在这次刺杀中犯下的过失，"您最好还是失去生命和其他一切。"

这是一位朋友清晰的箴言。如果这位自我迷失的女人心里还有一丝理智，灵魂里还有一丝自己意志的火星，她就不得不振作起来。伊丽莎白在一封哀悼信中还采用了更迫切的措辞。因为巧合真的是一件奇特的事情：在这个世界上，没有任何一个男人和女人可以理解玛丽·斯图亚特在生命中最恐怖的危机和最残忍的行动之后的状态，除了这个同时也是她最为强硬的对手的女人。伊丽莎白在看待这个行动的时候肯定就像是在照镜子一样，因为她在热恋杜德莱－莱斯特的时期也身处同样的境况，也许也面临着同样合理的怀疑。在这里是丈夫，在那里是麻烦的妻子，只有除掉她，才有可能缔结成婚姻。不知道她是知情还是不知情——这一点我们永远也不会知道了——可怕的事情发生了，人们在一天早晨发现这个罗伯特·杜德莱的夫人艾米·罗布萨尔特也像达恩雷一样被"未知的凶手"杀害。在那个时候，所有的目光都指向了伊丽莎白，就像现在指向了玛丽·斯图亚特一样：在那个时候，玛丽·斯图亚特还是法国王后，她甚至还轻率地嘲笑了他的表姐，说她想要嫁给她的"御马官"，他还杀了自己的妻子。那时候，全世界都自然而然地把莱斯特看作凶手，把女王看作帮凶，就像现在他们把博斯威尔看作凶手一样。伊丽莎白肯定是想起了过去经历过的苦难，才想要成为自己命中注定的姐妹最好的、最诚恳的顾问。因为那个时候，伊丽莎白用机智和灵魂的力量挽救了他的婚姻，她立刻——自然毫无结果——下令调查，但无论如何，还是进行了调查。最终，她使得所有的流言平息下来，放弃了自己最为真挚的愿望，也就是以如此引人注目的方式和莱斯特结婚。这样一来，她就在全世界的面前与这场刺杀撇清了干系。伊丽莎白现在就希望、就想要玛丽·斯图亚特做同样的事情。

伊丽莎白在1567年2月24日写的这封信还有一个引人注意的地方，因为它的确是一封来自伊丽莎白的信件，一封来自女人的信件，一封来自人类的信件。"夫人，"她以诚恳的激动在信中写道，"我对您的先夫和我失去的表亲被可恶地刺杀的可怕消息感到忧伤、震惊，我现在几乎无法写信谈论这件事，我内心的情感驱使着我为一位如此亲近的血亲的死亡进行哀悼，但我还是要直率地表达我的意见，我并不想隐瞒，我更多的是为您而不是为他感到悲伤。夫人啊！如果我不去付出努力，维护您的荣誉，我就不是您最忠诚的表亲和真正的朋友，因此我要告诉您大多数人都不会对您的说的话：也就是说，人们说，您在面临这件犯罪行为的时候不愿意插手，不想抓捕那些已经被证明为做过这些事情的人，好像这件事情的凶手得到了您的同意。我恳求您相信我，我不会因为世间的任何财富而在心里产生反对您的念头。我绝对不会让如此恶劣的想法留在我的心里,不会对任何一位王侯有如此恶劣的想法,尤其是我对您怀有着如此良好的愿望,只希望我与您心意合一。因此我警告您、建议您、恳求您,把这件事情放在心上,您不要害怕触及您身边最近的人,如果他有罪,那么您就不要被任何劝说说服,要给世界一个证明,证明您既是一位高贵的女王侯,也是一位遵守法律的女性。"

这位喜欢玩双面游戏的女人也许在一生中还从来没有写过比这封信更诚恳、更富有人性的信件,它本应该像一声枪响一样惊醒这个麻木的女人,最终唤醒她回到现实之中。矛头又一次指向了博斯威尔,再一次向她不可辩驳地证明,她应该毫不顾忌地给他盖上同谋者的烙印。但在那几个星期里,玛丽·斯图亚特——我们不得不一再重复这一点——完全缺乏自由意志。她已经如此"可耻地爱上了"博斯威尔,就像伊丽莎白的一个间谍向伦敦写信报告的那样,"人们听她说,她愿意放弃一切,只穿一件衬衣和他浪迹到世界尽头"。她对所有的劝告充耳不闻,理智已经控制不了她血液的咆哮了。因为她忘记了自己,她就觉得这个世界也会忘记她,忘记她的行为。

有一段时间里,在整个三月里,玛丽·斯图亚特都合理地保持着被动的状态。因此,整个苏格兰都保持着沉默,法官先生们闭目塞听,博斯威尔——出于奇特的巧合,怀着最良好的意志也抓不到那个"未知的凶手",尽管市民们在所有的街道上、在所有的房子里都在悄声低语着那些名字。每个人都知道那些名字,每个人都在说着那些名字,但没有人敢于冒着生命的危险前去领赏金。最终有一个声音说话了。也就是被杀者的父亲,伦诺克斯伯爵,这个国家最有声望的贵族之一，如果他发起了有理有据的抱怨，为什么在他的儿子被杀几个星期之后还没有采取任何严肃认真的针对凶手的措施，那么人们就无法拒绝给他一个答复。玛丽·斯图亚特与凶手分享床榻，与知情者迈特兰手牵着手，给出的答复具有回避性，她自然说她肯定会采取最佳的措施，议会也正在处理这件事情。但伦诺克斯很清楚这种推脱意味着什么，因此再次提出了要求。首先，他要求，应该拘捕所有名字出现在已经贴满了爱丁堡的揭帖上面的人。面对这样明确的要求，给出一个回答就更困难了。但玛丽·斯图亚特再一次进行了回避，说她很愿意这样做，只是里面提到的人太多了，而且名单各不相同，互相没有什么关系，希望他自己能够指出他认为有罪的人。毫无疑问，她希望这个独揽大权的军事独裁者制造的恐怖可以吓退伦诺克斯，因为说出博斯威尔的名字就意味着要承担生命危险。可是伦诺克斯在这段时间里找到了自己的保护人，准备好了应对这个问题。他和伊丽莎白建立起了联系，因此置身于伊丽莎白的保护之下。他以极度令人尴尬的方式把所有的名字都清清楚楚地写了下来，认为应该对他们进行调查。第一个名字就是博斯威尔，第二个是巴尔福，然后是大卫·查尔莫尔斯和几个小人物，诸如玛丽·斯图亚特和博斯威尔的佣人，他们的主人早就把他们送到了国境线外，这样他们就不会在严刑拷打之下讲出真相了。现在，心烦意乱的玛丽·斯图亚特才看清，"袖手旁观"的喜剧已经无法继续维持了。她知道在伦诺克斯的顽固背后，是伊丽莎白在用自己全部的精力和权威支持着他。在这段时间内，就连凯瑟琳·德·美第奇也用尖酸的方式清清楚楚地告诉她，玛丽·斯图亚特已经被视为"不名誉的人"①，已经不再能够指望苏格兰和法国之间保持友好关系，除非这场刺杀的事件经过正规且诚实的审判程序得到弥补。现在只能迅速转变态度，放弃"徒劳"调查的喜剧，转而上演另一场喜剧，进行一场公开的审判。玛丽·斯图亚特现在不得不同意让博斯威尔——那些小人物可以之后再逮捕——在贵族法庭上为自己做出辩护。3月28日，伦诺克斯伯爵被要求前往爱丁堡，于4月12日在那里提出他对博斯威尔的控告。

但博斯威尔绝对不是一个会穿着悔罪者的外衣，怯懦而谦卑地出现在法官面前的人。如果他还是宣布接受传唤，那么这只是因为他下定决心要用所有的手段避免法律制裁，得到无罪宣判，也就是所谓的"Cleansing"。他精力充沛地开始了准备工作。首先，他让女王把所有堡垒的指挥权都转交到他的手里：这样他就把整个国家可以使用的所有武器和弹药都握在了手里。他知道，如果谁拥有权力，那么谁也拥有了正义，此外，他还把自己的一整支"边防军"②都带到了爱丁堡，让他们做好了作战的武装准备。他毫无胆怯，不知羞耻，胆大妄为，不讲道德，在爱丁堡建立了真正的恐怖主义统治。他让所有人都知道，"当他弄清楚是谁在公告里对他提出了指控以后，他就会用这个人的鲜血来清洗自己的双手"——这是对伦诺克斯提出的一个强有力的警告。他和他的随从都公开拿着匕首，他的随从清楚地宣布，他们决不允许他们的家族首领被当作罪犯看待。现在伦诺克斯还敢来控诉他吗！现在法官还敢审判他这个苏格兰的独裁

---

① 原文为英语。
② 原文为英语。

者吗！

这些准备太过明显，伦诺克斯不可能不怀疑等待着他的是什么。他知道，他满可以来到爱丁堡控告博斯威尔，但博斯威尔不会让他再次活着离开这座城市了。他再一次向自己的恩人伊丽莎白请求帮助，她毫不犹豫地给玛丽·斯图亚特寄送了一封恳切的信件，想要在最后一刻警告她，不要通过如此公开违抗法律的行为让别人怀疑她也参与到了犯罪之中。

"夫人，我本不该毫无顾忌地用这封信给您造成困扰，"她非常激动地写道，"如果不是出于对邻人之爱的要求，不是这些可怜和不幸的人的祈求强迫我这样做。我得知您发布了一份声明，夫人，要在这个月的12日依法审理参与谋杀您的丈夫兼我的表亲的人们。这件事非常重要，因为这件事不能像其他事一样那么容易地通过秘密操作和诡计进行掩盖。死者的父亲和朋友谦卑地请我来请求您推迟这个日期，因为他们注意到，这些无耻的人们正在努力用暴力强行达成他们无法用合法的方式达成的目的。因此我出于对您的热爱，没有其他别的办法，因为这件事和您关系最大，而且我们也要安抚那些在如此闻所未闻的罪行中无辜受害的人们。即便您是无罪的，这也有足够的理由剥夺您作为一位女王侯的尊严，在暗中激起普罗大众的轻蔑之情。如果您遇到这样的事情，与其过着名誉尽失的生活，我宁可您富有尊严地死去。"

这又是一声直击良知的枪响，原本就连一个麻木的、死灭的内心也应该能够被唤醒。但这份在紧急关头匆匆写就的警告很有可能根本就没有被及时地送到玛丽·斯图亚特的手里。因为博斯威尔控制着她，这个桀骜不驯的年轻人已经拥有了疯狂的胆量，不惧怕死亡，也不惧怕魔鬼，更不惧怕英格兰的女王。负责把这封信带给玛丽·斯图亚特的英国特使在他手下的宫殿门前被截住了，没有得到放行。人们对他解释说，女王已经入睡，不能接待他。这个应该在两位女王之间传递信件的使者陷入了绝望，在街道上混乱地走来走去。最终找到了博斯威尔，博斯威尔放肆地拆开了这封写给玛丽·斯图亚特的信件，阅读了它，冷漠地把它塞进了口袋里。他有没有在这之后把这封信转交给玛丽·斯图亚特，我们就不知道了，或者这也无关紧要了。因为这位奴隶一般的女人早就不敢违抗他的意志了，甚至有报告说，当他由自己骑马的盗匪护送前往托尔布斯的时候，她甚至还愚蠢地站在窗口向他挥手，好像她想要祝愿这个公开的凶手在这场司法的喜剧中也取得胜利。

即便玛丽·斯图亚特没有收到伊丽莎白最后的警告，也绝对不是没有别人警告过她。在三天前，她同父异母的哥哥梅里出现了，来向她道别。他突然提出请求，要去法国和意大利做一场随性而至的旅行，"去看看威尼斯和米兰"①。玛丽·斯图亚特应该已经能够根据很多次的经验得知，梅里匆忙地从政治舞台上消失永远都意味着一场暴风雨，他用他示威一般的远离事先表示了他对这场卑鄙的司法喜剧的不赞成。此外，梅里根本没有掩饰他动身的真实原因。他对每个愿意听他说话的人都说，他曾经试图把詹姆斯·巴尔福当作刺杀的主犯逮捕，但他的同党博斯威尔想掩饰这件事情，总是在阻碍他。八天以后，他在伦敦勇敢地向西班牙使者德·席尔瓦宣称，"如果继续留在这

---

① 原文为英语。

个王国里，他就无法维护他的名誉了，因为这件特别可怕的犯罪还是没有得到制裁"。如果谁发表了如此公开的言论，那么谁就也可以对自己的妹妹把话说清楚。事实上，引人注目的是，玛丽·斯图亚特在和他道别的时候流下了泪水。但她没有力气挽留住他。她只能让那个更强大的意志所要求的一切发生，女王已经变成了手无寸铁的傀儡，变成了一个燃烧着的臣服着的女人。

4月12日，司法喜剧以一种挑衅的方式开始了，也以一种挑衅的方式结束了。博斯威尔骑马来到法院所在的托尔布斯，看起来好像是要向着一座堡垒冲锋，身上佩着利剑，腰上挂着匕首，被自己的随从环绕着，他们的人数——可能经过了夸大——据说多达四千人。伦诺克斯却相反，遵守古老的法令，进城的时候最多携带了六名随从。这样一来，女王的偏心已经显而易见了。在匕首的耸动之下，伦诺克斯没有想过要走上这样的法庭，他知道，伊丽莎白在信件里要求了延期审判，这封信已经被送往了玛丽·斯图亚特的手中，因此他身后站立着道德的力量。于是他仅仅派了自己的一位下属去了托尔布斯，在那里宣读他的抗议。原告本人缺席，这让那些一半恐惧、一半被大量的土地、黄金还有荣誉所贿赂的法官们幸运地找到了完美的借口，没有以引人不快的方式给出引人不快的法律宣判，他们心里一块沉重的石头落了地。在佯装详细讨论之后——实际上一切早就已经设计好了——他们一致宣布博斯威尔和"任何种类的弑君行为，弑君行为中的任何部分"[1]无关，可耻的原因是"原告缺席"。这个相当迂回的判决对

---

[1] 原文为英语。

任何一个讲究荣誉的人来说都是不够充分的,但博斯威尔立刻开始热情庆祝自己的凯旋。他让武器叮当作响,骑行穿过全城,拔剑在空中挥舞,高声叫喊,向这个时候还敢指控他杀害或是参与杀害了国王的人发出挑战。

现在,命运的车轮正在飞速地滑向深渊。震惊的市民们不断地嘟哝着这种对法律史无前例的嘲讽行为,玛丽·斯图亚特的朋友们心烦意乱地注视着现状,怀着"sore hearts"("酸楚的心")。这个发疯的女人听不进去任何警告,真是令人痛心。"这是一件棘手的事情,"她最忠诚的朋友梅尔维尔写道,"不得不旁观这样一位出色的女王匆匆奔向自己的末日,没有注意到任何人向她警告的危险。"但玛丽·斯图亚特不想倾听这些声音,她不想接受警告,有某种阴沉的欲望使这个失去理智的人继续大胆地一路狂奔下去,她不想看一看周围,不想问一问、听一听别人的意见,只想在她的堕落之路上一直向前奔跑,成为自己感情的祭司。终于有一天,在博斯威尔向全城发出了挑衅以后,她侮辱了整个国家,她把最高的荣誉赐给了这个臭名昭著的罪犯,把苏格兰献给了他:她庄严地在议会开幕式的时候把这个国家神圣的宝物,也就是王冠和王国的权杖交给了博斯威尔。谁现在还会怀疑,博斯威尔今天可以用双手捧着王冠,明天就会把它戴到自己的头上?事实上,博斯威尔——这个无拘无束的人的迷人之处也正在于此——也不是一个会隐藏秘密的人。他放肆、果断而公开地要求得到他的奖赏。他没有展现出任何羞愧,在议会面前要求"为了他杰出的贡献",得到这个国家最强固的城堡敦巴尔城堡,而且,既然勋爵们已经齐聚一堂,已经顺从于他的意志,他就强硬地逼迫他们做出最后一件事情:批准他与玛丽·斯图亚特的婚姻。傍晚，在议会结束的时候，他作为伟大的先生和军事独裁者，邀请自己所有的随从来到爱因斯雷因酒馆吃晚餐。他们开怀畅饮，大多数人喝醉了，让人想起《华伦斯坦》[①]中著名的那一幕——他要求勋爵们签订一份"盟约"[②]，其中规定他们不但有义务在任何污蔑者的面前捍卫他，也要把他这位"高贵而强大的先生"[③]视为女王尊贵的丈夫。在博斯威尔被法官一致宣告无罪以后，既然"另一方面，女王陛下长期没有丈夫"，那么这份著名的文件宣称，"共同的福利要求，如果她赞同，她应该下嫁给自己的臣民，也就是我们上面提及的勋爵"。他们还有义务"在上帝面前承担责任"，保护文件里提到的这位伯爵，反对任何扰乱或者阻止这门婚姻的人，不惜自己的家产和鲜血。

只有一位勋爵利用宣读"盟约"[④]引起的混乱悄悄离开了酒馆，其他人都顺从地签署了这份文件，也许是因为这栋房子已经被博斯威尔的武装部队包围，也许是因为他们在心里已经决定，要在合适的时机打破这种强加给他们的盟约。他们知道，用墨水写下来的东西可以用鲜血消泯。因此，没有人进行特别的思考——对这些人来说，飞快地签个字又算得了什么呢？——他们签了字，继续吵闹、喝酒和闲聊，其中最开心的应该就是博斯威尔，因为现在他终于得到了奖赏，终于达成了目标。还要等几个星期——莎士比亚在《哈姆莱特》里难

---

[①] 《华伦斯坦》：席勒的戏剧，华伦斯坦是因出卖自己军队而陷入灵魂困境的高层军官。
[②] 原文为英语。
[③] 原文为法语。
[④] 原文为英语。

以置信而天马行空的夸大在这里变成了现实：女王"在护送丈夫遗体那天穿的鞋子还没有穿旧"，就和杀害她丈夫的凶手走向了婚姻的圣坛。"如果上帝要谁灭亡……"①

---

① 原文为拉丁语。

# 第十四章 没有出路的道路

1567年4月至6月

好像有一种内心里的强迫力量，当博斯威尔的这出悲剧走向高潮，我们的心里会不自觉地反复想起莎士比亚。我们都可以清楚地发现，目前状况的外部条件已经和《哈姆莱特》这部悲剧非常类似了。在那部戏剧中，也有一位国王被妻子的情人以阴险的方式除掉，也有一位孀妇怀着不体面的焦急，和刺杀丈夫的人匆匆赶往婚礼的圣坛，也有一场刺杀的力量在持续地产生着影响，想要隐藏和否认这场刺杀都需要付出比完成这场刺杀更多的努力。这些相似之处已经非常惊人了。但是莎士比亚一些笔下的苏格兰悲剧的场景与历史场景的相似之处会给我们带来更强烈、更震撼的感觉。莎士比亚的《麦克白》有意或者是无意地创造出了玛丽·斯图亚特这出戏剧的气氛，在邓希南城堡里发生的虚构事件就是之前在霍利罗德城堡里发生的真实事件。在这里，在一场已经完成的刺杀之后也出现了同样的孤寂，同样令人不堪重负的灵魂中的阴郁，同样恐怖的庆典，在这样的庆典上，没有人敢于欢庆，一个接一个地悄悄溜走，因为灾祸的黑乌鸦已经绕着房屋叽叽喳喳地振翅了。有时人们几乎无法区分清楚：是玛丽·斯图亚特在夜晚的卧室里四处徘徊，无法入睡，心烦意乱，被自己的良心折磨到想要死去，还是麦克白夫人想要洗清自己双手上看不见的血迹？是博斯威尔还是麦克白面对已经完成的行动越来越坚定、越来越强硬、越来越勇敢、越来越放肆地对抗着整个国家的敌意，心里却清楚所有的勇气都是徒劳，幽灵总是比活着的人更强大。在现实和戏剧里，都有一位女人的激情作为推动的力量，都有一位男人担任凶手，尤其是气氛具有可怕的相似之处。迷乱的、备受折磨的灵魂承受着沉重的压力，男人和女人被同一桩罪行紧紧地捆绑在一起，彼此撕扯，坠入同一个可怕的深渊。在世界史上和世界文学里从来都没有过一桩犯罪的心理，像这两部苏格兰悲剧一样得到了如此宏大的呈现，也从来没有一位被杀者对谋杀者产生了如此巨大的神秘影响，这两部悲剧一部是虚构的，另一部却是真实发生过的。

这种相似性，这种奇特的类似之处真的仅仅是一个偶然吗？还是说我们可以推测，莎士比亚的作品在一定程度上是对玛丽·斯图亚特的生活悲剧进行了改编和升华？童年时期的印象总是会对诗人的灵魂产生某种不可化解的力量，而这位天才将早年间感受到的刺激在日后以神秘的方式转化成了流传千古的事实。但是莎士比亚肯定对霍利罗德城堡里发生的一切事情都是知情的。他的整个童年都在乡村度过，那里肯定到处都在传颂这位浪漫的女王的传说，她因为一段不理智的激情而失去了自己的国家和王冠，现在正在接受惩罚，从英格兰的一座城堡被转移到另一座城堡。他在成长为一个年轻人的时候，在已经是一个快要成熟的男人和一个完全成熟的诗人的时候可能刚好在伦敦听到了大街小巷欢呼的钟鸣，宣告伊丽莎白强大的敌人终于人头落地，达恩雷终于把自己不忠的妻子拖进了坟墓。当他之后在贺林希德①的《编年史》里读到一个悲惨的苏格兰国王的故事时候，难道他没有无意识地回忆起玛丽·斯图亚特神秘的、悲剧性的陨落，并且在自己的文学实验室里把这些材料联系在一起吗？没有人可以断定，也没有人可以否认，莎士比亚的悲剧到底是不是来自于玛丽·斯图亚特的生活悲剧。但是只要谁读过《麦克白》，并且感同身受，谁就会完全理解玛丽·斯图亚特在霍利罗德城堡的那几天里的心情，理解这个强大的灵魂所承受的深渊般的痛苦，她无法承受这个最可怕的行动。

但是这两部悲剧，无论是虚构的还是现实的悲剧，最令我们震惊的相似之处是玛丽·斯图亚特和麦克白夫人在完成行动以后的变化。麦克白夫人在之前是一位深情的、热烈的、精力充沛的妻子，充满了意志和野心。她只想看到自己所热爱的男人的伟大，她很可能也会写出玛丽·斯图亚特的那首十四行诗里的诗行："为了他我献出宝座与王冠……"②

她的野心就是全部的犯罪动机，麦克白夫人在还有行动意志的时候狡猾而坚决，只要鲜红的热血还没有漫上她的双手，没有淹没她的灵魂，她就会进行准备和计划。玛丽·斯图亚特也是用同样谄媚的话语把达恩雷诱骗到了吉尔克菲尔德，就像麦克白夫人把邓肯王诱骗到了自己的卧室一样，在那里有一把匕首在等待着他。但是在行动之后，玛丽·斯图亚特立刻就变成了另一个人，力量已经崩溃，勇气已

---

① 贺林希德：英格兰编年史学家，著有《英格兰、苏格兰和爱尔兰编年史》，莎士比亚在自己的创作过程中曾大量采取这本《编年史》中的历史事件作为创作题材。
② 原文为英语。

经丧失。在她鲜活的身体里，良知像火焰一样燃烧着，她的目光呆滞，思绪混乱，在卧室里来回徘徊，为她的朋友发出颤抖，为她自己感到恐惧。只有一种错误的渴望毒化了她那备受折磨的头脑：对遗忘的渴望，这是一种病态的愿望，想要不再了解一切，想要不必再做出任何思考，想要毁灭。玛丽·斯图亚特在达恩雷被刺杀以后就是这样。她突然改头换面，就连她的外表都变得和早些时候截然不同，伊丽莎白的间谍德鲁利向伦敦写信报告说："人们从来没有见过一个女人在如此短暂的时间里，在没有身患重病的前提下像女王一样在外貌上有如此巨大的改变。"她已经不再能够让人想起那个开朗、冷静、健谈和自信的女人了，而她几个星期以前还是那样的女人。她把自己封闭起来，把自己掩藏起来，把自己隐蔽起来。也许她就像麦克白和麦克白夫人一样，还在希望，如果她保持沉默，那么世界也会沉默下来，黑暗的巨浪会仁慈地从她的头上退潮。但是在这之后，追问的声音就越来越迫切了，在晚上，在爱丁堡的街道上，她会听到有人在她的窗外高喊那些刺杀者的名字，死者的父亲伦诺克斯、她的朋友伊丽莎白、她的朋友比雅顿还有全世界都要求她进行搜查，给出回答，做出公正的判决，而她却逐渐走向了疯狂。她知道，她必须做点什么来掩饰，来为自己洗清罪名。但是她没有力气给出令人信服的答案，说出机智的、足以蒙蔽别人的言辞。仿佛被人催眠了一样，她听着来自伦敦、巴黎、马德里和罗马的劝说、训诫和警告，没有办法从她呆滞的灵魂中振作起来，她听着所有的呼唤，却只是像一个被活埋的人一样走在大地上，毫不反抗，毫无力气，深陷绝望。她知道：现在她必须扮演一位哀伤的孀妇，一位绝望的妻子，大声抽泣和抱怨，以使人们相信她的无辜。但是她的咽喉干涩，她再也无法说话，再也无法继续伪装下去。几个星期就这样过去了，最终她无法继续忍受了。就像一只受到四面八方围猎的野兽，就像麦克白，为了稳固自己的地位，面对要求为刺杀复仇的人们不得不采取新的凶杀行为，她已经不再在乎这个世界是怎么看待她的，是觉得她机智还是不理智。她只是不能保持安静，只想做点什么事情，只想继续向前，越来越快，逃离那些警告和威胁的声音。只是向前，只是向前，只是不要停留，不要思考，因为不这样的话，她就不得不意识到，再机智的行动也无法拯救她了。灵魂的秘密总是包含了这一点，短期内快速的行动可以麻痹恐惧，就像一个马车夫，当他感到车身之下的桥梁吱呀作响、即将碎裂的时候，他就会快马加鞭，因为他知道，他只能尽快赶往前方，玛丽·斯图亚特也就是这样骑着她命运的黑马，绝望地飞奔向前，略过所有的思索，践踏所有的要求。现在她只想什么也不再思考，什么也不再知晓，什么也不再倾听，什么也不再注视，只要一直一直地在疯狂之中飞奔向前！她宁可要一个恐怖的结局，也不要一种没有终结的恐怖！有一条永恒的法则：一块石头越是接近深渊，它滚动的速度就越快，灵魂越是知道自己没有出路，它也就会变得越急躁、越不理智。

玛丽·斯图亚特在刺杀后的几个星期里所做的一切都无法用清晰的理智进行解释，而是仅仅能够说成无限恐惧之下的心烦意乱。因为即便是在疯狂之中，她肯定也可以看清楚，她已经永远地毁灭和荒废了自己的名誉，整个苏格兰和整个欧洲都将在刺杀几个星期后与刺杀自己丈夫的人举办婚礼这件事看作对法律和习俗的一次史无前例的挑衅。如果维持一年或者两年的秘密关系，也许整个世界就会忘掉这件事情，如果采用更机智的外交准备，人们就能找到各种各样的理由，说明为什么她为什么偏偏要选中这位博斯威尔做她的丈夫。只有一种情况可能会使玛丽·斯图亚特走向堕落，也就是不遵守丧期，以这种挑衅式的焦急和杀死国王、把王冠戴到自己头上的凶手结婚。但玛丽·斯图亚特现在正是怀着引人注目的不耐烦，强行做了最疯狂的事情。

一个平常如此聪慧、冷静的女人做出了这种难以解释的行为，只能有一种解释：玛丽·斯图亚特处于某种力量的强迫之下。显然她没有办法等待，是因为有什么事情不让她等待，因为等待和犹豫会不可避免地泄露一个秘密，那时候还没有人知道这个秘密。她如此疯狂地与博斯威尔缔结这段婚姻，没有别的解释——事情的发生证实了这个猜测——这个不幸的女人在那个时候知道自己怀孕了。但她怀的这个孩子不是什么遗腹子，不是亨利·达恩雷国王遗留下的孩子，而是这段禁忌的犯罪激情的产物。苏格兰的女王绝对不能生下一位私生子，至少不能在这种情况下，这就像是用火漆在所有的墙壁上写下了对她犯罪或者是参与犯罪的怀疑。因为在这之后，总有一天，人们会不可避免地发现，她在服丧期和自己的情人进行了什么样的淫乐，就连数学最差的人也能算出月份，算出玛丽·斯图亚特——这两件事情都非常可耻！——是在刺杀达恩雷之前还是在刺杀后不久就和博斯威尔有了亲密关系。通过婚姻进行迅速的合法化可以拯救这个孩子的命运，也可以稍微挽救一下自己。因为如果在孩子出生的时候她已经是博斯威尔的妻子，那么人们还可以解释说，是婴儿早产，总有一个人赐予这个孩子他的姓名，捍卫他的权利。和博斯威尔的婚姻每推迟一个月，每推迟一个星期，都会因此失去一段不可挽回的时间。也许对她来说——真是可怕的选择——做这件可怕的事，成为杀死自己丈夫的人的妻子，比起生下一个没有孩子的父亲还不那么可耻。只有当我们考虑到这种天性中本质性的强大力量，玛丽·斯图亚特在这几个星期里不自然的行为才能够得到理解，而所有其他对这个灵魂的辩解都是刻意的掩饰。只有当人们理解了这种恐惧——几百万个女人在所有时代都经历过的恐惧，就连最纯洁、最勇敢的女人也会在这种恐惧的驱使下作出疯狂和有罪的行为——只有当人们理解了这位意外怀孕的女人对别人发现他们之间关系的苦涩惧怕，我们才能理解这个惊骇的灵魂为何如此匆忙。只有这一点，只有这唯一的一点才能赋予她那惊慌失措的疯狂以意义，同时也能够让我们以悲剧性的视野瞥见她内心困境的全部深渊。

任何魔鬼都无法构思出这样惊人的、使人震撼的境况。一方面，因为女王感觉自己有孕在身，觉得时间非常紧迫，与此同时，这种紧迫又揭露了她的罪责。作为苏格兰的女王，作为一位孀妇，作为一位体面的、拥有荣誉的女人，整个城市、整个国家和整个欧洲都在观察着玛丽·斯图亚特，她不能嫁给一个像博斯威尔这么臭名昭著、饱受怀疑的男人。但这个孤立无援的女人已经走投无路，除了他也没有其他人能拯救她。她不能嫁给他，但她又一定要嫁给她。为了不让全世界知道这桩婚姻的内情，必须编造出某种外在的原因，以便解释清楚她这种疯狂的焦急。必须编造出某个借口，才能给玛丽·斯图亚特这桩在法律和道德层面上都非常违背理智的婚姻赋予一个意义。

但是怎么才能强迫一位女王嫁给一个等级更低的男人呢？那个时代的荣誉规则只有一种可能性：也就是一个女人的荣誉被暴力地劫掠的时候，那么劫掠她荣誉的男人就有义务通过婚姻重建她的荣誉。只有当玛丽·斯图亚特先被暴力地征服，她嫁给博斯威尔才会有一丝得到原谅的可能性。因此，只能先给人民制造某种幻象，说她不是出于自由意志，而是在不可避免的强力之下才屈服的。

只有出于毫无出路的绝望才能想出这个异想天开的计划。只有疯狂才会孕育这样的疯狂。当博斯威尔向她提议上演这个悲惨闹剧的时候，即便是玛丽·斯图亚特这个平时勇敢而坚决的人在这种关键性的瞬间也会退缩。"我宁可去死，因为我看出，一切都会变得更加糟糕。"这个备受折磨的女人写道。但无论道学家们会怎么看待博斯威尔，他都保持着自己孤注一掷的胆大妄为。他根本不怕在整个欧洲面前上演这出毫无羞耻的闹剧，扮演女王的强暴者、街头的强奸犯，讥讽地抛弃法律和习俗。现在地狱在他的面前开启：如果能拿到王冠，他就绝不会半途而废。他不会在任何危险前颤抖，他这种放肆和大胆的姿态让人不禁想起莫扎特歌剧中的唐·璜，竟然在晚餐上对铁石心肠的司令官发出致命的挑衅。列波莱罗①在他的身边颤抖，那就是他的连襟亨特莱，他原本答应接受几个肥缺，帮助博斯威尔和他的妹妹离婚。这个不太勇敢的人在这场疯狂的喜剧面前感到恐惧，匆匆赶到女王面前，试图劝说她打消这个念头。但是博斯威尔不在乎是不是还要对整个世界发出一次放肆的挑衅，也不害怕这个突袭的计划很可能已经泄露了——伊丽莎白的间谍已经向伦敦报告了详细情况——他根本不在乎这次劫持在别人看来是真是假，只要他能够离成为国王的目标更近一步就可以了。他还想要——无论是面对死亡还是魔鬼——始终都有力气把这个不情愿的女人拉到自己的身边。

---

① 列波莱罗：歌剧《唐·璜》中的人物，这部歌剧即以他的咏叹调开头。

因为人们又在"首饰箱信件"里发现，玛丽·斯图亚特内心的本能对她主人强硬的意志产生了何等的抗拒。有一种预感清清楚楚地告诉她，这个新骗局不仅仅是要欺骗世界，也是要欺骗自己。但这个顺从的女人一如既往地听从这个男人，把自己的意志献给他。就像帮助他把达恩雷从格拉斯哥诱骗回来的时候一样，她顺从地怀着沉重的心情准备被"诱骗"，这场双方达成一致的强暴喜剧就一幕一幕地按照设计好的计划进行下去。

就在4月21日，在贵族法庭被迫对博斯威尔做出了无罪宣判，而且议会对博斯威尔做出了"奖赏"几天以后，就在4月21日，在博斯威尔在爱因斯雷因酒馆强迫大部分勋爵批准他们的婚姻仅仅两天之后，就在刚好是个半大孩子的玛丽·斯图亚特嫁给法国太子九年以后，这位直到目前为止都不怎么爱操心的女人突然有了一种迫切的愿望，想去斯特尔林城堡探望自己的小儿子。负责照顾王子的马尔伯爵心怀疑窦地迎接了她，因为谣言很可能已经渗透到了各个方面。玛丽·斯图亚特只有在其他妇女的陪伴下才能获准看望自己的儿子，因为勋爵们惧怕她可能会把这个孩子抢过来，把他送到博斯威尔那里。所有人都非常清楚，这个女人完全顺从于她灵魂的暴君最暴虐的命令。仅仅在几个骑士的陪同之下，在毫无疑问知道这个计划的亨特莱和迈特兰的陪同之下，女王骑马返回。这时从距离城市六英里远的地方突然出现了一支强大的骑兵部队，博斯威尔率领这个部队，"突袭"了女王的队列。自然没有发生任何打斗，因为玛丽·斯图亚特下令"避免发生流血事件"，没有让她的亲信进行任何反抗。博斯威尔只需要勒马，她就自愿"被捕"了，任由自己被送往了敦巴尔城堡这个甜蜜的肉欲牢笼。一位上尉带领着防卫军，想要解放这位"女囚"，显然是过于热心了，立刻就得到了暗示，一起落网的亨特莱和迈特兰也以满怀尊重的方式得到了释放。没有人会有丝毫的损失，只有她本人必须留在这个被爱的罪犯的"监牢"里。这位"被强暴的女人"就和破坏她荣誉的人共享了一个多星期的床榻，与此同时，人们在爱丁堡匆匆忙忙地进行贿赂，帮助博斯威尔和自己的合法妻子在宗教法庭上离婚，在新教的法庭上用了一个可耻的借口，说他破坏了婚姻，和一个女佣通奸，在天主教的法庭上反过来又迟迟发现他和自己的妻子简·戈尔登是第四等亲。这场阴暗的交易终于结束了。现在全世界都已经得到通报，博斯威尔放肆无礼地在路上突袭了一无所知的女王，在野蛮的欲望冲动下玷污了她：唯有和这个违背她的意愿占领了她的男人结婚，她才能恢复作为苏格兰女王的名誉。

但这次"劫持"的伪装实在是太笨拙了，很难让人相信苏格兰女王真的被"施加了暴行"。所有使者中间最心怀善意的西班牙使者甚至都向马德里报告说，整件事情都是伪装出来的。但奇怪的是，正是那些最清楚地看穿了这个骗局的人们，装作相信这是一次真正的"暴行"：那些勋爵们，他们已经又签订了一个除掉博斯威尔的"盟约"，几乎是心怀恶意地想要严肃承认这场喜剧。他们突然怀着某种感人的忠诚，宣布他们已经整装待发，"这个国家的女王违背自己的意志被囚禁，这已经危及了苏格兰的荣誉"。现在他们突然又达成一致，要作为恭顺的臣民把这个无助的羔羊从恶狼博斯威尔的手里解救出来。因为现在他们终于找到了渴求已久的借口，可以戴着爱国主义的面具推翻这个军事独裁者。他们匆匆聚集起来，准备把玛丽·斯图亚特从博斯威尔的手里"解放"出来，阻止他们在仅仅一个星期之前还要求批准的婚姻。

现在对玛丽·斯图亚特来说，没有什么比这些勋爵突如其来、咄咄逼人的衷心更尴尬的事情了，他们想在这个"诱奸者"的面前保护她。因为这样一来，她布置的骗局就走到了尽头。既然她实际上并不愿意从博斯威尔的手里得到"解放"，而是相反，想和他永远地联系在一起，她就不得不尽快收回博斯威尔强暴了她的这个谎言。她昨天还想抹黑他，今天就又想帮他洗白，这样一来，这场闹剧就失去了任何效果。现在她要匆忙地用最有说服力的律师的方式为她的诱奸者进行辩解，仅仅为了不要让人们迫害博斯威尔，不要让人们控告他。尽管她"受到了奇特的对待，但之后所有事就变得非常顺利了，她根本没有任何抱怨的理由"。既然没有人站在她的身边，"她不得不强迫自己抑制住最初的不情愿，对他的提议进行了考虑。"这个女人在自己激情的荆棘林里越陷越深，越来越不名誉。这丛灌木已经勾住了她最后的一块遮羞布，当她挣脱而出的时候，她就浑身赤裸地站在世界的嘲讽面前。

当玛丽·斯图亚特的朋友在五月初看到他们目前为止备受尊敬的女王返回爱丁堡时，他们都受到了深刻的打击：博斯威尔牵着她那匹马的缰绳，表明她是自愿跟随他前来的，他的士兵把长矛丢到了地上。有几个人发自内心地为玛丽·斯图亚特和苏格兰考虑，试图警告这个目眩神迷的女人，却只是徒劳。法国使者都·克洛向她解释，如果她嫁给博斯威尔，那么与法国的友谊会走向终结，她另一个忠诚的朋友赫里斯勋爵跪倒在她的脚下祈求她，而永远陪伴着她的梅尔维尔不得不尽力躲避博斯威尔的复仇行为，因为他直到最后一刻都想阻止这桩不幸的婚姻。得知这位勇敢、自由的女人将自己献给了一位狂野的冒险家的意志，毫无还手之力，所有人都感到心情沉重，他们充满忧虑地预见到，玛丽·斯图亚特会因为不理智地匆匆嫁给刺杀她丈夫的男人而失去王冠和荣誉。与之相反，她的对手却迎来了有利时机。现在约翰·诺克斯以骇人听闻的方式表达出来的所有阴暗预言都成真了。他的继任约翰·克莱格一开始直接拒绝在教堂里张贴这份罪恶的结婚公告，因为这桩婚姻是"令人厌恶的，在世界面前是一种丑闻"[1]，只有当博斯威尔威胁说要把他送上绞刑架的时候，他才决定接受谈判。但是玛丽·斯图亚特的腰被枷锁压得越来越弯。因为现在，既然所有人都知道她迫不及待地想要结婚，那么每个无耻的敲诈就都企图因为自己的赞同和帮助从她那里获得最多的东西。亨特莱得到了所有的王室地产，就因为他给自己的妹妹施压，让她和博斯威尔离婚，天主教的主教被官职和荣誉买通。但是开价最高的是新教的神职人员。这些牧师扮演的角色不是臣民，而是严厉的法官，面对着女王和博斯威尔，要求他们公开表示谦卑：她这个天主教王侯，这个吉斯家族的侄女必须宣布，已经做好准备按改革派的方式举行结婚仪式，接受异教的仪式。玛丽·斯图亚特做出了可耻的妥协，就失去了最后的支柱，打出了她还拥有的最后底牌：对天主教欧洲的忠诚。她失去了教皇的恩宠，失去了西班牙和法国的同情。现在她独自一人反对所有人。十四行诗里的话语变得恐怖：

> 为了他，对我的名誉弃置不顾，
> 那就是我们生活中唯一的幸福。
> 为了他，抛弃了伟大和良知，

---

[1] 原文为英语。

为了他，抛弃了所有的亲人和朋友。①

但对自我放弃的人来说，已经没有补救的方式了。神灵不接受毫无意义的祭品。

几百年来，历史上都没有比这场1567年5月15日举办的婚礼还要悲惨的婚礼了：这个阴郁的场景反映了玛丽·斯图亚特所经历的全部屈辱。第一次与法国太子的婚礼是在明媚的白天举办的：光照明亮，充满荣誉。数万人为年轻的王后发出欢呼，法国贵族从城里和乡下赶来，使者从所有国家到来，只为了得到许可，旁观这位太子妃在王室家族和精挑细选的骑士的包围之下走进巴黎圣母院。她走过喧嚣的讲坛，走过向她挥手的窗户，全体人民都满怀崇敬和喜悦之情注视着她。第二次婚礼已经没有这么热闹了。不是在明亮的白天举行，而是在晨光熹微的时候，在清早六点，神父把她和亨利七世的曾外孙结合在一起。无论如何，贵族和外国使者还是各就各位，人们也一连几天饮酒欢庆，爱丁堡喧嚣着欢乐。但这一次，第三次婚礼，也就是和博斯威尔的婚礼——她在最后一刻还匆匆把他加封为奥克尼公爵——就像一场犯罪一样无声无息地进行着。清早四点，整个城市还在酣睡，夜色笼罩在屋顶之上，几个身影就溜进了城堡的礼拜堂，人们曾经就在这里面——还不到三个月，玛丽·斯图亚特还穿着丧服——为她被刺杀的丈夫的遗体祝圣。这一次，室内空空荡荡。人们邀请了很多客人，但没有人愿意见证苏格兰女王把戒指戴到残忍地杀害了达恩雷的手上的场景。她王国里几乎所有的勋爵都不告缺席，梅里和伦诺克斯

---

① 原文为法语。

离开了这个国家,还有几分忠诚的迈特兰和亨特莱也没有露面,唯一一个能倾听这位之前还是一位虔诚天主教徒的女人吐露最隐秘的想法的人就是她的忏悔神父,现在,他也觉得她已经迷失。没有一个重视名誉的人想旁观刺杀达恩雷的凶手和他妻子的婚礼,旁观这种放肆的结合从神父那里得到上帝的祝福。玛丽·斯图亚特徒劳地恳求法国使者出席婚礼,仅仅是为了挽回一丝颜面。但这个平时非常善良的朋友坚决地回绝了。他的在场将会意味着法国的赞同,"人们可能会以为,"他说,"我的国王也插了一手。"此外,他也不想承认博斯威尔士是女王的配偶。没有举办弥散,没有吹奏管风琴,仪式仓促地办完。晚上,大厅里也没有点起烛火,没有举办舞会,没有准备晚宴。没有像在达恩雷的婚礼上出现"发发慈悲,发发慈悲!"[①]的喊叫,没有把钱抛洒给城堡下欢呼的人民,礼拜堂冰冷、空荡而阴暗,像一口棺材,婚礼誓约的见证人在这个奇特的庆祝活动上严肃地站在那里。没有骄傲的队列穿行城市,没有明亮的街巷里传来的欢呼声:这座空空荡荡的小教堂使人恐惧,使这对夫妇发出寒栗,他们匆匆回到了自己的卧室,躲到了上锁的门后。

正是此刻,在抵达了自己目眩神迷、策马飞驰追逐的目标的时候,玛丽·斯图亚特的灵魂崩溃了。她最疯狂的愿望已经实现,也就是拥有和留住博斯威尔,她曾经用烧热的眼睛疯狂地期待结合的时刻:期待他的亲近、他的爱情会战胜所有的恐惧。但现在,当她已经没有任何目标以后,她的目光就不再烧热地盯着一个地方,而是清醒过来,她环视自己的身边,突然看到了空虚,看到了虚无。即便是在

---

① 原文为英语。

她和他之间，在她和她毫无理智地热爱着的人之间也是这样，他们似乎在婚后就立刻产生了某种不和——永远都是这样，当两个人将彼此推向堕落时，他们总是彼此指责。在这场悲惨的婚礼下午，法国使者就发现她已经完全心烦意乱，深陷绝望，夜色还没有降临，这对夫妻之间突然出现了一道冰冷的阴影。"已经出现了后悔的迹象，"都·克洛向巴黎报告说，"在星期四，女王派人来找我的时候，我发现她和她丈夫之间的举止很奇特。她想掩饰这一点，她是这样说的：如果我看到她很悲伤，那这是因为她已经不再想要什么欢愉，但求一死。昨天，她把自己和博斯威尔伯爵锁在一个房间里，人们听到她高声喊叫，说应该给她一把刀，让她自杀。隔壁房间里的人听见了这句话，很害怕如果上帝再不给她什么帮助，她就会在绝望中做出什么事。"很快就有新的报告说明了这对夫妻之间更严重的不和，据说博斯威尔把与自己年轻美丽的妻子离婚视为无效，和她而不是和玛丽·斯图亚特度过夜晚。"从婚礼那天开始，"使者再次向巴黎报告，"玛丽·斯图亚特的泪水和哀叹就没有停止。"现在，在这个鬼迷心窍的女人已经赢得了她热切地向命运索要的一切的时刻，她知道她也失去了一切，相比于这种自己创造的苦难，就连死亡都是一种解脱。

玛丽·斯图亚特和博斯威尔苦涩的蜜月持续了三个星期，这段时间里只有恐惧与痛苦。双方为了维持自己、拯救自己所做出的一切努力都宣告徒劳。博斯威尔在公共场合对女王表现出堪称模范的尊敬和柔情，装出爱情与谦卑，但在他做过这些可怕的事情之后，话语和姿态已经不算什么了，整个城市都沉默阴郁地注视着这对犯罪的夫妇。既然贵族已经离他远去，这位独裁者就想争取民心，扮演自由主义者，扮演好人，扮演虔诚的教徒，可这一切都是徒劳。他出席改革派的布道会，但新教和天主教的神职人员对他都一样充满敌意。他给伊丽莎白写非常谦卑的信件：她根本不回信。他写信到巴黎：人们直接无视他。玛丽·斯图亚特召唤勋爵：他们留在斯特尔林。她要求人们把她的孩子送回身边：人们没有照办。所有人都对这两个人保持着沉默，保持着可怕的死寂。为了制造稳定和愉快的假象，博斯威尔还匆匆举办了一场假面舞会和一次水上游戏，他亲自参加比赛，女王倚在看台上对他微笑。永远好奇的人们聚集成群，但他们没有发出欢呼。一种恐惧的麻木、一种可怕的呆滞蔓延全国，只要有一点动静，这种气氛肯定就会转变成恼怒与激愤。

博斯威尔不会沉湎于多愁善感的幻象。作为一位经验丰富的水手，他能从压抑的风平浪静之中察觉到即将到来的暴风雨。他知道人们想要他的命，最有效的话语就是武器，因此他匆匆从各处招募骑士和步兵，准备武装进攻。玛丽·斯图亚特准备好牺牲一切她还能够牺牲的东西，为了他的这些士兵，她卖掉珠宝，出面借贷，最终甚至——对苏格兰女王来说是一种耻辱，对英格兰女王来说是一次羞辱——融化掉了伊丽莎白不久前作为教母赠送的礼物，那个黄金洗礼盘，只不过是为了弄到几十个金币，延长一点她这个统治者的苦难。但是勋爵们的缄默越来越咄咄逼人，他们聚集起来，就像一朵乌云笼罩了国王的城堡，随时都有可能劈下一道闪电。博斯威尔现在已经非常了解自己这些战友的阴险了，不会相信这种平静，他知道，人们正在背地里策划着反对他的阴谋。他不想在并不稳固的霍利罗德城堡里等待进攻，于是在6月7日，在婚礼过后仅仅三个星期，他就逃到了坚固的博尔斯威克堡垒里，他知道自己的人也在附近。6月12日，玛丽·斯图亚特以某种形式给出了最后的呼吁,请求她的"下属、贵族、骑士、随从、乡绅和农民"①前往那里,准备好武器和六天的口粮。显然,博斯威尔计划在他的整个敌人联盟还没有集中起来之前,就用闪电般迅速的进攻粉碎他们。

但恰恰是这次逃出霍利罗德城堡的行动给了勋爵们勇气。他们立刻赶到爱丁堡,在整个城市没有做出抵抗的情况下攻占了爱丁堡。之前参与谋杀的詹姆斯·巴尔福立刻出卖了自己的同党,他把这座易守难攻的城市交给了博斯威尔的敌人,现在这一两千名骑兵可以毫无顾忌地向着博尔斯威克进军了,想在博斯威尔的部队做好作战准备之前就战胜他。博斯威尔可不会束手就擒,他立刻从窗口跳了出来,策马逃跑,只有女王依然被留在城堡里。勋爵们在一开始并不想对自己的女王举起武器,他们只是试图说服她,让她离开毁灭了她自己的博斯威尔。但这个不幸的女人的肉体和灵魂依然倾心于这个强暴者,她在夜晚匆匆穿上男人的衣物,勇敢地飞身上马,独自一人骑行来到了敦巴尔城堡,把一切都抛在身后,只为与博斯威尔同生共死。

女王本应通过一个意味深长的暗示得知,她的事业已经无可挽回地走向了失败。就在他们逃往博尔斯威克城堡②的那天,她最后的一个顾问突然"不告而别"③,他是迈特兰·列廷顿,即便在她头晕目眩的这几个星期里,他都是善意地陪在她身边的唯一一人。迈特兰陪伴着自己的女主人走了相当长的一段道路,也是艰难的道路,也许没

---

① 原文为英语。
② "博尔斯威克城堡"原文为英语。
③ 原文为英语。

有人比他更热心地参与了刺杀达恩雷的圈套。但现在他感到了一阵反对女王的强风。作为一位真正的外交家，他永远会将自己的风帆转向掌权者而不是失势者，因此也不愿意继续为她已经失败的事业出力。趁着女王离开博尔斯威克的混乱，他轻轻地调转了马头的方向，骑马来到了勋爵一方。沉船上的最后一只老鼠也跑了。

但是，现在已经不再有什么可以把顽固不化的玛丽·斯图亚特唤醒，或者对她发出警告了。危险永远只能强化这个非比寻常的女人心里狂野的勇气，这种勇气赋予了她最疯狂的愚蠢与最具有浪漫色彩的美感。她身穿男装，骑行来到敦巴尔城堡，没有寻找王室的礼服，也没有寻找盔甲和装备。这些都无所谓！宫廷仪态和代表身份都被抛到了一边，现在重要的只有战争。于是玛丽·斯图亚特向某个贫穷的女人借了一套乡下女性常穿的简朴衣物，一条格子短裙，一件红罩衫，还有一顶丝绒帽子，也许她这样看起来并不体面，也没有什么女王的气度，但这无所谓，只要她还可以在他身边策马就够了。自从她失去了一切，那个男人对她来说就意味着世间的一切。博斯威尔匆匆召集他还没有进行过训练的部队。受召的骑士、贵族和勋爵没有一个到来，他们早就已经不再听从自己国家的女王了——只有两百名雇佣来的火枪手组成了核心部队，向着爱丁堡进军，和他们一起进军的是一群农夫和山民，武器装备非常差，加起来还不到一千两百人。只有博斯威尔那饱含男子气概的意志驱使着他们前进，去迎击勋爵。他知道，只有疯狂的大胆行动才有可能拯救自己，因为理智已经找不到出路。

在距离爱丁堡六英里的卡尔贝里山[①]下，两支部队相遇了（我们

---

① 原文为英语。

几乎无法称之为军队）。忠于玛丽·斯图亚特的一方在人数上占优势。但是张扬的金狮王旗下没有一个勋爵，没有一个这个国家杰出的贵族骑士，除了雇佣来的火枪手，就只有自己的家族成员和博斯威尔的随从，装备很差，也没有什么斗志。他们的对手和他们相距不超过半英里，玛丽·斯图亚特现在可以清清楚楚地看到自己的一个又一个敌人，与她的阵容相反，他们都是勋爵，都骑着装饰华丽的骏马，穿着闪闪发光的盔甲，有丰富的作战经验，而且斗志高昂。他们固执地面对国王阵营打出了一面奇怪的旗帜。白色的布面上画着一个男人，被杀死了，躺在一棵树下面。他身边跪着一个哭泣的孩子，双手举向天空，写着这样的话语："上帝啊，为我的事业做出审判，帮我复仇吧！"之前挑唆促成了达恩雷死亡的同一批勋爵突然想用这样的旗帜宣布自己是达恩雷的复仇者，他们拿起武器只是为了反对杀死达恩雷的凶手，不是要反叛女王。

两面色彩鲜明的旗帜迎风飘扬。但是双方的战士都没有展现出真正的勇气。双方部队都不想主动进攻，渡过中间的小溪，而是站在那里等待，面面相觑。博斯威尔匆匆组织起来的边境上的农夫没有兴趣为一件他们不太了解也不太理解的事情进行杀戮。勋爵们反过来又觉得拿着长矛和宝剑公开明确地奔向他们合法的女王令他们觉得有些不舒服。人们可以用完美的阴谋在角落里杀死一位国王——人们可以在之后绞死几个可怜的走卒，庄严宣布自己无罪——这些勋爵们的良心对这种黑暗里的小动作尤其感到安宁。但是在光天化日之下公开拿着武器向自己的女王冲锋，这的确尴尬地违背了他们的封建思想，这种思想在那个世纪还具有不可破坏的力量。

法国使者都·克洛作为中立的观察者出现在战场上，他理解双方不想作战的原因，于是匆匆自荐，担任调停者。停战旗打了起来，明媚的夏日派上了用场，双方士兵都和平地在自己那一岸扎营。骑兵下马，步兵卸下沉重的盔甲，开始用餐，而都·克洛在一小群随从的陪伴之下越过小溪，骑马来到女王所在的山丘。

这真是一次奇特的觐见。女王平时都身穿昂贵的礼服坐在华盖之下接见法国使者，现在却坐在石头上，穿着色彩鲜艳的农妇服装，那件短裙甚至还没有遮住膝盖。但她心里种充满尊严和野性的骄傲并不比她穿着宫廷服装时有所削减。她非常激动，面色苍白，彻夜未眠，没有办法控制自己的怒火。好像她依然是局势的女主人，是这个国家的女主人，她要求勋爵们立刻顺从于她。他们自己先庄严宣判博斯威尔无罪，现在又指控他谋杀。他们自己先提议缔结婚姻，现在又宣布这桩婚姻是犯罪。玛丽·斯图亚特的愤怒无疑是有道理的，但讲道理的时候已经过去了，现在是举起武器的时候。就在玛丽·斯图亚特和都·克洛谈判的时候，博斯威尔骑马到达。使者向他表示问候，但没有举手敬礼。博斯威尔把话接了过来。他说得很清楚，没有任何隐瞒，他自由和放肆的目光里没有一丝浑浊的恐惧阴影。都·克洛不得不对这位亡命之徒这种刚强的态度表示认可。"我必须承认，"他在自己的报告里写道，"我认为他是一位伟大的战士，说起话来非常自信，敢于勇敢和巧妙地调遣自己的人马。我不能掩饰我对他的赞叹，因为他看出来自己的敌人决心坚定，知道自己这边甚至有一半人都指望不上。但他还是完全没有动摇。"博斯威尔提议和一位等级相当的勋爵进行一对一的决斗，解决整件事情。他声称自己的事业是正义的，上帝会站在他这一边。他在绝望的情况下甚至还保持着愉快的心情，向都·洛克提议说，他可以到一座山丘上旁观战斗，他在那里会看得非常尽兴。但女王根本不想听到一对一决斗的事情。她还是希望勋爵能够屈服，这个不可救药的浪漫主义者一如既往地缺乏现实感。很快，都·洛克就明白了，他这一趟是白来了，这位尊贵的老人很想帮助女王，他的眼里充满了泪水，但只要她不离开博斯威尔，她就没有得救的机会，而她不愿意离开他。那么，再见吧[①]！他礼貌地鞠了一躬，慢慢地骑马回到了勋爵那边。

话语已经失效，战争要开始了。但是士兵比他们的领袖更聪明。他们看到尊贵的先生友好地进行着谈判。那么，他们这些穷困的可怜人为什么要在一个如此美好和炎热的夏日彼此残杀呢？他们明目张胆地到处闲逛，玛丽·斯图亚特徒劳地乞求他们进攻，认为这是她最后的希望。但这些人已经不再顺从。刚刚组织起来的部队慢慢瓦解了，他们已经闲散地晃悠了六七个小时，勋爵们几乎刚一注意到这件事，就派了两百名骑兵过来，准备切断博斯威尔和女王的退路。这时女王才意识到他们面临的威胁有多大。作为一个真正的恋人，她考虑的不是自己，而是只考虑她的恋人，只考虑博斯威尔。她知道，她的臣民里没有一个敢对她本人动手，但他们不会放过他，他已经说了太多的话，达恩雷迟来的复仇者们不会喜欢他。因此她放弃了——这些年来第一次——她的骄傲。她派出了一位使者，带着停战旗前往勋爵的阵营，请求骑兵队长吉尔克卡尔迪独自来见她。

吉尔克卡尔迪依然对女王的权力和魔力怀有敬畏，认为她的命令是神圣的。骑兵队长吉尔克卡尔迪立刻命令骑兵停止前进。他孤身一

---

[①] "再见吧"原文为法语。

人去见玛丽·斯图亚特，在开口前先臣服地向她下跪。他提出了最后的条件：女王应当离开博斯威尔，和他们一起回爱丁堡，然后他们就让博斯威尔骑马逃走，无论他去哪里都绝不会迫害他。

博斯威尔——伟大的场景，伟大的男人！——沉默地站在一边。他没有对吉尔克卡尔迪说一个字，没有对女王说一个字，这是不想影响他们的决定。人们感到他就好像做好了准备，独自一人应战那两百人，他们已经站在山脚下，手握缰绳，只是在等待吉尔克卡尔迪举剑发出命令，就开始向着敌方的阵线冲锋。只有在他听到女王同意了吉尔克卡尔迪的建议以后，博斯威尔才走到她面前，拥抱了她——这是最后一次拥抱，但他们两个还都不知道。然后他翻身上马，一路狂奔着离开了，身边只有几个佣人陪伴。噩梦结束了。现在是彻底的、残酷的梦醒时分。

梦醒时分的到来可怕而无情。勋爵们向玛丽·斯图亚特保证，用充满荣誉的方式把她带回爱丁堡，这也可能的确是他们诚挚的意图。但这位备受屈辱的女人刚刚穿着她寒酸的、蒙尘的衣服来到军队里，就响起了一阵恶意的嘲讽。在博斯威尔的铁拳还能保护女王的时候，人们的仇恨就无法对她产生任何压力。现在，既然已经没有人保护她了，这种恨意就放肆无礼、毫无尊重地爆发了出来。一位投降的女王对起义的士兵来说已经不再是女王。她身边的人群越来越拥挤，首先是好奇，然后是挑衅，四面八方都传来了愤怒的呼喊，"烧死这个荡妇！烧死这个弑夫的女人！"吉尔克卡尔迪徒劳地挥舞着剑背，却没有用，总有新的抱怨者聚集起来，得意扬扬地举着绘有被谋杀的丈夫和恳求复仇的孩子的旗帜走在女王前面。从下午六点到晚上十点，从朗塞德到爱丁堡，围观的人络绎不绝。人民从所有的房屋、所有的村庄里蜂拥而至，来看这场独一无二的好戏，来看一位被俘的女王，有时候，好奇的人群挤得太狠，冲破了士兵的队列，导致士兵不得不一个跟着一个挤出去。玛丽·斯图亚特从来没有像在这天一样蒙受过如此深刻的屈辱。

但人们只能羞辱这位骄傲的女人，不能让她屈服。就像伤口只有在感染后才开始灼痛，玛丽·斯图亚特也在受到了嘲讽的毒害以后才意识到了自己的失败。她那炽热的血脉、斯图亚特家族的血脉、吉斯家族的血脉汹涌澎湃，玛丽·斯图亚特没有机智地伪装起来，而是把人民的辱骂都归咎于勋爵。她就像一头愤怒的母狮一样咆哮着，说要把他们送上绞刑架，钉上十字架，她突然抓住了骑马走在她身边的林德赛勋爵的手，威胁他说："我以这只手发誓，我要你的人头。"就像在所有危险的瞬间里，她的勇气突然受到过度刺激，变成了疯狂。她公开唾弃这些勋爵，尽管她的命运握在他们的手里，她表达她的仇恨和她的轻蔑，而不是机智地保持沉默，或者装出懦弱的样子。

也许这种强硬的态度让勋爵们变得比一开始对待她的时候更强硬。因为现在，既然他们已经注意到，他们绝对不能期待得到她的宽恕，他们所有人都开始行动，让这个顽固的女人以更尖酸的方式感受到自己已经无力反抗。他们没有陪着女王回到她位于城墙之外的霍利罗德城堡，而是强迫她——那条路经过吉尔克菲尔德的刺杀现场——穿过挤满了围观者的主街进入城市。在那里，在哈埃街上，她就像要被戴上枷锁一样被送进了狱卒的房屋。入口处有严格把守，她的任何一位贵妇和女佣都无法进来。这天晚上，绝望的局面开始了。一连几天，她都没有换衣服，从清早开始，她就没有吃一口东西，这个女人在日出到日落的这段时间里经历了无穷无尽的羞辱，失去了一个国家，也失去了自己的恋人。外面，她的窗下聚集起了庞大的人群，这群愤怒的暴民就像面对着一只笼子一样，对她尖叫、辱骂。这时，勋爵认为对她的羞辱已经足够了，于是试图和她谈判。实际上，他们的要求并不多。他们只要求玛丽·斯图亚特最终和博斯威尔断绝关系。但这个固执的女人为了一桩失败的事业抗争的时候比为了一桩依然有希望的事业抗争的时候更加勇敢。她轻蔑地拒绝了这个提议，甚至她的一个敌人在日后都不得不承认："我从来没有见过像此刻的女王一样勇敢和坚强的女人。"

勋爵们威逼利诱，迫使玛丽·斯图亚特放弃博斯威尔，却没有取得成功，然后他们中间最机智的一位开始尝试诡计。他就是迈特兰，是她旧日忠诚的顾问，他转向了更巧妙的方式。他试图激发她的骄傲、她的嫉妒，他向她报告——也许是谎言，也许是实话，我们怎么能判断一位外交家所说的话呢？——博斯威尔背叛了她的爱情，甚至在刚结婚的那个星期也在与自己离异的年轻妻子继续维持着满怀柔情的来往，甚至向她起誓，说他仅仅把她视为合法妻子，女王只不过是一个妾室。但玛丽·斯图亚特已经学会了不再相信这些骗子。这个手段只激化了她的愤怒，于是整个爱丁堡都看到了恐怖的一幕，苏格兰女王身穿褴褛的衣装出现在铁窗后，袒胸露乳，长发披散，像个疯子一样突然爆发了，一边抽泣，一边向虽然憎恨她却依然感到震惊的人民歇斯底里地叫喊着，希望人们释放她，因为她被自己的臣民关进了监狱。

情况逐渐失控。勋爵们很想表示退让。但他们觉得他们已经走得太远了，已经没有回头路了。现在把玛丽·斯图亚特作为女王请回到霍利罗德城堡已经是不可能的事情了。人们也不能把她留在狱卒的房屋里，留在激动的人群中间，因为这样要承担巨大的风险，会引发伊丽莎白和所有其他外国君主的愤怒。唯一一个有勇气和权威做出决定的就是梅里，但他不在国内，在他不在的情况下，勋爵们不敢做出决定。于是他们决定首先把女王带到一个更安全的地方，他们挑选了最稳固的洛赫利文城堡。因为这座城堡位于湖心，和陆地没有任何连接，它的主人是玛格丽特·道格拉斯，梅里的母亲，人们并不期待她对玛丽·德·吉斯的女儿怀有太多的善意，因为这个女人曾经夺走了她的孩子詹姆斯五世。勋爵们在声明中小心翼翼地回避"监禁"这个危险的词，说禁闭的目的仅仅是为了"终止女王陛下本人和所谓的博斯威尔伯爵之间的一切联系，使她无法和保护他的罪行免于公正惩罚的同党进行联系"。这是一种半推半就的预防性措施，是恐惧与愧疚的结果：起义者还不敢把自己定义为反叛者，人们还是把所有罪责都推到逃亡的博斯威尔身上，在遣词造句中怯懦地隐藏着要把玛丽·斯图亚特彻底从宝座上推下来的隐秘意图。为了蒙蔽已经在期待着审判和处死这个"荡妇"①的人民，玛丽·斯图亚特在6月17日傍晚被大约三百人护送来到了霍利罗德。但是等市民们刚一上床睡觉，勋爵们就立刻组织起一个小分队，把女王从那里送到洛赫利文，这次孤寂的、悲伤的骑马护送一直持续到晨曦初现。在最初的曙光中，玛丽·斯图亚特看到了面前一小片闪烁着光芒的湖水，看到了湖心非常坚固、孤独、难以攻占的城堡，她就要——谁知道要待上多久呢？——待在这里。人们用

--------

① 原文为英语。

一只小船把她送了过去,然后锻铁的大门沉重地关闭了。达恩雷和博斯威尔这段充满激情又阴暗的舞曲已经结束,现在开始了阴沉而忧郁的挽歌,也就是一段永久囚禁的编年史。

## 第十五章 废黜

1567年夏天

从这个命运的转折点开始，也就是从6月17日，勋爵们把自己的女王锁在了洛赫利文城堡的铁门后面开始，玛丽·斯图亚特就始终都是一个引发整个欧洲骚动的诱因。因为她本人在时代面前提出了一个全新的、几乎是革命性的问题，这个问题未来的发展趋势也完全不可预见：如果君主和他的人民产生了强烈的冲突，被证明为不配继续佩戴王冠，那么该拿这个君主怎么办？在这件事上，罪责无可争议地落在女王一方：玛丽·斯图亚特通过充满激情的轻率创造了一种几乎不可能存在的令人难以忍受的局面。她违背贵族、人民和神职人员的意愿，选中了一个男人做自己的丈夫，他不仅仅是一个有妇之夫，还被公众舆论一致斥为刺杀苏格兰国王的凶手。她蔑视法律和习俗，甚至至今也拒绝承认这段疯狂的婚姻是无效的。就连她最善良的朋友也一致认为，只要这个杀手依然站在她的身边，她就无法继续担任苏格兰的女王。

但有什么办法能迫使女王采取行动呢？要么离开博斯威尔，要么让位给她的儿子？答案令人深受打击：没有办法。因为在那个时代，针对君主的国家权利层面的行动等于零，人民的意志还不能对自己的统治者提出要求，进行指责，所有的司法审判都会在通往王位的台阶前走向终结。国王也并不处于市民法律的范畴，而是置身之外，凌驾之上。他的权力就像神父一样，是上帝授予的，没有办法转移或者是赠送给别人。没有人可以夺走一位受过涂油礼的君主的尊严，从绝对君主制的世界观来看，人们甚至可以夺走一位君主的生命，但不能夺走他的王冠。人们可以刺杀他，但不能废黜他，因为对他采取任何强制手段都意味着对整个等级服从制度的世界的破坏。玛丽·斯图亚特通过自己罪恶的婚姻向全世界提出了一个全新的问题。她的命运不仅决定了自己的个人冲突，也决定了某种精神世界观的原则。

尽管由于我们所说的这个原因，事情难以得到解决，但勋爵们还是因此非常焦急地寻求着某种善意的解决办法。我们在几百年后依然能感到，把自己的统治者锁在城堡里的这项革命性举动让他们感到不适，而在一开始，让玛丽·斯图亚特重新回到王位上也很容易。只需要她宣布自己和博斯威尔的婚姻不合法，从而承认自己的错误，这就足够了。这样一来，尽管她的受爱戴程度与权威程度受到了很大的削弱，但她还可以在保有荣誉的条件下回到霍利罗德，住在城堡里，再找一位更配得上她的新丈夫。但玛丽·斯图亚特不为所动。她依然盲目地相信自己绝对正确，没有意识到她那应该遭受惩罚的轻率要对夏特利亚尔、李乔、达恩雷、博斯威尔这迅速发生的一连串事情负责。她拒绝做出最微小的让步。她反对自己的国家，反对全世界，为杀人凶手博斯威尔进行辩护，声称不能离开他，否则她腹中怀着的孩子就会变成私生子。她依然好像活在云端，这个不可救药的浪漫主义者依然不愿意去理解现实。但是这种固执可以被称为愚蠢的倾心，也可以被称为伟大的情感，必然会导致人们开始对她使用暴力，这个决定的影响甚至延续到了几百年后：不仅仅是她，就连她的嫡孙查理一世也因为要求不受限制的任性王权而付出了血的代价。

无论如何：她在最初还是可以指望得到某种帮助。因为面对这样继续激烈发展的王侯和人民之间的冲突，与她地位相等的人、与她等级匹配的人，也就是欧洲的其他君主绝对不会表现得无动于衷。伊丽莎白尤其坚决地站在这个目前为止都是自己敌人的女人这一方。伊丽莎白突然无条件地为自己的竞争对手出头，这经常被人认为是反复无常、缺乏诚恳的迹象。但事实上，伊丽莎白的举动是非常明确、非常合乎逻辑和非常清晰的。因为她现在果断地站在玛丽·斯图亚特这一方，绝对不是要——我们必须清清楚楚地强调这个区别——拥戴玛丽·斯图亚特，拥戴这个女人，拥戴她那与其说是可疑、不如说是阴暗的行为。她是作为一位女王去拥戴另一位女王，拥戴"王侯的权利不容侵犯"这个无形的理念，以此巩固她自己的事业。伊丽莎白非常不相信自己那些贵族的忠诚，所以她无法容忍邻国出现这种案例：起义的臣民面对女王拿起武器，把她囚禁起来，却不受到任何惩罚。塞西尔的态度与她形成了鲜明的对比，他更愿意为信仰新教的勋爵提供保护，但伊丽莎白已经下定决心，要强迫反抗女王权威的叛乱者再次归于顺从，因为她在捍卫玛丽·斯图亚特的命运的同时也是在捍卫她自己的地位，这一次，当她说，她对涉事的女王感到最深切的触动时，我们可以破例，相信她说的是真的。她立刻声明，要向这位被推翻的女王提供姐妹的支持，尽管她怀着非常迫切的刻薄态度，对这个女人的罪行持保留意见。她把自己的个人观点和政客的态度区分得清清楚楚，在信里这样写道："夫人，"她写信给玛丽·斯图亚特，"人们在看待友谊的时候总是有一种特殊的原则，幸福可以带来朋友，不幸却可以考验朋友。现在我们有了一个机会，用行动证明我们的友谊，如果我从我们的角度，也从您的角度进行正确的考虑，那么我就要用这几句话来证明我们的友谊……夫人，我非常坦率地告诉您，我们的麻烦可不小，您在您的婚姻中表现得非常不克制，我们不得不承认，您全世界的朋友没有一个人会对您的行为表示赞同。如果我对您说不是这样，或者是写信告诉您不是这样，那么这就是谎言。因为您如此匆忙地嫁给了这样一个人，不顾他那人尽皆知的邪恶个性，不顾公众舆论将他斥为谋杀您先夫的凶手，您就因此严重地玷污了自己的名誉，甚至还被怀疑也参与到了罪行之中，尽管我们满怀信心地希望这不是真的。您嫁给这个男人是多么危险啊，他的妻子还在人世，也就是说，无论是按照上帝的律令还是俗世的法律，您都无法成为他的合法妻子，您的孩子也不能被视为合法的婚生子女！这样一来，我们对您的婚姻是怎么看的，您也看得很清楚了，我们无法有更好的看法，我们对此表示真挚的遗憾，尽管您的信使详细讲述了许多站得住脚的理由，试图说服我们。我们曾经希望，在您的丈夫死后，您首先应该操心的事情是逮捕和惩戒凶手——如果您公开主持了这样的事项，那么事情就会轻松很多了——这样的话，您婚姻中的许多事情也许就会显得可以忍受了。那么，出于对您的友谊，出于我们和您被刺杀的先夫的天生的血缘关系，我们只能说，我们将竭尽我们的权力所能，惩罚为这场刺杀负责的人，无论您的哪一个臣民与这场刺杀有关，无论他和您的关系是多么的亲近。"

这些话非常明确，就像刀锋一样尖锐和锋利，没有什么可进一步解读和阐释的内容。这些话表明，毫无疑问，伊丽莎白已经通过自己的间谍，通过梅里的私人消息比几百年以后激情洋溢地为玛丽·斯图亚特洗白的人更清楚地了解了在吉尔克菲尔德所发生的事情，心里百分之百地坚信玛丽·斯图亚特参与到了这场罪恶之中。她直接指明博斯威尔就是凶手，这一点是非常意味深长的，因为她在这些外交信函中只是使用了礼貌的措辞，"她希望"——不是什么：她坚信——玛丽·斯图亚特没有参与这场刺杀。在这样的犯罪行为面前，"我希望"是一个极度温和的措辞，听觉敏锐的人都能听出它强调的含义，也就是伊丽莎白绝对不想承认玛丽·斯图亚特是彻底清白的，她只希望她们两个能团结一致，想尽快结束这桩丑闻的传播。伊丽莎白如此强烈地从个人角度责备玛丽·斯图亚特的行为，越来越固执地想要保护她——"为了自己的利益"[①]——为了统治者的尊严。"但是，"她在这封意味深长的信中继续说道，"我们已经听说了您的不幸，为了安慰您，我向您保证，我们会尽我们的权力所能，采取一切我们认为恰当的措施来保卫您的荣誉和安全"。

伊丽莎白遵守了自己的诺言。她给自己的使者布置任务，让他们对针对玛丽·斯图亚特所采取的各种措施表示抗议。她清清楚楚地告知勋爵，如果出现暴力行动，她甚至不惜与他们开战。她在一封措辞非常尖刻和强硬的信中表达了自己的警告，想阻止他们审判一位受过涂油礼的女王。"在《圣经》里有哪一处写道，臣民可以废黜自己的王侯？哪一个基督教王国有一条明文规定的法律，说臣民可以触动君主

---

① 原文为拉丁语。

本人，将君主监禁起来，或者是把君主送上法庭？……我也像勋爵一样，对我们的表亲国王被刺杀这件事表示谴责，我比诸位中间的任何一位都不希望看到我的妹妹与博斯威尔结婚。但是我不能允许和容忍勋爵在这之后对待苏格兰女王的方式。因为按照上帝的命令，你们身为臣民，而她是统治者，你们不能强迫她回应你们的指控，因为头脑做双脚的臣仆违反了自然。"

但伊丽莎白也第一次遇到了勋爵的公开反抗，尽管多年以来他们中的大多数都在偷偷拿她的饷金。自从李乔被刺杀，他们就非常清楚，如果玛丽·斯图亚特再成为统治者，等待着他们的会是什么，因为直到目前为止，任何威胁和诱惑都没有办法让她离开博斯威尔，在骑马回到爱丁堡的时候，这个备受凌辱的女人发出的尖利诅咒声和报仇的呼叫依然还在他们那惊魂未定的耳畔回响。他们先把李乔，然后把达恩雷，现在又把博斯威尔一个个清除掉，不是为了再次成为一个难以捉摸的女人毫无权力的顺民：对他们来说，给玛丽·斯图亚特的儿子戴上王冠要让他们觉得舒适得多，因为那个孩子刚满一岁，一个孩子没有办法发号施令，在他前二十年不成熟的人生里，勋爵们将再次成为这个国家不容争辩的主人。

但无论这些勋爵多么具有勇气，他们也很难敢于公开反抗自己的金主伊丽莎白，可是恰好事出偶然，他们得到了一件意料之外的、真正具有杀伤力的武器来反对玛丽·斯图亚特。卡尔贝里山丘战役之后六天，一桩卑劣的出卖行为给他们带来了最受欢迎的好消息。因为风向已变，博斯威尔在刺杀达恩雷事件中的同党詹姆斯·巴尔福感觉不妙，觉得只有一个方法可以自救：再做一次新的卑鄙行径。为了确保自己和当权者的友谊，他出卖了自己备受蔑视的朋友。他暗地里给勋爵带来一个重大消息，也就是出逃的博斯威尔曾经派佣人潜入爱丁堡，要他在不引人注目的情况下把一只装有重要文件的首饰箱从城堡里偷运出来。这个名叫达尔格立什的佣人立刻被捕，人们对他严刑拷打，这个备受折磨的人因为怕死，就说出了藏放物品的地方。根据他的提示，人们在一张床下找到了一只昂贵的银首饰箱，是弗朗索瓦二世还在世的时候送给自己的妻子玛丽·斯图亚特的，而她却像对待自己所拥有的一切东西一样，把它也毫无保留地送给了自己的这位恋人，送给了博斯威尔。自那以后，博斯威尔就把他的私密文件保存在这个牢固的、只有用机关巧妙的钥匙才能打开的首饰箱里，据推测，里面也有婚姻的承诺，有女王的信件，但还有其他的文件，其他会败坏勋爵名声的文件。有可能——没有什么比这更自然的事情了——在博斯威尔逃往博尔斯威克参战的时候，他觉得把这些如此重要的文件带在身边太危险了。于是他宁可把它们藏在城堡里某个安全的地方，在有利的时机派一个可靠的佣人过来带走。因为他和勋爵们签订的"盟约"、和女王签订的结婚承诺和她满怀信任的信件在他处境艰难的时候能派上很大的用场，无论是用来勒索，还是用来为自己辩护：一方面，他可以用这些许可把女王牢牢地握在手里，以防这个善变的女人想要离开他，另一方面，他也掌握了勋爵，以防他们想要控告他犯下刺杀罪。因此，这位被贬黜的人几乎刚刚来到相对安全的地方，就不得不考虑这个重要的问题，也就是如何拿回这些白纸黑字的证据。恰好在这个时候，勋爵经历了无与伦比的好运，得到了出乎意料的猎物：因为现在，他们一方面可以大摇大摆地把自己参与犯罪的所有书面证据从这个世界上抹去，另一方面也可以毫无顾忌地利用对女王不利的文件。

这些盗匪的首领莫顿伯爵把上锁的首饰箱保管了一个晚上，第二天就把其他的勋爵召集过来，其中也有——这个事实非常重要——天主教徒和玛丽·斯图亚特的朋友，然后他当着大家，用暴力的方式打开了上锁的首饰箱。其中就包括著名的"首饰箱信件"和她亲笔写下的十四行诗。现在我们先不讨论印刷版本和原稿是否完全一致——有一件事立刻就得到了确定，也就是说，信件的内容对玛丽·斯图亚特非常不利。因为从这一刻开始，勋爵出场的样子就不一样了：更勇敢、更自信、更强硬。他们伴着最初的欢呼迅速传播这个消息，就在同一天，在他们还来不及誊抄几份副本的时候——更不用说伪造了——他们就派出一位使者去法国找梅里，为了把对女王最为不利的信件的大致内容口头传达给他。他们和法国使者进行联络，对博斯威尔几位被捕的佣人进行严刑逼供，给他们做笔录：如果这些文件没有在程序上以确凿的方式展现出玛丽·斯图亚特与博斯威尔之间危险的花招，他们不可能采取这种得意扬扬、目标明确的态度。女王的处境突然如云蔽日。

因为这些信件的发现在这个关键的时刻意味着反叛者的地位极为有力地巩固。这些信件终于为他们的不顺从提供了渴望已久的道德动机。直到目前，他们还只是把博斯威尔视为刺杀国王的凶手，但同时也在保护自己，不想继续认真追捕逃亡者，害怕他可能揭露他们也参与到了罪行中。直到目前，他们都没有可以用来反对玛丽·斯图亚特的东西，除了她嫁给了凶手。但现在，由于这些信件，这些无辜的、无知无觉的人们突然"发现"女王有罪，她不谨慎的自白为这些娴熟又残酷的勒索犯提供了一个强有力的武器，让他们借此打压女王的意志。现在，他们的手里终于有了武器，可以强迫她"自愿"把王冠让给儿子，如果她拒绝，那么就公开起诉她破坏婚姻，参与谋杀。

他们是要起诉，而不是要陷入被人起诉的境地。因为勋爵非常清楚，伊丽莎白本人绝对不会赞同他们审判自己的女王。于是他们小心谨慎地留在幕后，宁可让第三方介入，提出公开审讯的要求。至于要挑起公众舆论来反对玛丽·斯图亚特，心怀残酷又发自内心感到幸灾乐祸的约翰·诺克斯很愿意接受这个任务。在李乔被刺杀以后，这个狂热的宗教煽动者谨慎地离开了这个国家。但现在，既然他所有关于这位"血腥的耶洗别"[1]以及她的轻率将会引发不幸的阴沉预言全部应验了，甚至还是以更夸张的方式应验的，他就披着先知的外衣回到了爱丁堡。现在他站在布道坛上，洪亮而清楚地要求对这位有罪的"女教皇"进行公开审讯，这个《圣经》的布道牧师要求对破坏婚姻的女王进行一场审判。从一个星期天到下一个星期天，这些改革派布道者的语气越来越尖刻。他们站在布道坛上，向下面激动不已的人群呼叫，说在这个国家里，一位破坏婚姻和参与谋杀的女王和最卑微的女性同罪。他们清楚明确地要求处死玛丽·斯图亚特，持续性的煽动产生了不小的影响。很快，仇恨就从教堂里喷发到大街上。迄今为止，在苏格兰都还没有发出过声音的暴民觉得看到那个长久以来一直只能战战兢兢地仰望着的女人穿着破旧的囚服被送到断头台上的主意让他们激动，于是要求一场公开审讯，尤其女人们怀着特别的嫉妒表达着对女王的反对。"女人们最为愤怒，对她的反抗最放肆无礼，但男人们也够坏了。"[2]因为苏格兰每个贫穷的女人都知道，如果一个

---

[1] 《圣经》中记载的以色列王后，她干涉军事和政治，引进异端崇拜，迫害无辜的先知，包括著名先知以利亚，并试图置之于死地，最终被起义军从窗口扔出去摔死。
[2] 原文为英语。

女人如此胆大地屈服于犯罪的欲望，那么耻辱柱和火刑柴堆就是她的命运——难道就因为这个女人是一位女王，就可以不受惩罚地行淫和谋杀，可以逃脱火刑柱吗？人们的咆哮声越来越狂野："烧死这个荡妇！"——"Burn the whore！"——全国都可以听到这样的声音。英国使者怀着发自内心的恐惧向伦敦报告："我很担心，这场悲剧以意大利人大卫和女王丈夫的死亡为开始，现在要以女王本人的死亡而告终。"

勋爵们也没有更多的贪图了。如今沉重的大炮已经架好，准备把玛丽·斯图亚特面对"自愿"退位继续采取的任何抗拒都一举粉碎。为了满足约翰·诺克斯控告女王的要求，档案已经准备好，尽管玛丽·斯图亚特是因为"触及了法律"还有——人们选择了谨慎的措辞——"因为对待博斯威尔和其他人的举止有失身份"而被起诉。如果现在女王还是拒绝退位，就在公开的法庭上宣读"首饰箱信件"，彻底揭露她的耻辱。这样一来，全世界都会觉得这次造反有了足够的理由。这样一来，就连伊丽莎白和其他君主也不会继续作为辩护者，出现在这个被自己的亲笔信所揭露的同谋杀人犯和淫妇身边。

梅尔维尔和林赛准备以公开庭审作为威胁，于7月25日前往洛赫利文。他们身上带有三份羊皮纸文书，如果玛丽·斯图亚特想避免公开起诉的耻辱，就必须在这些文书上签字。第一份文书声明玛丽·斯图亚特对统治的工作感到疲倦，"心满意足地"摆脱王冠的重负，已经没有力气和兴趣继续承担这顶王冠。第二份文书是同意给她的儿子加冕，第三份文书赞同她同父异母的哥哥梅里担任摄政王，或者是由其他人选担任一个可以替代摄政王的职位。

所有勋爵里面，和玛丽·斯图亚特在人性层面最亲近的就是梅尔维尔，谈话的任务也被交给他。他之前已经来了两次，善意地希望可以平息事端，说服她离开博斯威尔，她两次都表示拒绝，否则的话，她正怀着的她和博斯威尔的孩子生下来就是私生子了。但现在，在找到信件以后，双方开始硬碰硬了。女王首先做出了非常激烈的反抗。她爆发出泪水，发誓说她宁可放弃生命，也不放弃王冠，她的命运也的确实现了这一誓言。但梅尔维尔毫无顾忌地用最清晰的色彩描绘出了她的处境：公开朗读信件，与博斯威尔被捕的用人对质，上法庭接受审讯和审判。玛丽·斯图亚特颤抖着明白了，自己的不谨慎使自己陷入了什么样的泥泞，什么样的奇耻大辱。渐渐地，对公开受辱的恐惧使她丧失了力量。在长久的犹豫之后，在狂怒、激愤和绝望的野蛮爆发之后，她最终屈服，签署了三份文书。

条约已经拟定。但就像往常涉及苏格兰的"盟约"时一样，双方都没有严肃认真地想遵守誓言和条款。勋爵们不会因此不在议会宣读玛丽·斯图亚特的信件，不向全世界宣扬她参与犯罪的事实，因为这样做可以切断她的所有退路。另一方面，玛丽·斯图亚特也不会觉得就因为她在一张没有生命的羊皮纸上用墨水划了几笔，她就已经被剥夺了王位。一切使这个世界变得真实、具有本质的东西，荣誉、誓言和承诺，对她来说，相比于她内心里真实的王权都不值一提，因为王权对她来说就像生命一样难分难舍，就像她血管里涌流的温暖鲜血。

几天后，年幼的国王进行加冕礼：人民看不到公开的广场上欢乐的火刑现场，只能满足于这场更温和的表演。典礼在斯特尔林举行，阿托尔勋爵手捧王冠，莫顿勋爵手持权杖，格伦卡尔恩勋爵手拿御剑，马尔勋爵怀里抱着男孩，他从这一刻起就被称为苏格兰的詹姆斯六世。约翰·诺克斯主持涂油礼,这样全世界就会相信,这个孩子,这个新加冕的国王已经永远挣脱了罗马错误信仰的罗网。民众在城门前欢呼,节日的钟声敲响,篝火在全国点燃。在一瞬间内——永远都只是一瞬间——苏格兰再次笼罩着欢愉和平静。

现在,既然所有粗鲁和尴尬的工作已经被别人做完了,这场精妙游戏的玩家梅里就可以作为凯旋者回到国内了。狡黠的政治手段再一次保护了他:在危险的决断时刻最好留在幕后。李乔被刺杀的时候他不在场,达恩雷被杀害的时候他也不在场,他没有参加反对自己妹妹的叛乱。他的忠心没有任何污点,他的双手没有沾上鲜血。时间为这位机智的缺席者做完了一切。因为他工于心计,了解等待的艺术,所以他曾经阴险追求的所有东西就都以充满荣誉的方式轻轻松松地落到了他的头上。人们一致认为他是勋爵中间最机智的一位,一致请求他担任摄政王。

但梅里是一位天生的统治者,他知道如何控制自己,绝对不会贪婪攫取。他太聪明了,不会从之后还要听他命令的人手里像接受一种恩典一样接受这项荣誉。此外,他想避免他这个亲爱的、臣服的哥哥在要求他妹妹被暴力夺走的权利。她应当自己出面——这真是心理学层面的大师手笔——请求他担任摄政王:他希望双方都委任他、请求他,无论是造反的勋爵们,还是被剥夺了王位的女王。

他造访洛赫利文城堡的那一幕真的配得上一位伟大戏剧家的描写。那个不幸的女人几乎刚一看见她同父异母的哥哥,就冲动地扑了过去,抽泣着倒在了他的怀里。现在,她希望自己终于可以找到一切,安慰、支持和友谊,最重要的还是早就没有人给她提供的诚恳建议。但梅里面对她的激动表现得冷若冰霜。他把她领到房间里,用严厉的话语斥责她的所作所为，没有一句话可以让她燃起对宽厚处理的希望。他尖刻的冷漠令女王深感困惑，泪流满面，试图为自己脱罪，为自己解释。但梅里这个控诉者保持沉默，始终都是沉默，额头阴沉地绷着，想要通过恐惧来吓住这个绝望的女人，好像他的沉默还包含着更险恶的消息。

整个晚上，梅里都让自己的妹妹待在恐惧的炼狱里。他给她渗透的毒药名为不确定性，这种毒药应该一直燃烧到她的内心。这个怀孕的女人与外界完全隔绝——人们拒绝了外国使者的所有探访请求——不知道等待着她的到底是什么，是控诉还是审判，是耻辱还是死亡。她辗转无眠地度过了这一夜，第二天早晨，她的反抗力已经彻底崩溃。这时梅里渐渐开始变得温和。他谨慎地暗示，她不能有任何逃跑的企图，也别想和境外势力取得联系，最重要的是，如果她不再和博斯威尔联系，那么人们也许——也许——他用不确定的语气说道——还会尝试在世界面前挽回她的荣誉。这一点渺茫的希望火星就使这个满怀激情的绝望女人再次复苏。她扑到哥哥的怀里，请求他，央告他，求他担任摄政王。只有这样，她的儿子才是安全的，这个王国才能得到良好的治理，她自己也会摆脱危险。她不断地请求，梅里让她请求了很久，还要当着证人的面，才终于慷慨地从她手里接过了他此行唯一所求的东西。现在他可以心满意足地离开了，而玛丽·斯图亚特在他走的时候也感到了安慰，因为现在，既然她知道权力已经掌握在自己哥哥的手里，她就可以寄希望于秘密信件不会被散布出去，她的荣誉可以在世界面前得到维护。

但失势者不会得到怜悯。一旦梅里把统治权握在自己强硬的手里，他所做的第一件事就是永远阻止妹妹的回归；作为摄政王，他必须以符合道德的方式干掉令自己不快的对手。从监牢里释放女王的问题再也无人提起，相反，要采取所有措施把玛丽·斯图亚特持续关押起来。尽管他同时向伊丽莎白和妹妹承诺，要保护她的荣誉，他还是容忍苏格兰议会在12月15日从银首饰箱里取出玷污了玛丽·斯图亚特的信件和十四行诗，进行朗读，进行笔迹比对，确认出自本人之手。四位主教、十四位修道院院长、十二位伯爵、十五位勋爵和三十多位小贵族进行荣誉宣誓，确认这些信件和十四行诗的真实性，这些人中间也包括女王的密友，其中没有一个人，甚至她的朋友们也没有——这是一个重要的事实——表示出哪怕是一丝一毫的怀疑，因此，场景直接变成了法庭，女王在无形之中站在法庭上，面对她的臣民。在信件朗读完后，之前几个月发生的所有违法事件，例如起义、拘禁女王现在都被宣布为合法行为，人们明确宣布，女王罪有应得，她对自己的合法配偶被杀案不但知情，而且参与其中，不仅"她在事件发生前后亲笔给主要凶手博斯威尔写的信件可以证明这一点，她在谋杀后不久就立刻不体面地与他结婚也可以证明这一点"。此外，为了让全世界都获悉玛丽·斯图亚特的罪行，让所有人都知道谦逊和正直的勋爵只是出于纯粹的道德上的义愤才会反叛，他们向所有的外国宫廷寄送了信件的誊抄件，这样一来，玛丽·斯图亚特就公开被打上了被排斥者的火印。梅里和勋爵们希望，她的额头上既然打上了鲜红的烙印，就再也不敢要求把王冠戴在她罪恶的头颅上了。

但玛丽·斯图亚特作为君主的自信过于牢固，辱骂或者是羞耻都不会使她低下头颅。她感觉到，任何火印都无法毁坏一个戴过王冠、涂过圣油、受过召唤的额头。任何要求和任何命令都不会让她低头。人们越是想用暴力手段强迫她低头，接受一种权利尽失的卑微命运，她就越是坚决地挺身而起。这种意志没有办法长久地得到压制，它会炸毁所有墙垣，冲破所有堤坝。如果人们给它戴上枷锁，它就会狂暴地撼动枷锁，牢房的四壁和人心都会为之震颤。

## 第十六章 告别自由

1567年夏天至1568年夏天

博斯威尔这出阴暗悲剧的场景只有像莎士比亚这样的作家才能够塑造成虚构的作品，而洛赫利文城堡里更温和的、更具有浪漫主义的感伤情调的余波却应该由一位不那么出色的作家来撰写，也就是沃尔特·司各特[①]。无论如何，如果谁在还是一个孩子、还是一个少年的时候读过司各特，就会发自内心地觉得书中的描写比历史上的真相还要真实，因为在有些罕见的、千载难逢的案例中，美丽的传说会战胜现实。我们所有人在热情洋溢的青春时代都热爱这种场景，它栩栩如生地在我们的内心里留下了烙印，令我们的灵魂充满了悲悯！因为这里的素材本身就包含了所有浪漫主义的感人元素，这里有严酷的守卫看守着无辜的女王，有诽谤者玷污她的名誉，因为她本人年轻、善良又美丽，用魔法把敌人的严苛变成温和，使男人发自内心地为她着

---

[①] 沃尔特·司各特（1771—1832）：英国著名历史小说家、诗人，代表作《艾凡赫》，反映了12世纪英国社会所面临的复杂的阶级矛盾和民族矛盾。

迷，为她提供具有骑士精神的帮助。布景就像主题一样具有浪漫色彩：一片美丽的湖中一座阴森的城堡。女王被泪水蒙翳的目光可以从塔楼上俯瞰她美丽的苏格兰，俯瞰它的森林与山岳，它的优雅与可爱，远方的某处耸动着北海的浪涛。苏格兰人民心里所隐藏的所有诗一般的力量都在他们所爱戴的女王浪漫化的命运上结出了晶体，而这样的传说一旦完成，就会越来越深地渗入民族的血脉，最终与这个民族不可分割。每一代人都重新讲述、重新确认这个故事，就像一棵不会枯萎的树木，每年都开出新的花蕾，在崇高的现实旁边，符合事实的书面文件却被毫不在意地扔在那里，因为一旦美得到了创造，美的权利就会保存下来。如果我们之后想要尝试以更成熟、更怀疑的态度去寻找感人传说背后的真相，那么就会发现真相的清醒几乎是一种亵渎，就好像是在用冷漠、枯燥的散文体转述一首诗的内容。

但是每个传奇都存在着一种危险，也就是为了单纯的感伤情调隐瞒真正具有悲剧色彩的事情。玛丽·斯图亚特被囚禁在洛赫利文城堡里的浪漫主义谣曲也隐藏了她真正的困境，她内心最深处最符合人性的困境。沃尔特·司各特固执地忘记讲述这位浪漫主义的公主那时正怀着杀死她丈夫的人的孩子，这才是她在那几个可怕的、屈辱的月份里所面临的最恐怖的灵魂困境。因为如果她腹中的孩子就像别人期待的那样，提早出生，人们就可以根据无法欺骗的自然日历，无情地计算出她是在什么时候将自己的肉体献给了博斯威尔。人们无法得知具体的日期和时间，但无论如何，这种行为都发生在法律和习俗不容许的时间里，因为这样的爱情不是破坏了婚姻，就意味着丧失了统治权，也许是发生在为死去的丈夫服丧的时候，也许是发生在赛顿，在那段奇特的从一个城堡到另一城堡的旅途之中，也许是在这之前，在她丈夫还在世的时候——每种可能性都非常可耻。只有当我们记住，在博斯威尔的孩子出生的时候，全世界都可以用日历清清楚楚地算出激情犯罪的日期，我们才能理解这位绝望女人的全部困境。

但这个秘密的面纱却没有被揭开。我们不知道玛丽·斯图亚特被人带进洛赫利文城堡的时候怀孕多久，不知道她在何时从良心的恐惧中松了一口气，不知道这个孩子生下来是死、是活，我们不知道任何明确的细节，不知道这段罪恶恋情带来的孩子被人从她身边带走时是几个星期还是几个月大。一切都笼罩在黑暗中，都只是猜测，因为证据彼此矛盾，只有一件事是确定的：玛丽·斯图亚特有充分理由掩盖自己成为母亲的日期。她没有在任何一封信里用任何一个字——这一点就已经很可疑了——提到这个博斯威尔的孩子。玛丽·斯图亚特的秘书瑙奥本人也在监视她，根据他的报告，她早产了一个死婴——早产，我们完全可以推测这次早产并不完全事出偶然，因为她在监禁期间就已经把她的御医带了过来。根据另外一个人同样缺乏证据的版本，那个孩子是一个女孩，出生的时候还活着，被悄悄送到了法国，在那里死在了一所修道院里，对自己的王室血统一无所知。但在这个无法深究的问题上，所有的讨论和推测都帮不上忙，这件事将永远笼罩在阴影里。她最后秘密的钥匙就被沉到了洛赫利文的湖底。

但玛丽·斯图亚特的看护者为了她的名誉帮助她隐瞒了洛赫利文城堡里的私生子是正常出生还是早产的危险秘密，这个事实已经证明他们不是什么心怀恶意的狱卒，不像浪漫主义传奇里描绘的那么黑暗。洛赫利文城堡主人道格拉斯夫人得到委任看守玛丽·斯图亚特，她在三十多年前是玛丽·斯图亚特父亲的情人，给詹姆斯五世生了六个孩子，最年长的就是梅里伯爵，后来她和道格拉斯伯爵结婚，又给他生了七个孩子。一个已经经历过十三次生育折磨的女人，一个前几个孩子都得不到合法婚姻承认的女人肯定会比任何其他人都更能理解玛丽·斯图亚特的忧虑。人们说她表现出来的所有冷酷应该都是传说和虚构，可以推测，她最终对待这个女囚的方式就像对待一位非常值得尊敬的客人。玛丽·斯图亚特可以使用整整一个侧翼的房间，她带来了自己的厨师、自己的御医还有四五个女佣，她在城堡内部的自由完全不受限制，甚至似乎还得到过外出打猎的许可。如果我们抛开所有浪漫主义的感伤情调，试图公正地看待这件事情，就一定会发现她受到的对待完全可以称得上宽厚。因为归根结底——浪漫主义要求人们忘记这一点——这个女人在丈夫被刺杀三个月后就和凶手结婚，那么至少她粗糙的轻率值得责备，就连现代的法庭至多也只会因为轻微的精神错乱和听命于人的缘故判处她为从犯。也就是说，如果人们使用暴力手段让这个因为自己的丑闻招致全国轰动、引发全欧洲激愤的女人退隐一段时间，那么不仅仅是对这个国家有好处，对她自己也有好处。因为在与世隔绝的这几个星期里，这个激动的女人终于有机会平息她受到过度刺激的神经，赢回她被博斯威尔扰乱的内心的坚定与意志力了。事实上，洛赫利文的监禁的确使这个胆大妄为的女人在几个月里免于面对最危险的事情，也就是她自己的急躁和不耐烦。

对于女王这么多的愚行，我们不得不首先承认这种浪漫主义的监禁是一种温和的惩罚，尤其是如果我们把她的情况和她的共犯情人进行对比。博斯威尔的命运就大不相同了！尽管人们向他做出了许诺，这个被贬黜的人还是被一群歹徒追赶着跨海越洋，人们为了得到他的人头悬赏1000苏格兰克朗，而博斯威尔知道，即便是他在苏格兰最好的朋友也会为此背叛他、出卖他。但这个大胆妄为的人没有那么容易被抓到：他首先尝试召集自己的"边防军"①，进行最后的抵抗，然后他逃到了奥克尼群岛上，在那里和勋爵们开战。但是梅里率领着四艘船到岛上追捕他，这个被追赶的人只得千辛万苦地坐着一只寒酸的小船逃到了公海上。他在那里遇到了暴风雨。这条原本只用于在海岸线上航行的小船那破碎的风帆把他带到了挪威，最终被一艘丹麦战舰截住。博斯威尔不想让别人认出他，这样他就不会被送回苏格兰了。他借来了一身水手常穿的衣服，宁可被当作海盗，也不想被认出是人们正在找寻的苏格兰国王。但最终他还是被人认了出来，从一个地方被拖到了另一个地方，有一段时间，他在丹麦得到了自由，看起来似乎已经幸运地得救了。但这时涅墨西斯②却意料之外地找上了这个激进的猎艳者，他的处境最终恶化，是因为他向一位丹麦女子承诺要和她结婚，后来这个女子起诉了他。在这段时间里，人们也在哥本哈根了解到更详细的情况，知道他犯下了什么罪行，从这一刻开始，刀斧就在他的头上摇摆不定了。外交信使来来往往，梅里要求把他送回国，伊丽莎白的要求更加猛烈，因为这是她对抗玛丽·斯图亚特的王牌证人。玛丽·斯图亚特的法国亲戚暗中活动，想让丹麦国王不把这个危险的证人交出去。后来监禁越来越严格，但正是监禁成了他在这些复仇者面前唯一的庇护所。这个人曾经在战场上英勇狂妄地面对几百个敌人，现在却每天都在等着被套上枷锁送回国，在最可怕

---

① 原文为英语。
② 涅墨西斯：古希腊神话中的惩罚女神。

的严刑拷打之后被当作弑君者处死。他不断地被从一家监狱送到另一家监狱，被关押的地方越来越狭窄，铁窗和墙垣越来越坚固，就像对待一只危险的野兽，很快他就得知，只有死亡可以使他得到解脱。这个强壮的、精力充沛的男人、这个敌人的威慑、这个女人的宠儿就在可怕的孤独和无所事事的状态下度过了一个又一个星期，一个又一个月，一年又一年，这个拥有巨人般生命力的人的鲜活肉体开始腐败和衰弱。对这个无拘无束的人来说，只有在尽情施展力量的时候，只有在毫无限制的自由之中才能完整地感到自我，他曾经在旷野里冲锋追猎，率领亲信骑马打仗，在所有国家劫掠女人，享受各种精神乐趣，对他来说，在这几道冰冷、哑默和黑暗的墙垣之间度过的这种丑恶又无所事事的孤独，这段压碎了他的生命力的空寂比严刑拷打还要糟，比死亡还要糟。有报告称——我们可以认为是可信的——他像疯子一样猛撞铁栅，在极度疯狂的状态下凄惨地走向了毁灭。在所有曾经为玛丽·斯图亚特死去和为她受难的人们中间，这个人赢得了她最多的爱情，但也为此付出了最长久和最可怕的代价。

但玛丽·斯图亚特心里还在想着博斯威尔吗？那种听命于他的魔咒在远方依然还在发挥作用吗？还是说这个炽热的光圈已经轻轻地、慢慢地消散了？我们不知道。这件事也像她生命中的许多事一样成了谜团。只有一点让人们惊讶：几乎刚刚从产床上恢复过来，几乎刚刚从重负中解脱出来，她就再次施展旧日的女性魔力，再次引发了骚动。再一次，第三次，她把一个年轻人拖进了自己命运的圈子。

我们不得不反复地抱怨：流传下来的玛丽·斯图亚特的画像大部分由平庸的画家所创作，没有办法让我们瞥见她的真实本质。她的表现永远冷漠平淡，面对着我们的只有一张优雅、平静、充满友善、非常柔美的脸孔，但我们没有办法从中感受到这个奇特的女人某种感官层面上的吸引力，而她肯定拥有这种吸引力。她的身上肯定散发着某种特别的女性力量，因为她在各处都能赢得友谊，即便是在敌人中间。在成为新娘和守寡的时候，在坐在王座上和置身于监狱里的时候，她都懂得如何制造一种同情的光环，使自己周围的空气变得柔软友善。她几乎刚一来到洛赫利文，就已经使得一位看守为她所用，就是年轻的卢瑟文勋爵，那些勋爵甚至觉得有必要让他远离这里。卢瑟文勋爵几乎刚一离开城堡，她就又迷住了另一个人，就是年轻的乔治·道格拉斯勋爵。在几个星期以后，这个女看守者的儿子就已经准备好为她尽其所能，事实上，在逃亡过程中，他也确实是她最忠诚、最具有献身精神的一个帮手。

难道他仅仅是一个帮手吗？难道这个年轻的道格拉斯在监禁的几个月里对她来说并不意味着更多的东西吗？难道这种喜爱之情真的是纯粹的骑士精神和柏拉图式的爱情吗？我们不知道[①]。但无论如何，玛丽·斯图亚特都以最实用主义的方式利用了这个年轻人的激情，不惜使用欺骗和诡计。除了她的个人魅力，女王始终还拥有另一种诱惑力：牵起她的手就会赢得统治权，这一点对她遇到的每一个人都有磁石般的魔力。玛丽·斯图亚特似乎——我们只能大胆猜测，无法做出论断——通过假装提出和年轻的道格拉斯结婚来奉承他的母亲，以使自己得到更宽厚的对待，因为在这之后，对她的看守越来越松懈，玛丽·斯图亚特终于可以做她一心想着的事了：得到自由。

第一次尝试（3月25日）失败了，尽管行动的计划非常巧妙。每个

---

① 原文为拉丁语。

星期都有一位洗衣女工和其他女佣坐一艘船到湖对岸，然后再回来。道格拉斯说服了这个洗衣女工，她也愿意和女王交换衣物。为了防止被认出来，玛丽·斯图亚特穿着女佣的粗糙服装，戴着一层厚厚的面纱，成功地溜出了看守严密的城堡大门。她已经坐在船上渡湖了，道格拉斯按计划在对岸带着马匹等着她。这时一个船夫突然想和这位身材纤细、戴着面纱的洗衣女工开开下流玩笑。他想看看她漂不漂亮，试图掀开她的面纱。玛丽·斯图亚特激动地用纤瘦、柔媚、白皙、细嫩的双手紧紧地攥住面纱。正是这双柔媚细嫩的双手不像一个洗衣女工操劳的手指，她的身份就被泄露了。船夫大吃一惊，尽管女王愤怒地命令他们把她送到对岸，他们还是把她又带回到了监狱里。

这件意外立刻就被报告上去，从这以后，看守就变得严密了。乔治·道格拉斯不能再踏入城堡。但这并没有阻止他待在女王附近，和女王保持联络，作为忠诚的信使把消息传递给她的追随者。因为，看啊，尽管女王已经声名狼藉，被证明为犯有杀人罪，但是在梅里担任摄政王一年以后她就又有了追随者。有几个勋爵，首先是亨特莱和赛顿家族的人无条件地——部分是出于对梅里的憎恨——献身于女王。但奇怪的是，玛丽·斯图亚特在汉密尔顿家族里找到了最好的追随者，这个家族在之前一直是她最险恶的敌人。汉密尔顿家族和斯图亚特家族是世仇。汉密尔顿家族的势力永远仅次于斯图亚特家族，永远在错失努力为自己争取的苏格兰王冠。现在突然出现了一种可能性，通过与玛丽·斯图亚特联姻，让他们中间的一位成为苏格兰的统治者。他们立刻——政治没有道德可言——站在了这个女人一方。几个月前他们还在要求把她作为杀人犯处死。我们几乎很难设想玛丽·斯图亚特认真考虑过（她已经忘了博斯威尔吗？）要和汉密尔顿家族联姻。很可能她表示同意，只是觉得可以借此得到自由。另一方面，她也对乔治·道格拉斯做出承诺——这个绝望的女人又玩了一个大胆的双面游戏——而道格拉斯担任信使，起到了关键的作用。5月2日，一切准备就绪。一如既往，当勇气应该替代机智的时候，玛丽·斯图亚特从来都不会失败。

这次逃亡看起来非常浪漫主义，非常符合浪漫主义女王的身份：玛丽·斯图亚特或者乔治·道格拉斯在城堡的住客里赢得了一个侍童的少年当帮手，他叫威廉·道格拉斯，这个行动机敏、头脑警觉的少年非常灵巧地完成了他的任务。根据严格的房屋管理规定，出于安全考虑，在共进晚餐的时候，洛赫利文城堡所有大门的钥匙都要放在城堡管理员的桌上，然后城堡管理员在晚上把它们拿走，放在自己的枕头下面。但即便在进餐的时候他也要看着钥匙就在自己的手边：这一次，这些沉重的金属钥匙也就放在他的桌上。在上菜的时候，这个机灵的少年迅速把一张餐巾丢到城堡管理员的钥匙上，在席间，也就是在大家开怀痛饮和无忧无虑地闲聊的时候就假装收拾东西，悄悄把餐巾和钥匙一起带走。然后一切都按照计划好的匆匆进行。玛丽·斯图亚特换上女佣的衣服。少年跑了过来，把门从里面打开，又小心翼翼地从外面反锁，这样人们就不会迅速地追赶上来，那些钥匙则被他扔进湖里。他在这之前已经把所有的船只解开了缆绳，现在这些船只就飘散在湖上，这样追兵就不可能赶上来。现在他只需要在五月温暖的夜晚快速划船，来到湖对岸，乔治·道格拉斯和赛顿勋爵已经带着五十位骑士在等待着她了。女王毫不犹豫地飞身上马，彻夜疾驰，来到了汉密尔顿家族的城堡。得到自由以后，她旧日的勇气又在心里苏醒。

这就是玛丽·斯图亚特从湖波环绕的城堡里逃亡的著名谣曲，多亏了一个心肠炽热的年轻人的献身和一位少年的牺牲，我们碰巧可以在沃尔特·司各特的小说里读到她的这段浪漫故事。但编年史学家的思维方式更为冷静。他们认为，严格的看守者道格拉斯夫人并不是像她表现出来的那样，对这件事一无所知。这个美好的故事很可能只是事后编造出来的，只是因为人们希望给看守所表现出来的懒惰和盲目脱罪。但如果一个传说如此美好，我们就不该去破坏它。为什么要抹去玛丽·斯图亚特生命中最后一丝浪漫主义的晚霞呢？阴影已经出现在了地平线上。冒险已经到了终点，这位年轻、勇敢的女人最后一次在生命中激动地经历爱情。

一个星期后，玛丽·斯图亚特召集起了一支多达六千人的军队。阴霾似乎再次散去，一瞬间内，她的头顶似乎再次吉星高照。不仅仅是亨特莱家族、赛顿家族和旧日的朋友来到了她的身边，不仅仅是汉密尔顿家族准备好为她效劳，令人震惊的是，很大一部分苏格兰贵族也支持她，有八位伯爵、九位主教、十八位勋爵和上百位男爵。这件事令人震惊，却又不那么令人震惊，因为苏格兰从来没有一位真正的统治者没有受到贵族的反对。勋爵们受够了梅里的强硬：他们宁可要一位谦虚的女王（哪怕罪孽深重几百倍），也不想要这个严厉的摄政王。就连外国也立刻大力支持得到自由的女王重归王位。法国使者觐见玛丽·斯图亚特，想表示顺从于这位合法的统治者。伊丽莎白派出专门的使者传递"对获释消息的喜悦之情"。玛丽·斯图亚特的地位在一年的监禁以后变得无与伦比的稳固和前途光明，她的命运之书奇妙地翻过了一页。但好像是有一种阴暗的预感撼动了她，平时那么勇敢好战的玛丽·斯图亚特尽量试图避免通过武力解决问题，宁可和自己的哥哥达成平静的和解。如果他现在赐给她一点微薄的女王的辉光，她就愿意让他继续执掌国家大权。博斯威尔那钢铁一般的意志在她身上锻造出的某种力量——接下来的几天证明了这一点——似乎崩溃了，在所有的忧虑、困境与折磨之后，在经历过所有狂野的敌意之后，她现在只渴望一样东西：自由，平静和休憩。但梅里根本没有想过分享权力。他的野心和玛丽·斯图亚特的野心来自同一个父亲，而他的坚决又助长了野心。当伊丽莎白向玛丽·斯图亚特送去祝贺的时候，梅里却受到英格兰总理塞西尔的催促，要他果断地结束玛丽·斯图亚特和天主教党派在苏格兰的统治。梅里没有犹豫太久：他知道，只要这个不屈的女人得到了自由，苏格兰就不会安宁。他想要一劳永逸地粉碎苏格兰起义勋爵的势力，给他们树立一个杀鸡儆猴的典范。他以一贯的果断作风连夜召集起一支军队，人数比玛丽·斯图亚特的军队少，但是得到了更好的领导和训练，他没有等待援军到来，就向着格拉斯哥进军了。5月13日，女王和摄政王、哥哥和妹妹、斯图亚特和斯图亚特的最终清算时刻在朗塞德到来了。

朗塞德的战役耗时很短，但至关重要。这场战役的开始并不像卡尔贝里山丘之战那样，经过了长时间的犹豫和谈判，玛丽·斯图亚特的骑兵直接向敌军进攻。但梅里选择了一个很有利的地理位置，在敌方骑兵冲上山丘前就用猛烈的火力把他们打散，并且用一次反攻冲破了战线。45分钟以后，一切就都结束了。女王最后的军队狂乱奔逃，丢下了他们的加衣炮和三百具尸体。

玛丽·斯图亚特站在高地上观战，她很快注意到她已经满盘皆输，于是匆匆走下山丘，飞身上马，在几位骑士的陪伴下飞奔逃跑了。她没有想过继续抵抗，某种可怖的慌乱征服了她。她没有歇息，疯狂地骑行，越过了荒原和沼泽，穿过了森林和田野，就这样，她前几天都在向前骑行，心里燃烧着唯一的一个念头：只要拯救自己！"我遭受了，"她日后写信给洛林红衣主教，"责备、侮辱、监禁、饥馑、严寒和酷暑，我一路奔逃，不知道逃往何方，穿过国土骑行九十二英里，没有进食，也没有休息。我不得不睡在裸露的泥土上，喝发酸的牛奶，喝燕麦粥而不是吃面包。有三个晚上，我在这个国家里活得就像一只猫头鹰，身边没有一位侍女帮助我。"就是这样，她最后几天里的形象就是这样，一个勇敢的亚马逊女战士，一个英雄主义的、浪漫主义的形象就这样留在了人民的记忆里。如今在苏格兰，人们已经忘记了她的弱点和愚行，原谅和洗清了她的激情所招致的罪行。只有这个形象留存下来，一位温柔的女囚在一座孤寂的城堡里，还有另一个形象，一个勇敢的女骑手，为了拯救自己的自由，骑着口吐白沫的马彻夜飞奔，宁愿几千次冒死亡的风险，也不愿惊恐怯懦地向自己的敌人屈服。她此前已经有三次在夜晚这样奔逃，第一次是和达恩雷冲出霍利罗德城堡，第二次是身穿男装从博尔斯威克城堡逃到博斯威尔的身边，第三次是和道格拉斯逃出洛赫利文城堡。她已经有三次都是这样疯狂、大胆地骑行，为了拯救自己的自由和王冠。这一次，她除了性命本身已经什么也无法拯救了。

朗塞德战役三天后，玛丽·斯图亚特抵达了海边的邓雷南修道院。她的王国在这里告终。人们就像追逐一只逃跑的野兽一样，把她追猎到了国土的边境线上。昨天的女王今天在整个苏格兰都找不到一个安全的地方，也不再有退路。在爱丁堡等待她的是毫不宽容的约翰·诺克斯，还有来自暴民的又一次嘲讽，来自神职人员的又一波仇恨，也许还有耻辱柱和火刑柴堆。她最后的军队已经战败，她最后的希望已经破灭。现在是做出选择的艰难时刻。她背后是失去的国土，在那里已经不再有任何退路，她面前是无尽的大海，它通往所有的国家。她可以渡海去法国、去英国、去西班牙。她曾经在法国长大，在那里有朋友和亲戚，还有许多爱戴她的人，那些歌颂过她的诗人和陪伴过她的贵族，这个国家已经友善地接纳过她一次，而且以华丽的排场给她戴上了王冠。但正因为她曾经是那里的王后，曾经被凡间所有的光彩所装点，被抬到了整个王国最高的位置，她才不愿意像一个乞丐，像一个乞援人，穿着褴褛的衣衫，带着被玷污的名誉回到那里。她不愿意看到那个招人仇恨的意大利女人凯瑟琳·德·美第奇充满嘲讽的微笑，不愿意接受施舍，或者是被锁在修道院里。逃到冷若冰霜的西班牙的腓力国王那里也意味着一种羞辱：这个伪君子的宫廷绝对不会原谅她和博斯威尔的婚姻是由一位新教牧师缔结的，不会原谅她接受了异端的祝福。所以实际上她只剩下了一个选择：渡海前往英格兰。难道不正是在最没有出路的囚禁期间，伊丽莎白曾经鼓励式地对她说过，"您可以在任何时候都把英格兰的女王当作一个可靠的朋友"吗？难道她没有庄严承诺要帮助她回到王位上吗？难道伊丽莎白没有派人给她送来一只戒指，表示她随时可以响应自己姐妹的召唤，为自己的姐妹效劳吗？

但是谁的手一旦触及到了不幸，谁就总是会掷出错误的骰子。玛丽·斯图亚特就像做出所有重大决定的时候一样，在做出这个最为重要的决定的时候也过于匆忙了。她在没有得到任何事先承诺的情况下就从邓雷南修道院写信给伊丽莎白：

"亲爱的姐姐，你已经完全清楚我大部分的不幸了。但今天使我给你写信的事情刚刚发生，可能还没有传到你的耳朵里。我不得不简短地告诉你，我最信任的、将我抬到最高地位的臣民举起武器反对我，用最有失体面的方式对待我。全能的上帝通过意料之外的方式将我从之前囚禁我的残忍监牢中解救出来。但在那以后，我输了一场战争，大部分依然忠于我的人都在我眼前倒下了。我现在被赶出了我的王国，情况紧迫，除了上帝和你的善意已经毫无希望。因此我请求你，亲爱的姐姐，让我来到你那里，这样我可以告诉你我所有的情况。

"与此同时，我祈求上帝赐予你一切神圣的祝福，赐予我耐心与慰藉，我希望并恳求可以从你那里得到这些赠礼。为了提醒你，我完全信任英格兰，我派人送去了这个国家女王的珠宝，这是你允诺友谊和帮助的象征。爱你的妹妹M·R。"

玛丽·斯图亚特匆匆忙忙，似乎是要说服她自己，写下了这几行永远决定了她的未来的信件。然后她把戒指封缄在信里，把信交给了一个骑兵信使。但这封信里不仅包含了那枚戒指，也包含了她的命运。

骰子已经掷出。5月16日，玛丽·斯图亚特登上一艘小渔船，横渡索尔维海湾，在海港小城卡尔里斯尔附近踏上了英格兰的土地。在这个决定命运的日子，她还不满二十五岁，但她真实的生活已经走到了尽头。世界能够慷慨赐予她的一切她都已经经历过、遭受过，她曾经登上尘世权力的顶峰，也曾经坠入所有的深渊。在非常短暂的时间里，在极度可怕的灵魂张力下，她体会了所有的矛盾，她为两任丈夫送葬，失去了两个王国，进过监狱，走过黑暗的犯罪之路，又不断地重新踏上通往王位的台阶，怀着新的骄傲走向圣坛。她在火焰中生活过几个星期，生活过几年，那是如此高昂和狂热的火焰，几百年后还能看得见它的反光。但现在这束火焰坠落了、熄灭了，她最好的日子已经被消耗殆尽：所余下的只有炉渣和灰烬，只有宏大光焰的可怜余烬。玛丽·斯图亚特成为自己的一个影子，走向自己命运的薄暮时分。

## 第十七章 网已织好

1568年5月16日至1568年6月28日

伊丽莎白听说玛丽·斯图亚特在英国登陆时感到发自内心的惊讶，这是毫无疑问的。这个不请自来的访客使她感到非常尴尬。当然，她在过去一年里都试图出于君主之间的团结给玛丽·斯图亚特提供保护。她曾经慷慨激昂地——信纸很廉价，用外交信函的方式写几封礼貌的信件也很容易——保证她对玛丽·斯图亚特充满关心、友情和热爱。唉，她以强烈的、强烈过头的方式向玛丽·斯图亚特许诺，她在任何情况下都可以把她当作忠诚的姐姐。但伊丽莎白从来都没有要求玛丽·斯图亚特来到英格兰，与之相反，许多年来她就一而再地躲避双方碰面的可能性。现在这个麻烦的女人突然在英格兰登陆，而她不久以前还高傲地宣称自己就是英格兰真正的女王。她来的时候没有提前询问，没有得到邀约，也没有提出请求，第一句话就触及过去仅仅是在笔头上承诺过的友谊。玛丽·斯图亚特在第二封信里甚至没有讨论一下伊丽莎白是否愿意接待她，而是直接提出要求，把这当作她自然而然的权利："我请求您尽快接走我。因为我现在的处境不仅仅对一位女王，甚至对一位普通的贵族女性来说都非常凄惨。我唯一可以拯救的就是我的性命，为了做到这一点，我第一天在旷野上骑马奔驰了六十英里。我希望，当您亲眼看到我无穷无尽的不幸，您会对我产生同情。"

同情实际上也的确是伊丽莎白心里最初产生的情感。这个女人曾经想把她从王位上推翻，自己却从王位上跌落，而伊丽莎白根本不必为此采取任何措施，这肯定使伊丽莎白的骄傲心得到了极大的满足。对整个世界来说，这都是一出好戏，现在她要去扶起过去那么骄傲、现在却跪在她面前的女人，作为保护人，居高临下地张开双臂迎接她！因此，她最初的也是正确的本能认为应该宽宏大量地邀请她过来。"我获悉，"法国大使写道，"女王在国王委员会里用尽一切权力支持苏格兰女王，让所有人都理解自己打算接待她，而且要按照她过去的尊严和地位，而不是她现在的处境来尊崇她。"伊丽莎白对世界史怀有强烈的责任感，想要坚守自己的承诺。如果她真的追随了这种自发性的冲动，那么她本来能够拯救玛丽·斯图亚特和她的名誉。

但伊丽莎白不是孤身一人。在她的身边站着塞西尔，这个人有钢铁一般冰冷的蓝眼睛，是个完全缺乏激情、做事按部就班的政治家。这个情绪多变、一点气压变化就会受影响的女人谨慎地选择了这个清醒狡诈的诡计家站在自己身边，这个人完全不使别人开心，完全不具浪漫情调，出于内心清教徒式的天性鄙视玛丽·斯图亚特的激情和放纵不羁，作为一个严苛的新教徒，他也憎恨那个信仰天主教的女人，在此之外——他的私人笔记证明了这一点——他始终坚信她在刺杀达恩雷的事件中负有罪责，起到帮凶的作用。他立刻拦下了伊丽莎白准备伸出的援手。因为作为一位以大局为重的政治家，他很清楚，如果让这个要求过多的不安分女人和英格兰政府联系在一起，他们就要负起持久的责任，许多年来，不管她出现在哪里，哪里都会陷入混乱。以一位女王的荣誉标准在伦敦接待玛丽·斯图亚特就等同于认可她对苏格兰的要求，而英格兰就要承担责任，付出武力和金钱来反对梅里和勋爵。塞西尔对此没有任何兴趣，正是他本人挑唆勋爵反叛的。对他而言，玛丽·斯图亚特是新教的巨大敌人，是英格兰的巨大威胁，他很成功地让伊丽莎白也对这种危险坚信不疑，英格兰女王非常不开心地得知，她自己的贵族在她自己的国家里用荣誉的方式迎接苏格兰女王的到来。天主教勋爵中最有势力的诺森伯兰邀请她去自己的城堡，英国最有影响力的新教勋爵诺尔福克也去觐见她。所有人似乎都被这个女囚迷住了，这时，伊丽莎白这个多疑虚荣的女人天性就显露出了愚蠢的一面，很快就放弃了邀请女王来到自己宫廷的慷慨念头，因为女王有可能会把自己笼罩在她的阴影里，而且对英格兰国内的不满人士来说，玛丽·斯图亚特可是一位完美的王位候选人。

也就是说，只过了一两天，伊丽莎白就已经抛弃了人道主义的情感，下定决心，禁止玛丽·斯图亚特进入宫廷，但在另一方面又不能让她离开这个国家。但如果伊丽莎白能在一件事上做出清晰的表述和明确的行动，那么她也就不是伊丽莎白了。她的天性就像她的政治手腕一样模棱两可，这是一种最不幸的形式，因为它会扰乱别人的灵魂，给世界带来不安。伊丽莎白对玛丽·斯图亚特所犯下的不可否认的巨大罪孽就自此开始。她全凭袖手旁观就得到了多年来渴望的胜利：这位竞争对手曾经是骑士美德的荣誉典范，现在却陷入了耻辱与丑闻，不需要她做任何事，曾经前来攫取她的王冠的女王现在失去了自己的王冠，曾经高傲地面对她申明自己的合法权利的女人现在请求她的帮助。现在伊丽莎白有可能做两件事情。她可以提供给她一个避难所，这是英格兰一直都在向每一个流亡者承诺的，让她处在乞援人的地位，让她在道德层面上变得卑躬屈膝。或者她可以出于政治的理由，拒绝让玛丽·斯图亚特在自己的国家里停留。这两种举动都符合神圣国王的权利。她可以接纳寻求帮助的人，也可以拒绝寻求帮助的人。但有一种行为，无论是凡俗的法律还是天理都不能容忍：把寻求帮助的人引诱上门，又违背她自己的意愿对她实行暴力监禁。这个无法宽恕的诡计找不到任何借口，也没有办法用任何方式洗白，尽管玛丽·斯图亚特表现出了明确的要求，也就是再次离开英格兰，但伊丽莎白不再满足她的要求，而是用诡计和谎言，用虚伪的诺言和秘密的暴力留住她，通过阴险的监禁使得这位已经备受屈辱、饱经失败的女人走得比自己实际上想要的越来越远，一直走上了绝望和罪恶的阴暗道路。

　　这种对法律的公开践踏始终都是伊丽莎白一生的一个污点，还是最丑恶、最阴险的方式，甚至之后她宣判玛丽·斯图亚特的死刑和将她送上断头台都是更可以得到原谅的行为。因为暴力监禁甚至没有一丝一毫的合法借口。当拿破仑——人们有时会把他当作一个反例——逃到贝列娄封号舰船上，在那里按照英国的法律申请避难权的时候，英国的确可以把这个要求视为一场慷慨激昂的闹剧，予以回绝。因为这两个国家，英国和法国在当时处于公开宣战的状态，拿破仑是敌军司令，而且在四分之一个世纪的时间里都坚持不懈地以扼杀大不列颠为目标。与之相反，苏格兰和英格兰没有交战，处于完全的和平，伊丽莎白和玛丽·斯图亚特多年以来都以好友和姐妹相称，而且当玛丽·斯图亚特逃到伊丽莎白那里时，她还把指环送到她的面前，那个

"信物"①，那个友谊的证明，她还援引伊丽莎白本人的话，"在这个世界上，没有人比我能更真挚地倾听她的讲述"。她也可以用这一点提出要求，也就是直到目前为止，伊丽莎白给过所有流亡来英格兰的她的臣民避难权，梅里和莫顿、杀死李乔的凶手、杀死达恩雷的凶手，尽管他们都犯下了罪行，但也都找到了自己的庇护所。而且归根结底：玛丽·斯图亚特这次来并不是要求英格兰的王位，只是有一个谦逊的请求：让她安宁地留在这个国家里。如果伊丽莎白觉得不快，就让她继续前往法国。伊丽莎白自然知道她没有权利拘禁玛丽·斯图亚特，甚至塞西尔也知道这一点，他亲笔写下的一页笔记（"关于苏格兰女王"②）可以证明这个事实。"我们不得不帮助她，"他写道，"因为她自愿来到这个国家，心里怀着对女王的信任。"也就是说，这两个人的良心都非常清楚，他们根本没有一点权利做出如此可怕的非法行为。但难道政客的使命不就恰恰在于，在棘手的情况下找到借口和逃避方式，有化为无，无中生有吗？既然没有拘禁这位女流亡者的真正借口，那么就必须编造一个借口，既然玛丽·斯图亚特没有对伊丽莎白犯罪，那么就把她编成有罪的。这件事只能谨慎地进行，因为全世界都在警醒地旁观。必须在这个毫无防备的女人头上非常轻悄、非常隐蔽地编结罗网，趁她还没有注意到之前就把网织得越来越紧。当她——太晚了——尝试挣脱的时候，她每一个激情洋溢的举动都会使自己陷得越来越深。

这个罗网和圈套以礼貌和宫廷的待遇开始。伊丽莎白两位最尊

---

① 原文为英语。
② 原文为拉丁语。

贵的贵族，也就是斯克罗普勋爵和克诺立斯勋爵快马加鞭地——多么温柔的关心啊！——被派遣出去，作为荣誉骑士前往卡尔里斯尔去找玛丽·斯图亚特。但他们真正的使命既黑暗又晦涩，他们以伊丽莎白的名义问候尊贵的客人，对倒台女王的不幸表达了惋惜，与此同时，他们还要稳住这个激动的女人，让她冷静下来，不要让她过早地畏首畏尾，向外国宫廷寻求帮助。但这两个人在暗中得到了最重要的真正使命，要求他们严格地看守这个实际上已是一位囚犯的女人，拒绝她的所有访客，拦截她的所有信件，当天就有五十名刀斧手被调往卡尔里斯尔，这当然不是什么偶然事件。此外，克罗普和克诺立斯要把玛丽·斯图亚特说的每一句话报告给伦敦。因为人们在那里已经等得迫不及待了，准备在玛丽·斯图亚特终于暴露出一点什么的时候就给已经成为事实的监禁在事后编造借口。

多亏了克诺立斯勋爵灵巧的笔触，他写下的使命详情使我们得到了有关玛丽·斯图亚特最生动和最实际的性格描写。人们不得不再一次相信，这个女人会在一些罕见的时刻集中她巨大的精力，就连最聪慧的男人也不得不表示尊敬和赞叹。弗朗西斯·克诺立斯爵士在写给塞西尔的信中说道："毫无疑问，她是个出众的女人，事实上，没有任何奉承行为可以欺骗她，坦率的发言也不会令她感到气恼，只要她认为和她说话的是个体面人。"他发现，她在回应他的时候展现出了能言善辩的口才和机敏的头脑，他赞美她"正直的勇气""自由的心灵"[1]和平易近人的态度。但他也注意到了这个灵魂里燃烧着多么疯狂的骄傲，因为"她最渴望的就是胜利，与之相比，财富和尘世间的

---

[1] 原文为英语。

所有其他东西都令人蔑视、微不足道"——我们可以想象，当生性多疑的伊丽莎白看到对竞争对手的性格刻画的时候，她会有什么样的感受，她很快就变得心狠手辣。

但玛丽·斯图亚特也有一对敏锐的耳朵。很快，她就发现这两位使者友善的关切话语和敬畏举止都散发着危险的气息，这两个人与她热情友善地交谈，只不过是想掩饰什么事情。就好像是用强烈的恭维一滴一滴地腐蚀她，人们首先一点一点地告诉她，伊丽莎白不愿意接待她，除非她把所有的指控都从自己的身上洗脱干净。这个无法使人信服的借口是人们在这期间在伦敦炮制出来的，为了给拘禁玛丽·斯图亚特这个赤裸裸、冷冰冰的意图找一个道德上的掩护。但玛丽·斯图亚特要么就是真的没有看清情况，要么就是装作没有明白这种拖延是一种伪装。她怀着激昂的热情宣称，她已经做好了为自己辩护的准备，"但自然只能在唯一一个我认为和我出身同样阶级的人的面前，在英格兰女王的面前。"她认为这种辩护越快越好，想立刻"充满信任地投入她的怀抱"。她恳切地请求，"在最快的情况下，不要继续拖延，把她带到伦敦，让她进行控诉，反击人们胆敢针对她的荣誉所提出的诽谤。"因为她很愿意接受伊丽莎白作为法官，当然，只有她一人能够担任法官。

伊丽莎白想听到的正是这些话。玛丽·斯图亚特在原则上同意为自己辩护，这样一来，她的手里就有了第一步引诱的钓钩，把这个作为客人来到她国家的女人拖进一场审讯。当然，做这种事情不能采取引人注目的举动，而是要非常小心，以免这个不安的女人过早地向世界发出警报，在采取最终剥夺玛丽·斯图亚特的名誉的果断行动之前，她首先通过承诺使她麻痹，这样她才能够平静而毫不反抗地躺在刀锋下。因此伊丽莎白写了一封信，如果我们不知道在这个时候，部长委员会早就决定了对玛丽·斯图亚特实施拘禁的行为，那么这封信就会带有一种感人至深的语调。柔软的棉花里包裹着拒绝亲自接待玛丽·斯图亚特的意图。"夫人，"她对这个业已失败的女人写道，"我从我的勋爵那里听到了您的愿望，您想在我的面前针对人们对您提出的所有的指责进行自我辩护。没有人比我更愿意听到可以使您恢复荣誉的话了。但我不能为了您的事业拿我自己的声望赌博。我向您坦言相告，人们已经开始觉得我想捍卫您的事业，而不睁开眼睛看看您的臣民针对您提出的控诉。"在这次巧妙的拒绝之后还有更加精妙的引诱。伊丽莎白庄严承诺——我们必须着重注意这几行字——"以我的王者之言保证，无论是您的臣民还是我的顾问给我的任何建议，都不会迫使我要求您做可能危害到您或者是触及您名誉的事情。"这封信越来越恳切，越来越具有说服力。"难道您觉得，我不允许您来见我是一件奇怪的事情？我请您设身处地为我想一想。如果您摆脱了身上的嫌疑，我就愿意用所有应有的荣誉接待您，在这之前我还不能这样做。但在这之后，我向上帝起誓，绝对不会有一个人比我对您怀着更好的意志，同您见面将是我在这个世界上最快乐的事情。"

这些都是安慰的、温暖的、柔软的、使人宽慰的话语。但它们所掩盖的是生硬残忍的事实。因为带来这个消息的使者也有一个任务：向玛丽·斯图亚特最终说清楚，她绝不可能在伊丽莎白面前亲自辩护。他们要对苏格兰发生的事件进行合规的调查，当然，现在还暂时用"会议"这个更为名誉的名义进行遮掩。

但提到审讯、调查和宣判，玛丽·斯图亚特的骄傲就像碰到烧红的烙铁一样暴跳如雷。"除了上帝，我没有其他任何法官，"她愤怒地抽泣着,"没有人可以审判我。我知道我是谁,也知道我的等级具有何等的权利。我出于自己的意志和全然的信任,提议让女王,让我的姐姐在我这件事上充当法官,这也是合理的。但如果她不应允,那么我又该怎么办呢?"她咄咄逼人地宣布(这些话竟然成真了!),如果伊丽莎白把她留在自己的国家里,那么她也不会因此得到什么好处。然后她就拿起了笔:"唉,夫人,"她激动地回答道,"您是否听说过,有人指责一位君主,说他竟然亲自倾听别人控诉自己遭受的指责……夫人,您不认为我来这里是为了我自己。——无论是世界还是整个苏格兰都还没有否认我——我到这里来是为了重新赢回我的名誉,找到支持,制裁针对我的虚假控诉,而不是来把他们当作平等的人给出回应。我在所有的王侯中选择了您,因为您是我最近的亲戚和'完美的朋友'[1],我向您控诉,是因为我相信您将恢复一位女王的荣誉视为自己的荣誉。"她逃出一座监狱,不是为了停留在"另一个几乎差不多的"[2]地方。最终,她愤怒地直接要求伊丽莎白做出所有人都没有办法让她做到的事情,做出明确的行动,不是援助,就是自由。她"自愿"[3]来到伊丽莎白的面前为自己辩护,但不接受她的臣民采取审讯的形式,除非他们把她五花大绑。她充分意识到自己享有不可剥夺的神恩,和她的臣民不处于同一等级:她宁可死去。

玛丽·斯图亚特的立场在法律上是无懈可击的。英格兰女王并没有凌驾于苏格兰女王之上的权力,不能调查发生在外国的谋杀案,不应该插手到一位外国女王与臣民的矛盾之中。这一点,伊丽莎白也非

---

[1] 原文为法语。
[2] 原文为拉丁语。
[3] 原文为法语。

常清楚，因此她加倍努力地谄媚，把玛丽·斯图亚特从她易守难攻的可靠地位引诱到审讯的污秽深渊里。不，她不是作为法官，而是作为朋友和姐姐才希望弄清楚事实，唉，她确实衷心地希望最终见到她亲爱的表妹，并且帮助她回归。为了把玛丽·斯图亚特从安全的立场引诱出来，伊丽莎白做了一个又一个的重大承诺，好像她从来没有一分钟怀疑过这位备受污蔑的女人的清白，好像这场审讯不针对玛丽·斯图亚特，仅仅针对梅里和其他追随者。她不得不反复发誓，在这次调查中，不会讨论到任何有损玛丽·斯图亚特名誉的内容，不会"反对她的荣誉"①——我们之后会看到这个承诺是否得到了遵守。此外，伊丽莎白还欺骗中间的调停人，说无论调查结果如何，都保证玛丽·斯图亚特能够坐上苏格兰王位。但就在伊丽莎白以自己的荣誉向玛丽·斯图亚特起誓的时候，她的总理塞西尔却在积极地进行着另一件事情。他安抚梅里，让他帮助进行调查，许诺绝对不考虑让他的妹妹重回王位上——我们可以看出来：双面游戏的伎俩并不是我们这个世纪的政治发明。

玛丽·斯图亚特很快就注意到了这些阴暗的撕扯和圈套。伊丽莎白没有欺骗她，她的意图在自己亲爱的表妹眼里也不是那么的不明确。她表示了抗拒，做出了抵抗，时而写甜蜜的信件，时而写激愤的信件，伦敦却再也没有松开绳索，恰恰相反，还慢慢地把绳索拉紧了。渐渐地，为了加强心理层面的压力，也采取了各种措施，这是为了向她表明，人们已经决定，在必要的情况下、在出现争吵的情况下、在被拒绝的情况下也会使用暴力。她的舒适待遇受到了限制，她

---

① 原文为英语。

不再能接待任何来自苏格兰的访客，出门的时候必须有至少一百名骑士陪伴，有一天，一道命令使她感到惊讶，这道命令要求她离开卡尔里斯尔，离开开阔的海洋，她在这里可以自由地远眺，也许会有一艘援助的船只把她劫走——搬到约克郡坚固的博尔顿城堡里，住在一座"非常坚固、非常美丽、非常体面的房子"①里。自然，这个艰难的任务也被裹在了甜蜜的糖衣里，利爪依然还怯懦地隐藏在天鹅绒手套里：人们向玛丽·斯图亚特保证，人们只是出于温柔的体贴才这样做的，让她待在距离伊丽莎白更近的地方有助于快速地交换信件。在这里，在博尔顿，她将享有"更多的快乐与自由，完全免于敌人的所有威胁。"玛丽·斯图亚特已经不再那么天真，不再相信伊丽莎白有这么多的爱意，她还在反抗与拒绝，尽管她知道自己已经满盘皆输。但是她还能怎么办呢？她再也无法回苏格兰了，也没有办法去往法国，而她外在的处境变得越来越缺少尊严：她吃的是别人的面包，就连身上穿的衣服都是伊丽莎白借给她的。她茕茕孑立，和所有真正的朋友隔绝开来，只能被自己敌手的臣民围绕着，玛丽·斯图亚特逐渐对反抗失去了信心。

最终，按照塞西尔的预料，她犯下了重大的错误，那是一个伊丽莎白迫不及待地期待着的错误。在一瞬间，在一个松懈的时刻，玛丽·斯图亚特宣布自己同意接受调查。她犯下的这个不可原谅的重大错误就在于她偏离了自己原本不可触碰的立场，也就是伊丽莎白不能审判她，也不能掠夺她的自由，她作为女王和客人，不能屈服于外国的法律判决。但玛丽·斯图亚特永远只能在短暂的瞬间里做出炽热的

---

① 原文为英语。

爆发式行动，从来都没有一位王侯所必需的毅力。她感觉已经踩不稳脚下的大地，于是徒劳地尝试在事后追加条件，但她已经被引诱着表示了同意，至少要紧紧攥住那只把她推进深渊的手。"在您说清楚之后，"她在6月28日写信说道，"没有什么事情是我不会做的，因为我绝对不会质疑您的荣誉和您作为君主的忠诚。"

但是谁一旦开始等待恩典或者是严苛，那么事后的任何话语、任何请求就都于事无补了。胜利自有自己的权利，这种权利总是会变成失败者权利的丧失。"成王败寇"！①

---

① 原文为拉丁语。

## 第十八章 网已拉紧

1568年7月至1569年1月

玛丽·斯图亚特几乎刚一轻率地同意来到这个"没有党派倾向的审判法庭"，英国政府就开始采取所有的权力措施，准备把这次审讯变成一次有党派倾向的审讯。勋爵们获准本人出席，有所有的证据作武器，而玛丽·斯图亚特只允许通过两名代表人士参与，她只能站在远处，通过中间人对叛乱的勋爵提出指控，勋爵则可以高声地畅所欲言，也可以私下进行阴谋——通过这样的虚伪行径，她从一开始就被迫转攻为守。所有美好的承诺都在谈判桌上一个接一个地落空。伊丽莎白之前还声称，在审讯结束前都不能面见玛丽·斯图亚特，现在却毫无顾忌地接待反叛者梅里，并没有觉得这会对自己的荣誉造成什么损失。尽管人们还是在掩饰自己想要把苏格兰女王送上被告席的企图——他们还是有必要顾及外国的想法！——在形式上声称，勋爵应该为他们的叛乱行为进行"自我辩护"。但伊丽莎白表面上向勋爵们要求自我辩护，这当然意味着他们应该给出一些举起武器反对自己女王的原因。这样一来，这就等同于要求他们详细讲述刺杀国王的整个事件，从这里开始，矛头就指向了玛丽·斯图亚特。如果勋爵们带来了足够的针对她的指控，那么伦敦马上就有了继续扣留玛丽·斯图亚特的司法层面的理由，而囚禁一位无法脱罪的女人这件事也幸运地没有受到整个世界的指摘。

但是这次以会议的形式进行的欺瞒演出——如果我们把它称为一场法律审讯，那么我们就是在侮辱司法——以意料之外的方式变成了另一种意义上的喜剧，已经不再符合塞西尔和伊丽莎白的希望。因为刚把涉事双方带到一张圆桌前，让他们进行彼此控告，双方就展现出都不太愿意拿出档案和事实的样子，双方也都很清楚为什么。因为——这场审讯独一无二的奇特之处也就在于此——原告和被告实际上密谋进行了同一场犯罪行动，双方都宁可避而不谈达恩雷被刺杀的这个棘手事件，因为他们双方都"参与其中"①。如果莫顿、迈特兰和梅里公开"首饰箱信件"，宣称玛丽·斯图亚特是帮凶，至少是知情者，那么尊贵勋爵的反叛就是完全有道理的。但是，玛丽·斯图亚特同样有权利指控勋爵，他们在事先就很清楚这项行动，至少是通过默许表示了赞同。如果勋爵们把那些令人尴尬的信件放在桌上，那么玛丽·斯图亚特也在之前就通过博斯威尔得知了在谋杀者的盟约上签名字那些人，甚至也许还握有那份文件，可以撕掉这些事后对国王表现出爱国衷心的勋爵的假面具。因此，双方都没有兴趣针锋相对，这就是自然的事，双方都怀有共同的意愿，想要"以友善的方式"②处理这个尴尬的案件，这也非常易于理解，他们都想让可怜的达恩

---

① 原文为英语。
② 原文为法语。

雷在坟墓里静静地安息。"让死者得到安息！"①是涉事双方虔诚的祈祷。

于是就出现了最奇怪的事情，这也是最超出伊丽莎白意料之外的事情：审讯开始时，梅里只控告博斯威尔——他知道，这个危险的人远在几千英里之外，没有办法指控自己的同党——但是他怀着某种奇特的谨慎，避免以任何方式指责自己的妹妹。他们似乎已经完全忘记，一年前他们还在议会里公开宣称她参与了谋杀行动。这些奇怪的骑士们绝对没有像塞西尔所希望的那样，以疾风骤雨的气势策马奔来，毫无顾忌，他们绝对没有把那些具有控告价值的信件甩到明面上，而且——这是这出非常特殊的喜剧的另一个奇特之处，也是一个比较重要的奇特之处——就连英格兰的专员也保持着充满顾虑的沉默，不想问太多的问题。诺森伯兰勋爵作为天主教徒，也许更支持玛丽·斯图亚特而不是自己的女王伊丽莎白，诺尔福克勋爵则出于之后才慢慢揭露的个人原因，致力达成某种平静的和解，人们想要达成的一致结果已经有了基本的大纲：玛丽·斯图亚特应该再次得到头衔和自由，而梅里则可以保留对他来说唯一重要的东西：实际的统治权。伊丽莎白希望能够以电闪雷鸣的架势从道德的层面上击碎自己的竞争对手，现在却发现只有微风吹拂。人们在紧锁的门后真挚地交谈着，而不是大声地讨论档案与事实，人们的情绪变得越来越温暖友善。仅仅在几天的工作之后——真是一次奇怪的审讯！——，没有严格的开庭审判，原告和被告、专员和法官就达成了一致，准备以一流的手段，以充满荣誉的方式结束这场伊丽莎白作为首要的国家行动设计出

---

① 原文为英语。

来针对玛丽·斯图亚特的会议。

指定的调停人，也就是负责在两个党派之间来回传递消息的中间人是苏格兰的国务秘书，列廷顿勋爵迈特兰。因为他曾经在刺杀达恩雷这桩阴暗的事件中扮演过最阴暗的角色，而且他还是一个天生的外交家，自然就会扮演一个双面角色。当勋爵们在克雷格米拉尔觐见玛丽·斯图亚特，向她提出建议，和达恩雷离婚或者是用某种其他的方式摆脱他时，迈特兰就是发言人，曾经给出了含糊的许诺，也就是说梅里会对此"睁一只眼闭一只眼。"另一方面，他也促成了玛丽·斯图亚特和博斯威尔的婚姻，也"偶然地"成了诱拐行动的证人，只是在最后关头再次回到了勋爵的阵营里。女王与勋爵之间激烈的火药发射让他产生了一种秘而不宣的预感，他自己被夹在了中间地带，因此他急匆匆地尝试了所有合法和非法的手段，只是为了达成某种和平。

他首先去恐吓玛丽·斯图亚特，说勋爵已经决定，如果她毫不顾忌地表现出不肯屈服，那么他们就会不惜一切，捍卫他们自己，即便会给她带来耻辱。为了向她展现出勋爵已经准备好了什么样能够摧毁她名声的武器，他悄悄通过自己的妻子玛丽·弗莱明抄写了一份控诉方的主要罪证，也就是首饰箱里的一些情书和十四行诗，然后把抄件送到了玛丽·斯图亚特面前。

秘密递交玛丽·斯图亚特本人还不知晓的控告材料，这自然是迈特兰对付他的同僚所走的一步棋，此外，这也是一种对正常审讯秩序的严重损害。但勋爵一方很快也做出了同样不合适的事情，用某种方式在谈判桌下把"首饰箱信件"交给了诺尔福克和其他英格兰专员。这对玛丽·斯图亚特的事业来说是一次沉重的打击，因为法官在这之前还非常想调停，现在却受到了影响，开始反对她这个人。尤其是诺尔福克，这个打开的潘多拉的魔盒所散发出的丑恶的饥渴情绪令他的态度一落千丈。他立刻——他这样做也是不被允许的，但是在这场奇特的审讯中，一切都不是那么的合法合规——向伦敦报告，"博斯威尔和女王之间放荡不羁、肮脏不堪的爱情还有她对自己被杀害的丈夫的厌恶使她夺走了他的生命，显而易见，任何善良和理智的人都会感到不寒而栗，被这件事情吓退。"

这对玛丽·斯图亚特来说是个坏消息，对伊丽莎白来说却是特大喜讯。因为此刻，既然她已经知道可以在审判庭上出示这样一份剥夺对方荣誉的控告材料，她就无法继续安安静静地等待了，一定要运作，使这份材料公之于众才肯罢休。现在，玛丽·斯图亚特越是急迫地寻求平静的和解，伊丽莎白就越是想公开把她钉上耻辱柱。由于诺尔福克的敌意，由于他看过那些臭名昭著的"首饰箱信件"以后所引发的真情实感的愤怒，玛丽·斯图亚特看起来已经输掉了赌局。

但无论是在赌桌上，还是在政治领域里，只要手里还握有一张牌，我们就不能说某一方已经输掉。就在这一刻，迈特兰又做出了一个令人气恼的变卦行为。他前去探访诺尔福克，和他进行了一段充满信任的长谈。看啊，所有人都震惊了，我们在一开始几乎无法相信那些报告，在一夜之间发生了奇迹，扫罗变成了保罗[①]，那个愤怒的、恼火的、强烈反对她的法官诺尔福克现在摇身变成了玛丽·斯图亚特热心的帮手和同情者。他没有依照自己女王的意图进行公开的审理，而是突然开始更努力地维护苏格兰女王的利益。他突然开始劝说玛

---

[①] 使徒保罗原名扫罗，曾致力于屠杀基督徒，后却受洗，并且致力于宣扬基督教。

丽·斯图亚特，还不要放弃苏格兰的王冠，也不要放弃对英格兰王位的继承要求，他使她振作起来，给她鼓劲打气。与此同时，他又恳切地警告梅里把信件交出来。看啊，在和诺尔福克进行了一次私密的交谈之后，就连梅里的态度也迎来了急转弯，变得温和，渴求和解，他完全赞同诺尔福克，只想把全部罪责推到博斯威尔的头上，不再归咎于玛丽·斯图亚特。似乎在一夜之间，一阵暖风就从屋顶之上吹拂而过，冰面融化，只要再过一两天，这栋奇特的建筑里就会焕发出春日和友情的光芒。

我们不禁会发问，到底是什么打动了诺尔福克，让他在一夜之间做出了一百八十度大转弯，从伊丽莎白的法官变成了伊丽莎白意志的叛徒，从玛丽·斯图亚特的敌人变成了玛丽·斯图亚特最热情的朋友呢？我们的第一个念头是：迈特兰肯定是收买了诺尔福克。但如果仔细一想，这一点似乎是不可能的。因为诺尔福克是英格兰最富有的贵族，他的家族仅仅稍逊于都铎家族，区区一个迈特兰，甚至是整个贫困的苏格兰都拿不出来可以收买他的钱财。但就像在大多数情况下一样，第一感觉才是正确的——迈特兰的确是成功地收买了诺尔福克。他给这位年轻的鳏夫提供的是唯一能够引诱一位如此有权有势的人物的价码，也就是更多的权力。他提出让公爵和女王结合，从而获得英格兰王位的继承权。一如既往，一顶王冠总能散发出神奇的魔力，甚至能使懦夫变得勇敢，使最冷漠的人变得野心勃勃，使最深思熟虑的人变得愚蠢。现在我们就能理解了，为什么诺尔福克昨天还在急迫地催促玛丽·斯图亚特放弃她女王的权利，今天却以如此引人注目的方式捍卫她的权利。因为他想和玛丽·斯图亚特结婚，不仅想要通过婚姻得到继承权，也想一举取代这个曾经以叛国罪处死了他的祖父和父亲的都铎家族。如果一个儿子、一位孙子背叛了曾经绞杀自己家庭的一个王室家族，我们怎么能说这是不对的呢。

当然，如果以我们今天的情感来看，我们在一开始肯定会感到迟疑，很难理解这种可怕的事实。这个人昨天还在对这个女谋杀者、女通奸犯，对玛丽·斯图亚特的行为表示震惊，为她那"肮脏不堪"的婚外恋情感到义愤填膺，却这么快就下定决心要娶这个女人当妻子。玛丽·斯图亚特的捍卫者在这件事情上自然提出了一种假设，也就是说，迈特兰肯定是在这次秘密的交谈中向诺尔福克说明了玛丽·斯图亚特的清白，向他证明了"首饰箱信件"全部是伪造的。但留传下来的文献从来都没有提到这一点，实际上，诺尔福克在几个星期后还继续在伊丽莎白面前把玛丽·斯图亚特说成谋杀凶手。但是，将我们的道德观套用到四百年前的事件上难道不是一种谬误吗？因为一个人类的生命在不同的时代、在不同的地区完全不能说是一个绝对的概念，每个时代对它的估价都不尽相同，而道德永远都是相对的。我们的时代对政治性的刺杀要比十九世纪宽容很多，而十六世纪更不觉得这是一个特别重大的问题。那个时代完全不懂顾虑良知，它的道德水准并不出自《圣经》，而是来源于马基雅维利主义：在那个时候，如果谁想登上王位，谁就不会用太多感伤主义的权衡折磨自己，也不会急迫地想看看通往王位的阶梯是不是还沾染着新鲜的血液。《理查三世》里有这样的一出场景，王后与她认为杀害了自己丈夫的凶手结成了夫妻，那部戏剧就出自于同时代人之手，观众可绝对没有认为这是不可信的情节。为了成为国王，人们不惜谋杀和下毒，害死自己的父亲和兄弟，把成千上万的无辜者拖进战争，清除道路，消灭敌人，不会去问一问自己到底有没有权利这么做，在那个时代的欧洲，我们几乎找不出哪一个统治者的家族里没有进行过这样的公开犯罪行为。如果可以得到一顶王冠，一个十四岁的少年就可以和一位五十岁的贵妇结婚，一个尚未成熟的少女可以嫁给一个能当自己祖父的白发老者，人们不再会去追问品德和美貌，追问尊严和道德，人们可以和智力衰弱的人、身体残疾的人、瘫痪的人、梅毒病人、精神病人和罪犯结婚，那么如果这个年轻、美丽、热血的女王已经准备好宣布让他成为自己的丈夫，我们又为什么恰恰要对这个虚荣的野心家诺尔福克抱有特殊的期待呢？诺尔福克因为自己的野心目眩神迷，没有对玛丽·斯图亚特做出了什么行为进行过多考虑，仅仅考虑她能够为自己做出的贡献，在这个软弱且不是特别聪明的人的脑海里，他已经坐在了威斯敏斯特宫里伊丽莎白的位置上。于是局势在一夜之间突变。迈特兰那双灵巧的手松开了为玛丽·斯图亚特编结出来的罗网，她本来已经不得不面对一位严厉的法官了，却突然找到了一个求婚者和一位助手。

但伊丽莎白有非常出色的信使，她还拥有警醒的、非常具有怀疑精神的理智。"君主都有可以听见远远近近声音的巨大耳朵"[1]，有一次，她洋洋得意地向法国使者说道。她从几百个小小的迹象中猜测到，约克郡到处都在酝酿阴暗的毒液，这对她来说不可能是有利的。她首先召见了诺尔福克，嘲讽地直接对他说，她听说他已经准备去求婚了。诺尔福克并没有英雄主义的性格。福音书中的鸡响亮又清脆地叫了起来[2]，他昨天还在追求玛丽·斯图亚特，现在就立刻以一

---

[1] 原文为法语。

[2] 耶稣在被杀之前对门徒彼得说："今夜鸡叫前，你要三次不认我。"当晚耶稣被捕，彼得刚刚说他不认识耶稣，就传来了鸡叫声。

种无情的方式进行否认。他说这一切全是谎言和诽谤，他决不会和这样一个破坏婚姻的女人和杀人的女人结婚，放肆大胆地说着谎："如果是这样的话，我入睡之前就要先看看我的枕头底下是不是有一把刀子了。"

但是伊丽莎白知道自己已经了解了多少的事实，日后她骄傲地说道："他们以为我是个傻子，什么都感觉不到。"①一旦这个女人焕发出了无穷无尽的力量，在宫廷里严厉地抓住了这个轻率的人，他就立刻把自己的秘密全部吐露了出来。现在她要精力充沛地采取行动。按照她的命令，谈判从11月25日起从约克郡转移到威斯敏斯特宫的画廊里。这里距离她的房门只有几步之遥，在她怀疑的目光之下，迈特兰已经不再能像在约克郡一样轻松地耍花招了，那里距离女王有两天的路程，而且远离她的看守和间谍。在此之外，伊丽莎白意识到了这些专员们的不可靠，所以她又增加了几个无论如何都可以指望得上的人，首先就是她的宠臣莱斯特。现在，既然她已经将缰绳牢牢地握在了自己残酷无情的手中，审讯依照她所命令的程序飞速进行。她的老食客梅里得到了一个干脆利落的命令，要"为自己辩护"，此外还有一个危险的鼓励，即便在"最使人憎恶的指控"②面前也不要退缩，也就是说，要呈现出女王与博斯威尔的通奸证据，拿出"首饰箱信件"。伊丽莎白已经完全忘记了自己向玛丽·斯图亚特立下的庄严承诺，绝不会"反对她的名誉"③。但是勋爵还是觉得很不自在。他们还是一而再地拖延，不想拿出信件，只是局限于普遍的怀疑。伊丽莎

---

① 原文为法语。
② 原文为英语。
③ 原文为英语。

白没有办法给他们下达公开命令，让他们呈现信件，这样就会过于明显地显出她的党派立场，所以她想出了一个更加出色的虚伪手段。她装作完全坚信玛丽·斯图亚特的清白无辜，认为只有一种方式来拯救她的名誉，怀着一位姐妹的焦躁，要求把所有"污蔑材料"都作为证据调查清楚。她想要那些信，她想要那些写给博斯威尔的爱情十四行诗立刻就出现在谈判桌上。玛丽·斯图亚特必须最终被她干掉。

在这样的压力之下，勋爵终于屈服了。他们直到最后一分钟还上演了一出表示抵抗的小小的喜剧，梅里没有亲自把信件放到桌子上，只是展示出这些信件，然后让一位秘书"用暴力的方式"从他手里把东西夺走。无论如何，现在胜利属于伊丽莎白，信件放在了谈判桌上，先是当众宣读了一遍，第二天又在一次强化性质的委员会议上宣读了第二遍。尽管勋爵们早就"宣誓"[①]证明信件是真实的，但这还不够，还不够。就好像伊丽莎白预料到了在几百年后，会有拯救玛丽·斯图亚特荣誉的人提出异议，声明信件是伪造的，她在全体委员会的面前让人们将这些信件的字迹和她自己收到的玛丽·斯图亚特的亲笔信的字迹进行了非常仔细的比对。在调查的过程中（这再一次证实了这些信件的真实性），玛丽·斯图亚特的代表们离开了谈判现场，并且声明——非常理直气壮地——伊丽莎白没有遵守自己绝对不"反对（玛丽·斯图亚特的）名誉"[②]的这个诺言。

但是在这场所有环节都违反法律的审讯中，到底还有什么正义可言呢？在这场审讯中，主要的被告不允许出庭，而她的敌人，例如

---

① 原文为英语。
② 原文为英语。

伦诺克斯却可以公然提出指控。玛丽·斯图亚特的代表几乎刚一走出法庭，聚集起来的专员一致达成了"暂时决议"，也就是说，在玛丽·斯图亚特把所有的指控洗脱之前，伊丽莎白不能与她会面。伊丽莎白达到了目的。人们终于炮制出了她急需的借口，可以把这个流亡女王赶到一边，现在要找到一个理由，"宫廷的荣誉接待"[①]——这是"监禁"这个词一个美丽的委婉说法——继续扣留她也不是很困难的事了。伊丽莎白的忠臣帕克大主教洋洋得意地欢呼道："现在我们出色的女王终于把恶狼捉拿到了手里！"

这个"暂时论断"等于公开宣布了玛丽·斯图亚特的谋杀罪，使她低下了头颅，露出了脖颈。现在判决可以像一把斧头一样落下了。人们可以宣布她是杀人犯，把她送往苏格兰，在那里，约翰·诺克斯可不会宽恕她。但是在这一刻，伊丽莎白抬起了手，没有做出这个致命的打击。每当要给出最终决定，无论这个决定是出于善意还是恶意，这个谜一般的女人就会失去真正的勇气。这是因为她人性里经常温暖地涌流着的那种宽宏大量的情感波动吗，这是因为她没有遵守要维护玛丽·斯图亚特名誉的王者之言，因此感到羞愧吗？还是说这是出于外交层面的考虑，或者——就像这种性格神秘莫测的人在大多数情况下那样——这是许多彼此矛盾的情感的混乱交织：无论如何，伊丽莎白面对机会，再次退缩，没有彻底打垮自己的对手。她没有要求迅速做出严厉的判决，而是推迟最终的决定，准备和玛丽·斯图亚特谈判。在内心深处，伊丽莎白只希望摆脱这个固执、不屈、无法恢复清醒的女人，她只希望她变得平静和渺小，于是在做出最后的判决之

---

[①] 原文为英语。

前，她先要求玛丽·斯图亚特对文件提出异议，并且通知她，如果她自愿退位，她就会无罪释放，可以自由地居住在英格兰，并且可以得到一份年金。与此同时，人们又用公开审判的消息对她进行恐吓——胡萝卜加大棒——而英格兰宫廷的代表人士克诺立斯报告说，他用尽了威胁的手段对她进行恐吓。伊丽莎白再一次同时使用了自己最喜欢的两种方式：威逼利诱。

但是玛丽·斯图亚特既不害怕威逼，也不为利诱动心。危险总是能够让她的皮肤灼灼燃烧，让她重新振作起来，这样一来，她的勇气和她的态度都变得强大起来。她拒绝检验文件。她意识到自己陷入了什么境况的时候已经太晚了，但她还是回到了自己旧日的立场上，也就是她不能以平等的地位和她的臣民对质。仅仅是她的王者之言就可以宣布所有的指控和文件都是虚假的，就能胜过所有的证据和论断。她断然拒绝伊丽莎白提议的交易，得到一个自己并不承认的法庭的无罪宣判，付出退位的代价。她坚决地对交易者抛下了一句话，她的整个生命和死亡都可以证明，这句话得到了应验："不要再提一个字让我放弃我的王冠！要我同意这一点，我宁可去死，但我这一生所说出的最后一句话都是苏格兰女王所说出的话。"

恐吓行动失败了，伊丽莎白犹疑不定的勇气被玛丽·斯图亚特的坚定决心冲垮了。伊丽莎白又开始犹豫，尽管玛丽·斯图亚特表现得毫不屈服，人们也不敢给出公开的判决。伊丽莎白（我们会看到，她始终都是这样）这一次也被自己的意志导致的最终后果吓坏了。按照她计划的那样，判决没有那么可怕，却非常虚伪，就像整场审讯一样。1月10日，古怪无能的法律判决得到了庄严宣告，梅里和他的追随者没有受到任何指责，结论是他们没有做出任何违反名誉和责任的行为。这样一来，勋爵们的反叛就得到了明确的赞同。而玛丽·斯图亚特的名誉声明则要含糊得多：勋爵提出的针对女王的指控证据不够充分，不足以使英格兰的女王对自己的妹妹产生恶劣的看法。从表面上看，我们可以把这视为对荣誉的拯救，是在宣布证据不牢靠。但"足够充分"①这个词里埋藏了含毒的荆棘。这样一来，所有呈堂的证据，所有非常可疑的控诉证据都只是不那么"完全"充分，不足以说服一位像伊丽莎白这么善良的女王。有了这些东西，塞西尔就足以达到目的了：玛丽·斯图亚特依然没有洗脱嫌疑，这样人们就找到了一个充分的借口，继续扣留这个手无寸铁的女人。在这一瞬间，伊丽莎白取得了胜利。

但这个胜利代价惨重。因为只要她还在拘禁玛丽·斯图亚特，英格兰国内就生活着两位女王，只要两位女王都还活着，那么这个国家就永远也不会得到安宁。不公总是导致不安，构思诡计以后永远都会出现恶劣的结果。在伊丽莎白剥夺玛丽·斯图亚特的自由的那一天，伊丽莎白也失去了自己的自由。她把玛丽·斯图亚特当作敌人对待，这样一来，她也给了玛丽·斯图亚特采取敌对行动的权利，她自己违背诺言给了对方违背诺言的理由，她自己说谎给了对方说谎的理由。年复一年，伊丽莎白不得不为自己所犯下的这个错误感到懊悔，也就是没有屈从于自己最初最自然的本能。她意识到，在这种情况下宽宏大量才意味着明智的时候已经太晚了。因为如果伊丽莎白在一场朴素的接待仪式后就释放这个乞援人离开，那么玛丽·斯图亚特就将变得多么可怜和渺小！将不再会有任何法官和任何诗人想起她来，丑闻给

---

① 原文为英语。

她打上了烙印，而伊丽莎白的宽宏大量将会使她进一步承受屈辱，只能在一个宫廷到另一个宫廷之间漫无目的地四处漂泊，在苏格兰，梅里已经切断了她的归路，法国和西班牙都不可能会以特别尊敬的方式接待这位令人不适、激动不安的女人。也许她会因为自己的脾性卷进新的浪漫爱情，也许她会渡海去丹麦追随博斯威尔。但是她的名字会尘封在历史里，至多作为一个不那么光荣的女王，一个和杀害自己丈夫的凶手结婚的女王保留下来。恰恰是伊丽莎白的不公将玛丽·斯图亚特从这种晦暗卑微的命运中拯救了出来。恰恰是她才使自己对手的命运再次变得伟大，她想羞辱玛丽·斯图亚特，却抬高了她，给这个已经坠落的女人又戴上了一顶殉难者的桂冠。玛丽·斯图亚特成为一位如此传奇性的人物不是因为自己的什么事迹，而是因为她所遭受的毫无必要的不公，而伊丽莎白也从来没有在道德上受到过如此的损害，因为她错过了在伟大的时刻表现出真正的宽宏大量的机会。

# 第十九章 阴影里的岁月

1569—1584

没有什么比描绘空虚的日子更让人觉得毫无希望的事情了，没有什么比展现一成不变的生活更艰难的事情了。玛丽·斯图亚特的监禁生活就这样无事发生，就是一段荒芜的、没有星辰的漫漫长夜。判决终于打破了她生命中伟大热烈的节奏。一年又一年流逝过去，就像海水一浪接着一浪，时而稍显激动，时而略显慵懒和平静，但是内心深处再也没有翻涌，对这位与世隔绝的女人来说，再也没有幸福，也再也没有折磨。没有任何事情发生，这使得她过去曾经热情洋溢的命运散发出加倍不满的微光，走进了死寂的、怠惰的缓慢节奏，这个渴望生活的女人的二十八岁、二十九岁和三十岁就这样度过了、消逝了。然后又是一个新的十年，一样空虚和不温不火，三十一岁、三十二岁、三十三岁、三十四岁、三十五岁、三十六岁、三十七岁、三十八岁和三十九岁——仅仅是把这些数字写在一起都会令人觉得疲惫。但我们不得不一年一年地把它们写下来，这样才能让人感到这种摧毁性的、折磨人的、持续性的精神层面的痛苦，因为每一年都有几百天，每一天都有好几个小时，而没有一个小时是真正充满生气和愉悦的。然后就是以四开头的年纪，到了这个转折点，她已经不再是一个年轻女人，而是一位疲倦和病弱的女人，四十一岁、四十二岁和四十三岁也慢慢地溜走，最终，即便人们不把这个疲倦的灵魂从监牢里带出来，死神也会流露出同情心来。在这些年里，有一些事情发生了改变，但都是些微不足道、无关紧要的事情。有时候，玛丽·斯图亚特身体健康，有时候她生病，有时候出现希望，然后又是上百倍的失望，有时人们待她更严酷，有时更礼貌，有时她给伊丽莎白写怒气冲冲的信件，有时写满怀柔情的信件，但本质上，这一直都是一种令人愤怒、不折不扣的单调生活，始终是毫无色彩的时光，在她的指间空洞地流走。监狱在外表上有了变化，人们时而把女王囚禁在博尔顿城堡，时而把她囚禁在契茨沃尔德、谢菲尔德、塔特贝里、温菲尔德和福特林盖的城堡里，但只是地名有所不同，只是石头和墙壁有所不同，实际上，所有关押她的城堡都一样掠夺了她的自由。日月星辰以几近恶毒的坚守走着广阔的漫游轨迹，绕着这个狭窄的小世界，黑夜完了就是白昼，一个月完了又是一年，王国消亡又复兴，君主出现又沉沦，女人变得成熟，生下孩子，然后枯萎，在海岸对面和山岳那边，世界不断地改变。只有这一个生命无穷无尽地躺卧在阴影里，被砍断了根和茎，再也不能开花结果。玛丽·斯图亚特慢慢地被这种无力的渴望吞噬了，青春已经耗去，生命走向流逝。

矛盾的是，在这段无穷无尽的囚禁生活中，最残忍的却是这段囚禁生活表面上的毫不残忍。因为一个骄傲的心智会和粗暴的强力进行对抗，会在屈辱中燃起愤怒，一个灵魂总能在野蛮的抵抗中成长。但空虚会使它失去力量，变得疲软。人们永远也无法用拳打脚踢对待橡胶做成的牢房墙壁，这样的牢房墙壁比最坚固的建筑还令人难以承受。对一颗高贵的心灵来说，没有什么鞭笞和辱骂的行为能比强制性地压制它的自由，又怀着献身般的强烈力量不带讥讽地抬高它，表现出表面上的礼貌更能让它从深处燃烧起来了。正是这种虚伪的顾虑，这种并不是对待一个承受磨难的人的歹毒，而是坚持按照等级秩序对待玛丽·斯图亚特，正是这种饱含尊敬的小心翼翼，这种虚假的隐瞒，这种"符合宫廷荣誉"①的荣誉等级，这种怀着谦卑的目光将她保护在自己手里的做法给她套上了锁链。在所有这些年里，人们从来没有一分钟忘记玛丽·斯图亚特是一位女王，人们赞同给她提供所有毫无价值的舒适设施，提供所有微不足道的许可，只是不给她一件东西，也就是生命中最神圣的、最重要的东西：自由。伊丽莎白恐惧地维持着自己作为人道主义统治者的威望，她足够聪明，不会以报仇般的态度对待自己的竞争对手。她多么关心自己善良的妹妹啊！玛丽·斯图亚特生病时，伦敦立刻派人进行关切的问询，伊丽莎白把自己的医生推荐给她，说她希望让自己的亲信准备玛丽·斯图亚特的餐食。不，人们不应卑鄙地喃喃自语，说她尝试毒死这个令她感到不快的对手，人们不应该抱怨说她把一位受过涂油礼的女王关在了监狱里，她只是急迫地，怀着某种难以抗拒的急迫要求自己来自苏格兰的妹妹长期住在一座美丽的英格兰庄园里！当然，对伊丽莎白来说，把这个不肯屈服的女人关进伦敦塔要比让她以符合宫廷礼仪的方式如此奢侈地生活在各个城堡里要舒服和安全得多。尽管她的部长一再催促她采取这种粗暴的安全措施，伊丽莎白还是比他们更精于世故，懂得

---

① 原文为英语。

如何避免招致心怀仇恨的恶名。她坚持这样：玛丽·斯图亚特应该得到女王应有的对待，但是要用尊敬的丝缎把她紧紧地裹起来，用黄金的锁链把她牢牢地拴起来。吝啬到疯狂得的伊丽莎白沉下心，甚至强迫自己放弃了勤俭持家的怪吝，尽管不断地咒骂叹息，还是在这二十年来坚持每星期花费五十二英镑进行这种招待。此外，既然玛丽·斯图亚特还可以从法国那里得到一笔每年多达1200英镑的国家年金，她就也真的不需要过拮据的日子。她可以像一位女王一样住在城堡里。人们没有拒绝她在自己的会客厅里架起自己的王冠华盖的要求，每个访客都可以清清楚楚地看出来：即便处于被囚禁的状态，住在这里的也依然是一位女王。她只用银质的餐具进餐，房间里装饰着昂贵的大蜡烛，点燃在银质的枝形烛台里，地上铺着当时异常昂贵的土耳其地毯；她的居家用具非常多，每当从一座城堡搬到另一座城堡时都需要几十辆四驾马车。为了侍候她本人，玛丽·斯图亚特拥有整整一群宫廷女侍、侍女和女佣人，在最好的时候，她的身边有不少于五十个人陪伴，形成了一整个迷你宫廷，包括管家、神父、御医、秘书、财政总管、贴身女佣、衣柜总管、裁缝、家具匠人和厨房总管，她那吝啬的英格兰女主人拼命地精简自己的随从，却怀着狠毒的固执捍卫着玛丽·斯图亚特的随从。

　　从一开始，从选择负责看守女王的人选开始，我们就可以得到证明，对这位倒台的女王的监禁并不是什么残忍而具有浪漫主义色彩的监狱。施鲁斯贝里伯爵乔治·托尔博特是一位真正的贵族绅士。直到他在1569年6月被伊丽莎白选中担任这项职务之前，他都可以说是一位非常幸福的人。他在北部和中部省份拥有大量的地产，拥有九座城堡，在自己的地产上就像一位小王侯一样平静地生活着，活在历史的阴影里，远离官职与功名。这个富有的人从来没有政治层面的野心，认真而满足地过着自己的生活。他的胡须已经变得斑白，觉得自己到了可以休憩的时候，这时伊丽莎白突然交给了他这个令人反感的任务，看守这个满心愤恨着她的野心和不公正的竞争对手。他的前任克诺立斯几乎刚一得知施鲁斯贝里将要接替这个危险的任务，就快乐地松了一口气："上帝作证，我宁可接受任何惩罚，也不想要继续处理这件事。"因为处理"符合宫廷礼仪的接待"①，处理这项权利和界限都规定得非常不明确的任务是一件简直难以设想的事情，这样的任务要求双面的色彩，要求极大的分寸感。一方面，玛丽·斯图亚特是女王，但另一方面，她又不是女王，她在字面上是客人，本质上却是囚犯。所以施鲁斯贝里必须作为绅士，作为礼貌的家宅主人面对她，与此同时，作为伊丽莎白的亲信，他又要小心翼翼地限制她的一切自由。他要压制这位女王，又必须在她面前屈膝下跪，他必须表现出严厉，又必须戴上臣服的面具，他必须招待他的客人，又必须持续不断地监视她。原本混乱的处境还因为他的妻子变得更加混乱，这个已经葬送了三个男人的女人现在用自己从不间断的流言蜚语使第四个男人深陷绝望，因为她时而支持伊丽莎白，时而反对伊丽莎白，时而支持玛丽·斯图亚特，时而反对玛丽·斯图亚特。这位谦逊的人在这三位激动的女人之间的生活可是一点也不轻松，这三个女人一个是他的主人，一个是他的妻子，另一个被用无形的强制锁链同他捆绑在了一起：事实上，可怜的施鲁斯贝里在这整整十五年里都不是玛丽·斯图亚特的看守，而是她的狱友，他的身上也遭到了神秘的诅咒，这个女

---

① 原文为英语。

人在自己悲剧一般的道路上向每一个遇到的男人播撒不幸。

玛丽·斯图亚特是如何度过所有这些空洞且毫无意义的年月的？表面上非常平静，非常舒适。从外表上看，她的日常生活和那些年复一年地生活在自己的封建地产上尊贵的贵族妇女毫无区别。如果她觉得自己身体健康，她就骑马去参加喜爱的狩猎活动，当然身边要有恶毒的"荣誉随从"陪伴，或者是通过打球和其他体育运动来恢复她那已经有些疲惫的身体里的活力。她也不缺少社交生活，经常有客人从邻近的城堡过来，向这位有趣的女囚表达敬意，因为——我们绝对不能忘记这一点——即便这个女人暂时丧失了权力，她也依然有成为下一任王位候选人的资格和权利，如果伊丽莎白遇到了什么人们经常会遇到的事情，那么她明天就可以接替她的位置，成为统治者。因此机智的和深谋远虑的人们都觉得最好和她保持友好关系，首先就是她的长期守卫施鲁斯贝里。就连伊丽莎白的宠臣和最亲密的朋友赫顿还有莱斯特也只是为了给自己留条后路，背着自己的女恩主向这个最可怕的敌人和竞争对手写信表达问候：谁知道自己是不是明天就得跪在她面前祈求宽恕了呢。这样一来，即使被锁在乡间的城堡里，玛丽·斯图亚特也始终都巨细无遗地了解宫廷里和世界上发生的事情。施鲁斯贝里夫人甚至经常对她讲起伊丽莎白的许多私事，这些事情最好还是不要告诉她，持续的鼓励通过许许多多地下途径传到女囚那里。也就是说，我们绝对不能把玛丽·斯图亚特的流亡生活想象成狭窄昏暗的牢房，想象成完全的与世隔绝。在冬天的黄昏，人们奏起音乐：当然，年轻的诗人们已经不像在夏特利亚尔的时代一样，为她撰写温柔的情诗，霍利罗德城堡里风流的假面舞会也终于结束，这颗焦躁不安的内心已经不再容得下爱情与激情——随着青春震颤的冒险年代已经逝去。那些蜂拥在身边的朋友只剩下了拯救她离开洛赫利文城堡的小侍童威廉·道格拉斯，而她宫廷里其他的男性——唉，再也没有博斯威尔和李乔了——与她见面最多的是医生。因为玛丽·斯图亚特经常生病，她患有风湿，腰侧出现了某种古怪的疼痛。她的双腿经常肿得很严重，几乎没有办法走路，不得不尝试用热水缓解，而且由于缺乏令人振奋的运动，她过去柔美纤细的身体逐渐变得疲软和臃肿。现在她的意志很少还能允许她进行旧日充满力量的狂野活动，在苏格兰的国土上一连策马飞奔十二个小时的日子永远地过去了，从一个城堡到另一个城堡寻欢作乐的日子永远地过去了。囚禁持续的时间越长，这个女囚就越来越能在居家活动中找到快乐。她一连几个小时坐在绣架前面，穿一身黑衣，就像一个修女，用她细腻的、依然美丽白皙的双手织出令人赞叹的金线作品，我们直到今天还能欣赏到一些样品。或者她就静静地阅读自己心爱的书籍。这段将近二十年的囚禁生活没有传来一段爱情冒险的报告，自从属于她本质的强烈柔情无法继续倾注到博斯威尔身上，无法倾注到这唯一一个她所深爱的男人身上，她就以更柔和、更压抑的方式爱着那些永远不会欺骗别人的东西，爱那些动物。玛丽·斯图亚特要求人们从法国送来了几条最柔顺、最聪明的狗，它们是西班牙猎犬和猎犬，她一直都在养会唱歌的小鸟，还建了一座鸽舍，她在自己的花园里亲自维护花草，关心她的侍女。如果谁只是在表面上对她进行了草率的观察，只是作为客人到来，没有瞥见她的内心深处，谁就有可能认为那种曾经撼动了世界的疯狂野心已经完全死灭，她所有对俗世的渴望已经平息下来。因为这个渐渐衰老的女人越来越经常地披着飘扬的孀妇面纱去望弥撒，越来越经常地跪在她小礼拜堂的祈祷桌前，很少还会在自己的祷告书或者一页白纸上写下一首诗歌。就连那些诗也已经不再是热情的十四行诗了，而是表现出虔诚的献身或者是忧郁的屈服的诗篇，例如：

> 我的生活已经成了什么样的残喘
> 没有灵魂的肉体和过去的影子
> 一阵凶恶的旋风所驱赶之物
> 除了一死我已经没有其他渴求……[①]

表面上看，好像这位饱经考验的女人已经克服了所有对俗世权力的念头，好像她正在虔诚平静地等待着唯一能带来平静的东西：死神。

但我们不要被蒙蔽，这一切只不过是假象和假面戏剧。实际上，这个骄傲的女人，这个炽热如火的女王侯心里始终都只有一个念头，再次夺回自己的自由和自己的统治权。玛丽·斯图亚特从来没有一秒钟认真地想过怯懦地安于自己的命运。所有坐在绣架前面的时光，所有的阅读与闲聊，所有慵懒的梦游都是在掩饰她每天真正进行的活动：阴谋诡计。从她囚禁生活的第一天直到最后一天，玛丽·斯图亚特都在进行阴谋和外交工作，无论来到哪里，她的房间都会变成秘密总理办公处。她在那里夜以继日地狂热工作。在紧锁的房门后，玛丽·斯图亚特在两位秘书的帮助下亲手撰写交给法国、西班牙和教皇使者的秘密信件，还有交给她在苏格兰和尼德兰的追随者的指示，与此同时，出于谨慎，她也公开向伊丽莎白写信，有时祈求，有时安

---

[①] 原文为法语。

抚，有时谦逊，有时狂怒，尽管伊丽莎白早就不再回复她的信件。使者们不断地披着许多不同的伪装在巴黎和马德里之间来来往往，约定好接头的暗语，编制出一整套密码系统，每个月都采用另一套新的系统，真正堪称跨海越洋的邮政系统，每天都和伊丽莎白所有的敌人保持着联系。整个房屋里的人员——塞西尔知道这一点，因此一直在试图缩减她忠臣的人数——都像一个总参谋部一样工作，准备着使她永远自由的方案，那五十名佣人不断地接待客人，或者是去附近的村庄探访别人，带来或者是继续传递消息，整个地区的居民都会被定时的施舍贿赂，多亏了这样的精心组织，外交通信得以直达马德里和罗马。信件时而藏在内衣里偷运出去，时而夹在书里，时而放在中空的手杖里，时而藏在首饰盒的盖子下面，有时候甚至藏在镜子背面的水银层里。人们设计出一个又一个诡计来瞒过施鲁斯贝里，有时剪开鞋底，把用显影墨水写成的信件塞到里面去，有时又制作特别的假发，在发卷里加进纸条。玛丽·斯图亚特让人们从巴黎或者是伦敦给她送来书籍，按照某种特定的编码划出一个个单独的字母，加在一起形成某种意义，最为重要的文件则由她的忏悔神父缝在法衣的衣襟里。玛丽·斯图亚特在青春时期就学会了用密码写信和解密的方法，亲自领导所有主要的和国家级别的行动，这场为了反抗伊丽莎白的命令而进行的刺激游戏使她绷紧了自己所有的精神力量，弥补了运动和其他娱乐活动的缺失。她怀着全部的火热和不假思索，投入到了这些外交活动与阴谋活动之中，在有一些时刻，当巴黎、罗马和马德里传来了消息，把新的许诺送到了她紧锁的房间里的时候，这位备受屈辱的女人就可以再次找到真正的权力，甚至是作为某种集中了全欧洲利益的焦点。伊丽莎白也非常清楚她很危险，却没有办法使她屈服，因为尽管有这么多的看守和守卫，她还是能在自己的房间里引领战场的局势，参与到世界命运的塑形之中，也许在这漫长、荒芜的岁月里，这就是能以伟大的方式支撑着玛丽·斯图亚特的灵魂的唯一乐趣。

这种不可撼动的能量、这种在锁链之下挣扎的力量值得钦佩，却因为徒劳无功同时具有了悲剧色彩。因为无论玛丽·斯图亚特进行什么样的思索和行动，所有的一切都不幸失败了。她一刻不停地筹划的许多阴谋诡计在一开始就注定失败。双方的力量过于悬殊。一个单独的人面对一个坚决的组织永远都是较弱的一方，玛丽·斯图亚特孤军奋战，但伊丽莎白背后却是一整个国家，包括了总理、顾问、警察系统、士兵和间谍，而且在枢密院里领导斗争肯定胜过在监狱里进行斗争。塞西尔在金钱这方面不受限制，可以支配国防经费，可以毫无限制地用自由的双手采取措施，使用上千个间谍监视唯一一个毫无经验的女人。当时在英格兰居住的三百万人口几乎每个人都受到了警察局的详细调查，每一个在英格兰海岸登陆的外国人都会受到盘查和监视；在客栈中、在监狱里、在船舶上都安置了情报工作人员，安排间谍紧密跟踪所有的可疑人员，如果这些比较低级的手段没有效果，就立刻采取最极端的手段：严刑逼供。很快，集体力量的优越性显露了出来。玛丽·斯图亚特那些充满牺牲精神的朋友们一个接一个地被关进了伦敦塔里阴暗的囚室，在刑架上被逼出了口供，被迫说出了其他参与者的名字，一次又一次阴谋就在这样的严刑拷打之下被粗暴地粉碎。即便玛丽·斯图亚特有时能够成功地把她的信件和提议通过某个外国使者偷偷送到国外，但这样的信件需要好几个星期才能成功抵达罗马或者是马德里，然后又要过上好几个星期，那里的枢密院才会决定答复，还要等好几个星期才能收到回复！这样一来，这种帮助是多么的无力，对一颗炽热的、焦躁的心来说是多么的冷淡，简直叫人难以忍受，而她日日夜夜都忙于拯救自己的命运，以为其他人在广阔忙碌的世界里一心也只想着她的命运。因此，玛丽·斯图亚特总是徒劳地把帮助她得到自由说成反对整个改革派宗教的必要行动，说成拯救天主教会的头等大事；其他人却都在精打细算，无法达成一致。西班牙的无敌舰队没有准备好出动，她的主要帮手西班牙的腓力二世做了许多祈祷，却不敢采取行动。他没有想过要为这个女囚进行一次结局难料的宣战，他和教皇时不时地送去一些金钱，想要收买一两个冒险家，策划一场起义或者是一次暗杀。但是这些悲惨的阴谋变得越来越悲惨，沃尔辛厄姆那些警醒的间谍很快就抓住了他们！在伦敦塔山上的刑场上，只有几具残缺不全、遍体鳞伤的尸体时不时地提醒着人民，在某个城堡里还生活着一个被囚的女人，她强硬地坚持着自己的要求，成为英格兰女王，这个要求实际上是合法的。为了权力，总有蠢货或者英雄敢于付出生命的代价。

所有这些从不间断的阴谋诡计最终定会把玛丽·斯图亚特推向灭亡，因为她永远都是那么的胆大妄为，在一开始就输了游戏，独自一人从一座监狱里对一位最强大的女王发出挑战，同时代的人们早就看清了她的结局。在1572年，在里道尔菲的阴谋败露之后，玛丽·斯图亚特的小叔子查理九世就已经气恼地说道："这个可怜的傻子，除非掉了脑袋都不会安生下来。她这样下去会真的被处决。但我觉得这完全是她自己的错误，是因为她自己的愚蠢，我不知道该怎么才能帮上她。"这个人自己在圣巴托罗缪之夜只敢从安全的窗户里向外面手无寸铁的逃难者开枪，自然不懂真正的英雄主义，但他却对玛丽·斯图亚特做出了如此残酷的评价。毫无疑问，从冷静的、符合理智计算的角度来看，玛丽·斯图亚特的做法非常愚蠢，因为她没有选择更舒适但更怯懦的投降之路，而是宁可坚决地选择毫无出路的做法。或许真正放弃她的王权能使她从监牢中得到解放，也许她在这些年里始终把牢房的钥匙握在她自己的手里。她只需要表现出谦卑，只需要庄严地自愿放弃她对苏格兰和英格兰王位的所有要求，英格兰就会如释重负地将她释放。伊丽莎白尝试过好几次——绝对不是出于宽宏大量，而是出于恐惧，因为这个危险的女囚就在身边，这个事实令她难堪，像一场噩梦一样压抑着她的良心——给她一些台阶下，时不时地再次进行谈判，提出非常公正的条件。但玛丽·斯图亚特宁可做一位头戴王冠的女囚，也不愿意做一位没有王冠的女王，克诺立斯看透了她的灵魂，她的囚禁生活刚开始几天，他就这样谈论她，说只要她还有一线希望，她就有足够的勇气继续坚守。因为她高贵的心只能理解一件事情，作为一位退位的女王，她只能在某个可耻的角落里期待着微不足道又楚楚可怜的自由，只有免于这种羞辱，才能在历史里创造新的伟大。她上千次起誓说她永远都不会退位，而她所说的最后一句话都会是一位苏格兰女王所说的话，这种力量比囚禁她的力量要强大几千倍。

在这件事上，要清清楚楚地区分疯狂和勇敢是很困难的，因为英雄主义同时永远也意味着愚蠢。桑乔·潘萨在实事求是的层面上永远比堂吉诃德更聪明，忒耳西忒斯在理智的意义上永远比阿喀琉斯更清醒，但就像哈姆莱特的台词所说的那样，在涉及荣誉时，即便为了一根稻草也要抗争，这句话在任何时代都是英雄主义天性的试金石。玛丽·斯图亚特对抗的当然是力量无比强大的敌人，但如果我们因为这种对抗没有结果就说它毫无意义，那么这也是不公正的。因为在所有这些年来，她甚至态度一年比一年强硬。这个看似毫无权力、孤身一人的女子正是靠她的顽固形成了一种巨大的力量，正是她撼动了自己的锁链，有时候整个英格兰才也会陷入震颤，而伊丽莎白的内心也为之颤抖。如果我们站在后世全知全能的视角上做出评判，在评价事件的时候也考虑我们看到的结果，那么我们就总是会用错误的观点看待历史事件。因为一位失败者敢于进行一番危险的斗争在事后说他愚蠢，那是再容易不过的事情。事实上，在将近二十年里，这两个女人的决战都没有结果。有些设计好要给玛丽·斯图亚特戴上王冠的阴谋如果有幸实现，那么伊丽莎白实际上就面临着生命危险，有两三次，刀剑已经擦着她的发端闪过。首先是诺森伯兰和天主教贵族挺身而出，叛乱席卷了整个北部，伊丽莎白费了很大力气才恢复了自己的统治地位。然后开始了更危险的诺尔福克阴谋。英国的精英贵族，甚至包括伊丽莎白最亲密的朋友，例如莱斯特，都支持诺尔福克和苏格兰女王结婚的计划，为了激发他的勇气——为了胜利，她又有什么做不出来的事情呢？——玛丽·斯图亚特给他写了几封充满柔情蜜意的信件。通过佛罗伦萨人里道尔菲的居中运作，西班牙和法国的军队已经准备好在英格兰登陆了，如果这个诺尔福克——他在这之前已经用自己怯懦的否认证明了自己的性格——不是一个懦夫，如果偶然因素不是那么不利，狂风大作，天气恶劣，大海的善变背叛了这次行动，历史就会展开新的一页，角色就会调换，居住在威斯敏斯特宫里的就会是玛丽·斯图亚特，而伊丽莎白不是待在伦敦塔里，就是躺在自己的棺材里。但即便是诺尔福克的鲜血，诺森伯兰和所有其他在这些年里为玛丽·斯图亚特走上了断头台的人们的命运都没有吓退最后一个求婚者。又有一位求婚者来到了她的身边，来自奥地利的唐·璜，卡洛斯五世的非婚生子，腓力二世同父异母的弟弟，列潘托之战的胜利者，自由骑士的理想典范，基督教世界的一流战士：因为他是非婚生子，所以无法继承西班牙王位，他首先试图在突尼斯建立自己的王国，然后又看到了这顶苏格兰的王冠在向他招手，这位女囚向他伸出了手臂。他已经在尼德兰建立起了一支军队，解放女王、拯救女王的计划已经制定完成，这时——玛丽·斯图亚特和她的帮手们永远都这么不幸——一场阴险的疾病击垮了他，他英年早逝。任何一个追求玛丽·斯图亚特的人，或者说任何一个为她效力的人，在自己的道路上都不会得到幸福。

因为如果我们清楚地看待事实，我们会发现这就是伊丽莎白与玛丽·斯图亚特之间的真正分歧之处。伊丽莎白在这些年里一直福星高照，而玛丽·斯图亚特命运多舛。如果衡量她们的力量，她们的形象，她们两人几乎不相上下。但两个人的星象各不相同。玛丽·斯图亚特成了坠落者，被自己的好运抛弃，她在监牢里采取的措施都走向了失败。被派来攻打英格兰的外国舰队在风暴中粉碎，她的使者在半路失踪，她的求婚者死去了，她的朋友们在关键时刻没有展现出灵魂的力量，如果谁想要帮助她，谁实际上就是自取灭亡。

因此，诺尔福克在断头台上所说的话才具有令人警醒的正确性："她所做的或者是因她而起的所有事情都绝对不会有好的结果。"从她与博斯威尔相遇的那一天起，她所走的每一步都笼罩在一轮阴沉的月亮下面。如果谁爱她，谁就走向灭亡，如果她爱谁，谁就收获苦涩。如果谁充满善意地为她打算，谁就会给她带来损失，如果谁为她效劳，谁就是在为自己的死亡出力。就像童话中黑色的磁石之山会吸引过往的船只，她的命运吸引别人的命运走向毁灭。渐渐地，死亡魔法阴暗的传说开始笼罩着她的名字。但她的事业越是没有出路，她的力量就越是激情洋溢。长久的、阴郁的监禁生活没有令她屈服，反而增强了她灵魂里的固执。她出于自己的意志，尽管知道一切已是徒劳，还是向最后的、最终的决断发出了挑战。

# 第二十章　最后的轮舞

1584—1585

年月如水流逝，一个星期又一个星期、一个月又一个月、一年又一年，就像这个孤独生命头上的云朵一样飘逝，似乎完全没有触及她。但时间会不知不觉地改变人与世界。玛丽·斯图亚特的四十岁开始了，这个年龄对女人来说是一个转折点，而她依然身在狱中，依然没有得到自由。她渐渐地流露出了衰老的迹象，两鬓斑白，身体变得圆润和臃肿，面容更加平静和成熟，她的性格里开始出现某种忧郁，渴望在宗教中寻求解脱。很快，女人们一定对这一点有着最深刻的体会，爱情的岁月、生命的时光就一去不返：至今还没有实现的愿望永远也不会再实现，黄昏已经来临，临近的暗夜已经翳暗了一切。已经有很久没有求婚者来到她的身边，也许再也不会有了：还有很短的一段时间，就连生命也要永久地荒废。那么不断地等待奇迹和自由，等待冷漠迟疑的世界提供救援到底还有没有意义？在最近这几年里，人们越来越强烈地感受到，这位饱经考验的女人在内心里厌倦了斗争，准备好妥协和放弃。她越来越频繁地问自己，这样毫无用处，这样不被喜爱，就像一朵阴影中的鲜花一样走向枯萎是不是有点愚蠢，是不是最好还是自愿地摘下戴在渐渐斑白的发丝上的王冠来赎买自由？在四十岁的时候，玛丽·斯图亚特越来越厌倦这种沉重空洞的生活了，对权力的野蛮欲望逐渐松动，变成了对死亡温和、隐秘的渴求，可能就是在这样的时刻，她在一张纸上用震撼人心的拉丁文写下了一些诗句，半是哀怨，半是祈祷：

主宰的神灵啊！我寄希望于你
我亲爱的耶稣啊！现在解救我吧。
在艰苦的囚牢里，在悲惨的痛苦中，你宽慰着我，
日日夜夜地思念着你。
我流着泪，长久地跪在地上诉说，
亲爱的天主，我求你解救我。

既然拯救者还在不断地犹豫着，她就把自己的目光转向了救世主。她宁可死去，只为不再继续这种空虚且不确定的生活，这种永恒的等待，这种希望与渴盼同时存在又一再使人失望的生活。现在，无论是好是坏，是胜利还是失败，终于都该有个结束了！这场斗争不可阻挡，走向自己的结局，因为玛丽·斯图亚特怀着她灵魂中的所有力量要求终结。

这场可怕的、阴险的、残酷的、壮观的和顽强的搏斗持续得越久，这两个宿敌，也就是玛丽·斯图亚特和伊丽莎白就越来越僵持不下。伊丽莎白的政策为她赢得了一个又一个成果。她和法国达成了和解，西班牙始终都不敢开战，面对所有的不满人士，她都取得了上

风。只有一个敌人，一个意味着致命危险的敌人还大摇大摆地活在国家里，这个敌人就是那个已经战败却还没有被战胜的女子。只有当她铲除了最后的敌人，她才能成为真正的胜利者。但就连玛丽·斯图亚特也没有伊丽莎白之外的仇恨对象了。在一个充满绝望的狂野时分，她再次写信给她的亲戚，写给这个命中注定与她有着姐妹亲缘关系的人，怀着撕心裂肺的激情要求对方表现出一点人性。"我已经无法继续忍受了，夫人，"她在这封气势宏大的信中写道，"在我逐渐走向死亡的过程中，我不能不指名道姓地说出令我走向死亡的人们的名字。在您的监狱里，就连地位最卑下的犯人都有权力在您的面前进行自我辩护，说出指控和抱怨自己的那些人的名字。那么为什么，一位女王，您最亲近的亲人和合法的女继承人却得不到这样的权利呢？我想，正是这最后一点权利才是我的敌人至今如此行事的真正原因……但出于这个原因，唉，他们既没有理由，也没有必要继续折磨我了。因为我以我的荣誉起誓，我现在除了上帝的王国已经不再希求任何王国。我在内心里已经为上帝的国度做好了准备，因为我所有的困境和磨难都可以在那里找到最好的终结。"她最后一次怀着内心深处所爆发出来的所有真挚向伊丽莎白恳求，把她从这个监牢里释放出来："我以我的荣誉和我们的救世主所经历的痛苦磨难再次向您呼吁，请允许我离开这个王国，随便退隐到某个安宁的地方，我的躯体已经疲惫不堪，已经被从不停止愁苦所耗尽，让它在那里找到暂时的休憩吧，让我使我的灵魂为每天都在召唤着我的上帝做好准备吧……请您在我死去之前赐给我这个恩典，这样一来，既然我们之间的所有纠纷都已经解决，我的灵魂就不会在挣脱躯体以后还不得不在上帝面前发表对您的怨言，指控您犯下了罪恶，使我因为您在尘世间经受了如此的磨难。"

但是伊丽莎白对这种使人震撼的呼吁充耳不闻，甚至没有回应一句鼓励的话语。于是玛丽·斯图亚特也痉挛着咬紧了嘴唇，攥紧了拳头。现在她的心里只剩下一种感情，那就是仇恨，冰冷又炽热、顽强又熊熊燃烧的仇恨，针对那个女人的仇恨，而且从这一刻开始，因为她所有的其他敌人和对手都已经去世，都已经残害了彼此，这种仇恨就越来越尖锐、越来越致命地集中到伊丽莎白一个人的身上。从玛丽·斯图亚特的身上仿佛散发出了一种神秘的死亡魔力，所有受到她的憎恨或者是爱上了她的人都会受到这种魔力的影响，就好像是为了充分地展现出这一点，所有曾经追随过她或者与她为敌、曾经为她作战或者是为反对她而作战的人都死在她的前面。所有在约克郡控告她的人，包括梅里和迈特兰都猝然而死，所有在约克郡审判她的人们，例如诺森伯兰和诺尔福克都在断头台上掉了脑袋，所有先是密谋反对达恩雷、后来又密谋反对博斯威尔的人们都在互相残杀中死去了，所有吉尔克菲尔德、卡尔贝里和朗赛德的叛徒们都背叛了自己。所有顽固的苏格兰勋爵和伯爵们，所有野蛮的、危险的、渴求权力的盗匪都因为彼此诛杀死去。战场上空空荡荡。在这个世界上再也没有她还可以仇恨的人，除了伊丽莎白。这场长达二十年的大型人民斗争现在变成了一对一的决斗。在这场两个女人互相对垒的斗争中已经不再有任何谈判的余地，只有一场生死之争。

在面对这场最后的战争的时候，在面对这场白刃战的时候，玛丽·斯图亚特还需要最后的精力。她还要再一次被剥夺最后的希望。她还要再一次受到内心深处的困扰，才能积攒起全部的力气。因为玛丽·斯图亚特永远只有在失去一切或者是看似失去一切的时候才能找到自己宏大的英勇和无所畏惧的坚决。永远都是走投无路的状况才能激发她的英雄气概。

玛丽·斯图亚特不得不被剥夺的最后的希望就是得到自己儿子的理解。因为在所有、无所事事到可怕的空洞年月里，当她只是在等待，感觉时间从她身边像溪水一样沉闷地流走，像沙粒从倾颓的墙壁上剥落下来时，当这段无穷无尽的时光使她变得疲惫和衰老时，那个孩子，她的亲生儿子长大了。她曾经抛下了还是婴儿的詹姆斯六世，骑马离开斯特尔林城堡，在爱丁堡的城门前被博斯威尔和他的骑兵环绕，被他一起带往她的灾祸。在这十年、这十五年、这十七年间，无知无觉的生命长成了一个孩子、一个少年、一个年轻人，几乎已经是一个男人了。詹姆斯六世的血脉里融合了许多来自父母的特征，但这些特征非常混杂，表现得也非常不明显，他是一个性格古怪的孩子，笨口拙舌，有些口吃，有着沉重强健的身体和一个满怀恐惧的畏缩灵魂。这个少年乍一看似乎不太正常。他在所有交际活动中都表现得退缩，会被所有刀枪相见的场合吓退，害怕狗，待人接物的方式笨拙粗鲁。他的身上在一开始没有显露出来自他的母亲的精致和自然而然的优雅，没有体现出任何受到缪斯厚待的特征，不喜欢音乐，不喜欢舞蹈，也不擅长进行轻松和自然的谈话。但他在学习语言时表现得非常出众，有优秀的记忆力，甚至当事情涉及他的个人利益，也能表现出特定的机智和顽强。与之相反，可以称之为灾难的是，他的性格也受到自己父亲不够高贵的天性的影响。他从达恩雷那里继承下来了软弱、不诚恳与不可靠的特性。"人们对两幅面孔的小伙子能有什么期待"，伊丽莎白有一次暴怒地说道。他就像达恩雷一样，容易受到他人意志的影响。这个闷闷不乐的自我中心主义者完全不了解任何发自内心的慷慨大度，他的区别决定都被冷漠的、肤浅的野心影响放在

"都被"前面。只有当我们完全抛开感伤主义与虔诚情感，我们才能理解他对自己的母亲所采取的冷若冰霜的态度。他是由玛丽·斯图亚特最大的敌手教育长大的，乔治·布坎南曾撰写针对他母亲的臭名昭著、杀伤力极大的小册子《揭露》[①]，给他教授拉丁文，对于这个被囚禁在邻国的女人，他几乎一无所知，除了听说她曾经帮别人杀死自己的父亲，还和自己这个已经加冕的国王争夺君主权。人们从一开始就向他灌输，要把他的母亲当作一个陌生人来看待，甚至是令人恼火地挡在了他自己的权力欲望的路上的绊脚石。即便詹姆斯六世的心里还有天真的情感，想要见一见赋予了他生命的女人，英格兰和苏格兰的看守也在阻碍这两个囚徒之间接近彼此——玛丽·斯图亚特是伊丽莎白的囚徒，詹姆斯六世则是勋爵和摄政王的囚徒。在这许多年里，他们有过书信往来，但次数很少。玛丽·斯图亚特寄过一些礼物、一些玩具，甚至还有一只小猴子，但她的大部分信件和消息都没有得到接收，因为她顽固地拒绝授予自己的儿子国王的头衔，而勋爵又将那些仅仅把詹姆斯称作王子的信件视为侮辱，予以退回。只要这两个人心里对权力的渴望都超过了对血缘的认同，只要她坚持自己才是苏格兰唯一的女王，而他反过来觉得自己才是苏格兰唯一的国王，这种母子关系就从来都不会超出过冷淡官方范畴。

只有当玛丽·斯图亚特不再坚持勋爵给自己的儿子加冕是无效的，准备好给他一定的王冠权利，才有可能解决问题。那时她自然还没有想过要放弃女王的头衔，完全退位。无论是生是死，她都要把王冠戴在受过涂油礼的头上，但她现在已经准备好，为了换取自由，至

---

[①] 原文为拉丁语。

少和自己的儿子分享头衔。她第一次想到了妥协。自己的儿子可以统治，可以自称国王，只要人们还可以继续称呼她为女王，只要给她退位的事实镀上一层薄薄的、荣誉的金光就可以！秘密谈判开始了。但詹姆斯六世受到了男爵的压力，他们威胁剥夺他的自由，所以他在谈判的时候就像一个冷酷算计的政治家。他毫无顾忌地同时和所有方面谈判，向伊丽莎白打出玛丽·斯图亚特这张牌，向玛丽·斯图亚特打出伊丽莎白这张牌，对不同的教派打出对方的牌，均衡地把自己的筹码押在不同的恩主身上，因为他觉得这件事并不涉及名誉，只涉及一件事情：继续担任苏格兰的国王，同时保证自己继续担任英格兰王位的候选人。他想的并不是继承这两个女人中哪一个女人的遗产，而是同时继承她们两个的遗产。他已经准备好继续做新教徒，因为这样会给他带来利益，但另一方面，他也不反对皈依天主教，只要天主教能为此支付更好的价格。是的，这个十七岁的年轻人为了尽快成为英格兰的国王，甚至没有在一项非常令人反感的计划面前退缩：和伊丽莎白结婚。尽管伊丽莎白比他的母亲大九岁，还是自己的母亲最大的敌人和对手。对詹姆斯六世来说，对这个达恩雷的儿子来说，所有这些谈判全部都是冷酷的算计。而玛丽·斯图亚特永远都还是一个幻想家，与真实世界完全隔绝，已经因为自己的最后一个希望感到情澎湃、内心燃烧，希望能和自己的儿子达成和解，从而得到自由，继续担任女王。

但伊丽莎白看了出来，如果这对母子达成一致，那么会有什么样的危险。她不能允许这种事发生。她立刻插手到这场八字没一撇的谈判中。她以自己锐利和尖刻的目光，很快就看透了应该怎么控制这个善变的年轻人：利用他人性层面的软弱。年轻的国王酷爱狩猎，她给他送去了骏马和出色的猎犬。她买通了他的几个顾问，最终给他提供每年五千镑的年金，对于始终面临着财政困境的苏格兰宫廷，这笔钱成了决定性的因素，此外，她还使用了非常有效的诱饵，也就是抛出英格兰的王位继承权。就像在大多数情况下一样，金钱可以起到决定性的效果。玛丽·斯图亚特对此还一无所知，继续进行着虚空的外交活动，和教皇还有西班牙国王制定好了一个天主教的苏格兰的草图，詹姆斯六世却已经悄悄地和伊丽莎白签订了条约，详细规定了这桩交易可以给他带来多少金钱和利益，但绝对不包括备受期待的释放母亲的条件。没有一行字提到这个女囚，但她对他来说也无关紧要，因为她现在已经不再能给他带来任何好处了：他越过了她，好像她已经不存在于这个世界上，儿子和母亲最大的敌人达成了一致。那个女人赐予了他生命，但现在已经没有什么东西可以赐予他了，那就随她去吧！在条约签订的一刻，这个顺从的儿子就拿到了钱，猎犬就被送到了他的家里，他和玛丽·斯图亚特的谈判就立刻中断。为什么还要对一个毫无权力的人表现出礼貌呢？按照国王的命令，人们撰写了一道非常严厉的废黜信，以粗俗的官腔宣布永远褫夺玛丽·斯图亚特作为苏格兰女王的头衔和权利。现在，这个没有孩子的女人已经夺走了对手的王国、王冠、权力和自由，她又夺走了最后的一样东西：对手的儿子。现在她终于彻底报了仇。

伊丽莎白的胜利意味着玛丽·斯图亚特最后幻梦的破灭。在她的丈夫、她的兄长、她的臣民之后，她身边最后的一个人，她自己的亲生儿子也离开了她，现在她茕茕孑立。她陷入了无限的失望和愤怒。现在已经不需要抱有任何顾虑了！再也不需要为任何人抱有任何顾虑了！既然她的孩子不承认她，她就也不承认自己的孩子。既然他出卖了她对王冠的权利，她现在也出卖他的权利。她称呼詹姆斯六世为堕落的、不知感恩的、不顺从的和缺乏教养的子孙，她诅咒他，宣布将在遗嘱中不仅仅剥夺他的苏格兰王位，也废除他对英格兰王位的继承权。与其让这个信仰异教的叛徒儿子继承斯图亚特家族的王冠，她宁可让一位外国的君主来继承王冠。她决定把苏格兰和英格兰的继承权提供给腓力二世，如果他准备好为她的自由而战，最终降服摧毁了她所有的希望的伊丽莎白。她的国家，她的儿子对她来说又算什么！只为生活，只为自由和胜利！现在她已经不害怕做出最胆大妄为的事情了。如果谁已经丧失了一切，那么谁就再也没有什么可以丧失的了。

在漫长的年复一年里，愤怒和苦涩在这个受尽折磨和屈辱的女人心里堆积起来，在漫长的年复一年里，她曾心怀希望、参与谈判、进行计划、采取阴谋，也寻求达成调解的道路。现在她的忍耐已经到了极限。就像一束火焰一样，她心里一直压抑着的仇恨突然迸发出来针对那个折磨者、篡位者、监禁者。已经不再仅仅是一个女王针对另一个女王的仇恨，也是一个女人针对另一个女人的仇恨，玛丽·斯图亚特怀着最后的怒火，举着尖利的指甲扑向了伊丽莎白。导火线只是一个微不足道的意外事件：施鲁斯贝里伯爵夫人，一个爱说闲话、心怀恶意、挑拨离间的女人，在一次歇斯底里爆发的时候指责玛丽·斯图亚特以满怀柔情的方式引诱她的丈夫。这自然只是一种可悲的闲话，就连施鲁斯贝里的妻子本人都没有当真，但伊丽莎白竭力抓住这件事，想要在世界面前降低自己竞争对手的道德威望，努力想办法让新的丑闻故事传播到众多的外国宫廷，就像之前她已经把布坎南的羞辱文章和"首饰箱信件"一起寄送到了所有的王侯那里一样。现在玛丽·斯图亚特感到了羞辱。她夺走了她的权力和自由，夺走了她对自己的儿子所抱有的最后的希望，现在还要阴险地玷污她的名誉，人们试图把她像修女一样没有欲望、没有爱情的监禁生活在全世界面前说成是一个破坏婚姻的女人的生活！她受到伤害的高傲愤怒地爆发了。她要求自己的权力，实际上，施鲁斯贝里伯爵夫人不得不跪在她面前，收回了这种侮辱性的谎言。但玛丽·斯图亚特非常清楚到底是谁在利用这个谎言诽谤她，她察觉到了自己的敌人阴险的双手，面对这次打击，面对这种在暗中诋毁名誉的做法，她公开进行回击。已经有太久了，她的灵魂里燃烧着充满恶意的迫不及待，想要进行一次女人与女人之间的短兵相接，对那位据说还是处女的女王，对那位以美德自居的女人反唇相讥。于是她给伊丽莎白写了一封信，显然是出于"友善"，才要传达施鲁斯贝里伯爵夫人有关伊丽莎白私生活的诽谤，实际上却对着自己"亲爱的姐姐"叫嚷，说她没有权利来扮演自己符合道德的形象，也就是道德法官。这封直来直去的信件表现出了绝望的仇恨。一个女人出于残酷的直率能够对另一个女人讲的所有话都囊括在这封信里，伊丽莎白性格的所有恶劣之处都当面受到嘲笑，她最深处的女性秘密也得到了无情的揭露。玛丽·斯图亚特写信给伊丽莎白——据说是出于满怀爱意的友情，实际上是为了给她造成致命的伤害——说施鲁斯贝里伯爵夫人告诉她，伊丽莎白非常虚荣，对自己的美貌怀有过高的评价，好像她是天国的女王。说她听不够奉承的言论，强迫她的宫廷侍臣不断地对她发出夸张的赞叹，而她在气恼时会虐待宫廷女侍和女佣。有一个被她折断了手指，还有一个因为在服侍她用餐的时候表现不佳，就被刀砍手。但所有这些比起有关伊丽莎白在亲密的肉体生活上的揭露都只是非常克制的攻击。玛丽·斯图亚特在信中写道，施鲁斯贝里伯爵夫人说，伊丽莎白的大腿上有一处流脓的溃疡——这是在暗示她父亲遗传性的梅毒——青春已逝，早已停经，却还没有失去对男人的欲望。她不仅仅和一个男人（莱斯特伯爵）有"无数次的欢愉"①，还去所有角落寻求最荒淫的满足，"永远也不错过和任何一个人寻求爱情欢愉的机会"②。她在夜晚溜进男人们的房间，只穿着衬衣和斗篷，而这些享乐活动让她付出了很高的代价。玛丽·斯图亚特一个一个地列出他们的名字，一点一点地描述细节。同时，她用最可怕的事打击这个她所憎恨的女人，说出她最隐秘的机密：她讥讽地说（本·琼森曾经也非常公开地在酒桌谈起这件事）她"肯定和所有其他的女人都不一样，所以所有装模作样地期待她和安茹公爵结婚的人都是在一派胡言，因为这样的婚姻根本不可能完成"③。是的，伊丽莎白应该知道，她恐惧地掩盖着的秘密，也就是她在女性层面的不完善，只能满足于淫欲却不能寻求真正的欲望现在已经成了一种无法维持的表演，她无法进行完全的占有，永远无法缔结王侯之间的婚姻，永远无法成为母亲。世界上从来没有一个女人对世界上最有权势的女人说过这样的话，可这个囚犯却在自己的囚牢里说出了如此可怕的真相：冻结了二十年的仇恨、窒息的愤怒和被束缚的力量突然爆发，对这个施加折磨的女人的内心进行了可怕的进攻。

在这样一封充满狂怒的信件之后，再也没有和解的可能性了。写信的女人和收信的女人已经不共戴天，无法继续在同一个国家里生

---

① 原文为法语。
② 原文为法语。
③ 原文为法语。

活。就像西班牙人所说的那样,"刀锋相见"①,现在只能进行生死决斗了。在这段长达四分之一世纪的强硬顽固的彼此伏击和彼此敌对后,玛丽·斯图亚特和伊丽莎白之间这场具有世界史意义的斗争终于到达顶点,真的,我们可以说:已经兵戎相见。反宗教改革的阵营穷尽所有的外交手段,但还没有准备使用军事手段。在西班牙,人们还在努力、缓慢地建设着无敌舰队。尽管得到了印第安人的珍宝,这个不幸的宫廷还是永远都缺钱,永远都缺乏决心。虔诚的腓力就像约翰·诺克斯一样,认为消灭一个不虔诚的对手只不过是一种能博得上天喜爱的行动,他想,为什么不选择一个比较省钱的方法呢,收买一两个杀手,快速地把异端的保护伞伊丽莎白除掉?在马基雅维利及其门生的时代,只要事情涉及权力,就很少有道德层面上的顾虑,而这里涉及的是某种重要得难以形容的决定,宗教面对宗教,南方面对北方。只需要向伊丽莎白的心脏捅一刀,就可以把这个世界上从异端中解放出来。

如果政治的激情一旦达到了如此炽热的程度,那么所有的道德和法律层面的顾虑就都会窒息,然后,最后一点对体面和荣誉的顾虑也会消泯,在这之后,就连暗杀也会被视为壮烈的牺牲。伊丽莎白在1570年被宣布开除教籍,奥兰治的威廉于1580年紧随其后,这两个天主教的头号敌人自此被宣布不受法律保护,而且,自从教皇将圣巴托罗缪之夜对六千人的屠杀当作一桩令人愉快的行动进行庆祝以后,每个天主教徒就都知道,如果能以暗杀的方式杀死这两个天主教的重大敌人中的一个,那么就算是完成了一桩令人愉悦的功绩。只要勇敢坚

---

① 原文为西班牙语。

定地捅上一刀,只要迅速开上一枪,玛丽·斯图亚特就能从自己的监狱里走出来,登上王位,英格兰和苏格兰就能统一在真正的信仰中。面对这个如此高尚的行动,人们已经不能继续拖延和犹豫:西班牙政府毫无羞耻地把阴险刺杀伊丽莎白的计划当作自己最重要的国家级政治行动进行考虑。西班牙使者门多萨在许多紧急报告中都将"杀死女王"①称为众望所归的行动。尼德兰总督阿尔巴公爵也同样表示赞同,新旧两个世界的统治者腓力二世亲笔写信,谈论刺杀计划,"我希望,天主会祝福我们。"此刻的决策已经与外交技巧无关,与公开的战争无关,只与赤裸裸的刀刃有关,与刺杀者的匕首有关。各个方面就方法达成一致:在马德里,秘密内阁决定刺杀伊丽莎白,这个方案得到了国王的批准。在伦敦,塞西尔、沃尔辛厄姆和莱斯特也达成一致,应该赐给玛丽·斯图亚特一个暴力的终结。现在已经不能再兜圈子,也没有别的出路:早就逾期未清的旧账只能血债血偿。现在我们面临的只有一个问题:是谁的行动更快一步,是改革派还是反改革派,是伦敦还是马德里。是玛丽·斯图亚特除掉伊丽莎白,还是伊丽莎白除掉玛丽·斯图亚特。

---

① 原文为英语。

# 第二十一章 必须有个决断了

1585年9月至1586年8月

"必须有个决断了"。伊丽莎白的一位部长用这种钢铁般强烈的措辞表达了整个国家焦躁不安的心情。对一个民族或者对一个人来说，再也没有持续的不确定更难熬的事了。改革派宗教的另一位先锋奥兰治亲王被一位天主教狂热分子刺杀身亡（1584年6月），这件事向英格兰清清楚楚地表明，下一个被刺杀的就该轮到谁了。而一场阴谋总是在越来越快地引发另一场阴谋——也就是说，终于轮到那个女囚了，终于轮到这个所有危险的不安诱因了！终于应该"除去邪恶的根须"了！1584年9月，信仰新教的勋爵和官员几乎全员出席一场"大会"①，承诺自己有义务不仅仅要"在永恒的上帝面前以荣誉和誓言保证，处死任何制造阴谋的人"——这里指的就是参与反对伊丽莎白的阴谋的人——而且还对"所有代表这些阴谋人士的利益的人们"实施人身监禁。议会在之后通过了一条"女王陛下人身安全保护法

---

① 原文为英语。

案"①，使大会决议变成了法律形式。每个参与刺杀女王或者是——这一条非常重要——仅仅是在原则上赞同刺杀的人从现在起都被置于刀斧之下。此外还进一步确认，"任何被指控参与反对女王的阴谋的人都将由女王本人任命的二十四名法官进行审判"。

这样一来，玛丽·斯图亚特就得到了清清楚楚的双重警告。首先，她作为女王的等级在以后将再也无法保护她免受公开控诉，第二，即使刺杀伊丽莎白的行动取得成功，也绝对不会给她带来任何好处，只会把她无情地送上断头台。这就像最后一次号角，要求这座抵抗的堡垒做出屈服。如果她继续迟疑，那么就不存在宽恕。伊丽莎白和玛丽·斯图亚特之间的模棱两可与含糊其词已经结束，现在吹来了一阵锋利的刺骨寒风。现在终于出现了一片明朗的晴空。

属于宫廷礼仪的信件和宫廷礼仪的虚伪日子已经过去了，这场长达几十年的斗争终于迎来了最后一轮，不再容许任何庇护——"刀锋相见"②——玛丽·斯图亚特很快就可以通过其他措施认识到这一点。因为英格兰宫廷已经决定，越来越严厉地抓捕玛丽·斯图亚特麾下的所有刺客，最终根除她采取阴谋诡计的可能性。施鲁斯贝里是绅士和贵族，作为狱卒太过宽厚，于是他立刻就被从自己的职位上得到了"released"——"释放"这个词在这里真的是字面意思——事实上，他真的跪在地上感谢伊丽莎白，让他在十五年的烦恼之后再次成了一个自由人。现在接替他的是一个狂热的新教徒，埃米亚斯·博雷特。从这时开始，玛丽·斯图亚特才第一次可以说过上了一种

---

① 原文为英语。
② 原文为西班牙语。

"servitude"①的生活,也就是奴役的生活,因为如今在房子里面对她的已经不再是一位友善的看守,而是一个冷酷无情的狱吏。

埃米亚斯·博雷特是个冷酷如顽石的清教徒,按照《圣经》上所要求的方式履行所有正义和过度正义的事业,但这样得不到上帝的喜爱。他完全没有隐瞒自己的意图,就是让玛丽·斯图亚特的生活变得艰难,变得不快乐。他努力带着甚至非常快乐的骄傲接受了自己的职责,毫无顾忌地掠夺走了属于她的所有恩惠。"我绝对不祈求宽恕,"他写信给伊丽莎白说道,"如果她能以某种方式,通过背叛或者是狡猾的手段从我的手里逃出去,因为发生这种事情只可能是因为我自己粗心大意。"他怀着一个忠于职守的人那种冷静和清晰,把一切系统化管理,把看守和确保玛丽·斯图亚特不带来任何危险当作他从上帝那里接受的人生使命。从现在开始,这个强硬的人就不再有其他的野心,除了以模范的方式履行自己狱卒的职责,任何诱惑都无法打动这个卡戎②,也没有一次善心发作、一丝暖意涌动可以在一瞬间内使他僵冷的态度走向松动。对他来说,这个疲惫的患病女人不是一位因为不幸而令人尊敬的女王,仅仅是自己的女王唯一的敌人,应该作为真正信仰的敌基督得到严密监视,才不至于造成损害。她已经非常衰弱,双腿患有风湿,所以很难走动,他幸灾乐祸地把这视为"看守们的福利,因为不需要特别担心她会从他们手中逃走"。他一板一眼,怀着恶毒的喜悦认真履行自己的职责,他完成自己狱卒义务的样子就像一位官员,每天傍晚把自己所有的观察都记在一个笔记本里。即使

---

① 原文为法语。
② 卡戎:古希腊神话中在冥河上摆渡的船夫。

世界史上还有比这个最讲"正义"的人更残忍、更恶毒、更不公的狱卒，我们也很难找到一个人这么懂得把履行自己的职责变成官吏一般的乐趣。他首先无情地把地道都填平了，玛丽·斯图亚特直到目前还经常用这些地道和外部世界进行联系。五十名士兵日日夜夜地看守着通往城堡的所有道路。直到目前为止，她的佣人都可以不受限制地去附近的村庄散步，传递口头和书面的信息，现在他们也一同被剥夺了所有的行动自由。只有经过特别的许可，她宫廷里的人才能在士兵的陪伴下离开城堡。玛丽·斯图亚特之前定期亲自向邻近的穷人发放布施，现在这项活动也被禁止。目光锐利的博雷特这么做也有其道理，他认为这种虔诚的布施是一种收服穷人的手段，这样他们就愿意帮助偷运消息了。现在严厉的措施一个接着一个。内衣、书籍、任何形式的包裹都要被检查官员翻个底朝天，越来越仔细的监控使所有的通信都变得非常困难。玛丽·斯图亚特的两位秘书瑙奥和库尔现在只能无所事事地坐在自己的房间里。他们已经不再拥有可以解码的信件，也不再有可以书写的文档，从伦敦、苏格兰、罗马和马德里都不再有一条消息抵达，玛丽·斯图亚特在孤独之中看不到一丝希望。很快，博雷特又夺走了她的最后的个人享乐：她的十六匹马必须留在谢菲尔德，她最喜爱的狩猎和骑马散步也结束了。在这最后一年里，她的生活空间变得非常狭窄，玛丽·斯图亚特的监牢在埃米亚斯·博雷特波的手里越来越像——不祥的预感———间囚室，一口棺材。

如果是为了伊丽莎白的名誉，我们肯定希望她雇用一位较为温和的狱卒来看守自己的女王妹妹。但出于对自身安全的考虑，我们不得不尴尬地承认，她也找不到比这个冷酷的加尔文主义者更可靠的狱卒了。博雷特以模范的方式完成了交给自己的职责，把玛丽·斯图亚特和整个世界孤立开。仅仅几个月后,她就仿佛被密封在一只玻璃罩里,与整个世界隔绝,没有一封信、没有一句话还能再传到她的监狱里。伊丽莎白满可以感到安心,为她尽职尽责的狱卒感到满意,实际上,她也确实用振奋人心的话语感谢了埃米亚斯·博雷特的杰出贡献。"希望你知道,我亲爱的埃米亚斯,我是多么地感谢你无可挑剔的努力和毫无失误的行动,感谢你面对如此危险和如此艰巨的使命能够采取明智命令和可靠措施,希望你的忧虑因此有所减轻,内心因此感到欢愉。"

但奇怪的是,伊丽莎白的两位部长塞西尔和沃尔辛厄姆在一开始都并不怎么感谢这个"宝贵的家伙"[1],这个埃米亚斯·博雷特过于令人尴尬了。因为对这个囚犯进行彻底的监禁以某种矛盾的方式违背了他们隐秘的愿望。他们根本没有想过让玛丽·斯图亚特处于博雷特严密的监禁下,防止她采取任何的阴谋诡计,这也是在保护她免于自己的不谨慎。完全相反的是,塞西尔和沃尔辛厄姆想要的根本就不是清白无辜的玛丽·斯图亚特,而是有罪的玛丽·斯图亚特。他们想要的东西恰恰相反,想要人们把她视为所有不安和阴谋的永恒诱因,想要她继续进行阴谋,最终把自己窒息在一张致命的网里。他们觉得,"必须有个了断了"[2],他们希望对玛丽·斯图亚特进行审讯,做出审判,最后处决。单纯的囚禁已经不再能满足他们了。对他们来说,除了最终消灭苏格兰女王,没有其他的安全措施。他们竭尽全力,引诱她犯下阴谋,就像埃米亚斯·博雷特竭尽全力防止她参与任何行

---

[1] 原文为英语。
[2] 原文为英语。

动。为了达成这个目的，需要有一场反对伊丽莎白的阴谋，需要清楚明确地证明玛丽·斯图亚特参与了这场阴谋。

针对伊丽莎白的阴谋在当时已经存在了。我们甚至可以说，阴谋一直在继续。腓力二世在欧洲大陆上建立了一个名副其实的反英格兰密谋中心。在巴黎有摩根，他是玛丽·斯图亚特的亲信和秘密特工，受雇于西班牙，不断地组织反英格兰与反伊丽莎白的危险阴谋。人们一直在招募年轻人，与法国还有西班牙的使者通过秘密协议进行勾结。在英格兰，情绪不满的天主教贵族与反宗教改革的国家总理互相联络。只是摩根不知道一件事，也就是沃尔辛厄姆在所有时代里都是最有能力、最无所顾忌的警务部长，他的几个间谍戴着热情洋溢的天主教徒的面具来到这些国家的总理办公室，恰好摩根身边最受信赖的几个信使被沃尔辛厄姆收买走了，从他那里收取饷金。无论玛丽·斯图亚特的事情有何进展，计划还没有实施，一切就都泄露给英格兰。1585年年底，英格兰国家内阁得知——上一批阴谋者在断头台上的鲜血还没有干透——人们又在策划新的反伊丽莎白行动了。沃尔辛厄姆清楚所有被摩根争取到的准备为玛丽·斯图亚特夺回王位的英国天主教贵族的具体名字，只要动用绳索和刑具，他就能及时地揭露阴谋。

但这位手段巧妙的警务大臣还是远更深谋远虑、阴险狡诈。当然，他可以一举扼杀阴谋。但把几个贵族或者是冒险家分尸在政治上没有意义。如果永恒的叛乱就像是淮德拉[①]，砍掉五个或者是六个头，一夜之间又会长出新的头颅，那么这么做又有什么意义呢？"迦

---

① 淮德拉：古希腊神话中的女妖，拥有许多个蛇头。

太基必须被抹去"①,这是塞西尔和沃尔辛厄姆的座右铭,玛丽·斯图亚特这个人必须走向终结。要做到这一点,他们需要的借口可不能是毫无伤害的企图,必须是更错综复杂的、被证明是更具有犯罪企图的事件。也就是说,对于所谓的巴宾顿阴谋,沃尔辛厄姆没有匆忙地把它扼杀在萌芽状态,反而尽了一切手段进行人为煽动:他暗中表示赞同,提供金钱资助,在表面上假装不闻不问。唯有靠这种煽风点火的技巧,一小撮外省贵族反对伊丽莎白的业余阴谋才变成了臭名昭著的以杀死玛丽·斯图亚特为目的的沃尔辛厄姆阴谋。

但是要通过议会条款合法地谋杀玛丽·斯图亚特还有三个条件。第一,必须证明阴谋分子已经准备刺杀伊丽莎白。第二,必须促使阴谋分子明确向玛丽·斯图亚特告知这个意图。第三——这是最困难的一个条件——必须诱使玛丽·斯图亚特对这个刺杀计划给予明确书面赞同。怎么能在证据不充分的情况下处死一个无罪者呢?这样会损害伊丽莎白的荣誉,让她在世界面前显得尴尬。最好刻意把玛丽·斯图亚特变成罪人,最好通过诡计把匕首塞到她的手里,让她用匕首杀死自己。

英格兰国家警务部门为玛丽·斯图亚特量身设计的阴谋从一开始就不太名誉,因为人们突然改善了女囚的生活条件。沃尔辛厄姆显然没有费多大的力气就说服了虔诚的清教徒埃米亚斯·博雷特,如果能诱使玛丽·斯图亚特加入阴谋,那么就比防止她进行所有阴谋都更好。因为博雷特立刻就按照英格兰国家警务部的总参谋部制定的计划改变了自己的策略:有一天,这个迄今为止对待玛丽·斯图亚特都冷

---

① 原文为拉丁语。

酷无情的人来见她,用满怀敬爱的方式通知她,人们已经决定将她从塔特贝里迁往查特利。玛丽·斯图亚特完全没有看透敌人的计谋,没有办法掩饰自己真挚的喜悦之情。塔特贝里是一座阴沉的要塞,像一座监狱而不像一座城堡,查特利却与之相反,不仅位于风景更优美的平原,而且也靠近——玛丽·斯图亚特一想到这里,心就怦怦直跳——一些信仰天主教的家族。她和这些家族的关系很好,可以指望得到他们的帮助。她在那里终于可以再次骑马和狩猎,也许甚至还可以得到来自海外的亲朋好友的消息,最终凭借她的勇气和狡诈得到她如今唯一渴求的东西:自由。

你们看:一天早晨,玛丽·斯图亚特感到非常震惊。她几乎不敢相信自己的眼睛。埃米亚斯·博雷特的可怕魔力像魔法一样消失了。有一封信被送到了她的手里,在几个星期和几个月的封锁以来,这是她再次收到的第一封加密信。那些朋友真是灵巧、机智、聪明,终于找到了某种方法,躲过了她无情的看守埃米亚斯·博雷特。这简直是意料之外的恩典。她不再与世隔绝,可以感受到友谊、注目与关心,可以再次获悉人们为了解救她推进的所有计划和准备!无论如何,玛丽·斯图亚特心里依然有某种隐秘的本能让她保持小心翼翼,她在写给自己的特工摩根的信里表达了恳切的警告:"你要小心,不要卷入任何有可能招来罪名或者是引发嫌疑的事情,这里的人已经开始怀疑你了。"但一旦当她了解了自己的朋友们——实际上是杀害她的凶手们——发明了什么样的天才通信方式,她的怀疑就变得松懈了。每个星期,附近的啤酒厂都给女王的用人送来一桶啤酒,她的朋友似乎成功地说动了马车夫,在装满啤酒的酒桶里放一只密封的木头做的瓶子,写给女王的密信就塞在这块被掏空的木头里。从这时开始,信件交换就像普通邮件一样保持着规律的来往。这个和气的人每个星期——报告里称他为"the honest man"①——把这个包含珍贵内容的酒桶送进城堡,玛丽·斯图亚特的监狱总管取出容器,装进新的信件,再放入酒桶。那位好心的马车夫可没有什么可抱怨的,因为偷运信件的工作可以拿到双倍报偿。一方面,玛丽·斯图亚特的外国朋友付给他高价,另一方面,管家付给他的啤酒钱也是双倍的。

但玛丽·斯图亚特没有料到一点,这个随和的马车夫还因为这桩秘密交易挣到了第三份赏金。在此之外,他还从英格兰警察那里拿钱,而埃米亚斯·博雷特自然清楚整个交易。通过啤酒桶进行通信的主意并不是玛丽·斯图亚特的朋友想出来的,而是一个名叫吉福尔德的人想出来的,这个人是沃尔辛厄姆的间谍,在摩根和法国使者面前自称是玛丽·斯图亚特的亲信,这样一来——这对警务部长来说真的是不可估量的好处——玛丽·斯图亚特的秘密通信就始终置于她政敌的控制之下。玛丽·斯图亚特和她可靠的特工摩根收到和寄出的每一封信在进入和拿出啤酒桶之前都要经过间谍吉福尔德的手,沃尔辛厄姆的秘书托马斯·费利佩斯立刻进行解码、抄录,墨迹未干的抄件匆匆被寄往伦敦。然后原件才会毫发无损地匆匆被交到玛丽·斯图亚特或者法国使者的手里,被骗的人们没有一瞬间产生过怀疑,还在无忧无虑地继续通信。

这真是一种古怪的状况。双方都很高兴,自以为骗过了对方。玛丽·斯图亚特松了一口气。她终于战胜了那个无法通融的冷酷清教徒,他翻检她的每一件内衣,剪开她的每一双鞋底,就像看守一名罪

---

① 英语,意为"诚实的人"。

犯一样看守她，监禁她。她静静地微笑着想，如果他知道，尽管存在所有这些军人和封锁措施，尽管耍了所有这些狡猾的花招，她还能每星期收到从巴黎、马德里和罗马寄来的重要消息，那会是怎么样啊。她的特工们正在勤奋地工作着，人们已经开始为了解救她而准备军队、舰船和匕首了！有时她的喜悦表达得太不谨慎了，她的目光显得太明亮了，因为埃米亚斯·博雷特曾经讥讽地记录下来，自从她的灵魂得到了希望的这剂毒药滋养以后，她的健康和情绪状况就有明显好转。但博雷特也确实更有道理在冷酷的嘴唇上发出尖利的嘲笑，他看着那个和气的马车夫每星期都过来送新鲜的啤酒，他心怀恶意地看到玛丽·斯图亚特那忙碌的管家每次都多么仓促地把酒桶滚到阴暗的地窖里，只为了在那里悄悄地取出一个珍贵的藏信瓶。因为玛丽·斯图亚特正准备要看的信，英格兰的警察早就提前看过了，在伦敦，沃尔辛厄姆和塞西尔就坐在他们的国务办公室的安乐椅里研究玛丽·斯图亚特的秘密通信，一字不差的书信抄本就放在他们眼前。他们从中得知，玛丽·斯图亚特提出把她的苏格兰王权和英格兰王位的继承权交给西班牙的腓力二世，只要他愿意帮她恢复自由——他们嘟哝着，觉得可以利用这样一封信来让詹姆斯六世冷静下来，不要太过急躁地处理自己母亲的事情。他们读到，玛丽·斯图亚特在发往巴黎的亲笔信中迫不及待地反复要求西班牙军队入侵英格兰本土来解救她。这样的材料在审讯中也是很有用的。但最重要的、最本质的东西，他们所期待的和发起控告所必需的东西目前还没有在信件里找到，那就是玛丽·斯图亚特对刺杀伊丽莎白的一个计划表示赞同的迹象。在法律的意义上，她还是清白无辜的，要运转审讯的谋杀机器，一直都还缺少一个小小的螺丝钉，也就是得到那个"同意"①，玛丽·斯图亚特对伊丽莎白的刺杀计划的书面同意。为了得到最后这个必不可少的螺丝钉，危险的大师沃尔辛厄姆坚决开展工作。由此产生了世界史上最不可思议但确实有文件作证据的虚伪行为：也就是沃尔辛厄姆的引诱诡计，让玛丽·斯图亚特成为他本人所炮制的罪行的知情人，也就是所谓的"巴宾顿阴谋"，实际上它应该被称之为沃尔辛厄姆阴谋。

沃尔辛厄姆的计划肯定——结果已经证明了这一点——堪称大师手笔。但这个计划的实施过程非常令人反感，直到几百年后的今天还能激起我们灵魂深处的厌恶，沃尔辛厄姆为了达成自己的欺诈目的，恰好利用的是最纯粹的人类力量：年轻人具有浪漫主义色彩的轻信天性。人们在伦敦为了打垮玛丽·斯图亚特而选中的工具叫作安东尼·巴宾顿，我们应该以同情和钦佩的眼光来看待他，因为他出于最高贵的动机牺牲了自己的生命和荣誉。他是一个出身良好的小贵族，拥有一定的产业，已经婚配，这个热心的年轻人和自己的妻儿一起幸福地生活在自己的地产利奇菲尔德那里，距离查特利很近——现在人们突然就理解了为什么沃尔辛厄姆恰好选中了查特利城堡作玛丽·斯图亚特的居所。很久以前，间谍就向他报告，巴宾顿是一位虔诚的天主教徒，是玛丽·斯图亚特的追随者，已经准备好为她做任何牺牲，有许多次帮助她秘密传递信件：高贵的青年永远有一项特权，会因为悲剧性的命运感到震撼。这样一个毫无恶意的理想主义者心里怀着纯粹的愚蠢，在沃尔辛厄姆这样的人物眼里要比雇佣来的间谍好用几千

---

① 原文为英语。

倍，因为女王更容易信任这样的人。她知道：吸引这个诚恳的、也许稍微有点傻里傻气的贵族为她做出具有骑士风度的贡献的并不是实际的利益，甚至也不是对她本人的喜爱之情。他本人之前曾经在施鲁斯贝里伯爵家里做过侍童，人们说他在那个时候就见过并且爱上了玛丽·斯图亚特，这应该只是一个具有浪漫主义色彩的谣言。他可能从来都没有见过玛丽·斯图亚特，为她效劳只是因为他想为她效劳，只是出于他对天主教会的信仰，出于对一个女人危险冒险的热心友谊，此外，他还认为这个女人就是合法的英格兰女王。他就像所有年轻而激情洋溢的人一样无拘无束、不知谨慎、多嘴多舌，在他的朋友中为那个女囚争取救援。有几个年轻的天主教贵族加入了他的行列。在这个经常会开展热烈讨论的圈子里，有两个比较特别的人物，一个是一位名叫巴拉尔德的狂热神父，另一个是塞维治，是一个胆大妄为的"亡命之徒"[①]，其他都是一些完全没有恶意、非常愚蠢的年轻贵族，读了太多普鲁塔克[②]的作品，疯狂地梦想着建立英雄主义的功业。但是很快，在这群诚恳的人们形成的联盟中就出现了几个人，远比巴宾顿和他的朋友更坚决，或者是装作更坚决，首屈一指的就是吉福尔德，伊丽莎白在日后为了他的贡献赏赐给他每年一百镑的年金。这些人觉得，仅仅是把被囚禁的女王拯救出来还不够。他们怀着某种异常的狂暴，强烈要求采取危险得多的行动，也就是刺杀伊丽莎白，除掉这个"篡位者"。

这些勇敢的、过分坚决的朋友们自然是沃尔辛厄姆所雇佣的警方

---

① 原文为西班牙语。
② 普鲁塔克（约46—120）：罗马帝国时期希腊传记作家、伦理学家，作品有《希腊罗马名人传》。

间谍，这位不择手段的警务部长让他们混进这群年轻的理想主义者所结成的秘密联盟，不仅仅是为了及时获悉他们的所有计划，而是首先要把这个幻想家巴宾顿推得更远，比他实际上想要做的事情还要远。因为巴宾顿（据文献记载，这一点是毫无疑问的）在一开始没有别的打算，只想和自己的朋友计划趁着玛丽·斯图亚特打猎或者其他离开城堡的机会从利奇菲尔德发起坚决的出击，把她从囚牢里解放出来，这些满怀政治激情但本性非常讲究人道主义的人绝对没有想过要采取刺杀这种反道德的行动。

但仅仅劫持玛丽·斯图亚特并不足以使沃尔辛厄姆达到自己的目的，因为这样的行动并没有提供他所盼望的在法律意义上控告的合法性。为了实现阴暗的目的，他还需要更多的东西，他还需要一场真正的刺杀阴谋。他让无耻的"内奸"[①]不断地逼迫巴宾顿和他的朋友，直到他们终于真正开始考虑沃尔辛厄姆所迫切需要的刺杀伊丽莎白的行动。5月12日，和密谋者保持持续联系的西班牙使者向国王腓力二世报告了一个令人开心的事实，四位等级足够进入伊丽莎白宫廷的天主教贵族在祭坛面前庄严立誓，要用毒药或者匕首扫除这个障碍。我们可以看出来："内奸"[②]的工作做得很出色。沃尔辛厄姆所设计的刺杀阴谋终于开始运转。

到这里为止，沃尔辛厄姆只是完成了这个任务的第一部分。绳索只有一端被固定住了，现在要把另一端也紧紧系住。刺杀伊丽莎白的阴谋已经布置好了，更艰难的工作开始了，也就是让玛丽·斯图亚

---

① 原文为法语。

② 原文为法语。

特牵扯进去，迫使这个无知无觉的女囚"同意"[1]。因此，沃尔辛厄姆再次驱使他的密探上场。他把他的人派到了天主教的密谋中心，派到巴黎的摩根的身边，派到腓力二世和玛丽·斯图亚特的总代理人身边，在那里抱怨，说巴宾顿和他的手下处理事务过于不温不火。他们不是真想完成刺杀，只是不断地拖延和迟疑。有必要鼓励一下这些温和懒惰的人们，给他们讲讲这桩神圣事业能带来的利益，而只有玛丽·斯图亚特的亲口鼓励才是有效的。如果巴宾顿知道，他可敬的女王对刺杀表示赞同，那么毫无疑问，他立刻就会采取行动。也就是说，那些密探说服了摩根，为了完成这项伟大的事业，他有必要说服玛丽·斯图亚特给巴宾顿写几句表示鼓励的话。

摩根陷入了犹豫，就好像是他在电光火石的一瞬间里看透了沃尔辛厄姆的把戏。但那些密探不断地催促他，说这也不过是几句形式上的话。摩根最终屈服了，但为了避免任何不谨慎的行为，他为玛丽·斯图亚特起草了给巴宾顿的信件的草稿。而女王对她的特工表示无条件的信任，需要一字不差的把信件抄写下来寄给巴宾顿。

这时，沃尔辛厄姆努力追求的事情也最终达成了，玛丽·斯图亚特和密谋者之间建立起了联系。摩根在一开始还保持谨慎，因为玛丽·斯图亚特写给自己的帮手的第一封信尽管非常温暖，却完全没有承诺任何义务，完全不能引起怀疑。但沃尔辛厄姆需要的是毫不谨慎的措辞，是清楚明白的表示和毫不遮掩的对设计好刺杀计划的"同意"[2]。在他的命令下，那些特工又开始从另一个角度说服他们。吉

---

[1] 原文为英语。
[2] 原文为英语。

福尔德恳切地对不幸的巴宾顿提出要求，说既然女王如此宽大地展现出了自己的信任，那么现在他就也得以同样的信任报告自己的计划，这是一项义不容辞的义务。刺杀伊丽莎白这么危险的行动不能在没有得到玛丽·斯图亚特同意的情况下进行。要得到她的同意，人们可以通过那个善良的马车夫这条安全的捷径，为什么不和她以不受阻碍的方式确定所有的细节，得到她的指示呢？巴宾顿真是一个纯粹的傻瓜，有勇无谋，就这样笨拙地掉进了陷阱。他给他"亲爱的女王"①寄去了一封长信，把计划的所有细节讲给了她。为什么这个不幸的女人就不能高兴高兴呢？为什么她就不应该提前知道距离她重获自由的日子已经很近了呢？他毫无恶意，就好像是天使在通过看不见的途径把他的话语传给了玛丽·斯图亚特，完全没有意识到间谍和特工就虎视眈眈地潜伏着，这个可怜的傻瓜在这封长信中详细描述了密谋的作战计划。他报告说，他将亲自率领十位贵族和上百个帮手，英勇偷袭查特利，把她接走，与此同时，有六位贵族，都是他可靠的好朋友，都是忠于天主教事业的贵族，他们将在伦敦除掉"篡位者"。这封坦率得几乎失去了理智的信件透露出了炽热的决心，透露出他们完全意识到了自己面临的危险，我们在阅读这封信的时候只能被打动。只有一颗冷酷的心，只有一个麻木到无可救药的灵魂才会出于怯懦的谨慎，不对这样具有骑士风度的自白做出回应与鼓励。

　　沃尔辛厄姆对玛丽·斯图亚特那颗火热的心、对她那种饱经验证的不谨慎做出了正确的计算。如果她对巴宾顿这个刺杀宣告表示出了赞同，他就达到了自己的目的。玛丽·斯图亚特的事情就不需要再费

---

① 原文为法语。

398

力气了，想办法对她进行秘密刺杀就是多余的。因为她给自己的脖颈套上了绞索。

这封灾难深重的信件寄了出去。间谍吉福尔德立刻把它送到了枢密院，人们在那里对它进行了仔细的解码和誊抄。这封在外表上完全看不出来问题的信通过啤酒桶的方式被送到了那个无知无觉的女人那里。7月10日，玛丽·斯图亚特收到了信，还有两个人激动地在伦敦等待着，想看她会不会答复，会如何答复，这两个人就是塞西尔和沃尔辛厄姆，这场暗杀阴谋的策划者和领导者。最紧张的瞬间到来了，使人颤抖的那一刻，鱼已经咬住了诱饵：它会不会把诱饵吞下去？它会不会漠视这个诱饵？这是一个可怕的时刻，但无论如何：我们可以赞叹，也可以谴责塞西尔和沃尔辛厄姆的政治手段。因为无论塞西尔为了毁掉玛丽·斯图亚特使用的手段多么令人不齿，塞西尔这个政客也始终都是在服务于一种理念：对他来说，消灭新教最大的敌人是刻不容缓的必要政治工作。至于沃尔辛厄姆，这位警务部长，我们很难要求他放弃那些间谍，完全使用合乎道德的方法。

但伊丽莎白呢？她这一辈子在采取任何行动的时候都恐惧地考虑对后世的影响，这一次她知不知道，这个谋杀机器的帷幕后面的东西比任何断头台都阴森危险？她的国务顾问制定了这样令人反感的策略，她是否对此知情或者同意？英格兰女王——我们不得不问——在针对自己的竞争对手的无情阴谋中扮演了什么样的角色？

要得出答案并不困难：她扮演的是一个双面角色。尽管我们有明明白白的证据证明伊丽莎白知晓沃尔辛厄姆的全部手段，从一开始直到最后，她都在容忍和赞成塞西尔和沃尔辛厄姆使用密探的策略的每一步，甚至还开心地表示过鼓励。历史永远不会宣判她无罪，因为她旁观了这一切,甚至帮助人们把她充满信任的囚徒阴险地引诱到堕落的路上。但是——我们不得不一再强调这一点——如果伊丽莎白能做出清晰的行动,那么她也就不是伊丽莎白了。这个无比奇特的女人可以说出任何谎话,做出任何伪装和欺诈,但绝不能简单地说她缺乏道德和缺乏度量。在关键的时刻,她内心中的宽宏大量总是能战胜暴力。这一次,人们发现她也陷入了不安,因为她采取了如此卑下的策略。因为当她自己的仆从捉拿了玛丽·斯图亚特,她的态度突然出现了意料之外的转变,开始有利于那个受到威胁的女人。她召见法国使者,那个一直在查特利来回传递玛丽·斯图亚特的信件的人,他没有料到自己使用的信使正是被沃尔辛厄姆收买的间谍。"大使先生,"她简短明了地对他说道,"您和苏格兰女王的联络太频繁了。但请您相信我,我清楚我自己的王国里发生的一切事情。在我姐姐统治期间,我本人也做过一段时间的囚徒,所以我非常清楚囚徒能找到多么巧妙的方式去赢得仆人,达成秘密的联络。"伊丽莎白用这些话使自己的良心得到了安宁。她用这些话对法国使者和玛丽·斯图亚特提出了清楚明白的警告。她在没有泄露自己手下秘密的前提下已经说了尽可能多的话。如果玛丽·斯图亚特现在还不停下来,那么伊丽莎白至少可以把自己的双手洗得干干净净,并且骄傲地声称:我直到最后一刻还警告过她。

但如果玛丽·斯图亚特能接受警告,能接受告诫,能小心谨慎地行动和思索,那么她也就不是玛丽·斯图亚特了。尽管她在一开始对巴宾顿的信件只写了一行字的答复,塞西尔的使者只能非常失望地报告说,她还没有表明"her very heart",也就是她内心深处的真正态度。她在犹豫,她在动摇,不知道她该不该对这个计划抱以信任,而且她的秘书瑙奥也恳切地建议她，不要用书面形式对这样的阴谋表态。但这个计划太吸引人了，这种呼吁的前景太美好了，玛丽·斯图亚特没有办法抵抗她对外交与阴谋的灾难性兴趣。"她准备接受"[①]，瑙奥写下了自己的担忧。她和自己的两个秘密秘书瑙奥和库尔把自己锁在房间里一起待了三天，点对点地详细逐条答复每一条建议。接着在7月17日，在她收到巴宾顿的信件几天以后，她的回信又走着啤酒桶的老路寄出去了。

但这一次，这封不幸的信件可是走不远了。它甚至没有被送去伦敦，就像玛丽·斯图亚特的秘密信件一向被送往枢密院进行破译的那样。因为塞西尔和沃尔辛厄姆已经非常不耐烦了，他们已经提前知道了这个决定，就委托秘书费利佩斯立刻来到查特利城堡进行解码工作，这样他就可以拿到墨迹都还没有干透的信纸。一个奇特的巧合是玛丽·斯图亚特那天驾车出游，当面撞上了这个死神的使者。她立刻注意到了这个陌生的访客。但这个一脸天花痘疤的丑陋年轻人（她在一封信中这样描写他的脸）微笑着问候她——他没有办法掩饰自己的幸灾乐祸——被希望所蒙蔽的玛丽·斯图亚特相信他是自己朋友的使者，悄悄溜到这里来察看地形，为计划中的解救工作进行准备。但这个费利佩斯前来察看的却是远更危险的东西。信件几乎刚从啤酒桶里取出来，他就贪婪地开始了解码的工作。鱼儿已经上钩，现在只需要迅速开膛破肚。一句话紧接着一句话被飞速地解码。首先是一些泛泛之词。玛丽·斯图亚特向巴宾顿表示感谢，并且对将她从查特利城堡里暴力解救出来的事情提出了三条不同的建议。这个间谍有了收获，

---

① 原文为法语。

但还不是最重要和最关键的内容。然后费利佩斯的心突然被一阵幸灾乐祸攫住了：他终于找到了沃尔辛厄姆几个月来都在苦苦希求和引诱的地方，那里白纸黑字地写着玛丽·斯图亚特对刺杀伊丽莎白计划的"同意"[①]。因为玛丽·斯图亚特对巴宾顿的报告，也就是六位贵族将在伊丽莎白的宫殿里刺杀她的计划做出了非常冷静和务实的回答，给出了这样的指示："这样一来，必须派这六位贵族办理此事，对他们下达命令，在他们的行动结束以后，就立刻把我从这里带走……在我的看守获悉之前。"不需要更多的东西了。玛丽·斯图亚特就这样表明了"her very heart"[②]，她对谋杀计划表示了赞同，现在沃尔辛厄姆的警察阴谋终于得逞了。命令者和助手、主人和仆人都开心地握着他们肮脏的手，这些手不久就会被鲜血玷污。"现在您已经拥有了足够的有关她的书面材料，"沃尔辛厄姆的宠信费利佩斯洋洋得意地写信给自己的主人。就连埃米亚斯·博雷特也预料到他很快就会完成自己狱卒的职责，因为他的牺牲品将会被处刑，也陷入了堪称虔诚的激动。"上帝祝福我付出的努力，"他写道，"我很高兴我忠诚的工作得到这样的酬劳。"

现在，既然天堂鸟已经进了罗网，沃尔辛厄姆实际上就不再需要继续犹豫了。他的计划已经成功，他卑鄙的事业已经完成，但是他现在对自己的事业信心满满，还想要满足一下自己阴暗的乐趣，再玩弄几天自己的牺牲品。他还让巴宾顿不受阻碍地收到了玛丽·斯图亚特的信件（早就做好了抄本），沃尔辛厄姆想，如果他又写出了什么

---

① 原文为法语。
② 英语，意为"她内心深处的态度"。

回信，就可以使控告的卷宗再增加一件材料，那也不会有任何损失。但在这期间，巴宾顿肯定已经根据某种迹象得知，他的秘密已被恶人发现。某种莫名其妙的恐惧突然笼罩了这位勇敢的人，因为就连最英勇的人在被一种看不见、摸不着的强大力量攫住的时候也会感觉到自己的神经陷入了震颤。他就像一只被驱赶的老鼠一样跑来跑去。他弄了一匹马，骑行来到乡下，想要逃跑。然后他又突然回到了伦敦，恰好出现在了一个人的面前——真是一个陀思妥耶夫斯基式的瞬间——那个人就是玩弄着他的命运的沃尔辛厄姆，这个心慌意乱的人以一种不可理喻、但又还是可以理解的方式逃向了他最危险的敌人。显而易见，他想从沃尔辛厄姆那里获悉人们是否已经开始怀疑他了。但这个警务部长冷酷又镇定，没有泄露机要，让他平静地离开了：最好是让这个傻瓜再做点什么不谨慎的事情，制造一点新的证据。但巴宾顿已经感觉到了黑暗中伸出来的手。他匆匆给一位朋友写了一张纸条，为了使自己振作起来，他在其中说出了一句真正具有英雄主义和浪漫主义色彩的话。"考验我们信仰的熔炉已经准备好了。"与此同时，他用最后的话语安抚玛丽·斯图亚特，祈求她的信任。但沃尔辛厄姆已经有了足够的证据，于是一举降下了打击。一位密谋者被捕，巴宾顿几乎刚一听说这个消息，就知道他已经满盘皆输。他还建议自己的朋友赛维治做出最后一个孤注一掷的行动，也就是匆匆进攻，立刻行刺伊丽莎白。可是已经太晚了，沃尔辛厄姆的密探已经开始跟踪他们了，这两个人只是凭借鱼死网破的决心才在人们来逮捕他们的时刻成功逃脱。但是逃去哪里呢？所有的街道都被封锁，所有港口都收到了警告，他们既没有口粮，也没有钱。他们在圣约翰的树林里躲了十天，这座树林现在位于伦敦市中心，当时距离伦敦不远。这是可怕的十天，充满了走投无路的恐惧。饥饿无情地折磨着他们，最终他们被迫来到一个朋友家里，在那里得到了面包，领受了最后的圣餐，他们在那里被捕，被戴上镣铐穿过全城。这些勇敢的、年轻的、虔诚的人们就在伦敦塔的监牢里等待着酷刑和判决，而伦敦的教堂大钟在他们的头上轰响着胜利。市民用焰火和节日的游行来庆祝伊丽莎白的得救，庆祝阴谋的毁灭和玛丽·斯图亚特的灭亡。

在这期间，查特利的城堡里那个一无所知的囚徒在经年累月之后再次找回了火热的激情。她所有的神经都紧绷着。随时可能有一名骑士飞驰而来，向她通报"计划已经实施"①，今天，明天，后天，她这个囚徒都有可能会得到解救，被送往伦敦，住进统治者的城堡。她已经开始梦想着贵族和市民穿着节日的盛装，在城门边等待她的场景，教堂大钟会发出的震耳欲聋的欢呼（这个不幸的女人的确不知道，这些钟楼的大钟真的敲响了，但这是为了庆祝伊丽莎白得救）。再过一天、两天，一切就将圆满，英格兰和苏格兰将统一在她的王冠下，天主教信仰将再次赢回全世界。

任何医生都无法给这个疲惫的肉体、给这个疲软的灵魂开出比希望更有效的强心剂。玛丽·斯图亚特还是像过去一样轻信，一样对别人满怀信任，她妄想自己已经胜利在望，因此产生了彻底的转变。她突然焕发出新的朝气和别样的青春气息。近几年她经常感到精疲力竭，几乎没有办法走上半个小时的路而不抱怨腰痛、疲惫和风湿病，现在她又能纵身跃上马背了。她自己也对这种惊人的全新改变感到震惊，写信给（就在这个时候，镰刀已经挥到了密谋者的头上）她"善

---

① 原文为法语。

良的摩根"①说:"我感谢上帝,他还没有让我受到那么沉重的打击,我现在还能弯弓射死麋鹿,还能紧紧地跟在猎犬身后追猎。"

因此,当平时非常不友善的埃米亚斯·博雷特邀请她——唉,这个愚蠢的清教徒没有办法料到,她在心里想,他的狱卒生涯很快就要结束了——在8月8日去毗邻的蒂克索尔城堡狩猎时,她把这个邀约当作一个令人开心的意外接受了下来。宫廷骑士们为此做好了准备,宫廷元帅、她的两位秘书、她的御医都飞身上马,就连在这一天里显得特别平易近人、特别友善的埃米亚斯·博雷特也在几名下属军官的陪同之下加入了这个欢乐的队列。那天早晨天气晴好,阳光明媚温暖,田地柔嫩青绿。玛丽·斯图亚特狠狠地抽了自己的马一鞭子,想更强烈更幸福地体味生活,策马骑行、风声呼啸的自由自在的感受。已经有好几个星期,已经有好几个月,她都没有这么年轻过了,在所有这些阴影里的年月里,她都从来不曾像这个华丽的早晨这样开朗和振奋。她觉得一切都非常绚丽,非常明快,谁的心正在被希望鼓动,谁就会觉得自己受到了祝福。

他们一路迅猛地骑行,来到蒂克索尔林苑的大门,马匹转为缓步小跑。玛丽·斯图亚特的心突然怦怦跳了起来。有一大批骑在马上的男人在城堡门前等待着他们。难道这就是——真是一个幸福的早晨啊!——终于到来的朋友们,是巴宾顿和他的同伴们?难道信里那些秘密的许诺提前实现了?但真是奇怪:在这些等待的骑士里只有一个人骑马出列,慢悠悠地、异常庄重地策马小跑来到她的面前,然后他脱帽鞠躬,说自己是托马斯·乔治爵士。就在这一

---

① 原文为英语。

刻，玛丽·斯图亚特刚刚还在明快地跳动的心猛地下坠。因为托马斯·乔治爵士简短地通知她，巴宾顿阴谋已经败露，他奉命逮捕她的两名秘书。

玛丽·斯图亚特无法开口说话。一个"是"，一个"不"，一个问题或者是一句怨言都有可能使她暴露。也许她还没有预料到这里的全部危险，但当她注意到埃米亚斯·博雷特根本没有打算骑行陪同她回到查特利城堡的时候，她肯定会立刻产生阴暗的怀疑。这时她才明白这次打猎邀约的用意：人们想引诱她离开城堡，这样就可以不受限制地搜查她的房间。当然，现在所有的文件都已经经过了翻阅和检视，所有的外交信函都已经被收走，这些信件是她怀着作为统治者的安全感非常公开地亲自书写的，好像她依然是一位女王，而不是一位身在异国的囚犯。但现在她有了充足的时间，有了太过充足的时间去思考自己所有的错误和过失，因为人们把她扣在蒂克索尔城堡待了十七天，不可能写下一行书信，也不可能收到一行消息，她知道自己现在已经暴露，所有的希望都已经落空。她又在通往深渊的路上下滑了一步，她已经不再是囚犯，已经成了被告。

十七天后，玛丽·斯图亚特回到查特利时已经面目全非。她已经不再是那个快乐地一路骑行、手拿标枪、身边围绕着可靠朋友的女人，她现在慢慢地、一言不发地骑马穿过城门，身边环绕着严厉的看守和敌人，成为一个疲惫、失望、衰老的女人，心里知道自己已经不再有任何希望。当她发现自己的所有箱笼和橱柜都被打开，所有留在这里的文件和信函全部失踪的时候，她是真的感到震惊吗？当她发现宫廷里为数不多的几个忠诚者流着泪水，用绝望的目光向她致意的时候，她是真的感到迷惑吗？不，她清楚，现在一切都已经过去，一切都已经结束。但还有一件意料之外的小事帮助她度过了最初麻木的绝望。在楼下佣人的小房间里，有一个女人因为生产的阵痛发出了呻吟，她是玛丽·斯图亚特忠实的秘书库尔的妻子，现在人们已经把库尔拖到了伦敦，要他作证，参与陷害和处死玛丽·斯图亚特的审讯。这个女人孤身一人，找不到可以提供帮助的医生，也找不到神父。于是女王出于女人之间永恒的姐妹情谊，出于对不幸者的同病相怜，下楼帮助这位痛苦的女人，既然没有神父在场，她就亲自为这个孩子施洗，给他带来了这个世界来自基督徒的欢迎。

玛丽·斯图亚特又在这个她所憎恨的城堡里住了一两天，然后来了一道命令，要把她转移到另一座城堡，她在那里得到了更稳固的看守，与这个世界更加隔绝。人们为她选中的是福特林盖城堡，在许许多多的城堡里，玛丽·斯图亚特曾经作为客人和囚徒、作为女王和备受屈辱的女人，现在这座城堡成了她最后的一座城堡。不断的迁移已经结束，这个不安的女人很快也将得到安宁。

但是对所有那些似乎已经经历了最后悲剧的人来说，对这些满怀牺牲精神地为了玛丽·斯图亚特冒着自己生命危险的年轻人来说，他们之前的经历对于在这几天里经受的可怕刑罚都只能算是温柔的折磨。世界史永远都是以不公正、反社会学的角度写成的，因为世界史几乎只会描写强者的困境，描写这个世界上王侯的胜利与悲惨。但世界史面对其他人，面对阴影中的小人物却只表现出冷淡的沉默，好像这些凡俗的肉体所经受的折磨和拷打并不是相同的。巴宾顿和他的九位同伴——今天还有谁知道，还有谁能说出他们的名字呢，而女王的命运却在无数的舞台上、书籍里和图画中走向永恒！——在长达三个小时的时间里经受惊人的酷刑，这种肉体层面的折磨远远胜过玛丽·斯图亚特的二十年苦难。尽管按照法律，他们只是应该被送上绞刑架，但阴谋的策划者觉得这样处置太轻了。伊丽莎白亲自和塞西尔还有沃尔辛厄姆做出决定——这是她荣誉的一个全新污点——在处决巴宾顿和他同伙的时候，要通过精心设计的酷刑使他们死亡的痛苦放大几千倍。在这些虔诚的年轻人中间有六个人，其中有两个还是半大孩子，他们所做的事情仅仅是在朋友巴宾顿逃到自己家里时给了他一两块面包，就为了彰显法律的尊严，他们先是被吊起来一小会儿，然后又趁着他们还活着，把绳索剪断，这个野蛮的世纪的全部魔鬼行径都体现在了他们鲜活的、承受着难言折磨的肉体上。刽子手可怕的工作也以残忍的固执开始了。这些牺牲者的身体在活着的时候受到了如此缓慢、如此痛苦地凌迟，即便是伦敦的暴民都感到恐怖，不得不在第二天缩短刑罚。鲜血和恐怖再一次为了那个女人在刑场上漫溢，她具有魔法一般的命运强力，总是拖着鲜活的青春生命走向毁灭。这种事再一次发生，但这是最后一次了！开始于夏特利亚尔的大型死神轮舞如今到了尽头。如今再也没有人会为了她有关权力和伟大的梦想牺牲自己的生命。如今她也要成为自己的牺牲品。

## 第二十二章 伊丽莎白反对伊丽莎白

1586年8月至1587年2月

目标终于达成。玛丽·斯图亚特已经走进了陷阱,她已经表示了"同意"①,她已经使自己犯下了罪行。现在伊丽莎白实际上已经不需要再操心其他事情了,对她来说,现在是法官给出判决和采取行动的时候。长达四分之一世纪的斗争已经结束,伊丽莎白取得了胜利,可以和她的人民一起庆祝了,她的人民正喧嚷激动地在伦敦的大街小巷欢庆,因为他们的女王免于被刺杀的危险,因为新教的事业取得了胜利。但所有的满足之情永远都掺杂着秘密的苦涩味道。正是在这个时候,在伊丽莎白需要狠下杀手的时候,她的手颤抖了。把一个不谨慎的女人引诱到陷阱里比把一个毫无还手之力的被困者杀死要容易几千倍。如果伊丽莎白想用暴力的方式除掉这个令人不快的女囚,那么她早就有上百次机会可以这么做,而且不引起任何人的注意。议会在十五年前就要求用刀斧来给玛丽·斯图亚特最后的警告,约翰·诺克

---

① 原文为英语。

斯在垂死的病床上还在恳请伊丽莎白："如果您没有做到斩草除根，那么重新发芽的速度就会比我们所设想的要快得多。"但她始终都回答说，"她不能杀死这只在鹰隼面前逃到她这里寻求庇护的小鸟"。但如今，除了宽恕与死亡已经别无选择，如今这个一再被推迟、但的确已经不可推迟的决定在催促着她。伊丽莎白感到惧怕，她知道，她的宣判将带来多么可怕、几乎是难以预料的后果。我们今天几乎很难领会到这个决定具有多么重要的革命意义，这个决定撼动了当时世界范围内依然有效的等级制度。因为把一位受过涂油礼的女王送到刀斧之下，不亚于向直到目前为止依然顺从的欧洲人民展现出来，就连君主也是一个可以审判、可以处死的人，也不是什么神圣不可侵犯的权威——因此，伊丽莎白的决定不仅仅涉及一个终有一死的人的问题，而且也涉及一种理念。这个先例一定会在之后的几百年里成为这个世界上所有君主的警告，也就是曾经戴过王冠的头颅已经有一个掉在了断头台上。如果不是因为参考了这个先例，斯图亚特家族的孙子查理一世的死刑也不可能执行，而如果查理一世没有被处刑，路易十六和玛丽·安托奈特也不会重演查理一世的命运。伊丽莎白以她充满远见的目光，以她强烈的人性层面的责任感预料到，自己的决定意味着某种无法挽回的事情，她犹豫着，纠结着，摇摆着，推迟着，拖延着。再一次，她心中的理智和情感陷入了矛盾，而且比以往的任何时候都更激烈，伊丽莎白在反对伊丽莎白。而一个人和自己良心的战斗永远都是一出令人震撼的戏剧。

　　伊丽莎白被这种想要处刑和不想处刑的矛盾逼到了绝境里，最后一次试图回避这个无法避免的决定。每次决定权交到她的手里，她都在回避着决定。就这样，她在最后的时刻再次尝试做出更轻松的举动，把责任推到玛丽·斯图亚特的头上。她给玛丽·斯图亚特写了一封信（没有保存下来），在其中亲切地陈述，她应该向伊丽莎白寄一封私人信函，对自己参与阴谋的事情清楚明白地承认下来，也就是女王与女王对决，这样一来，她就可以接受伊丽莎白个人的秘密判决，而不是公开审判。

伊丽莎白的建议实际上已经是当时人们还能找出来的唯一解决方案了。只有这个方案才能使玛丽·斯图亚特免于公开审讯的羞辱，免于审判和处决。反过来，对伊丽莎白来说，这也意味着无限度的安全，通过一份亲手书写的参与阴谋的自白书，她就可以在道德层面上控制住这个令人不快的女王。显而易见，玛丽·斯图亚特在这之后只能安安静静地在阴影里继续生活下去，因为做出了这份坦白，所以失去还手之力，而伊丽莎白则可以平静地放射光芒，抵达她统治的巅峰。这样一来，角色就得到了永远的分配，伊丽莎白和玛丽·斯图亚特在历史上将再也无法平起平坐，也不是旗鼓相当的对手，而是罪人跪在宽恕者的面前，被赦免者跪在生命的救星面前。

但玛丽·斯图亚特根本也不想再得到拯救。骄傲始终都是她最强大的力量所在，她宁可在断头台前屈膝，也不会在一位保护人面前躬身，她宁可非常不理智地否认一切，也不会清清楚楚地认罪，她宁可走向灭亡，也不降尊纡贵。于是对这个既能拯救她，也能羞辱她的提议，玛丽·斯图亚特抱以高傲的沉默。她知道，作为统治者，她已经满盘皆输，她在这个世界上只还剩下一项权力：把她的敌人伊丽莎白置于不义之地。既然她在活着的时候已经没有办法损害自己的敌人，那么她就坚决地抓住了最后的武器：让伊丽莎白在全世界面前变成一个毫无同情心的罪人，而她要用光荣的死亡羞辱伊丽莎白。

玛丽·斯图亚特推开了伊丽莎白伸过来的手,而在伊丽莎白受到塞西尔和沃尔辛厄姆的催促,不得不走上这条她实际上非常憎恶的道路。为了给计划中的审讯提供一个合法的基础,她首先召集王室法学家,他们几乎总是会做出戴着王冠的君主要求他们做的任何决定。他们热切地翻遍了史书,寻找先例,想看看是不是之前已经有国王面临过这种常规的审判,这样这次指控就不会太明显与传统相悖,不会成为太新奇的事情。但他们拼凑出来的范例非常可怜:卡耶坦斯,恺撒时期一个小小的地方官;同样不为人知的里齐尼斯,君士坦丁的一位小舅子;最后还有康拉丁·冯·霍恩施陶芬和那不勒斯的约翰娜——能证明被法庭判处死刑的王侯只有这几个人。这些法学家们满怀着谄媚的勤奋,甚至走得更远,认为伊丽莎白的提议,也就是设立贵族法庭是多余的。根据他们的仔细观察,因为玛丽·斯图亚特的"罪行"发生在斯塔福德郡,所以应该交给这一地区的普通民事陪审团。但如此具有民主色彩的法律程序一点也不合伊丽莎白的心意。她遵守形式,希望都铎家族的曾外孙女和斯图亚特家族的女儿真正被当作一位女王对待,被除掉的时候也依然具有一位王侯所应具有的尊严与荣誉、华丽与排场、尊敬与肃穆,而不是被几个农民和小贩审判了事。她愤怒地责备这些过分热心的法学家:"对一位公主来说,这真是一种完美的审判程序。我觉得最好避免做这么荒谬的事(例如由十二位市民作出判决),一桩如此重大的案件的审查工作应该交给这个国家里最高贵的人们,交给那些法官。因为我们两个女王站立在世界的舞台之上,被全世界的目光注视着。"她想要对玛丽·斯图亚特进行一次国王级别的审讯、一次国王级别的处刑和国王级别的葬礼,为此召集了一个贵族法庭,挑选的都是这个国家里最出色、最高贵的人物。

但玛丽·斯图亚特也不甘愿被自己女王姐姐的蓝血贵族臣民审讯。"这是什么意思,"她在房间里接待使者,没有向他们走近一步,而是斥责他们道,"难道你们的统治者不知道我生下来就是一位女王?难道她以为我会接受这样的建议,因而羞辱我的地位、我的国家、我出身的家族和继承我王位的儿子,羞辱那些国王和外国的王子?我本人地位的辱没也是对他们的羞辱。不!绝对不!我绝对不会如此卑躬屈膝,我的心将保持昂首挺立,不会向任何羞辱屈服。"

只是永恒的法则没有改变:无论幸福还是不幸都无法彻底改变人的性格。玛丽·斯图亚特的优势一如既往,她的错误也一如既往。她一如既往地在危险时刻表现出了伟大的姿态,又一如既往地在之后变得松懈,她没有办法在持久的压力之下坚持最初的坚定。就像约克郡的诉讼,最终她再次被迫放弃了自己神圣不可触犯的主权君主立场,这样一来,她就等于交出了伊丽莎白唯一惧怕的武器。在长时间的艰苦斗争之后,她宣布自己已经准备好和伊丽莎白的使者进行交谈。

8月14日,福特林盖城堡的大厅展现出一派庄严肃穆的场景。大厅靠里侧的墙壁上是一个宝座,上面罩着气派的华盖,在所有这些悲剧性的时刻,这个宝座始终空着,这个有扶手的宝座仅仅是一个沉默的象征,表示英格兰女王伊丽莎白以自己的名义主持这场审判,最终做出判决。宝座的左右两侧是按照等级排列开来的不同的法庭成员,房间的中央放着一张桌子,留给总检察长、预审法官、法庭工作人员和笔录员使用。

玛丽·斯图亚特就像这些年里一样,严格地穿着一身黑衣,在她家庭总管的搀扶之下走进了这个房间。走进房间的时候她向聚集起来的人们瞥了一眼,然后不屑地说道:"这里有这么多的法律顾问,可没有一个是支持我的。"接着她走向一把扶手椅,这把椅子放在宝座旁边几步之遥,却比空着的宝座低上几个台阶。英格兰和苏格兰反复为之斗争的英格兰对苏格兰的主导权就通过这个小小的、巧妙的安排体现了出来:伊丽莎白的椅子在玛丽·斯图亚特的椅子上方。但即便离自己的死亡只有几步之遥,玛丽·斯图亚特也还是不承认这种上下级的秩序。"我是女王,"她大声说道,以便让所有人都能听到和理解,"我曾经和一位法国国王结婚,我的位置应该在上面。"

审判开始了。这场审讯就像约克郡的审讯和威斯敏斯特宫里的审讯一样,只是被设计好的,是对最基本的法制概念的轻蔑。人们再次——当时是博斯威尔的佣人,这一次是巴宾顿和他的同伙——在审讯之前就刻意地匆匆处死了主要的证人:只有他们在面临着死亡的恐惧的时候被严刑拷问出来的书面供词放在审判桌上。还有更多违法行为:就连用以起诉玛丽·斯图亚特的文件也出于某种难以解释的方式没有拿出原件,只拿出了誊抄件。玛丽·斯图亚特满可以理直气壮地质问沃尔辛厄姆:"我怎么能确定人们没有伪造我的密码信来帮助宣判我的死刑呢?"从法律层面上看,她有可能在这一点上进行强有力的辩护,如果人们同意给玛丽·斯图亚特分配一位律师,他就会很容易地针对这种违法的公开指控提出异议。但玛丽·斯图亚特独自一人面对着法官,既不了解英格兰法律,也不清楚指控的材料,于是便以灾难深重的方式重蹈了约克郡和威斯敏斯特宫审讯的覆辙。她没有仅限于反驳的确存疑的个别例证,而是

"全盘"①否定所有事情，就连最不容争辩的事实也要进行辩驳。她首先彻底否认自己认识巴宾顿这个人，但第二天不得不面对罪证，承认之前否认的事。这样一来，她就使自己的道德地位变得非常恶劣，而她在最后一分钟还想要回到过去的立场上，说她要求"她作为女王的权利，人们应当相信我的王者之言"，这就已经太晚了。她纵使高声疾呼也不再有任何作用："我来到这个国家是出于对英格兰女王的友谊和诺言的信任，这里，我的勋爵们，"——说到这里的时候，她从手指上摘下一枚戒指，拿给法官们看——"这是你们的女王给我的，作为喜爱和保护的象征。"然而这些法官根本不想捍卫她不可争辩的永恒权利，只想捍卫他们自己的女王，他们想给自己的国家创造安宁。判决书早已拟定，10月28日，当法官们在威斯敏斯特宫的"星室法庭"②举行会议的时候，只有唯一的一人，也就是苏奇勋爵有勇气宣称他不是完全确信玛丽·斯图亚特想要夺取英格兰女王的生命。尽管他使得判决丧失了"一致通过"这个美丽的门面，但其他人都顺从地认可玛丽·斯图亚特有罪。于是就有一位书记员就位，用优美的字体在羊皮纸上写道，"此人，玛丽·斯图亚特谋反，欲夺英格兰王国之王冠，对不同的计划表示过赞同，目的是伤害、毁灭或者杀死我们的统治者英格兰女王。"这样的罪行应该受到的惩罚已经经过了议会的事先规定，也就是死刑。

---

① 原文为法语。
② 星室法庭：星室法院于1487年由亨利七世创立，因为设立在威斯敏斯特宫中一座穹顶饰有星星图案的大厅而得名。星室法庭是15-17世纪英国最高司法机构，与英国枢密院、英国高等法院等机构一起构成了英国史上最重要的专制工具。英国资产阶级革命后，星室法庭于1641年关闭。

宣讲法律并做出判决是被召集起来的贵族法庭的职责。他们指认了罪行，做出了死亡宣判。但女王伊丽莎白的地位还在他们之上，她还拥有另一项高踞凡人之上的权利，这是一项崇高神圣、合乎人性且慷慨大度的权利，就是对已经判处的罪行表示宽赦。要不要把已经宣判的死刑转变出生机，这完全取决于她的意志，于是她再次面临着她所憎恨的决定，这个决定再次落到了她一个人头上。她该怎么办？伊丽莎白再次开始反对伊丽莎白。就像在古典时期的悲剧里，两组歌队在一个良心受逼迫的人的左右两侧轮流唱起彼此反对的诗节，伊丽莎白的耳畔和内心回响的也是两个声音，一个警告她冷酷，一个要求她宽厚。在这两个声音上，在无形中站立着我们人间事业的法官，也就是历史，它永远都对生者保持着缄默，只有当一个人结束自己生命的时候，它才开始向后世衡量他的功业。

右侧的声音永远都在说着无情和清晰的话语：死亡，死亡，死亡。国务总理、国王委员会、最亲密的朋友、勋爵和市民，所有的人民都觉得要使国家获得和平，要使女王得到安宁，只有一个可能性：砍掉玛丽·斯图亚特的头颅。议会已经庄严发起了请愿："考虑到巩固我们所认可的宗教的需要，考虑到女王本人的人身安全和国家的共同福祉，我们以最谦卑的方式恳请陛下您立即下定决心，公开宣布对苏格兰女王的判决，并且要求对这位女王进行公正迅速的处刑，因为我们不知道还有什么别的方式能保证陛下您的安全。"

这样的催促在伊丽莎白看来很合乎心意。她现在最紧迫的渴望就是向全世界证明，不是她在迫害玛丽·斯图亚特，而是英格兰人民坚持要执行司法判决的死刑。他们喧嚣的声音越是响亮，传播得越是广泛，越是明显，事情就越是有利。因为这样一来，她就有了机会在

"世界的舞台"上表演一段能够体现出善良与人性的咏叹调，作为一位娴熟的出色演员，她充分利用了这个机会。她激动地听着议会对她滔滔不绝地进行着警告，她谦卑地感谢上帝，因为上帝的意志使她从生命的危险中得到了拯救，但之后她又提高了声音，好像越过了空间，在对全世界和整个历史说话，为了给自己在玛丽·斯图亚特的命运上所犯下的所有罪行进行开脱。"尽管我的生命受到了严重的威胁，但我在这里承认，没有什么比看到一个来自于我的性别、与我有着相同等级和出身、与我具有如此亲近的血缘关系的女人犯下如此重大的罪行更令我痛苦的事了。我已经摆脱了所有的恶意，在我发现了针对我的犯罪行动之后，我立刻就秘密地给她写信，说如果她能在一封信里对我进行充满信任的坦白，这一切都会悄无声息地得到解决。我写信给她绝对不是为了引诱她，因为当时我已经知道了她能向我承认的所有事情。即使是在现在，在事情已经走得那么远的情况下，如果她愿意进行公开的悔罪，如果不再有人以她的名义向我提出非分的要求，我就还是愿意原谅她，即便不仅仅是我的生命，就连我国家的安全和福祉也与此紧密相关。因为我只想要为了你们，为了我的人民而活。"她坦率地承认，在面临着历史的审判的时候她是怀有着怎样的恐惧迟疑着。"因为我们这些王侯好像是站在全世界的目光和好奇心所聚焦的舞台上。我们衣服上最微不足道的污点都会被看到，我们的事业的任何弱点都很快会被发觉，因此我们必须特别小心谨慎，使我们的行动方式永远充满正义感和荣誉感。"出于这个原因，她请求议会原谅她迟迟没有做出答复的事实，因为"这就是我的处事方式，即便是在不那么重要的事务上我也会考虑很久，才能作出最终的决定。"

这段发言是发自内心的诚恳之词吗？可能既是也不是，因为在伊丽莎白的心中有一种双重的意志：她想摆脱自己的对手，却也想在世界面前显出宽宏大量。十二天后，她再次向由勋爵组成的枢密院提出了一个问题，是否有可能不夺走玛丽·斯图亚特的生命，与此同时又保证她自己的安全。但国王委员会和议会再次重申了他们的逼迫，表示没有任何其他的出路。伊丽莎白再次发言。这一次，她的发言语气强烈，听起来——她从来没有说过这么优美的言辞——几乎带有着令人信服的真诚。她说出了自己内心最深处的感受，她是这样说的："我这一生从来都没有像今天这样矛盾，不知是该说话还是该沉默。如果我说话，做出抱怨，那么我这么做就是虚伪的，但如果我反过来保持沉默，那么你们所有的努力就都成了徒劳。也许你们会觉得我想要抱怨是很奇怪的，但我承认，我内心深处的愿望就是能找到另一个解决方案，能保证你们的安全和我的福祉，而不是遵循你们的提议……但现在我已经断定，除了她的死亡，没有其他办法来保证我的安全，这让我在内心深处感到悲伤，因为我曾经宽恕过那么多的起义者，对那么多的叛国行为保持缄默，却偏偏要如此残忍地对待一位如此高贵的女王……"她已经让人们感到，人们只需要坚决地继续逼迫，就可以说服她了。但她就像以往一样机智又模棱两可，没有用一个明确的"是"或者"不"来束缚自己，而是用这样的话结束了自己的发言："我请求你们暂时满足于这个没有答案的答复。我并不反对你们的意见，我理解你们的道理，但我请求你们接受我的感谢，原谅我内心的怀疑，不要因为这个没有答案的答复感到不悦。"

右侧的声音已经说完了自己的话。它响亮清晰地说起了死亡、死亡和死亡。但是左侧的声音，来自内心的声音也越来越能言善辩。

法国国王派了一个特使团跨海越洋来到英格兰，警告说这件事触及到了所有国王的共同利益。他提醒伊丽莎白，保护玛丽·斯图亚特的人身不受伤害也是在保护她自己人身不受伤害，他警告说，明智幸福的治国基本原则就是避免流血。他提醒她，所有的人民都有心怀神圣敬意接纳客人的责任，也就是说，但愿伊丽莎白不要违背上帝的意志，砍掉一位受过涂油礼的君主的脑袋。伊丽莎白按照自己阴险的行事方式，只做出了半心半意的承诺，采用了一些模棱两可的措辞，然后外国使者的语气越来越尖锐。开始只是请求，渐渐变成了强硬的警告，变成了公开的威胁。但伊丽莎白非常老于世故，在这四分之一个世纪里已经熟知了所有的政治诡计，锻炼出了一副非常敏锐的耳朵。她在所有慷慨激昂的话语中只在谛听一件事：这些使者是不是要在她的污点上找到断交和宣战的借口。很快她就听明白了，在这些响亮、慷慨的话语背后并没有刀剑相击作响的声音，如果刽子手的刀斧砍断了玛丽·斯图亚特的脖颈，无论是亨利三世还是腓力二世都不会真的下定决心拔剑相向。

因此，她最终只是对法国和西班牙采取的外交威胁冷漠地耸了耸肩。但自然，推却另外一些要求需要更巧妙的做法，也就是来自苏格兰的要求。无论这个世界上的其他人怎么样，詹姆斯六世也有神圣的义务阻止英格兰的女王在国外接受处决，因为将要流出的鲜血就是他自己的血脉，将要被夺去生命的女人就是赐予了他生命的女人：是他的母亲。但天真的母子之情在詹姆斯六世的心中并没有占据很大的分量。自从他成了伊丽莎白的被保护人和盟友，自从他的母亲拒绝授予他国王的头衔，庄严宣布和他脱离关系，甚至试图把他的继承权转交到外国国王的手上，她实际上就只是他的阻碍了。他几乎刚一听说巴宾顿阴谋走向败露,就匆匆向伊丽莎白转达了自己的祝贺,对那些在他进行自己最喜欢的享乐活动,也就是打猎活动的时候来打扰他、要求他动用自己的全部影响去帮助自己母亲的法国使者,他表现出了真正的气恼,"她应该自食其果"。他明明白白地宣称:"无论她的监牢是多么的狭窄,无论人们是不是绞死了她所有卑鄙的仆人",这对他来说都无关紧要。最好的办法是,"她除了向上帝祈祷根本不应该做别的事情"。不,整件事情都和他没有关系,这个不怎么多愁善感的儿子在一开始甚至拒绝派出一个使团前往伦敦。直到玛丽·斯图亚特的判决有了结果,整个苏格兰都陷入了民族性的激愤,觉得一位外国女王竟想夺走一位受过涂油礼的苏格兰女王的生命,他才最终意识到,如果自己继续保持沉默,连"形式上的"[①]行动都不采取,那么他扮演的将会是一个多么可悲的角色。尽管他还没有想与苏格兰议会要求的那样,在处刑以后就立刻废除与英格兰的同盟关系,甚至发动战争。但他还是坐在了书桌前,给沃尔辛厄姆写了一封果断、激动又咄咄逼人的信件,还派出了一个使团前往伦敦。

伊丽莎白自然也料到了这次抗议。但在这一次,她也唯独谛听着背后的声音。詹姆斯六世的代表团分成了两个小组。一个是官方的,响亮清晰地提出要求,认为死刑判决绝对不能得到执行。他们威胁说要解散联盟,挥舞着刀剑,这些苏格兰贵族发表着激烈的言辞,他们的慷慨激昂也的确带有真诚的可信度。但是他们没有料到,正当他们在会客厅里发出雷鸣、进行威胁的时候,另一个特工却从后门溜进了伊丽莎白的私人房间,他是詹姆斯六世的一名个人代表,在那里悄悄

---

① 原文为法语。

地就另一个要求进行着谈判,因为苏格兰国王认为有一件事情比他母亲的生命重要得多:让伊丽莎白承认他对英格兰王位的继承权。詹姆斯六世这个秘密谈判者的任务是——消息灵通的法国使者这样报告说——告知伊丽莎白,如果詹姆斯六世对她进行了大声的猛烈威胁,那么这只是为了他的荣誉和外在的形象,他请求她不要觉得这种激烈的做法"是恶意的"①,不要把这视为不友好的举动。于是伊丽莎白就确认了自己很有可能早就已经知道的事情,也就是说,詹姆斯六世已经准备好了默默容忍处决他母亲这件事,只要给他抛下一个诱饵,半心半意地保证或者真的承诺把英格兰的王位继承权交给他。卑劣的幕后交易开始了。玛丽·斯图亚特的敌人和她的儿子走到了一起,出于同一个阴暗的目的,第一次结成了盟友,因为这两个人在内心深处都想要同样的结果,但这两个人又都不想让世界发现。这两个人都觉得玛丽·斯图亚特挡了自己的路,但这两个人又都不得不装出好像他们最神圣、最重要、最符合自己利益的事业就是保护和拯救苏格兰女王。但实际上,伊丽莎白不会为了自己命中注定的妹妹的生命而搏斗,詹姆斯六世也不会为了自己母亲的生命搏斗,这两人都只是想要在"世界舞台"上做出一个优美的姿态。事实上②,詹姆斯六世早就让人们看得清清楚楚,即便在最极端的情况下他也不会给伊丽莎白制造困难,这样一来,伊丽莎白实际上就已经得到了对他的母亲进行处决的无罪开释。在异国的敌人给玛丽·斯图亚特带来死亡之前,她自己的儿子就把她献到了祭台之上。

---

① 原文为英语。
② 原文为拉丁语。

伊丽莎白已经清楚，如果她真的做出了决断，法国、西班牙和苏格兰都不会有任何人进行干涉。这时也许只有一个人还能拯救玛丽·斯图亚特——玛丽·斯图亚特自己。她只需要祈求恩典，伊丽莎白就很有可能会满足于取得内心层面的胜利。伊丽莎白甚至在内心深处期待着这个请求，这样一来她就能摆脱良心的折磨了。人们在这几个星期里做的所有事情都是为了挫伤玛丽·斯图亚特的骄傲。死刑宣判刚一做出，伊丽莎白就把判决的文件寄给了她，那个严苛、冷酷、觉得自己非常正直，也因此更令人反感的官员埃米亚斯·博雷特立刻利用这个机会对这个女人进行了羞辱，对他来说，这个女人只不过是一个"没有尊严的死人"[①]罢了。他第一次没有在她的面前脱帽——这个卑鄙的灵魂并没有通过这种小小的、愚蠢的放肆行为羞辱到这个的女人，反而使她显得更加高贵——他命令她的佣人立刻拿走饰有苏格兰国徽的王座华盖。但仆人们拒绝顺从自己的狱卒，然后博雷特只能让自己的下属把华盖扯下来，这时玛丽·斯图亚特在原先固定着苏格兰国徽的地方挂上了一个耶稣受难像，以此表明在她背后站立的是比苏格兰还要强大的力量。敌人对她每一次微不足道的羞辱都会让她立刻摆出一副强硬的姿态。"人们威胁我，要我祈求恩典，"她写信给自己的朋友们说，"但是我说，如果她已经决定了要我死去，那么就让她在不公正的路上走到尽头吧。"如果伊丽莎白杀死了她，那么事情对伊丽莎白来说就更为不利！她宁可用自己的死亡在历史面前羞辱自己的敌人，也不肯让自己的敌人在宽厚的辉光中戴上宽宏大量的光环！她没有对死刑判决提出抗议，也没有请求恩典，而是作为一位基督

---

[①] 原文为法语。

徒，谦卑地感谢上帝做出了决定，面对伊丽莎白，她则以女王的高傲抱以回应：

"夫人，我全心全意地感谢上帝，因为他通过您的措施使我结束了我这一生漫长的朝圣之旅。因此我不祈求您延长我的生命，我已经活了足够长的时间，已经饱尝生活的苦涩。既然我无法期待英格兰最显贵的部长做出任何有利我的事情，我只请求您，请您（而不是任何其他人）给我以下的恩惠：

"首先，在我的敌人喝够了我清白无辜的鲜血以后，我要求我的仆人将我的遗体运往某种我视为神圣的土地，在那里得到安葬，最好是在法国，那里安息着我敬爱的母后的遗骨，这样一来，这个在与灵魂捆绑在一起的时候始终得不到安宁的可怜身躯终将与灵魂分离，得到解脱，找到安宁。其次，您将我交给暴力机构处置，我惧怕他们的残暴，因此我请求陛下您不要让我在某个隐秘的地点接受处决，而是要当着我的仆人和其他可以做出见证的人，让他们证明我的信仰始终忠于真正的教会，在我生命的最后一刻，我的最后一声叹息都是在捍卫自己，以此面对我的敌人可能会传播的虚假流言。第三，我要求和我一起经历过了如此多的逆境、展现出了如此的忠心的仆人们得到允许，不受阻碍地去往他们想要去往的地方，可以得到我在遗嘱里遗留给他们的一小份遗产，因此得到抚慰。

"我恳请您，夫人，想一想我们共同的祖先亨利七世，想一想我直到赴死的时候也依然具有女王的头衔，请不要让我的正当愿望落空，请亲笔写一句话，向我做出保证。然后我就会死去，就像我曾经活过的那样。您亲爱的妹妹和囚徒，玛丽女王。"

我们可以看出来：在这场长达几十年的斗争最后的日子里，发生了一件神奇又完全出乎意料的事情。角色产生了互换：自从玛丽·斯图亚特得到了死刑判决，她就又感到了安全与自信。她在接过死刑判决书的时候心脏并没有像伊丽莎白在签署这份文件的时候的颤抖得那么厉害。玛丽·斯图亚特没有那么惧怕死去，伊丽莎白反而更惧怕杀戮。

也许她内心深处依然不肯相信伊丽莎白有勇气命令刽子手杀死一位经受过涂油礼的女王，也许她只是装出表面上的自信。但无论如何，就连心怀恶意的观察者埃米亚斯·博雷特都无法察觉她表现出了一丝不安的征兆。她没有提问，没有抱怨，没有祈求她的看守给她施加什么优待。她也没有再试图和她身在外国的朋友取得秘密联系，她所有的反抗、自我挣扎和自我捍卫都已经结束，她有意识地听天由命，把自己的命运交回了上帝的手里：让上帝做出决定吧。

她最后的时刻是在严肃认真的准备工作中度过的。她立下遗嘱，把她在世间的财产全部分赠给她的仆人们，她写信给世界各地的王侯，但已经不再是催促他们派来军队或准备开战，而仅仅是向他们保证，她已经做好了准备，怀着正直的灵魂为了天主教的事业赴死。这颗不安宁的心终于抵达了某种巨大的平静，恐惧和希望——就像歌德所说的那样，"人类的两个劲敌"——已经再也不能支配这个坚定的灵魂了。就像与她的命运如出一辙的玛丽·安托奈特，只有在面对死亡的时候，她才意识到自己真正的使命。她迄今为止的懒散个性升华为一种具有历史意义的伟大责任感，她所等待的已经不再是宽恕,而是通过生命的最后一刻取得的胜利。她知道,只有英雄主义的、戏剧化的死亡才能在世界面前弥补她这一生所犯下的悲惨错误,只有在这一刻,她的生命才能取胜:也就是走向一个具有尊严的终结。

与福特林盖城堡里这个被判处死刑的女人镇定高贵的平静形成了鲜明对比的是:伊丽莎白在伦敦所表现出来的不安全感、疯狂的神经质与愤怒的茫然失措。玛丽·斯图亚特决心已定,伊丽莎白却还在为了自己的决断搏斗。她的对手已经完全掌握在她的手中,她却从来没有像在这段时间里一样受到自己对手的折磨。伊丽莎白一连几个星期夜不能寐,整天保持着阴郁的沉默。人们觉得她一直都沉浸在一个令人难以忍受的问题里,也就是她到底该不该签署死刑判决,该不该完成最后的行动。她就像西西弗斯推着石头,反复权衡这个问题,但她的内心越来越气恼,灵魂越来越压抑。她回绝所有建议,始终要求人们提出新的建议。塞西尔发现她"像气候一样善变",时而想要处决,时而想要宽恕,不断地询问着、催促着她的朋友还有没有"其他的办法",与此同时,她却在内心深处清楚已经没有别的办法了。但愿事情可以不知不觉地进行,不需要她明确下达任何命令,但愿决定是为了她做出,但不用由她做出!她越来越气恼地颤抖着,对责任感到恐惧,她不断地衡量着这个引人瞩目的举措的优势和劣势,以一种模棱两可、非常气恼、神经质又非常含糊的言谈一天又一天地推迟着决定,让自己的部长们感到绝望。"陛下在谈到这个问题的时候非常厌倦,不断拖延,我根本说不上来什么时候才能实施行动"[①],塞西尔

---

① 原文为英语。

抱怨道，这个冷酷精明的政治精算家没有理解这个备受震撼的灵魂所面临的困境。因为即便伊丽莎白给玛丽·斯图亚特安排了一位冷酷的狱卒，她也给自己安排了一位更冷酷的狱卒，简直就是世界上最残酷无情的狱卒：她自己的良心。

三个月、四个月、五个月，伊丽莎白反对伊丽莎白的内心斗争持续了几乎半年，她不知道自己是应该顺从理性的声音还是人性的声音。这种难以令人承受的过度神经紧张实际上导致了非常自然的结果，也就是决断在某一天突然爆发。

1587年2月1日，星期三，国务秘书戴维逊——沃尔辛厄姆很幸运地在那几天里生病了，也有可能是聪明地装病——突然受到海军上将霍华德的要求来到格林尼治御花园里，命令是要他立刻觐见女王，女王准备在玛丽·斯图亚特的死刑判决上面签字了。戴维逊拿来了塞西尔亲手拟定的文件，和其他一系列的文件一起交给了女王。但奇怪的是，伊丽莎白这个杰出的演员突然看上去又不着急签字了。她表现得无动于衷，和戴维逊闲聊了一些完全无关的事情，眺望着窗外的风景，欣赏着冬日清晨的圣洁景象。然后她才非常随意地问戴维逊——难道她真的忘了她明确地命令他拿着死刑判决过来找她的事情？——他到底带来了什么文件。戴维逊回答说：是需要签字的文件，其中也包括霍华德勋爵特别吩咐他拿过来的那一份。伊丽莎白拿起纸张，但是连看都不看。她迅速地给一份又一份文件签字，玛丽·斯图亚特的死刑判决自然也在其中，似乎她在一开始就打算装作自己是出于疏忽，在完全不知不觉的状况下签署了夹在其他文件中间的死刑判决书。但这位像气候一样善变的女人总是会在一瞬间内做出意料之外的事情。在下一秒钟，我们已经能看出她的行为是有意为之的，因为她明确向戴维逊宣布，她之前犹豫了那么长的时间，是想要让所有人都看清楚她是多么不愿意表示赞同。现在他可以把签过字的死刑判决拿给总理了，然后在上面盖上大大的国玺，但不要让别人知情，再把这份"执行令"①交给指定执行任务的人。这个任务很清楚，戴维逊不可能对伊丽莎白的坚决意志怀有质疑。而她早就已经想好了执行细节的事实也可以通过更有说服力的情况得到证明，因为她这时非常冷静清楚地把所有细节都交代给了戴维逊。处刑应该在福特林盖城堡的大厅进行，她觉得开放的庭院和内院都不合适。此外，她恳切警告他在所有人面前保密她已经签署了死亡判决书的事实。在长久的折磨之后，她终于做出了决定，内心如释重负。她似乎也终于找回了自信心与好情绪。伊丽莎白显得非常满意，还和戴维逊开玩笑，说她觉得这个消息肯定会把沃尔辛厄姆吓死。

这时，戴维逊觉得——我们也可以理解这一点——问题已经得到了解决。他鞠了一躬，走到了门边。但实际上，伊丽莎白从来都不会做出什么清晰和坚决的举动，她从来没有真的结束过一件事务。她又把走到门口的戴维逊叫了回来，这位优柔寡断的女人的明快情绪，还有无论是真的还是扮演出来的坚决再次消失得无影无踪。伊丽莎白不安地来回踱着步。到底还有没有其他的办法？"大会成员"②说到底也曾经起誓，要杀死每一个参与行刺伊丽莎白的人。还有那个埃米亚斯·博雷特和他的同伴，在福特林盖城堡里还有两个"大会"成员③——难道他们没有义务完成行动，把公开处决这种令人厌恶的事情

---

① 原文为英语。
② 原文为英语。
③ 原文为英语。

从女王的手里接走吗？无论如何，她要求戴维逊，叫沃尔辛厄姆给那两个人写一封信，把这个意思告诉他们。

善良的戴维逊渐渐变得不安起来。他清清楚楚地感到，女王做出了行动，但又不想显得自己和这项行动有任何关系，可能他已经开始为这么重要的谈话没有证人做证感到懊悔了。但他还能怎么办呢？他的任务一清二楚。所以他首先去枢密院，要求在死刑判决上盖下国玺，然后去见沃尔辛厄姆，沃尔辛厄姆立刻就按照伊丽莎白的授意给埃米亚斯·博雷特写了一封信。他写道，女王很遗憾地发现他不够热心，考虑到玛丽·斯图亚特对陛下人身安全的威胁，他应该自己找到一个方法，"不需要进一步的命令就自发地"除掉玛丽·斯图亚特。他做这件事情问心无愧，因为他的确在"大会"[①]上发过誓，这样他就替女王卸下了重负，因为人人都知道女王不喜欢制造流血。

这封信几乎还没有被送到埃米亚斯·博雷特手里，也更不用说从福特林盖城堡传来回信了，格林尼治已经风向突变。第二天早晨，在星期四，一位使者敲响了戴维逊的房门，送去了一张女王写的纸条，说如果他还没有把死刑判决交到总理那里盖上国玺，那么他就暂时先不要管这件事，直到女王再次同他进行交谈。戴维逊匆匆赶到女王那里，说明他立刻就履行了她的命令，死刑判决已经盖印。伊丽莎白看起来很不满意。她保持着沉默，但没有责备戴维逊。这个模棱两可的女人首先没有提起交还已经盖了印的文件。她只是又开始抱怨，说包袱再次落到了她的肩上。她不安地在房间里

---

① 原文为法语。

来回踱步。戴维逊等待又等待,想要她给出一个决定,下达一个命令,给予一个明确清晰的表达。但伊丽莎白突然离开了房间,没有对他下达任何指令。

伊丽莎白在这一位观众眼前上演的又是一幕莎士比亚风格的戏剧,人们再一次想起了理查三世,他向白金汉抱怨,说他的敌人还活在人世,却没有下达明确的命令,要白金汉杀死他的敌人。理查三世的这个侍臣理解了他的意思,却装作没有理解,于是理查三世露出了备受屈辱的目光,此刻伊丽莎白就这样逼视着不幸的戴维逊。这个可怜的文书觉得他陷入了难以脱身的深渊,于是做出了绝望的挣扎,也就是把别人也拉进来:只为了不要独自承担这种具有世界史意义的重大责任!他首先去见女王的朋友赫顿,详细描述了自己令人惊骇的处境:伊丽莎白命令依法执行死刑判决,但从她的全部举止来看,他现在已经能肯定她会在以后否认这种模棱两可的命令。赫顿非常了解伊丽莎白,能看穿她的双面游戏,但他也同样不想对戴维逊表示明确的"是"或者"不"。于是他们就把皮球踢来踢去,互相推卸责任。伊丽莎白把责任推给了戴维逊,戴维逊试图把责任推给赫顿,赫顿反过来又急忙通报国务总理塞西尔。就连塞西尔也不想独自处理这件事,但他在第二天召集了一个秘密的国家委员会。只有伊丽莎白最亲近的朋友和亲信得到了邀请,莱斯特、赫顿和另外七位贵族,他们都通过密切的接触非常清楚伊丽莎白有多么的不可靠。问题在这里第一次明确地提了出来,他们一致断定,伊丽莎白想要维护道德层面的虚假优越感,避免授权处决玛丽·斯图亚特。她想要给自己制造不在场证明,也就是在全世界的面前对既成事实感到"震惊"。也就是说,他们作为亲信的义务就是在喜剧中配合表演,实施女王的意志,却要装作是违背她的意志进行的。这种表面上自作主张、实则符合她要求的越权行为自然意味着重大的责任，因此伊丽莎白真正的或者是扮演出来的怒火不能由一个人独自承受。因此，塞西尔提议，他们所有人共同下令执行死刑，共同承担责任。肯特勋爵和施鲁斯贝里勋爵被选中监视行刑过程，秘书比亚尔得到了相应的指示，事先被派往福特林盖城堡。国务委员会的十名成员共同承担相应的罪责，这样一来——伊丽莎白秘密的要求达成了——这种得到密谋的越权行为终于把"包袱"从女王的肩上卸了下来。

伊丽莎白的一个本质性格特征就是异乎寻常的好奇心。她总是想立刻知道她的城堡里和她的整个王国里发生的一切事情。但奇怪的是：这次她既没有对戴维逊和塞西尔发问，也没有去询问其他任何人，她所签署的玛丽·斯图亚特的死刑判决到底怎么样了。整整三天里，她似乎完全忘记了这个几个月来唯一令她牵挂的事情。好像她喝下了忘川的河水，这个重要的事件就毫无痕迹地从她的头脑里消失了。甚至在之后一天的早晨，也就是星期天，当埃米亚斯·博雷特的回信传到她的手里的时候，她也完全没有提起自己已经签署的死刑判决。

埃米亚斯·博雷特的答复并不怎么令女王开心。他一下就看出自己被分配到了一个多么难以设想的角色，立刻就明白了如果他真的除掉了玛丽·斯图亚特，等待着他的恶果是什么：女王会公开斥责他为凶手，把他送上法庭。不，埃米亚斯·博雷特并不指望都铎家族能感恩戴德，他没有兴趣充当替罪羊。但为了在表面上显得顺从于自己的女王，这个聪明的清教徒抬出了一个更高的权威，也就是拿上帝作自己的挡箭牌。他给自己的拒绝披上了道德的外衣。"我的内心充满了痛苦，"他慷慨激昂地回答，"自从我预料到了我善良的女王会要求我做出上帝和法律禁止我做的事情。我的财富与家产、我的地位和生命都归陛下所有，如果女王想要这些东西，我明天就会把这些全部献给她，因为这一切都唯独要感谢她仁慈的恩惠。但上帝可以为我作证，如果我在法律不同意、没有得到官方命令的情况下制造了流血事件，那么我的良心就会受到凄惨的折磨，我后代的名声也会因此玷污。我希望，陛下您能够以一贯的仁慈友善地接纳我充满献身精神的答复。"

但是伊丽莎白绝对不想对博雷特的这封信抱以仁慈，尽管他在不久之前还因为他"无懈可击的行为，聪明的命令和安全的看守"①得到了女王的热情表彰。她愤怒地在房间里来回踱步，辱骂这些"华而不实、斤斤计较的年轻人"，他们只给出承诺，从来不采取行动。她愤怒地指责博雷特打破了誓言，他曾经在"大会行动"②的约定上签字，不惜生命危险也要为女王效力。这些想要为她采取行动的人已经够多了，还有一个叫作温格菲尔德的人。她还在怀着真正的或者是扮演出来的怒火斥责不幸的戴维逊——沃尔辛厄姆这个聪明的人真是选了更好的工作，现在报告说自己生病了——这个人怀着令人遗憾的天真，建议她采取公开的法律途径。她斥责他说，比他更聪明的人都不是这么想的。已经到了最终了结这件事情的关键时刻，如果事情不处理完成，那么这对他们所有人来说都是一种耻辱。

戴维逊保持着沉默。他原本可以夸口说他已经尽力操办了。但

---

① 原文为英语。
② 原文为英语。

他觉得，如果他诚实地把事情告诉女王，只会招致女王更大程度的不满，而女王自己也许早就知情：就是说，使者已经带着盖有国玺的死刑判决动身前往福特林盖城堡，与他同行的还有一个四肢发达、健壮有力的男人，将把话语变成鲜血，把命令变成行动：也就是伦敦的刽子手。

第二十三章 『我的终结就是我的开端』

1587年2月8日

"我的终结便是我的开端"①，多年前，玛丽·斯图亚特曾经在一件锦缎绣品上绣上这样一句她当时还没有完全理解其含义的箴言。现在她料到了其中的意味。只有悲剧性的死亡才意味着她荣耀的真正开始，只有这样的死亡才能在后世面前弥补她青年时代犯下的罪恶，洗清她的过错。几个星期里，这个被宣判死刑的女人就怀着谨慎与坚决，准备好迎接最严酷的考验。作为年轻的王后，她曾经两次不得不目睹贵族死在刽子手的刀斧之下，因此她很早就懂得，这种无可救药的反人性残酷只有通过英雄主义的态度才能得到克服。玛丽·斯图亚特知道，整个世界和后世都在检验她的仪态，因为她是第一个把脖颈俯在断头台上的受过涂油礼的君主，任何颤抖、任何迟疑、任何怯懦的面色苍白在这个至关重要的时刻只会损害她作为女王的荣誉。因此在等待的几个星期里，她平静地蓄积起所有的力量。这位平素冲动的

---

① 原文为法语。

女人以平静和目的明确的态度为自己最后的时刻做准备，她在对待自己一生任何事情时都不曾有这样的态度。

因此，2月7日星期二，当她的仆人报告说施鲁斯贝里勋爵和肯特勋爵带着几名治安官到达的时候，她没有流露出任何惊骇和讶异的迹象。她谨慎地命令自己的侍女和大部分佣人都来到身边。然后她才接见使者。因为从这一刻开始，她始终当着自己仆人的面，让他们为自己做出见证，证明这个詹姆斯五世和玛丽·德·洛林的女儿，这个血管里流淌着都铎家族和斯图亚特家族的鲜血的女人在最艰难的时刻也能光荣地坚持下来。施鲁斯贝里和她一起在自己家里住了将近二十年，现在弯曲了膝盖，低下了白发苍苍的头颅。他的声音有一些颤抖，宣布说伊丽莎白不得不依照自己臣民的坚决要求，执行宣判结果。玛丽·斯图亚特似乎没有对这个坏消息感到震惊，没有流露出一点动摇的迹象——她知道，她的所有姿态都将被载入史册——她听他宣读了死刑判决，然后镇定地划了一个十字，说道："赞美上帝，您给我带来了这个消息。我不可能得到更好的消息了，因为它宣布了我的苦难已经结束，昭示了上帝的恩典，让我为了上帝的名誉和上帝的教会，为了罗马天主教而死吧。"她对判决没有提出一句异议。她已经不想作为一位女王同另一位女王的不公正进行斗争了，只想作为一位基督徒背负自己的十字架，也许她已经把这次殉难当成了她一生中最后的一次胜利。她只有两个请求：第一，让她的忏悔神父给她做临终祝福，第二，死刑不要在第二天早晨就执行，因为她还想有机会仔细考虑一下身后的安排。这两个请求都被拒绝了。狂热的新教徒肯特伯爵回答说，她不需要信仰错误教派的神父，但愿意派出信仰改革教派的牧师，向她展现出真的宗教。玛丽·斯图亚特自然表示拒绝，因为在这个时刻，她想通过自己的死亡向整个天主教世界展现自己的信仰，把所谓"真正信仰的教导"斥为异端。比起这个愚蠢的建议，拒绝推迟执行死刑对这个已经宣判死亡的女人来说反而显得没有那么残忍。因为现在她只剩下一个晚上进行准备，紧张的时间很容易填满，不会给恐惧和不安留下余地。这历来是上帝给人们的一项赠礼，一贯如此，垂死者的时间都非常紧促。

玛丽·斯图亚特之前的灾难就是从来不懂得深思熟虑和小心谨慎，如今她却这样分配着自己最后的时刻。她作为一位伟大的女王，渴望着伟大的死亡，于是玛丽·斯图亚特凭着她无懈可击的审美风格、她遗传而来的出众艺术感还有她在危险时刻表现出的天生高贵，把她的死亡当作一个节日，当作一场胜利，一场盛大的仪式进行准备。任何事都不能即兴为之，任何事都不能听凭偶然、根据心情得到决定，所有事都要计算效果，要以符合女王气度的排场与威严展现出来。所有的细节都要经过意味深长的仔细设计，就好像是在一首描绘典范的殉道者的史诗里设计出一段感人或非常使人震撼的诗节。为了还有时间静静地写几封信，整理一下自己的思绪，玛丽·斯图亚特要求比平时提前用晚餐，在最后的晚餐上采取了象征性的庄严形式。用过晚餐后，她把几个家仆聚起，让他们给她斟一杯酒。她带着明朗的面容，严肃地向面前跪下的忠仆们举起了斟满的酒杯，一饮而尽。她在饮酒的时候祝他们幸福，然后发表了一番言论，迫切地警告他们忠于天主教，彼此和睦相处。她请求——就好像是《使徒行传》[①]中的一幕——每个人原谅她，原谅她在有意无意间做出的不公行为。然后她

---

① 原文为拉丁语。

才交给每个人一份特意挑选的礼物，戒指、宝石、项链和蕾丝花边，这些东西曾经装点过她的生活，使她的生活增添了欢愉。得到赠礼的人们跪在地上，默默地抽泣，接受了她的赠礼，女王自己都不由自主地被忠仆悲痛的爱意所撼动。

最终她站起身来，走进自己的房间，书桌上已经点燃了蜡烛。在夜晚和清晨之间还有很多事情要做：审阅一遍遗嘱，准备走向明天艰难的道路，写下最后的几封信件。第一封最恳切的信写给她的忏悔神父，请求他在这天晚上保持清醒，为她祈祷，尽管这位忏悔神父也在同一座城堡里，距离她只有两三个房间，但肯特伯爵——狂热主义者永远都是残忍的——禁止这个能够带来慰藉的人走出自己的卧室，给玛丽·斯图亚特举行"教皇式的"最后的涂油礼。然后女王又写信给她的亲戚，亨利三世和德·吉斯公爵，在最后的时刻表达出特别的忧虑，因此显得尤其高贵：在法国国王孀妇的年金取消后，她的用人将失去照管。于是她请求法国国王履行自己的义务，读一读她发自灵魂的要求，支付这些款项，为了"虔诚信仰基督教的女王，她作为天主教徒被剥夺了全部的财产"。她之前已经寄出了写给腓力二世和教皇的信件。这个世界上的君主只有一个没有收到她的信件，就是伊丽莎白。但玛丽·斯图亚特没有给她写一个字。她已经没有什么想要祈求，没有什么想要感谢的了，她只有通过骄傲的沉默和宏大的死亡才能羞辱她的对手。

午夜过后很久，玛丽·斯图亚特才躺到床上。她在生前应该做的事情都已做完。她的灵魂现在还能在这具精疲力竭的躯体里寓居几个小时。女佣们跪在房间的角落里，蠕动着嘴唇，默默地祷告，她们不想打扰这个入睡的女人。但玛丽·斯图亚特没有入睡。她睁大眼睛注视茫然的黑暗。她只是让自己的肢体稍作休息,这样她在早晨就能怀着正直强大的灵魂走向更强大的死亡。

玛丽·斯图亚特曾经为太多庆典进行过装扮:加冕和洗礼,婚礼和骑士的游戏,出游,战争和狩猎,接见使者,参加舞会和骑马比武,永远穿着华服,心里清楚美丽在这个世界上具有何等的权力。但她从来没有一次像面对自己生命中最重大的时刻一样这么谨慎,也就是在面对死亡的时刻。她一定提前几个星期就考虑好了具有尊严的赴死仪式,仔细设计了所有的细节。她在自己的衣橱里拿出一件又一件衣服进行考量,想为这个前所未有的场合制定一套体面的礼仪:就好像是她想作为一个女人,怀着最后的虚荣心给所有的时代树立一个典范,一位女王走向断头台的姿态是多么的完美。从清早六点到八点,她的女佣用了两个小时给她更衣。她不想像一个可怜的罪人,穿着低劣的衣服瑟瑟发抖地走向断头台,她为自己的最后一程选择了一套庆典的礼服,一套节日的盛装,那是一件最肃穆、最精致的深褐色丝绒服装,有貂皮镶边,白色的衣领高高立起来,袖口压出褶皱。一件黑丝绸做的斗篷裹住这件充满尊严的华服,黑色的下摆拖得很长,她的宫廷总管梅尔维尔不得不恭敬地捧着它。一袭洁白的孀妇面纱从头到脚飘扬着,精挑细选的无袖罩衣和用珠宝做成的玫瑰念珠取代了所有世俗的装饰,鞋子是用白色的小羊皮做的,这样在她迈向断头台的时候,她轻悄的脚步声就不会打破一片死寂。女王亲手从自己的衣箱里取出一块手帕,让人用这块手帕蒙住她的眼睛,那是一块用最精致的麻纱做出来的纤薄织物,镶着金线花边,很可能就是她自己绣的。她衣服上每一个扣襻的选择都富有深意,每一处微不足道的细节都与这个场合具有几乎是音乐层面的协调感。她甚至小心翼翼地想到了她不得不在陌生男人面前，在断头台前抛下阴暗的华丽排场。玛丽·斯图亚特为了鲜血涌流出来的最后一刻穿了一件血红色的衬裙，让人给她准备了一副血红色的长手套，这样一来，当刀斧砍进她脖子的时候，血液喷溅到她衣服上的颜色就不会太刺眼。从来没有一位被判处死刑的女人以如此艺术、如此崇高的方式为自己的死亡做出准备。

清早八点，房门被敲响。玛丽·斯图亚特没有回应，她依然跪在她的祈祷桌前，高声念诵着临终的祷文。直到念完祷文，她才站起身来，在第二次敲门的时候打开了房门。郡长走了进来，手里拿着白色的节杖——他很快就要把它折断——深深地鞠了一躬，满怀敬意地说道："夫人，勋爵们在等您，他们派我来请您。""我们走吧。"玛丽·斯图亚特回答道。她已经做好了准备。

最后的路程开始了。她的左手边和右手边都有自己的佣人搀扶，她缓慢地挪动着因为患有风湿变得疲软的双腿。她用三种信仰的武器来捍卫自己，以免自己被任何一阵突如其来的恐惧所撼动：她的颈部带着金质的耶稣受难像，腰间挂着珠宝做成的念珠，手持一把虔诚的利剑，也就是一个用象牙制成的十字架：整个世界都应该看到，女王至死忠于天主教，为了天主教而死。人们应当忘记她在青春时期犯下了多少罪孽和愚蠢行径，忘记她是作为一场蓄意谋杀的知情人走到了刽子手面前：所有的时代都应该把她当作天主教事业的殉教者，当作她的异端敌人残忍的牺牲品。

她自己的佣人只能陪伴她走到门口，然后就得离开，原定的设计和约定就是这样。因为不能制造出假象，好像他们也参与了这种令人憎恶的行动，亲自把自己的女主人送上了断头台。他们只想在她自己的房间里帮助她、侍奉她,不想在这场残酷的死亡中作为帮手。埃米亚斯·博雷特的两名部下不得不陪同她从门口一直走到楼梯下面：最终,只有敌人和对手,只有参与了这桩罪行的人才能把一位接受过涂油礼的女王送往断头台。在断头台脚下,在最后一级台阶的顶端,在应该进行处决的大厅入口,她的宫廷总管安德鲁·梅尔维尔跪在那里等待,他作为苏格兰贵族接受了一项任务,把死刑执行完毕的消息报告给她的儿子。女王把他扶起来,拥抱了他。她很乐于见到这位忠诚的证人,因为他的在场只能使她发誓保持的态度更坚定。梅尔维尔说道："我一生中最艰难的任务就是汇报我敬爱的女王兼女主人死去的消息。"她则回答说："你应该感到高兴,因为我的劳苦到了尽头。只是你要带去这样的消息,说我至死都忠于我的宗教,是一位真正的天主教徒,一个真正的苏格兰人,一位真正的公主。但愿天主宽恕想要我死去的人们。还要对我的儿子说,我从来都没有做过任何有可能给他造成损害的事情,从来没有放弃过我们的高贵。"

说完了这些话后,她转身面对施鲁斯贝里伯爵和肯特伯爵,请求准许她随从里的一些女侍在场观看她的处决。肯特伯爵表示反对：女人的哭泣和嚎叫会制造混乱,也许也会引发不满,因为她们会要求用自己的手帕浸满女王的鲜血。但玛丽·斯图亚特在最后的愿望上坚持不让步。"我发誓,"她回答说,"她们不会做这样的事情,我很确定,你们的女主人不会拒绝另一位女王的要求,让她的侍女陪伴她直到最后一刻。她不可能下达如此残酷的命令。即便我的等级更低,她也会对这个要求表示赞同,何况我还是她最亲近的亲属,血管里流着亨利七世的血液,我是法国先王的孀妇,是接受过涂油礼的苏格兰女王。"

两位伯爵进行了商讨，最终他们批准她携带四名男仆和两名侍女。玛丽·斯图亚特同意了。她带着这些精心挑选出来的忠仆，后面跟着捧着斗篷下摆的梅尔维尔，走进了福特林盖城堡的大厅，郡长、施鲁斯贝里和肯特走在她身后。

在这个大厅里，人们整晚都在打磨刀斧。人们把桌椅都搬了出去，在大厅尽头搭起了一座平台，高约两英寸，上面蒙着黑亚麻布，就像一座灵台。在包裹着黑布的断头台前贴心地准备了一个黑色的小软凳，上面有一个黑色的软垫，女王要跪在这里准备迎接死亡。左右两侧各有一张扶手椅，施鲁斯贝里伯爵和肯特伯爵作为伊丽莎白选中的执行官坐在那里，在墙边站着两个像铜像一样一动不动的人，穿着黑丝绒外衣，戴着黑色面具，两个没有脸的人影：这就是刽子手和他的助手。只有牺牲者和刽子手可以登上这个恐怖庄严的平台：但观众已经挤进了大厅深处。在那里设了一道栅栏，由博雷特和他的士兵进行把守，外面站着两百位贵族，从附近匆匆赶来看这出独一无二、迄今为止还闻所未闻的好戏，来看一位经受过涂油礼的女王接受处决。在紧闭的城堡大门前面，有几百个下层群众蜂拥而至，被这个消息吸引而来：但他们无法进入。只有具有贵族血统的人才能看到一位女王是如何流出了鲜血。

玛丽·斯图亚特镇定地走进大厅。她刚刚出生时就成了女王，在一开始就学会了如何保持女王的风度，在最艰难的时刻也没有放弃这门高尚的艺术。她高昂着头颅，走上了通往断头台的两级阶梯。她十五岁时就是这样走上了法国的王座，走上了兰斯大教堂的圣坛。如果她吉星照命，那么她也会这样走上英格兰的王座。她就这样既谦卑又骄傲地走在法国国王的身边，走在苏格兰国王的身边，接受神父的祝福，现在她也这样低下了头颅，准备接受死神的祝福。她无动于衷地听着秘书再次宣读死刑判决。她的面容展现出了近乎友善的神情，甚至她残忍的敌人温格菲尔德都不得不在写给塞西尔的报告中说道，玛丽·斯图亚特好像是把她的死刑宣判当作福音接受了下来。

但还有一项残酷的考验在等着她。玛丽·斯图亚特想要在最后的时刻保持纯粹伟大，她想要让世界沐浴在信仰的烽火、沐浴在天主教殉教的高昂火焰里。但信仰新教的勋爵想要阻止她在生命的最后一刻表现出虔诚天主教徒的坦然姿态，防止她给人留下深刻的印象，因此直到最后一刻都在尝试用小小的恶意贬斥她的高贵。在女王从自己的房间到行刑大厅的短短几步路上，她不得不有许多次环顾四下，想看看她的忏悔神父是否在场，这样她至少能得到一个默默地表示决心与祝福的征兆。但一切都是徒劳。她的忏悔神父无法离开房间。现在，在她已经准备好在没有得到宗教承诺的情况下接受处决的时候，断头台上突然出现了一个改革教派的牧师，就是来自彼得波洛的弗莱彻博士。两种宗教之间残酷无情的斗争摧毁了她的青春和命运，直到她生命中的最后一刻。尽管勋爵们已经从她那里听到了三次拒绝，也就是玛丽·斯图亚特作为虔诚的天主教徒，宁可在不进行临终忏悔的情况下死去，也不想要来自异端的牧师。但就像玛丽·斯图亚特想在断头台前维护自己的宗教一样，这些新教徒也想给自己制造荣誉，也要求自己的上帝在场。这位改革教派的牧师装出是在温柔地关心她灵魂的救赎，开始进行一番非常平庸的布道，但玛丽·斯图亚特已经非常急躁了，只想尽快死去，试图打断他的布道，却只是徒劳。她有三四次请求弗莱彻博士不要再继续努力，她笃信罗马天主教，出于神恩，她现在要为了维护天主教流下鲜血。但那个小牧师对一位垂死之人的意志没有多少敬意，反而有太多的虚荣。他精心准备了这份布道词，感觉自己拥有如此尊贵的人们作为听众实在是一件令人不得不表示尊敬的事。他继续机械地、啰哩啰唆地说下去，最终，玛丽·斯图亚特意识到要制止这种令人反感的布道只有一种方式，于是她就像拿起武器一样，把自己的耶稣受难像握在一只手里，另一只手拿着祈祷书，跪了下来，用拉丁语高声祈祷，想用神圣的话语压过这些虚情假意的高谈阔论。人们并没有为了一个将要牺牲的人类灵魂向同一位上帝同声祈祷，而是就让两种宗教在距离断头台只有两步之遥的地方展开了斗争，一直都是这样，仇恨胜过了对他人苦厄的敬重。施鲁斯贝里、肯特和大部分集会上的勋爵都用英语祈祷。玛丽·斯图亚特和她的家仆则用拉丁语祈祷。只有当牧师最终沉默下来，场面才恢复了平静，玛丽·斯图亚特才同样开始用英语念诵祷文，并且高声要求捍卫受到了迫害的基督教会。她对自己的苦难行将结束表达感谢，把耶稣受难像贴到胸口，大声宣布，她手持十字架，心里希望能通过耶稣基督为了救世流下鲜血的方式为他泼洒自己的血液。狂热的新教徒肯特伯爵再一次打断了她纯洁的祷词，他警告她放弃这些"popish trumperies"（"教皇的骗术"）。但这个垂死的女人已经不屑于尘世的争端。她没有高声做出回答，甚至没有看他一眼，而是提高声音向整个大厅说道，她发自内心地原谅所有一直以来都在渴求她鲜血的敌人，并且请求上帝引领她走向真理。

　　寂静笼罩了整个大厅。玛丽·斯图亚特知道接下来会发生什么。她再一次亲吻耶稣受难像，画个十字，并且说道："耶稣基督，就像你被钉在十字架上时展开了怀抱一样，也请将我拥入你那悲悯的怀抱，并且宽恕我所有的罪孽。阿门。"

中世纪充斥着残酷和暴力，但绝对不缺乏对灵魂的关注。那个时代的某些习惯反映出它非常清楚自己的反人性，比我们的时代更有自知之明。在那个时代，无论每次处决的过程多么野蛮，在恐怖中也会闪现出充满伟大人性的短暂瞬间，在刽子手动手杀人或者是施加酷刑前，他必须请求牺牲品原谅他对牺牲品的肉体所犯下的罪过。这时，戴面具的刽子手和他的助手就这样在玛丽·斯图亚特的面前跪下来，请求她原谅他们不得不给她带来死亡。玛丽·斯图亚特回答道："我发自内心地原谅你们，因为我希望这次死亡可以结束我所经受的所有磨难。"这样一来，刽子手和助手们就开始了准备工作。

与此同时，两名侍女开始为玛丽·斯图亚特脱下外衣，她亲手帮她们把颈部饰有"神的羊羔"①的项链摘下来。她的双手丝毫没有颤抖，而且——就像她的敌人塞西尔的使者所说的那样——"非常匆忙，就好像她迫不及待地要离开这个世界"。当黑色的斗篷和深色的衣服从她的肩头滑落时，红绸衬裙就闪烁出光芒，当她的侍女给她戴上红色长手套的时候，她站在那里的样子就像一簇血腥的火焰，真是一个令人难以忘怀的伟大形象。然后到了诀别的时刻。女王拥抱她的侍女们，警告她们不要大声哭泣，也不要发出怨言。然后她才跪到了垫子上，高声朗诵拉丁语赞美诗："主啊，我坚信你，请你永远不要使我羞愧②。"

这时已经没有什么可以做的事情了。她只需把头颅放到砧板上，

---

① 原文为拉丁语。
② 原文为拉丁语。

她用双臂抱住了这块砧板，抱住了死神这位恋人。直到最后一刻，玛丽·斯图亚特都保持着女王的伟大风范。没有一个动作，没有一句话泄露出她的恐惧。斯图亚特家族、都铎家族和吉斯家族的女儿准备好庄严赴死。但在谋杀所引发的凶残前，所有人类的尊严、所有后天习得或者是先天继承的仪态又有什么用！处决一个活生生的人类从来都不是——所有的书籍和报告在这一点上都在说谎——什么浪漫的、纯洁的、令人激动的事。刽子手的刀斧带来的死亡永远都是可怕的惊骇，是卑鄙的屠杀。刽子手第一刀没有砍中目标，没有砍中脖子，而是沉闷地砍中了后脑。受刑者窒息的嘴里发出了一声呻吟、一声垂死的喘息。第二刀深深地砍进了脖子，鲜血猛烈地喷了出来。但直到第三下才把头砍掉。还有其他可怕的举动，刽子手抓着头发拎起这颗头颅，想要展示头颅，但他只抓住了假发，头颅掉了下来。这颗头颅像九柱戏的球一样滚来滚去，在木地板上喷溅出血液，刽子手只能再次把它抓住，高高举起来，人们看到——真是一个阴森的场面——一个老迈女人的头颅，上面是剪得很短的花白头发。一时间，观众因为这种屠杀场面感到惊骇不已，吓得动弹不得，大家屏息凝神，没有人说话。然后那个来自彼得波洛的牧师最终努力发出了一声呼喊："女王万岁。"

这个石灰一样苍白的陌生头颅睁着泛白的眼睛凝视着贵族，如果命运掷出了不同的骰子，这些人就会成为她最忠诚的佣人和最热心的臣民。人们的嘴唇又抽搐了十几分钟，然后才以超人般的力量强硬地把肉骨凡胎的恐惧之情压抑下来，咬紧牙关。为了使场面显得不那么恐怖，人们匆匆拿一块黑色的盖布罩住了尸体，还有那个美杜莎般的头颅。在行动力陷入瘫痪的沉默之中，用人们已经想把这个阴暗的负担抬走了。这时发生了一个小小的意外,驱散了凄厉的恐怖。因为就在刽子手抬起鲜血淋漓的尸体、准备把它搬到隔壁房间、在那里涂上防腐剂的一瞬间,衣服下面有什么东西开始了动弹。女王的小爱犬在所有人都没有注意到的情况下跟着她走了过来,好像也是被这种命运吓坏了,紧紧贴着她的身体。现在它跳了出来,身上沾满了湿漉漉的鲜血。它咆哮着、撕咬着、尖叫着、嘶喊着,不想离开尸体。刽子手试图用暴力把它赶跑。但是他们抓不住它,它也不接受诱惑,而是狂野地跃向那些身穿黑衣的陌生高大的禽兽,他们用它深爱的女主人的鲜血痛苦地伤害了它。这个小小的动物为自己的女主人做出了比所有人都激烈和杰出的搏斗,胜过了她自己的儿子,胜过了成千上万宣誓效忠她的人们。

# 终章

1587—1603

在古希腊戏剧中，在阴郁凄恻的悲剧之后永远会安排一出简短又放肆的讽刺剧：玛丽·斯图亚特这部戏剧中也有类似的尾声。2月8日早晨，她人头落地，第二天早晨，整个伦敦都知道了死刑已经执行。这个消息在这个城市和这个国家里迎来了无穷无尽的欢呼。如果平素听觉非常敏锐的伊丽莎白没有突然失聪，那么女王肯定就会自问，她的臣民如此热烈地庆祝着什么日历上没有标注出来的节日。但她明智地掩饰着自己，没有提问，她用这种一无所知的魔法外衣严严实实地包裹着自己。她想得到自己竞争对手被处决的事实的官方通告，或者不如说是对此"表示震惊"。

这个阴暗的任务，也就是向这个装作一无所知的女人通知她"亲爱的妹妹"①已经被处决的任务就落到了塞西尔的身上。他在执行这件任务的时候不可能感到高兴。二十年来，这位懂得明哲保身的顾问

---

① 原文为英语。

在类似的情况下已经遭受过许多风暴，无论是真正的愤怒还是出于国家政治的需要扮演出来的愤怒。这一次，这个平静、严肃的人也在内心里怀着异常的惊骇，走进了统治者的会客厅，准备从官方角度最终向她报告死刑已经完成。但之后发生的场景简直可以说是史无前例。这是怎么回事？人们竟敢在女王不知情的情况下，在女王没有给出明确命令的情况下处决玛丽·斯图亚特？不可能！简直无法理解！她从来没有考虑过如此残暴的措施，只要没有外国军队入侵英格兰。她的顾问欺骗了她，出卖了她，对她的态度就像一群欺诈犯。她的威望、她的荣誉因为这件虚伪阴险的行为已经在整个世界的面前蒙受了不可挽回的玷污。唉，她可怜的、不幸的妹妹，一个无情的错误，一个卑鄙的欺骗行为导致她成了牺牲品！伊丽莎白抽泣着、喊叫着、跺着脚，就像疯了一样。她以最粗鲁的方式辱骂这个白发苍苍的人，说他和委员会的其他成员，在没有得到她明确许可的情况下就执行了她签过字的死刑判决。

塞西尔和他的朋友从来没有一瞬间怀疑，伊丽莎白不会将她亲自授意的"非法"国家行动当作"下属当局的越权行为"推卸到别人头上。他们也意识到了她期待的就是所谓的不顺从，所以决定从女王手里接过这个"包袱"。但是他们以为，伊丽莎白只是在世界面前需要这样的借口进行"秘密行为"①，在私密的小接待室里甚至还会感谢他们及时为她扫清了障碍。但伊丽莎白扮演出来的愤怒变成了真挚的愤怒，导致事与愿违，或者是不由自主的反应。这时，在塞西尔垂下来的头颅上爆发的绝对不是一场戏剧里的暴风雨，而是真正的愤怒，

---

① 原文为英语。

是震耳欲聋的霹雳，是毫不克制的责骂，是乌云一样铺天盖地的羞辱。伊丽莎白几乎要对自己最忠诚的顾问动手了，她用不堪入耳的话语辱骂他，要求这位老人引咎辞职，事实上，他也确实因为自己的机智过头在一段时间里受到了惩罚，不得在宫廷里出现。

现在我们才看清楚，真正的策划者沃尔辛厄姆的处理方式是多么的巧妙，多么有先见之明。他在至关重要的日子生了病，或者是装病。因为他的代表人，也就是不幸的戴维逊真的承受了女王所有怒火的灼烧。他成了替罪羊，成了展示伊丽莎白清白无辜的工具。伊丽莎白现在发誓，她从来没有授权他把死刑判决拿给塞西尔盖上国玺。他自作主张地违背了她的心愿和意志，这种胆大妄为的越权行为造成了无穷无尽的损害。她命令"星室法庭"正式起诉这位不忠的官员，但他实际上却非常忠诚，法庭应该向整个欧洲庄严宣告，玛丽·斯图亚特的处决完全归咎于这个骗子，伊丽莎白对此完全不知情。那个曾经庄严起誓要以兄弟情谊共同承担责任的国务委员会自然可耻地抛弃了他们的同伴，他们只忙着在女王的愤怒面前挽救自己作为部长的职位和肥缺。戴维逊在接受伊丽莎白任命没有证人，只有默默无言的四壁，最终被判罚款一万镑，他绝对支付不起这样的款项，而且还被投入了监狱。尽管人们在日后暗地里给他开出了一笔年金，但在伊丽莎白还在世的时候他再也无法出现在宫廷里，他的事业完了，他的生命也走向了终结。对宫廷人士来说，不理解统治者心里的愿望永远都是危险的。但有些时候，把统治者的想法理解得太透彻还意味着更深重的灾难。

有关伊丽莎白清白无辜、毫不知情的美好童话编造得过于大胆，当时的世界没有办法信以为真。也许只有一个人真的相信这个事后编造的、充满幻想的传言，令人震惊的是，这个人就是伊丽莎白自己。因为一个歇斯底里或者有歇斯底里倾向的人最奇特的个性之一就是不仅仅拥有巧妙的欺骗能力，而且也能自我欺骗。他们的希望在他们眼里变成了现实，他们的证言也是如此：有时候可以成为最诚恳的谎言，因而也是最危险的谎言。伊丽莎白向各方面宣称并发誓她没有下令也不想处死玛丽·斯图亚特，她心里的感觉很可能非常真诚。因为她的确有一半的心思不想采取这个行动，现在这个不想采取行动的念头逐渐挤走了她阴险地想采取行动的记忆。听到消息时，她的愤怒爆发出来，因为她虽然知情，却想装作不知情，这种爆发并不仅仅是戏剧层面的预先设计，而且同时也是——她的性格完全是分裂的——真挚的、诚恳的愤怒，她没有办法原谅自己，因为她没有贯彻自己更纯粹的本能。这也是一种针对塞西尔的真挚愤怒，因为他把自己牵扯到了行动里，但又不懂得让她摆脱责任。伊丽莎白努力告诉自己，处决是违背她的意志执行的，她的话语从这时起带有了一种几乎具有说服力的腔调。好像当她身穿丧服接见法国使者的时候真的没有欺骗他，真诚地发誓，"父亲的死亡、姐姐的死亡都从未如此触动过她"，而她是一个"可怜的弱女子，被敌人包围着"。就好像她国务委员会的全体成员和她玩了一套冷酷无情的把戏，如果他们不是已经为她效劳多年，她就会把他们全都送上断头台。好像她本人签署死刑判决只是为了安抚人民，但只有在外国军队入侵英格兰的时候她才会真的执行死刑。

伊丽莎白就连在写给詹姆斯六世的亲笔信中也坚持半真半假的说法，说她从来没有真的想处死过玛丽·斯图亚特。她再次保证，她对这个"悲惨的错误"感到极度痛心，这是违背了她的意志进行

453

的，没有经过她的同意。她呼吁上帝作证，她"在这件事情上是无辜的"，她从来没有想把玛丽·斯图亚特处死，尽管她的顾问每天都在她的耳边絮叨。她预料到了自然会有责备出现，也就是说，她只不过是把罪责推卸到了戴维逊的头上。她骄傲地说，这个世界上没有任何力量能够迫使她把本该由她自己下令处理的事情推卸到其他人的肩上。

但詹姆斯六世并不特别致力于了解真相，他现在只想做一件事：洗清他自己的嫌疑，好像他没有做足够的事来捍卫自己母亲的生命。他自然不能立刻表示同意，大声念诵"阿门"，而是不得不和伊丽莎白一样假装震惊和愤怒。也就是说，他采取了一个庄严的姿态，他庄严宣布，这样的行为一定要得到复仇。伊丽莎白的使者被禁止踏上苏格兰国土，他派遣自己的专属信使到边境城市贝尔威克去取她的信件：全世界都应该看到，詹姆斯六世对杀害母亲的凶手凶恶地露出了獠牙。但伦敦内阁早就准备好了真正的助消化药，准备好让这个愤怒的儿子默默地"消化掉"母亲被处决的事实。在那封写给"世界舞台"的信件之外，伊丽莎白还让人写了一封私人外交信函送到爱丁堡，沃尔辛厄姆在这封信中告知苏格兰总理，詹姆斯六世已经得到了英格兰的王位继承权，这样一来，这桩阴暗的交易就圆满成功了。这剂糖浆对这个据说悲痛不已、激动不安的人产生了魔力。詹姆斯六世再也没有提起要废除盟约。他根本不关心自己母亲的遗体没有得到安葬，依然躺在某个教堂的角落里。他也没有抗议，说玛丽·斯图亚特最后的意志，也就是安息在法国的土地上得到了粗暴的蔑视。他以某种神奇的方式突然对伊丽莎白的清白坚信不疑，甘愿接受这个谎言：这是一个"错误"。"您已经洗脱了您在这个不幸事件里的所有罪责"，他写信对伊丽莎白说，并且作为一位恭顺的食客祝愿英格兰女王，希望她"可敬的举止永远在世界上彰显"。一阵充满金钱气味的许诺之风就迅速地平息了他不满情绪的激荡波涛。从这一刻开始，在儿子和签署母亲死刑判决的女人之间出现了虚荣的平静与和睦。

　　道德和政治走的完全是不同的道路。正因为此，人们总是从完全不同的层面评价同一件事，这取决于我们是站在人性还是站在政治利益的立场上。从道德层面上看，处决玛丽·斯图亚特依然是一件完全无法原谅的举动：这违反了所有民族的法律，在和平时期监禁邻邦的女王，暗地炮制陷阱，以最虚伪的方式将她玩弄于股掌。但同样不能否认的是，从国家政治的立场来看，除掉玛丽·斯图亚特对英格兰来说是正确的举措。因为在政治领域，起到决定性作用的——很可惜！——不是措施是否合法，而是措施能否取得成功。在处决玛丽·斯图亚特的事情上，结果说明了这在政治意义上是正确的。因为在这次处刑以后，英格兰和英格兰女王并没有面临骚乱，而是得到了太平。塞西尔和沃尔辛厄姆对政治权力关系的估量是正确的。他们知道，外国政府一直都不会挑剔一个真正强大的政府，对这样一个政府的暴行甚至是罪行只能怯懦地袖手旁观。他们的计算是正确的，这个世界并不会因为这次处决陷入动荡，事实上：法国和苏格兰庄严复仇的号角突然沉寂了下来。亨利三世绝对没有像他威胁的那样，和英格兰断交，之前他没有派出一兵一卒渡过海峡，前去拯救还在世的玛丽·斯图亚特，现在她已经去世，他就更不会为她报仇了。无论如何，他还是在巴黎圣母院举办了一场优美的哀悼弥撒，诗人们写了几首哀歌；但这样一来，玛丽·斯图亚特的事情对法国来说就完结了，然后就被遗忘了。苏格兰的议会发出了一些骚动，詹姆斯六世穿上了丧服，但很快他又骑在伊丽莎白送给他的骏马上，牵着伊丽莎白送给他的猎犬，打猎享乐，继续担任英格兰有史以来最令人安心的邻居。只有西班牙迟钝的腓力终于振作起来，装备起无敌舰队。但他孤军奋战，站在他对面的还有伊丽莎白的运气，这也属于她伟大的一部分，所有著名的君主都是如此。在战争开始前，无敌舰队就在风暴中粉碎了。与此同时，反宗教改革派长期以来的进攻计划也破产了。伊丽莎白最终赢得了胜利，在玛丽·斯图亚特死去以后，最大的危险已经不存在了。防守的时代结束了，从今开始，英格兰的舰队将主动出击，跨海越洋，去往世界的所有角落，构建伟大的世界帝国。财富不断增长，在伊丽莎白生命的最后几年，新兴的艺术开花结果。女王从来没有像她做出自己最恶劣的行径之后这么备受赞扬、备受爱戴和尊崇。国家的宏伟建筑永远都是用残酷和不义的花岗岩建造出来的，国家的基础永远都是用鲜血浇铸而成的，在政治的领域里，只有战败者才是错误的，历史那铁一般坚硬的脚步踩着他们的尸首前进。

玛丽·斯图亚特的儿子自然还面临着令人气恼的耐心考验：他没有办法像自己梦想的那样，一举登上英格兰王位，没有办法像自己希望的那样，那么快得到出卖自己母亲的酬劳。他不得不经历对一位野心家来说最严酷的折磨，等待，等待，还是等待。他不得不在爱丁堡无所事事、昏昏欲睡地等待十五年，几乎就像他母亲被伊丽莎白囚禁的时间一样长，等待，等待，还是等待，直到权杖终于从那个老妇人冷掉的手里掉下来。他闷闷不乐地坐在自己在苏格兰的各个城堡里，骑马狩猎，撰写有关宗教和政治题目的文章，但在那段漫长、空虚、令人气恼的等待的岁月里，他最主要的事务就是等待从伦敦传来的消息。消息迟迟不来。因为对手的血液就好像是注入到了伊丽莎白的身体里。在玛丽·斯图亚特死后，伊丽莎白变得越来越强壮，越来越自信，越来越健康。现在，因为良心不安充满烧热的无眠之夜都过去了，她在无法做出决断的几个月和几年里都不得不经受这样的折磨，现在，她国家里和她生命中出现的安宁弥补了这一切。没有一个世人还敢于争夺她的王冠，就连死神都遭到这个激情洋溢的女人精力充沛的反抗，她甚至不想把王冠交给死神。这个七十岁的女人顽固不屈，不想死去，整日到处乱转，从一个房间走到另一个房间，没有办法安安静静地躺在床上，没有办法安安静静地待在房间里。她做出了可怕而伟大的反抗，不想把她曾经如此坚韧和不顾一切地为之奋斗的地位让给这个世界上的任何一个人。

但最终的时刻还是到来了，死神终于在残酷的搏斗中打垮了这个不屈的女人，可是她的肺还在发出喘息，她越来越疲惫的、衰老却不屈的心脏还在跳动。急不可待的苏格兰继承人的使者已经牵着备好鞍辔的骏马在窗户下面等待约定的信号了。因为伊丽莎白的一位宫廷女侍承诺，在伊丽莎白咽气的那一刻，她就从窗里扔下一枚戒指。最后的时刻持续了很久。使者徒劳地向楼上仰望，这位年老的童贞女王曾经拒绝了那么多的求婚者，现在也不让死神走到她的身边。终于，在3月24日，窗户发出了响动，一只女人的手匆匆伸了出来，戒指掉了下来。使者立刻翻身上马，一路疾驰了两天半，一口气赶到了爱丁堡，这次疾驰将会青史留名。三十七年前，梅尔维尔勋爵就是这样一路疾驰，从爱丁堡来到了伦敦，向伊丽莎白报告，玛丽·斯图亚特生了一个儿子，现在另一位使者反过来向着爱丁堡疾驰，向这个儿子报告，伊丽莎白的死给他带来了第二顶王冠。苏格兰的詹姆斯六世在这一刻终于同时成了英格兰国王，终于成了詹姆斯一世。在玛丽·斯图亚特的儿子身上，两顶王冠永远地结合在一起，多少代人不幸的斗争就此走向终结。历史时常走上阴暗曲折的道路，但历史性的意义最终总会得到实现，历史的必然性总会强行宣告自己的权利。

詹姆斯将他的母亲一心向往的白厅①布置得非常舒适。他终于不再需要操心金钱的问题，他的野心终于得到了满足，他现在只想考虑舒适，而不是考虑不朽。他经常骑马打猎，喜欢去剧院，在那里热烈支持一个名叫莎士比亚的人和其他值得尊敬的诗人，这是后世的人们能对他加以称颂的唯一功绩。他性格软弱、懒惰又缺乏天赋，既没有伊丽莎白精神上的宽宏大量，也缺乏自己具有浪漫色彩的母亲的英勇激情，他就这样管理着两个彼此为敌的女人留下的共同遗产：这两个女人怀着灵魂与理智的高度张力热切渴求的东西，却被这个耐心的等待者不费吹灰之力地收入手中。如今，既然英格兰和苏格兰已经统一②，就应该忘记苏格兰女王和英格兰女王摧毁了彼此的仇恨和敌对。谁对谁错的问题已经不复存在，死神赋予了她们两个平等的地位。因此，在漫长的彼此对抗之后，她们终于可以躺在彼此的身边得到安息。詹姆斯一世下令把母亲的遗体从彼得波洛的教堂墓园带出来，她就像一个被放逐者孤寂地躺在那里，现在她在庄严的火炬光焰之下被迁入了英国君主的陵墓：威斯敏斯特大教堂。石碑上刻有玛

---

① 原文为英语。
② 原文使用的词汇位"统一"，但严格来讲，当时是两国共戴一主，苏格兰、英格兰并没有彻底实现统一，两国最终合并是在1707年。

丽·斯图亚特的肖像,刻有伊丽莎白肖像的石碑就近在咫尺。如今古老的争端已经永久平息,这两个人再也不会互相争夺权利和属地。这两个人一生敌对,从来没有见过面,如今却终于像姐妹一样,在同样神圣的不朽安眠中彼此依偎。